21世纪经济管理新形态教材·会计学系列

税法与税务会计
（第二版）

王桂玲　辛　宇 ◎ 主　编
贾丽颖　韩汶佳 ◎ 副主编
杨莎丽　柳俊燕

清华大学出版社
北京

内 容 简 介

《税法与税务会计》教材根据本科院校税法、税务会计相关课程教学基本要求和注册会计师考试大纲编写,紧密结合高等院校应用型人才培养目标和教学大纲的要求,结合国家税收制度的改革趋势,根据截至2022年国家最新的税收法律制度修订编著而成。内容涵盖税法基础知识、税收实体法及税务会计操作实务三个部分,共10章,以增值税、消费税、企业所得税、个人所得税、关税等的税收实体法要素及税务会计处理为重点内容,适合高校财会、经济类专业师生使用,也可作为各级政府财政、税务以及其他经济管理部门、企事业单位人员学习税法的参考资料。

本书封面贴有清华大学出版社防伪标签,无标签者不得销售。
版权所有,侵权必究。举报: 010-62782989,beiqinquan@tup.tsinghua.edu.cn。

图书在版编目(CIP)数据

税法与税务会计/王桂玲,辛宇主编. —2版. —北京: 清华大学出版社,2023.6(2025.1重印)
21世纪经济管理新形态教材. 会计学系列
ISBN 978-7-302-63995-4

Ⅰ.①税… Ⅱ.①王… ②辛… Ⅲ.①税法-中国-高等学校-教材 ②税务会计-高等学校-教材 Ⅳ.①D922.22 ②F810.62

中国国家版本馆CIP数据核字(2023)第117578号

责任编辑: 梁云慈
封面设计: 汉风唐韵
责任校对: 宋玉莲
责任印制: 杨 艳

出版发行: 清华大学出版社
网　　址: https://www.tup.com.cn,https://www.wqxuetang.com
地　　址: 北京清华大学学研大厦A座　　邮　　编: 100084
社 总 机: 010-83470000　　邮　　购: 010-62786544
投稿与读者服务: 010-62776969,c-service@tup.tsinghua.edu.cn
质量反馈: 010-62772015,zhiliang@tup.tsinghua.edu.cn
课件下载: https://www.tup.com.cn,010-83470332

印 装 者: 三河市东方印刷有限公司
经　　销: 全国新华书店
开　　本: 185mm×260mm　　印　　张: 19.75　　字　　数: 452千字
版　　次: 2019年7月第1版　2023年7月第2版　印　　次: 2025年1月第2次印刷
定　　价: 59.00元

产品编号: 101681-01

前言

伴随着中国市场经济与法治化进程的发展，中国的税法体系在改革中日趋完善。近几年，国家税收政策的改革进一步深化，原来的"增值税""消费税""资源税""个人所得税"等税收制度内容已发生了重大调整，依据最新法律规定，针对高校教学的特点，本书旨在使学生熟悉税制改革的具体内容，掌握新税制下各税种应纳税款的计算与缴纳，并结合相关税种的涉税会计核算，补充财务会计中关于应交税费的核算，适应当前高等教育复合型人才发展的需要。

"税法与税务会计"是财会类专业的核心课程，适应现代企业制度对于提高会计人才管理能力的需要，将纳税申报与会计核算融为一体。本书的特色主要有以下几个方面。

(1) 税制内容的新颖性。本书内容与时俱进，作者在编写过程中不断查阅国家税务总局最新发布的税收政策、法规以及各种函件，整合截至 2022 年最新的税收法规，使本书内容更具时效性。

(2) 结构安排的整体性。本书首先阐述了税法基本理论，使学生在掌握各税种结构要素的基础上结合会计核算完成申报流程。通过大量业务案例将税额计算与会计凭证、账单、报表相融合，增强了学生涉税业务的实务处理能力。

(3) 理论与实践的融合性。本书吸收了编者近年来的科研成果，并注意把握国内税收政策的新趋向，结合多年参加企业财税业务培训及大型企业集团税收咨询业务的成功案例，将税法与会计信息的处理恰当结合，讲解深入浅出，程序步骤清晰，利于财会工作者掌握操作。

本书编写分工如下：山东管理学院王桂玲编写第一章和第二章，山东管理学院辛宇编写第三章和第四章，黑龙江生态工程职业学院贾丽颖编写第五～七章，中国大唐集团有限公司杨莎丽编写第八章，山东管理学院韩汶佳编写第九章，山东管理学院柳俊燕编写第十章。

本书编写过程中参阅了最新税法制度，注册会计师、注册税务师考试指导教材以及相关案例，借鉴和引用了一些专家学者的部分观点，在此向相关文献的作者表示衷心的感谢。

由于编写时间仓促，加之作者水平有限，书中内容难免有不成熟之处，望广大读者朋友不吝批评指正。

编　者

目 录

第一章　税法与税务会计基本原理 ·· 1
　　第一节　税收概述 ·· 1
　　第二节　税法概述 ·· 7
　　第三节　税法要素 ·· 10
　　第四节　我国税法体系 ·· 13
　　第五节　税务会计总论 ·· 17

第二章　增值税法及其会计核算 ·· 26
　　第一节　增值税的概念与特点 ·· 26
　　第二节　增值税的基本内容 ·· 29
　　第三节　增值税应纳税额的计算 ·· 44
　　第四节　进口货物征税 ·· 59
　　第五节　出口货物和服务的退（免）税 ·· 62
　　第六节　增值税发票的使用及管理 ·· 69
　　第七节　增值税的申报与缴纳 ·· 73
　　第八节　增值税的会计核算 ·· 75

第三章　消费税法及其会计核算 ·· 95
　　第一节　消费税的概念及特点 ·· 95
　　第二节　消费税的基本内容 ·· 97
　　第三节　消费税应纳税额的计算 ·· 103
　　第四节　消费税的申报与缴纳 ·· 114
　　第五节　消费税会计核算 ·· 116

第四章　城市维护建设税和烟叶税 ·· 119
　　第一节　城市维护建设税 ·· 119
　　第二节　烟叶税 ·· 124
　　第三节　教育费附加和地方教育附加的有关规定 ·· 125

第五章　关税法 ·· 127
　　第一节　关税的概念及特点 ·· 127

第二节 关税的基本内容 129
第三节 关税应纳税额的计算 132
第四节 关税申报与缴纳 137
第五节 关税的会计核算 139
第六节 船舶吨税 142

第六章 资源税法、城镇土地使用税法、耕地占用税法和环境保护税法 ... 145

第一节 资源税 145
第二节 城镇土地使用税 154
第三节 耕地占用税 160
第四节 环境保护税 164

第七章 房产税法、契税法和土地增值税法 171

第一节 房产税 171
第二节 契税 180
第三节 土地增值税 185

第八章 车辆购置税法、车船税法和印花税法 198

第一节 车辆购置税 198
第二节 车船税 204
第三节 印花税 212

第九章 企业所得税法及其会计核算 222

第一节 企业所得税的概念与特点 222
第二节 企业所得税的基本内容 223
第三节 企业所得税应纳税额的计算 231
第四节 资产的税务处理及资产损失税前扣除的所得税处理 242
第五节 企业重组的所得税处理 249
第六节 企业所得税应纳税额计算、申报与缴纳 250
第七节 企业所得税的会计核算 258

第十章 个人所得税法及其会计核算 261

第一节 个人所得税的概念与特点 261
第二节 个人所得税的基本内容 262
第三节 个人所得税应纳税额的计算 277
第四节 个人所得税的申报与缴纳 299
第五节 个人所得税的会计核算 303

参考文献 306

第一章

税法与税务会计基本原理

【教学目标】

- 了解税收的形式特征
- 熟悉税收的定义
- 掌握税制的构成要素
- 掌握税务会计的原则、会计要素及与财务会计的异同

【本章重点】

- 税收的概念与特点
- 税收制度构成要素相关概念的理解

【本章难点】

- 税收的分类

第一节 税收概述

一、税收的产生与发展

(一)税收的产生

税收是一个古老的经济范畴。从人类发展的历史看,税收是与国家有本质联系的一个分配范畴。它是随着国家的形成而产生的。概括地说,税收的产生取决于两个相互影响的前提条件:一是经济条件,即私有制的存在;二是社会条件,即国家的产生和存在。历史上,私有制先于国家形成,但对于税收而言,必须同时存在这两个前提条件。可以说,税收是私有财产制度和国家政权相结合的产物。

(二)税收的发展

随着社会生产力的发展和社会经济情况的变化,税收也经历了一个从简单到复杂、从低级到高级的发展过程。从税收的法制程度、税制结构、征纳形式等几个方面,能够较充分地反映税收的发展情况。

1. 税收法制程度的发展变化

税收法制程度的发展变化,体现在行使征税权力的程序演变方面,以此为标准,税收的发展大体可以分为以下四个时期。

(1) 自由纳贡时期。在奴隶制时期,国家的赋税主要来自诸侯、藩属自由贡献的物品和劳力。从税收的法制观点看,这种以国家征税权和纳贡者自由纳贡相结合的方式所取得的税收,只是一种没有统一标准的自愿捐赠,还不是严格意义上的税收,只是税收的雏形阶段。

(2) 承诺时期。随着国家的发展、君权的扩大,财政开支和王室费用都随之增加。单靠自由纳贡已难以维持,于是封建君主设法增加新税。特别是遇有战争等特别需要时,封建君主更需要开征临时税以应急需。当时,由于领地经济仍处于主导地位,王权有一定的限制,课征新税或开征临时税需要得到由封建贵族、教士及上层市民组成的民会组织的承诺。

(3) 专制课征时期。随着社会经济的逐步发展,封建国家实行了中央集权制度和常备军制度。君权扩张和政费膨胀,使得国君不得不实行专制课征。一方面笼络贵族和教士,尊重其免税特权,以减少统治阶级内部的阻力;另一方面则废除往日的民会承诺制度,不受约束地任意增加税收。税收的专制色彩日益增强。

(4) 立宪课税时期。取消专制君主的课税特权曾是资产阶级革命的重要内容之一。现代国家,不论是采取何种制度,一般都要制定宪法和法律,实行法治,国家征收任何税收,都必须经过立法程序,依据法律手续。君主、国家元首或行政首脑不得擅自决定征税,人人都有纳税义务,税收的普遍原则得到广泛的承认,公众有了必须依照法定标准评定课征的观念。

2. 税收制度结构的发展变化

税收制度结构的发展变化,体现在各社会主体税种的演变方面。历史上的税制结构的发展变化,大体上可以划分为四个阶段。

(1) 以古老的简单直接税为主的税收制度。在古代的奴隶社会和封建社会,由于自然经济占统治地位,商品货币经济不发达,国家统治者只采取直接对人或对物征收的简单直接税。马克思指出,直接税,作为一种最简单的征税形式,同时也是一种最原始古老的形式,是以土地私有制为基础的那个社会制度的时代产物。如人头税,按人口课征,土地税,按土地面积或土地生产物课征,以及对各种财产征收的财产税,如房屋税等。当时虽然也对城市商业、手工业及进出口贸易征收物产税、关税,但为数很少,在税收中不占重要地位。

(2) 以间接税为主的税收制度。进入资本主义社会以后,由于简单的税制已不能满足财政的需要,因而利用商品经济日益发达的条件,加强对商品和流通行为课征间接税,形成了以间接税为主的税收制度。征收间接税既可将税收转嫁给消费者,又有利于增加财政收入。

(3) 以所得税为主的税收制度。随着资本主义工商业的发展,社会矛盾和经济危机日益加深,国家的财政支出亦随之增加。资产阶级国家深感广泛而过分地课征间接税,会给资本主义经济发展和资产阶级的经济利益带来不利的影响。一方面,对商品流转额课征间接税,致使商品每次流转都要征税,流转次数越多,征税额越大,商品的价格也越高,很不利于企业专业化生产与合作。另一方面,对消费品课征间接税,相应地提高了消费品价格,迫使资本家提高工人的名义工资。提高工资带来高生产成本,从而触动资本家的经济利益。因此,资产阶级为了维护本阶级根本利益,就不得不考虑税制的改革。18世纪末,英国首创所得税制度。其后各国纷纷仿效,使所得税优势得以显现,并在各国税收收入中占据主要地位。

(4) 所得税和间接税并重的税收制度。这种税收制度在发展中国家使用得比较普遍,少数发达国家间接税也占一定比重,如法国,自20世纪50年代以来,增值税一直是主要税种。自1986年美国里根政府进行税制改革以后,发达国家鉴于过高的累进所得税率,不但影响投资者的投资积极性,还影响脑力劳动者的劳动积极性,因而普遍降低个人及公司所得税税率。但因政府的财政支出又不能随之减少,所以一方面需要扩大所得税税基,另一方面又只能有选择地增加间接税的征收。

3. 税收征收实体的发展变化

税收征纳形式的发展变化,体现为力役、实物和货币等征收实体的发展演变。在奴隶社会和封建社会初期,自然经济占统治地位,物物交换是其主要特征,税收的征收和缴纳形式基本上以力役形式和实物形式为主。尽管对商业、手工业征收的商品税和物产税,以及对财产或经营行为征收的各种杂税,有以货币形式征收的,但货币征收形式在当时还不占主要地位。直到商品经济发达的资本主义社会,货币经济逐渐占据统治地位,货币不但是一切商品和劳务的交换媒介,而且税收的征收缴纳形式都以货币形式为主。其他实体的征收形式逐渐减少,有的只在个别税种中采用。

4. 税收地位和作用的发展变化

税收地位和作用的发展变化,体现为税收收入在财政收入中所占比重的变化及其对经济的影响。在封建专制制度下,财政收入中特权收入不足时,才征收赋税。但随着经济发展,资本主义制度取代封建专制制度,特权收入逐渐减少,税收收入在财政收入中所占比重越来越大,成为财政收入的主要来源。社会主义制度下,尤其在我国实行改革开放以来,税收作用已从过去筹集资金满足国家各项支出的需要发展成为调节经济的重要手段。税收在促进资源优化配置、调节收入分配、稳定经济等方面起着重要作用。

5. 税收征收权力的发展变化

税收征收权力的发展变化,体现在国家税收管辖权范围的演变方面。在奴隶社会和封建社会及资本主义社会初期,由于国家之间经济往来较少,征税对象一般不发生跨国转移,因此,国家税收管辖权只局限于一国领土之内,称为地域管辖权阶段。到了资本主义社会中期之后,国际交往日益增多,跨国经营逐步发展。这种生产经营的国际化必然带来纳税人收入的国际化。一些国家为维护本国的利益,开始对本国纳税人在国外的收入征税和对外籍人员在本国的收入征税。这实际等于征税权力超过了领土范围,而主要以人的身份和收入来源确定是否属于一国的税收管辖权范围之内。这种被扩大的税收管辖权等于延伸了税收征收权力,即从地域范围扩大到人员范围。现在以人员为确定标准的管辖权即居民或公民管辖权,已在各国广泛应用了。

二、税收的概念与特征

(一) 税收的概念

税收不仅是国家取得财政收入的一种活动或手段,也是国家用以加强宏观调控的重要经济杠杆。在税收经济学上,税收是指国家为实现其公共职能而凭借其政权力量,依照法律规定,强制、无偿地向纳税人征收货币或实物的活动。国家征税的目的是提供公共物品,实现公共财政职能,其权力依据是国家的政治权力,必然带有强制性,由此可能会使纳税人的利益受到损害,它体现了以国家为主体,国家与纳税人之间特定的征纳关系,因而税收的实现必须依法进行,实行税收法定原则,而依法征税必须有相对明确、稳定的征收标准,并体现在税法的课税要素的规定之中,从而使税收具有标准法定性或称固定性的特征。

(二) 税收的特征

税收的特征是不同社会制度下税收所共有的区别于其他分配形式的质的规定性,是税收本质的具体体现。税收的基本特征包括强制性、无偿性和固定性。

1. 强制性

税收的强制性是指税收参与社会产品的分配是依据国家的政治权力,而不是财产权利,即和生产资料的占有没有关系。具体表现为税收是以国家法律的形式规定的,在税法规定的范围内,任何单位和个人都必须依法纳税,否则,就要受到法律的制裁。

2. 无偿性

税收的无偿性是指国家征税对具体的纳税人既不需要直接偿还,也不付出任何形式的报酬。税收的无偿性的特征是由社会公共需求的特点决定的。国家提供的满足公共需求的产品和劳务,无差别地由每个社会成员所共同享用,而又无法准确计量每个人所花费的费用。因此,对具体纳税人而言,税收不具有直接偿还性。

3. 固定性

税收的固定性是指国家通过法律形式预先规定了征税对象和征税标准,征纳双方都必须遵守,不能随意变动。

税收的三个基本特征是一个完整的统一体,缺一不可。其中,无偿性是税收分配的核心特征,强制性和固定性是对无偿性的保证和约束。

三、税收的职能与作用

税收职能是税收本身所固有的职责与功能。具体而言,即指税收所具有的满足国家需要的能力,它所回答的是税收能够干什么的问题。税收的职能与作用主要表现在以下几个方面。

1. 税收是财政收入的主要来源

组织财政收入是税收的基本职能。税收具有强制性、无偿性和固定性的特点，筹集财政收入稳定可靠。税收的这种特点，使其成为世界各国政府组织财政收入的基本形式。目前，我国税收收入占国家财政收入的90%以上。

2. 税收是调控经济运行的重要手段

经济决定税收，税收反作用于经济。这既反映了经济是税收的来源，也体现了税收对经济的调控作用。税收作为经济杠杆，通过增税与减免税等手段来影响社会成员的经济利益，引导企业、个人的经济行为，对资源配置和社会经济发展产生影响，从而达到调控经济运行的目的。

3. 税收是调节收入分配的重要工具

从总体来说，税收作为国家参与国民收入分配最主要、最规范的形式，能够规范政府、企业和个人之间的分配关系。不同的税种，在分配领域发挥着不同的作用。如个人所得税实行超额累进税率，具有高收入者适用高税率、低收入者适用低税率或不征税的特点，有助于调节个人收入分配，促进社会公平。

4. 税收具有监督经济活动的作用

税收涉及社会生产、流通、分配、消费各个领域，能够综合反映国家经济运行的质量和效率。既可以通过税收收入的增减及税源的变化，及时掌握宏观经济的发展变化趋势，也可以在税收征管活动中了解微观经济状况，发现并纠正纳税人在生产经营及财务管理中存在的问题，从而促进国民经济持续健康发展。

四、税收的分类

在税收理论上，对于诸多税种，根据不同的标准可以做出多种分类。

（一）直接税与间接税

以税负是否转嫁为标准，税收可以分为直接税和间接税。

凡是税负不能转嫁给他人，而是由纳税主体直接来承担税负的税种，即为直接税。直接税以所得额或财产额为课税对象，税源比较固定，较易适用累进税率，对经济能起重要调节作用。但由于税负不可转嫁，纳税人普遍感到负担重，抗拒心理较强，偷逃漏税的现象较为普遍，税款损失不易控制，如各类所得税。

凡是税负可以转嫁他人，纳税主体只是间接承担税负，而真正的负税人并不是法定的纳税主体的税种，即为间接税。间接税的课税对象更为广泛，税基宽，税源稳定，税收收入可随生产、经济的发展而增加。且由于税款可计入成本，影响商品价格的高低，故对纳税人降低消耗、节约成本能起积极的导向作用。特别要指出的是，由于税负可以转嫁，因此负担人的负税感不强，征收时阻力较小，征收成本较低。如各类流转税。

（二）从量税与从价税

根据计税依据的不同，税收可分为从量税和从价税。

凡以征税对象的一定计量单位，如数量、重量、容量、面积等为标准按照固定税额从量计征的税种,即为从量税,或称"从量计征"。从量征税比较简单,但它往往不能反映课税对象价格的升降,在通货膨胀的经济时期容易造成国家税收收入的减少。如资源税、车船税等税种就实行从量计征。

凡以征税对象的价格为依据按照一定比例从价计征的税种,即为从价税,或称"从价计征"。它的特点是必须将课税对象的价值换算为可以直接衡量的货币单位,其税额可随着价格的上涨而增加,故在商品流通领域大量采用。如增值税等都是实行从价计征,这种分类有利于研究税收与价格变化的关系,便于国家相机实行相应的经济政策。

(三)中央税和地方税

根据税收管理权和税收收益权的不同,税收可分为中央税和地方税。

凡由国家最高权力机关或经其授权进行税收立法,税收管理权和税收收益权归属于中央政府的税收,为中央税,也称国税。

凡由地方权力机关立法开征,或者税收管理权和税收收益权归属于地方政府的税收,为地方税,也称地税。

此外,有时某些税种的税收收入由中央政府和地方政府按分成比例共同享有,统称为中央与地方共享税。

(四)价内税和价外税

根据税收与价格的关系,税收可分为价内税和价外税。

凡是计税依据中含该税税额的税种,统称为价内税。如我国现行的消费税,消费者在支付价款时,商品的定价已经是含税价格。

凡是计税依据中不含该税税额,则称为价外税。如我国现行的增值税,其价格为不含税价格,即买方在支付约定的价款外,还需支付相应的税款,即价款和税款是分开的。

不管是价内税还是价外税,税款都需商品交换价值的实现方可收回。但是价内税形式较为隐蔽,不易为人察觉,所以给人的税收负担感较小。相比而言,价外税的税款是独立于商品的价格之外的,且形式公开、数额固定,很容易在人们的心理上产生较大的税负压力。但是价外税对价格的影响较小,是一种中性的税收,加之转嫁渠道安全流畅,不存在重复征税等问题,所以具有广阔的发展空间,也必将成为越来越多国家流转税的主要形式。

(五)独立税和附加税

根据课税标准是否具有依附性,税收可分为独立税和附加税。

独立税,又称正税、主税、本税,是指不需依附于其他税种而仅依单行税法规定的税率的独立计征的税。我国的绝大多数税种均为独立税。

凡必须依附于其他税种,在独立税征收的同时,向纳税人征收占一定比例的税,称为附加税。如我国现行的城市维护建设税。

第二节 税法概述

一、税收与税法的关系

税收与税法是两个既有联系又有区别的不同概念。从本质看,税收是国家与纳税人之间形成的以国家为主体的社会剩余产品分配关系。具有"三性"——强制性、无偿性和固定性,无偿性是核心。还具有调节经济、监督管理职能。而税法是指国家权力机关制定的有关调整税收分配过程中形成的权利义务关系的法律规范的总和。税法调整对象是税收分配中形成的权利义务关系,所以在了解税收与税法的关系时应注意以下两个方面。

(1)税法是税收的法律依据和法律保障,税法又必须以保障税收活动为其存在的理由和基础。

(2)税收是经济学概念,是一种经济活动,属于经济基础范畴,侧重解决分配关系。税法是法学概念,是一种法律制度,属于上层建筑,侧重解决权利义务关系。

二、税法的概念与特点

(一)税法的概念

税法是国家制定的用于调整国家与纳税人之间在征纳税方面权利与义务关系的法律规范的总称。税法有广义和狭义之分,广义的税法包括各级权力机关制定的税收法律、法规、规章,是由税收实体法、税收程序法、税收争讼法等构成的法律体系。狭义的税法仅指国家最高权力机关正式立法的税收法律。

(二)税法的特点

税法具有以下几个特点。

(1)从立法过程来看,税法属于制定法而不是习惯法。
(2)从法律性质看,税法属于义务性法规而不是授权性法规。
(3)从内容看,税法具有综合性而不是单一性。

三、税收法律关系

税收法律关系是税法所确认和调整的,国家与纳税人之间、国家与国家之间以及各级政府之间在税收分配过程中形成的权利与义务关系。国家征税与纳税人纳税形式上表现为利益分配的关系,但经过法律明确其双方的权利与义务后,这种关系实质上已上升为一种特定的法律关系。

税收法律关系包括三方面内容:税收法律关系的构成,税收法律关系的产生、变更与消灭,税收法律关系的保护。

(一)税收法律关系的构成

税收法律关系在总体上与其他法律关系一样,都是由权利主体、客体和法律关系内容三方面构成的,但在三方面内涵上,税收法律关系又具有一定的特殊性。

1. 税收法律关系权利主体

法律关系的权利主体是指法律关系的参加者。税收法律关系的主体即税收法律关系中享有权利和承担义务的当事人。在我国,权利主体一方是代表国家行使征税职责的国家行政机关,另一方是履行纳税义务的人。这种对税收法律关系中权利主体另一方的确定,在我国采取的是属地兼属人的原则。

(1) 征税主体是各级税务机关、海关、财政。

(2) 纳税主体是法人、自然人、其他组织(确认原则属地兼属人)。

(3) 征、纳双方法律地位平等,但它们是管理者与被管理者的关系,权利和义务并不对等。

2. 税收法律关系权利客体

税收法律关系权利客体即税收法律关系主体的权利、义务所共同指向的对象,也就是征税对象。例如,所得税法律关系客体就是生产经营所得和其他所得,财产税法律关系客体即财产,流转税法律关系客体就是货物销售收入或劳务收入。

3. 税收法律关系的内容

税收法律关系的内容就是权利主体所享有的权利和所应承担的义务,这是税收法律关系中最实质的东西,也是税法的灵魂。它规定权利主体可以有哪些行为,否则承担相应责任。

税务机关的权利主要表现在依法进行征税、税务检查以及对违章者进行处罚等;税务机关的义务主要指向纳税人宣传、咨询、辅导解读税法,及时将征收的税款解缴国库,依法受理纳税人对税收争议的申诉等。

纳税义务人的权利主要有多缴税款申请退还权、延期纳税权、依法申请减免权、申请复议和提起诉讼等。其义务是按税法规定办理税务登记、进行纳税申报、接受税务检查、依法缴纳税款等。

(二) 税收法律关系的产生、变更与消灭

税收法律关系的产生、变更与消灭必须有能够引起税收法律关系产生、变更或消灭的客观情况,也就是由税收法律事实来决定。税法只是引起税收法律关系的前提。它不产生具体的税收法律关系,必须有能够引起税收法律关系的产生、变更与消灭的客观情况,也就是由税收法律事实来决定。税收法律事实分为税收法律事件和税收法律行为。税收法律事件是指不以税收法律关系权利主体的意志为转移的客观事件。例如,自然灾害可以导致税收减免,从而改变税收法律关系内容。税收法律行为是指税收法律关系主体在正常意志支配下做出的活动。例如,纳税人开业经营即产生税收法律关系,纳税人转业或停业就造成税收法律关系的变更或消灭。

(三) 税收法律关系的保护

税收法律关系是同国家利益及企业和个人的权益相联系的。税收法律关系的保护形式和方法有很多,税法中关于限期纳税、征收滞纳金和罚款的规定,《中华人民共和国刑

法》对构成偷税、抗税罪给予刑罚的规定,以及税法中对纳税人不服税务机关征税处理决定,可以申请复议或提出诉讼的规定等都是对税收法律关系的直接保护。税收法律关系的保护对权利主体双方是平等的。保护税收法律关系,实质上就是保护国家正常的经济秩序,保障国家财政收入,维护纳税人的合法权益。

四、税法的分类

（一）按照税法基本内容和效力的不同划分

按照税法的基本内容和效力的不同,可分为税收基本法和税收普通法。税收基本法也称税收通则,是税法体系的主体和核心,在税法体系中起着税收母法的作用。其基本内容包括税收制度的性质、税务管理机构、税收立法与管理权限、纳税人的基本权利与义务、征税机关的权利和义务、税种设置等。我国目前还没有制定统一的税收基本法,随着我国税收法制建设的发展和完善,将研究制定税收基本法。税收普通法是根据税收基本法的原则,对税收基本法规定的事项分别立法实施,如个人所得税法、税收征收管理法等。

（二）按照税法职能作用的不同划分

按照税法的职能作用的不同,可分为税收实体法和税收程序法。税收实体法主要是指确定税种立法,具体规定各税种的征收对象、征收范围、税目、税率、纳税地点等。如《中华人民共和国企业所得税法》《中华人民共和国个人所得税法》就是税收实体法。税收程序法是指税务管理方面的法律,主要包括税收管理法、纳税程序法等。

（三）按照税法征收对象的不同划分

按照税法征收对象的不同,可分为以下四种。

（1）商品和劳务税税法。主要包括增值税、消费税等税法。这类税法的特点是与商品生产、流通、消费有密切联系,易发挥宏观调控作用。由于这些税种都是按照商品和劳务收入计算征收的,而这些税种虽然是由纳税人负责缴纳,但最终是由商品和劳务的购买者即消费者负担的,所以也称为间接税。

（2）所得税税法。主要包括企业所得税、个人所得税等税法。其特点是可以直接调节纳税人收入,发挥其公平税负、调整分配关系的作用。所得税类税种的纳税人本身就是负税人,一般不存在税负转移或转嫁问题,所以也称为直接税。

（3）财产、行为税税法。主要是对财产的价值或某种行为课税,包括房产税、印花税等税法。

（4）资源税税法。主要是为保护和合理使用国家自然资源而课征的税。我国现行的资源税、城镇土地使用税等税种均属于资源课税的范畴。

（四）按照主权国家行使税收管辖权的不同划分

按照主权国家行使税收管辖权的不同,可分为国内税法、国际税法等。国内税法一般是按照属人或属地原则,规定一个国家的内部税收制度。国际税法是指国家间形成的税收制度,主要包括双边多边国家间的税收协定、条约和国际惯例等,一般而言,其效力高于国内税法。

第三节 税法要素

税法的构成要素是指各种单行税法具有的共同的基本要素的总称。首先,税法构成要素既包括实体性的,也包括程序性的。其次,税法构成要素是所有完善的单行税法都具备的,仅为某一税法所单独具有而非普遍性的内容,不构成税法要素,如扣缴义务人。

税法的构成要素一般包括总则、纳税义务人、征税对象、税目、税率、纳税环节、纳税期限、纳税地点、减税免税、罚则、附则等项目。

一、总则

总则主要包括立法依据、立法目的、适用原则等。

二、纳税义务人

纳税义务人(纳税人)又称纳税主体,是税法规定的直接负有纳税义务的单位和个人。任何一个税种,首先要解决的就是国家对谁征税的问题。纳税人有两种基本形式:自然人和法人。它们是两个相对称的法律概念。自然人是基于自然规律而出生的,有民事权利和义务的主体,包括本国公民,也包括外国人和无国籍人。法人是自然人的对称,法人是基于法律规定享有权利能力和行为能力,具有独立的财产和经费,依法独立承担民事责任的社会组织。我国的法人主要有机关法人、事业法人、企业法人、社团法人。

纳税人除了两种最基本的形式外,还可按不同的目的和标准进行多种详细的分类。如自然人可划分为居民纳税人和非居民纳税人、个体经营者和其他个人等。法人可划分为居民企业和非居民企业。与纳税人紧密联系的两个概念是代扣代缴义务人和代收代缴义务人。

代扣代缴义务人是指虽不承担纳税义务,但依照有关规定,在向纳税人支付收入、结算货款、收取费用时有义务代扣代缴其应纳税款的单位和个人。代收代缴义务人是指虽不承担纳税义务,但依照有关规定,在向纳税人收取商品或劳务收入时,有义务代收代缴其应纳税款的单位和个人。

三、征税对象

征税对象又称课税对象、征税客体,指税法规定对什么征税,是征纳税双方权利义务共同指向的客体或标的物,是区别一种税与另一种税的重要标志。如房产税的征税对象是房屋。征税对象是税法最基本的要素,因为它体现着征税的最基本界限,决定着某一种税的基本征税范围,同时,征税对象也决定了各个不同税种的名称。征税对象按其性质的不同,通常可划分为流转额、所得额、财产、资源、特定行为五大类,通常也因此将税收分为相应的五大类,即流转税或称商品和劳务税、所得税、财产税、资源税和特定行为税。

与课税对象相关的两个基本概念是税目和税基。税目本身也是一个重要的税法要素,下面将单独讨论,而税基又称计税依据,是据以计算征税对象应纳税款的直接数量依据,它解决对征税对象课税的计算问题,是对课税对象的量的规定。如企业所得税应纳税额的基本计算方法是应纳税所得额乘以适用税率,其中,应纳税所得额是据以计算所得税应纳税额的数量基础,为所得税的税基。计税依据按照计量单位的性质划分,有两种基本形态——价值形态和物理形态。价值形态包括应纳税所得额、销售收入、营业收入等;物理形态包括面积、体积、容积、重量等。以价值形态作为税基,又称从价计征,即按征税对象的货币价值计算,如生产销售化妆品应纳消费税税额是由化妆品的销售收入乘以适用税率计算产生,其税基为销售收入,属于从价计征的方法。另一种是从量计征,即直接按征税对象的自然单位计算,如城镇土地使用税应纳税额是由占用土地面积乘以每单位面积应纳税额计算产生,其税基为占用土地的面积,属于从量计征的方法。

四、税目

税目是在税法中对征税对象分类规定的具体的征税科目,反映具体的征税范围,是对课税对象质的界定。例如,我国税制中消费税的征税对象是生产和进口等环节的应税消费品,对消费品共设计了15个税目。不是所有的税种都规定税目,有些税种征税对象简单、明确,没有另行规定税目的必要,如增值税、房产税等。有的税种征税对象比较复杂,一般要先分大类,在类别之下再分税目、子目、细目。凡是无税目的税种均有统一的税率,凡是有税目的税种,均无统一税率。而在学习税目时还应注意以下两点。

(1) 凡列入税目的即为应税项目,未列入税目的,则不属于应税项目。

(2) 并非所有税种都规定税目。

五、税率

税率是对征税对象的征收比例或征收额度。它是计算税额的尺度,也是衡量税负轻重与否的重要标志。我国现行主要税率有以下几种。

1. 比例税率

比例税率,即对同一征税对象,不分数额大小,规定相同的征收比例。比例税率在应用中又可分为三种具体形式。

(1) 单一比例税率。单一比例税率是指对同一征税对象的所有纳税人都适用同一比例税率。

(2) 差别比例税率。差别比例税率是指对同一征税对象的不同纳税人适用不同的比例征税。我国现行税法又分别按产品、行业和地区的不同将差别比例税率划分为三种类型:一是产品差别比例税率,即对不同产品分别适用不同的比例税率,同一产品采用同一比例税率,如消费税、关税等;二是行业差别比例税率,即对不同行业分别适用不同的比例税率,同行业采用同一比例税率,如增值税等;三是地区差别比例税率,即区分不同地区分别适用不同的比例税率,同一地区采用同一比例税率,如城市维护建设税等。

(3) 幅度比例税率。幅度比例税率是指对同一征税对象,税法只规定最低税率和最高税率,各地区在该幅度内确定具体的适用税率。比例税率具有计算简单、税负透明度高,有利于保证财政收入、有利于纳税人公平竞争、不妨碍商品流转额或非商品营业额扩大等优点,符合税收效率原则。但不能针对不同收入水平实施不同的税收负担,在调节纳税人的收入水平方面难以体现税收的公平原则。

2. 超额累进税率

超额累进税率,是指把征税对象按数额的大小分成若干等级,每一等级规定一个税率,税率依次提高,但每一纳税人的征税对象则依所属等级同时适用几个税率分别计算,将计算结果相加后得出应纳税款。

目前,个人所得税采用超额累进税率。在级数较多的情况下,为了简化计算,可用速算法。因全额累进计算比超额累进计算要简单,可将超额累进计算转化为全额累进计算方法。对于同样的课税对象数量,按全额累进方法计算出的税额比超额累进方法计算出的税额多,即有重复计算的部分,这个多征的常数称为速算扣除数。用公式表示为

速算扣除数=按全额累进方法计算的税额-按超额累进方法计算的税额

即按超额累进方法计算的税额=按全额累进方法计算的税额-速算扣除数。

3. 定额税率

定额税率,即按征税对象确定的计算单位,直接规定一个固定的税额。目前采用定额税率的有资源税、城镇土地使用税、车船税等。

4. 超率累进税率

超率累进税率,即以征税对象数额的相对率划分若干级距,分别规定相应的差别税率,相对率每超过一个级距的,对超过的部分就按高一级的税率计算征税。目前采用这种税率的是土地增值税。

六、纳税环节

纳税环节主要指税法规定的征税对象在从生产到消费的流转过程中应当缴纳税款的环节。它有广义和狭义之分。广义的纳税环节指全部课税对象在再生产中的分布情况,如资源税分布在生产环节、流转税分布在流转环节、所得税分布在分配环节等。它制约着税制结构,对取得财政收入和调节经济具有重要影响。狭义的纳税环节特指应税商品在流转过程中应纳税的环节。在商品经济条件下,商品从生产到消费通常经过产制、商业批发、商业零售等环节。商品课税的纳税环节,应当选择在商品流转的必经环节。因为有的从产制到零售要经过多次商业批发环节,有的可能只经过一次商业批发环节,有的甚至不经过商业批发直接进入商业零售环节,有的还可能不经过商业零售直接卖给消费者,如果对所有环节都征税,就会使同一商品的零售价格中包含的税额不同,与公平税收负担、保持市场价格统一的要求相违背。同时,如果中间流通环节减少,税收收入也会减少,这样也不利于保持财政收入的稳定。按照某种税征税环节的多少,可以将税种划分为一次课征制或多次课征制。

合理选择纳税环节,对加强税收征管,有效控制税源,保证国家财政收入的及时、稳定、可靠,方便纳税人生产经营活动和财务核算,灵活机动地发挥税收调节经济的作用,具有十分重要的理论意义和实践意义。

七、纳税期限

纳税期限是指税法规定的关于税款缴纳时间方面的限定。纳税期限的规定有三个概念。

一是纳税义务发生时间,指应税行为发生的时间。如增值税条例规定采取预收货款方式销售货物的,其纳税义务发生时间为货物发出的当天。

二是纳税期限。纳税人每次发生纳税义务后,不可能马上去缴纳税款。税法规定了每种税的纳税期限,即每隔固定时间汇总一次纳税义务的时间。增值税的纳税期限分别核定为1日、3日、5日、10日、15日、1个月或1个季度。

三是缴库期限,即税法规定的纳税期满后,纳税人将应纳税款缴入国库的期限。如增值税条例规定,纳税人以1个月或者1个季度为1个纳税期的,自期满之日起15日内申报纳税,以1日、3日、5日、10日或者15日为1个纳税期的,自期满之日起5日内预缴税款,于次月1日起15日内申报纳税并结清上月应纳税款。

八、纳税地点

纳税地点主要是指根据各个税种纳税对象的纳税环节和有利于对税款的源泉控制而规定的纳税人(包括代征、代扣、代缴义务人)的具体纳税地点。

九、减税免税

减税免税主要是对某些纳税人和征税对象采取减少征税或者免予征税的特殊规定。

十、罚则

罚则主要是指对纳税人违反税法的行为采取的处罚措施。

十一、附则

附则一般都规定与该法紧密相关的内容,如该法的解释权、生效时间等。

第四节 我国税法体系

一、我国税法体系的建立与发展

中华人民共和国成立以来,我国基本上建立了双主体税复合税制的模式,即以流转税和所得税为主体税,辅之以其他税种的税制体系。特别是以1994年税制改革为分水岭,我国税制进入全面改革和深化的阶段,建立了符合社会主义市场经济体制的新税制。

(一)计划经济体制下的税收制度

(1) 1950年建立中华人民共和国的税收制度。中华人民共和国成立初期,税制很不统一。为了迅速恢复国民经济,建立全国统一的政治、经济和社会制度,巩固刚刚建立起来的国家政权,提供保证国家机器正常运转所必需的财力,必须废除原政府的旧税制,统一税法、统一税收政策,建立起新的税收制度和税务组织机构。为此,1950年1月前政务院发布了《全国税政实施要则》《关于统一全国税收政策的决定》和《全国各级税务机关暂行组织规程》,明确规定了中华人民共和国的税收政策、税收制度和税务组织机构等一系列税收建设的重大原则。至此,结束了中华人民共和国成立初期税制混乱的局面,建立了统一的税收制度、税收政策和税务工作体系。

(2) 1953年修正税制。1953年我国开始进入国民经济发展的第一个五年计划时期,经济形势发生了很大变化。为了使税收制度适应新的形势,国家决定从1953年1月1日起对税制进行修正。经过上述修正,在基本保持原税负的基础上,使税收简并为14种,具体包括商品流通税、货物税、工商业税、印花税、盐税、关税、牲畜交易税、城市房地产税、文化娱乐税、车船使用牌照税、屠宰税、利息所得税、农(牧)业税、契税,基本上适应了当时形势发展的需要。

(3) 1958年改革税制。1958年,基于"基本保持原税负、适当简化税制"的指导思想,对税制进行了改革简并。经过这次税制改革,从根本上改变了原来实行的多税种、多次征的税收制度,使税制结构开始出现以流转税为主体的格局,税收制度由原来的14种税简并为9种税,在调节经济方面的作用已逐渐减弱。

(4) 1973年简并税制。受单纯的计划经济体制的影响,税收的作用除了积累资金外,调节经济的作用已不重要。因此,1973年,对已经简化的税制又进行了简化:一是合并了税种,二是简化税目和税率,三是把一部分税收管理权限下放给地方。

(二) 计划商品经济体制下的税收制度

1978年以来,随着对内改革、对外开放政策的实行,我国经济领域发生了深刻变化,出现了多种经济成分、多种经营方式,原有的单一税收制度因税种过少,难以适应多种经济成分并存的新形势,也不利于对外开放政策的执行,并且税收征税范围过小,取得收入的来源不够普遍,税负不公平,集体商业和个体工商业户的税负偏重,不利于多种经济成分公平竞争。为适应经济情况的变化,我国对税收制度进行了改革,大致经历以下几个阶段。

(1) 建立和健全涉外税制。1980年9月,公布了《中华人民共和国中外合资经营企业所得税法》和《中华人民共和国个人所得税法》,1981年公布了《中华人民共和国外国企业所得税法》,同时明确规定涉外企业继续沿用修订后的工商统一税,并要缴纳车船使用牌照税和城市房地产税。至此,我国的涉外税制初步建立起来。在此基础上,财政部于1981年8月向国务院报送了《关于改革工商税制的设想》,并很快获得批准。

(2) 第一步利改税。1983年为了通过税收来规范国家与国有企业的利润分配关系,国家实行第一步利改税改革,即对国有企业征收所得税,简称利改税。

(3) 第二步利改税。1984年国家实行第二步利改税,即对工商税制进行全面改革。发布了关于征收国有企业所得税、国有企业调节税、产品税、增值税、营业税、盐税、资源税等税种的行政法规。

(4) 工商税制的进一步完善。在两步利改税的基础上,国务院陆续发布了关于征收集体企业所得税、私营企业所得税、城乡个体工商业户所得税、个人收入调节税、国有企业奖金税(1984年发布,1985年修订发布)、集体企业奖金税、事业单位奖金税、国有企业工资调节税、房产税、城镇土地使用税、耕地占用税、车船税、印花税、城市维护建设税、固定资产投资方向调节税(其前身为1983年开征的建筑税)、筵席税等税种的行政法规,并决定开征特别消费税。

(5) 1991年,第七届全国人民代表大会第四次会议将《中外合资经营企业所得税法》与《外国企业所得税法》合并为《外商投资企业和外国企业所得税法》。

(三) 社会主义市场经济体制下的新税制

1992年以后,特别是中国共产党第十四次全国代表大会确定了建立社会主义市场经济体制的目标以后,中国的改革开放进入一个新的历史阶段。这一时期是中国税制改革全面深化的时期,取得了改革开放以来税制改革的第三次重大突破。

1994年税制改革的主要内容是:第一,全面改革了货物和劳务税制,实行了以比较规范的增值税为主体,消费税、营业税并行,内外统一的货物和劳务税制。第二,改革了企业所得税制,将过去对国有企业、集体企业和私营企业分别征收的多种所得税合并为统一的企业所得税。第三,改革了个人所得税制,将过去对外国人征收的个人所得税,对中国人征收的个人收入调节税和个体工商业户所得税合并为统一的个人所得税。第四,对其他税收做了大幅度的调整,如扩大了资源税的征收范围,开征了土地增值税,取消了盐税、烧油特别税、集市交易税等若干税种,并将屠宰税、筵席税的管理权下放到省级地方政府,新设了遗产税、证券交易税(这两种税后来没有立法开征)。

至此,中国的税制一共设立25种税收,即增值税、消费税、营业税、关税、企业所得税、外商投资企业和外国企业所得税、个人所得税、土地增值税、房产税、城市房地产、遗产税、城镇土地使用税、耕地占用税、契税、资源税、车船税、车船使用牌照税、印花税、证券交易税、城市维护建设税、固定资产投资方向调节税、屠宰税、筵席税、农业税和牧业税。

此后至2000年,全国人民代表大会常务委员会修改了《个人所得税法》,国务院陆续改革了农业特产税制度,修改了《契税暂行条例》,发布了《车辆购置税暂行条例》,并从2000年开始进行农村税费改革的试点,暂停征收固定资产投资方向调节税。

2001年以后,中国继续完善税制,分步实施了下列重大改革。

(1) 逐步推行农村税费改革。2005年,全国人民代表大会常务委员会决定从2006年起取消农业税。从2005年到2006年,国务院先后取消牧业税和屠宰税,对过去征收农业特产农业税的烟叶产品改征烟叶税。

(2) 完善货物和劳务税制。2001年,结合交通和车辆税费改革开征车辆购置税。2003年,国务院公布新的关税条例,自2004年起施行。2008年,国务院修订增值税暂行条例、消费税暂行条例和营业税暂行条例,初步实现增值税从"生产型"向"消费型"的转变,结合成品油税费改革调整消费税,自2009年起施行。2012年,开始在上海市交通运输业及6个现代服务业进行"营改增"试点,2017年11月9日,营业税暂行条例废止,营业税改征增值税全面完成,自此营业税退出历史舞台。

(3) 完善所得税制。从 2005 年到 2007 年,全国人民代表大会常务委员会先后 3 次修改个人所得税法。2007 年,全国人民代表大会将过去对内资企业和外资企业分别征收的企业所得税合并为统一的企业所得税,自 2008 年起施行。2018 年 8 月 31 日,全国人民代表大会通过了个人所得税法的修订,2019 年,个人所得税实现了分类所得税制向综合与分类相结合的模式的转换。

(4) 完善财产税制。从 2006 年到 2009 年,国务院先后将车船税与车船使用牌照税合并为车船税,自 2007 年起施行;修改城镇土地使用税暂行条例和耕地占用税暂行条例,将对内征收的城镇土地使用税和耕地占用税分别改为内外统一征收,分别自 2007 年和 2008 年起施行;取消城市房地产税,将对内征收的房产税改为内外统一征收,自 2009 年起施行。经国务院批准,财政部、国家税务总局陆续调整原油、天然气、煤炭、盐、大理石、铜矿石和磷矿石等若干类资源产品的资源税税额标准。2018 年,开征资源保护税。

此外,将船舶吨税重新纳入财政预算管理,取消了筵席税,不再提及开征遗产税和证券交易税。

通过这些改革,中国的税制进一步简化、规范,税负更加公平,宏观调控作用增强,在促进经济持续快速增长的基础上实现了税收的连年大幅度增长。

二、我国现行税法体系

国家税收制度的确立,要根据本国的具体政治经济条件,所以,各国的政治经济条件不同,税收制度也不尽相同。就一个国家而言,在不同时期,由于政治经济条件和政治经济目标不同,税收制度也有着或大或小的差异。

税法体系中各税法按基本内容和效力、职能作用、征收对象、权限范围的不同,可分为不同类型。

(一) 按照税法的基本内容和效力划分

按照税法的基本内容和效力的不同,可分为税收基本法和税收普通法。

税收基本法也称税收通则,是税法体系的主体和核心,在税法体系中起着税收母法的作用。其基本内容一般包括税收制度的性质、税务管理机构、税收立法与管理权限、纳税人的基本权利与义务、征税机关的权利和义务、税种设置等。我国目前还没有制定统一的税收基本法,随着我国税收法制建设的发展和完善,将研究制定税收基本法。税收普通法是根据税收基本法的原则,对税收基本法规定的事项分别立法实施的法律。如个人所得税法、税收征收管理法等。

(二) 按照税法的职能作用划分

按照税法的职能作用的不同,可分为税收实体法和税收程序法。

1. 税收实体法体系

我国现行税制就其实体法而言,是 1949 年中华人民共和国成立后经过几次较大的改革逐步演化而来的,按征税对象大致分为五类。

(1) 商品(货物)和劳务税类。包括增值税、消费税和关税,主要在生产、流通或者服务业中发挥调节作用。

（2）所得税类。包括企业所得税、个人所得税。主要是在国民收入形成后，对生产经营者的利润和个人的纯收入发挥调节作用。

（3）财产和行为税类。包括房产税、车船税、印花税、契税，主要是对某些财产和行为发挥调节作用。

（4）资源税类。包括资源税、土地增值税和城镇土地使用税，主要是对因开发和利用自然资源差异而形成的级差收入发挥调节作用。

（5）特定目的税类。包括固定资产方向调节税（暂缓征收）、筵席税、城市维护建设税、车辆购置税、耕地占用税和烟叶税，主要是为了达到特定目的，对特定对象和特定行为发挥作用。

上述税种一共有17个，其中的关税和船舶吨税由海关负责征收管理，其他税种由税务机关负责征收管理。耕地占用税和契税，1996年以前由财政机关的农税部门征收管理，1996年财政部农税管理机构划归国家税务总局，这些税种就改由税务部门负责征收。

现行税种中，除企业所得税、个人所得税、车船税是以国家法律的形式发布实施外，其他各税种都是经全国人民代表大会授权立法，由国务院以暂行条例的形式发布实施的。这些法律法规共同组成了我国的税收实体法体系。

2. 税收程序法体系

除税收实体法外，我国对征收管理使用的法律制度，是按照税收管理机关的不同而分别规定的。

（1）由税务机关负责征收税种的管理，按照全国人民代表大会常务委员会发布的《中华人民共和国税收征收管理法》（以下简称《税收征管法》）执行。

（2）由海关机关负责征收的税种的征收管理，按《海关法》及《进出口关税条例》等有关规定执行。

上述税收实体法和税收征收管理的程序法的法律制度构成了我国现行的税法体系。

第五节　税务会计总论

一、税务会计概述

（一）税务会计的概念

税务会计是以我国现行税收法规为准绳，运用会计学的理论、方法和程序，对企业经营过程中涉税事项进行计算、调整和税款缴纳、退补等，即对企业涉税会计事项进行确认、计量、记录和报告，以实现企业最大税收利益的一门专业会计。税务会计是社会经济发展到一定阶段后，从传统会计中分离出来，介于税收学与会计学之间的一门新兴边缘学科，是融国家税收法令与会计处理于一体的一种特种专业会计，概括地说，是税务中的会计、会计中的税务。

税务会计是企业会计的一个特殊领域，是以财务会计为基础，对财务会计中按会计准则、会计制度进行会计处理与国家现行税收法规不一致的会计事项，或者出于纳税筹划目的,由税务会计进行纳税调整或重新计算。因此,税务会计并不要求企业在财务会计的凭证、账簿、报表之外再设一套会计账表(纳税报表及其附表除外)。各企业均应设置专职税务会计人员(办税员),大企业还应设置专门的税务会计机构和税务总监。

随着各国税制的逐步完善、会计的不断发展,以及税收的国际协调、会计的国际趋同,税务会计理论与实务也在不断发展、完善。

(二)税务会计的特点

税务会计有别于财务会计的主要特点有以下几个。

1. 税法导向性(法定性)

企业财务会计在《企业会计准则》的规范下,可以对某些交易事项进行会计政策选择。税务会计则是以国家现行税收法律法规为依据,税收的法定性决定了税务会计的法定性,这是它区别于其他专业会计的一个最重要的特点。当财务会计处理与税法的计税方法、计税范围等有差异时,税务会计必须按现行税收法律法规规定进行纳税调整。对某些不便按照税法规定反映而按会计准则规定处理的交易事项,税务会计必须单独设置备查分类账簿,单独核算其应税收入(收益)和成本费用等,方能据以按应税税种的不同税目、税率计税或进行减税、免税的计算等。

2. 纳税筹划性

企业通过税务会计履行纳税义务,同时还应体现其作为纳税人享有的权利。具体体现在应交税费账户的作用上,它既可以反映企业上缴税金的数额,即实际履行的纳税义务,又可以反映企业应缴未缴的税金数额,它是企业对国家的一笔负债,其金额的大小、滞留企业时间的长短可以反映企业无偿使用"该项资金"的能力。减轻税负、提高盈利水平是每个企业不懈追求的目标。通过税务会计的筹划,可以正确处理涉税会计事项,实现企业财务目标。

3. 账务处理的协调性

对财务会计根据会计准则确认、计量、记录和报告的事项及其结果只要与税法规定不悖,税务会计就可以直接采用,只有对与税法规定有差异或者不符合税法规定的事项,才进行纳税调整,即进行税务会计处理,使之符合税法的要求。因此,税务会计是对财务会计的调整,两者也具有协调性。

4. 核算领域的广泛性

按税法规定,所有法人和自然人都可能是纳税权利义务人。法定纳税人的广泛性,决定了税务会计的广泛性。小型企业虽然执行的是《小企业会计准则》,但对涉税事项的会计处理则是体现以税法为导向的会计处理原则。其他企业执行的《企业会计准则》体现财务会计以投资人为导向,但为了纳税的需要,为了降低涉税风险,还必须设置税务会计。由此可见,各种类型企业单位都应设置税务会计。

(三)税务会计与财务会计的异同

1. 税务会计与财务会计的联系

要探讨税务会计与财务会计的关系,就必须明确会计与法律、会计与税收、会计与企业决策者的关系。会计的法规制度对我国会计工作的影响是方向性的。税收对会计的影响,往往与法律对会计的影响分不开,税收通过法律发挥作用,法律保障税收的执行,但它们对会计影响的着重点不同。法律规定会计"能做什么"和"不能做什么",税收则引导企业及其会计"怎样做",从而影响企业及其会计的具体行为。例如,当税务会计与财务会计在实务中允许存在合理差异时,会计计量模式的选择必须遵循分别反映的原则,否则,两者之间量的差异将无法揭示出来。因此,税收对会计的影响是调节性的。企业决策者则要求在国家法律、制度许可的范围内,进行某些会计政策选择,如选择会计原则、会计程序、会计方法等。但会计的规范、计量方法、处理方法等也会反作用于法律、税收和企业决策者。

税务会计作为一项实质性工作并不一定独立存在,而是企业会计的一个特殊领域,是以财务会计为基础的。税务会计资料大多来源于财务会计,对财务会计处理中与现行税法不相符的会计事项,或出于税务筹划目的需要调整的事项,按税务会计的方法计算、调整,并做调整会计分录,再融于财务会计账簿或财务会计报告之中。对以税法为导向的小型企业会计,不对外提供会计报告,两者融为一体,其会计可以称为企业会计或税务会计。

2. 税务会计与财务会计的区别

两者除目标不同、对象不同外,主要还有以下区别。

(1) 核算基础、处理依据不同。税收法规与会计准则存在不少差别,其中最主要的差别在于收益实现的时间和费用的可扣减性。税收制度是收付实现制与权责发生制的结合,因为计算应税所得是要确定纳税人立即支付货币资金的能力、管理上的方便性和征收当期收入的必要性,这与财务会计所依据的持续经营假设是相矛盾的。财务会计只是遵循财务会计准则处理各种经济业务,会计人员对某些相同的经济业务可能有不同的表述、出现不同的会计结果,应该认为是正常现象。税务会计既要遵循税务会计的一般原则,也要遵守与税收法规不相矛盾的财务会计一般原则。

(2) 计算损益的程序不同。税收法规中包括修正一般收益概念的社会福利、公共政策和权益条款,强调应税所得与会计所得的不同。各国所得税税法都明确规定法定收入项目、税法允许扣除项目及其金额的确认原则和方法。企业按税法规定确定两者金额后,其差额即为应纳税所得额。税务会计以此为法定依据,但在实际计算时,要在"会计所得"的基础上调整为应税所得。当财务会计的核算结果与税务会计不一致时,财务会计的核算应服从税务会计的核算,使之符合税法的要求。

税务会计坚持历史成本原则,不考虑货币时间价值的变动,更重视可以预见的事项,而财务会计却可以有某些不同。各国都在力图缩小财务会计与税务会计的差异,但两者的差异不可能消失,因为两者目标不同。此外,承认税务会计与财务会计的区别,实际上是承认政府有权对纳税人的非经营收益等进行确认和征税的问题。抹杀两者的区别,可能对征纳双方都是无益的。因此,既不必要求对方适应自己,也不必自己削足适履去符合对方。应该各自遵循其本身的规律和规范,在理论上不断发展自己,在方法上不断完善自己,更好地体现各自的具体目标,共同为企业的整体目标服务。

二、税务会计对象

税务会计的对象是独立于会计系统之外的客体,是运用会计的特定程序和方法对客体进行的分类和表述。在企业中,凡是涉税事项都是税务会计对象。因此,纳税人因纳税而引起的税款的形成、计算、缴纳、补退、罚款等经济活动就是税务会计对象。

企业的税务活动主要包括以下几个方面。

1. 计税基础、计税依据

(1) 流转额(金额、数额)。流转额是企业在经营过程中的销售(购进)量、销售(购进)额等,它是各种流转税的计税依据,又是所得税的计税基础和前提。

(2) 成本、费用额。成本、费用是企业在生产经营过程中的耗费和支出。它包括生产过程的生产费用和流通过程的流通费用。成本、费用主要反映企业资金的垫支和耗费,是企业资金补偿的尺度。将一定会计期间的成本、费用总额与同期经营收入总额做对比,可以反映企业的生产经营成果。财务会计记录的成本、费用、支出额,按税法规定允许在税前扣除的部分是计算应纳税所得额的基础。

(3) 利润额与收益额。财务会计核算的经营利润、投资收益等,都需要按税法规定调整、确认为应税利润、应税收益,它是正确计税的基础。

(4) 财产额(金额、数额)。对各种财产税,如房产税、车船税等,需要在财务会计对各类资产确认、计量、记录的基础上,按税法规定的税种,正确确认应税财产金额或数额。

(5) 行为计税额。对行为税(如印花税、车辆购置税等),应以财务会计确认、记录的应税行为交易额或应税标准为课税依据。

2. 税款的计算与核算

按税法规定的应缴税种,在正确确认应税依据的基础上,正确计算各种应缴税金,并做相应的会计处理。

3. 税款的缴纳、退补与减免

由于各种税的计税依据和征收方法不同,同一种税对不同行业、不同纳税人的会计处理有所不同,因此,各种税款的缴纳方法也不尽相同。企业应按税法规定,根据企业会计准则、制度,正确进行税款缴纳的会计处理。对企业多缴税款、按规定应该退回的税款或应该补缴的税款,要进行相应的会计处理。减税、免税是对某些纳税人的一些特殊情况、特殊事项的特殊规定,从而体现税收政策的灵活性和税收杠杆的调节作用,因此,企业应正确地对减免税款进行会计处理。

4. 税收滞纳金与罚款、罚金

企业因逾期缴纳税款或违反税法规定而支付的各项税收滞纳金、罚款、罚金,也属税务会计对象,应该如实记录和反映。

三、税务会计基本前提

由于税务会计以财务会计为基础,财务会计中的基本前提有些也适用于税务会计,如会计分期、货币计量等,但因税务会计的法定性等特点,税务会计的基本前提有其特殊性和特定性。

1. 税务会计主体

税务会计主体亦称纳税会计主体,即税法规定的直接负有纳税义务并享有纳税人权利的实体,包括单位和个人(法人和自然人)。正确界定税务会计主体,就是要求每个纳税会计主体应与其他纳税会计主体分开,保持符合税法要求的会计记录并填报纳税申报表。一般情况下,纳税主体就是纳税会计主体,即税务会计主体,但在特定情况下,纳税主体不一定就是纳税会计主体(税务会计主体),如对工资薪金、劳务报酬征收个人所得税时,纳税人是纳税主体,但并非纳税会计主体,作为扣缴义务人的企业单位才是这一纳税事项的会计主体——税务会计主体。

财务会计主体是财务会计为其服务的特定单位或组织,会计处理的数据和提供的财务信息被严格限制在一个特定独立的或相对独立的经营单位之内,典型的财务会计主体是企业。在一般情况下,财务会计主体同时也是税务会计主体,但在特殊或特定情况下,财务会计主体不一定就是税务会计主体,或者相反。

2. 持续经营

持续经营这一前提意味着该企业个体将继续存在足够长的时间以实现其现在的承诺,如预期所得税在将来被继续课征。这是所得税款递延、亏损前溯或后转以及暂时性差异能够存在并且能够使用纳税影响会计法进行所得税跨期摊配的理论依据。以折旧为例,它意味着,在缺乏相反证据时,人们总是假定该企业将在足够长的时间内为转回暂时性的纳税利益而经营并获得收益。

3. 货币时间价值

货币(资金)在其运行过程中具有增值能力。即使不考虑通货膨胀的因素,今天的 1 元钱也比若干年后收到(或付出)1 元钱的价值要大得多。这说明,同样一笔资金,在不同时间具有不同的价值。随着时间的推移,投入周转使用的资金价值将会发生增值,这种增值的能力或数额就是货币的时间价值。这一基本前提已成为税收立法、税收征管的基点,因此,各个税种都明确规定纳税义务的确认原则、纳税期限、交库期等。它深刻地揭示了纳税人进行税务筹划的目标之一——纳税延迟,也说明了所得税会计中采用纳税影响会计法进行纳税调整的必要性。

4. 纳税会计期间

纳税会计期间是指纳税人按照税法规定选定的纳税年度期间。因此,纳税会计期间亦称纳税年度。应税实体必须以年度为基础报告其经营成果,确定其纳税年度,即所有应税实体都必须选择一个年度会计期间,向政府报告其经营成果。我国纳税会计期间统一规定为日历年度,非由纳税人自己选择。虽然税务会计也可将会计年度划分为月、季,但强调的是年度应税收益,尤其是企业所得税。纳税会计期间与纳税期限并不等同,如增值税、消费税的纳税期限是日或月。如果纳税人在一个纳税年度的中间开业,或者由于改组、合并、破产、清算等原因,导致该纳税年度的实际经营期限不足 12 个月,应当以其实际经营期限为一个纳税年度。纳税人清算时,应当以清算期间作为一个纳税年度。各国纳税年度规定的具体起止时间有所不同,一般有日历年度、非日历年度、财政年度或营业年度。纳税人在税法规定的范围内选择、确定,但必须符合税法规定的采用和改变应纳税年度的办法,并且遵循税法中关于对不同企业组织形式、企业类型的各种限制性规定。

5. 年度会计核算

年度会计核算是税务会计中最基本的前提，各国税制都建立在年度会计核算的基础上，而不是建立在某一特定业务的基础上。课税只针对某一特定纳税期间发生的全部事项的净结果，而不考虑当期事项在后续年度中的可能结果如何，后续事项将在其发生的年度内考虑。例如，在"所得税跨期摊配"中应用递延法时，由于强调原始差异对税额的影响而不强调转回差异对税额的影响，因此，它与未来税率没有关联性。

当时间性差异后来转回时，按时间性差异产生时递延的同一数额调整所得税费用，从而使税务会计数据具有更多的可稽核性，以揭示税款分配的影响金额。

四、税务会计原则

税务会计虽然要遵循（财务）会计的一般程序和方法，但必须以税法为导向。在（财务）会计中，反映会计信息质量特征（要求）原则、会计要素的确认与计量原则、确认与计量的修正原则，其基本精神大多也适用于税务会计，但因税务会计与税法的特定联系，税收原则理论和税收立法原则会非常明显地影响以至于主导税务会计原则。此外，还应体现税务会计主体的税收利益，这就逐步形成了税务会计原则。

税务会计原则应包括以下几方面。

1. 税法导向原则

税法导向原则亦称税法遵从原则。税务会计应以税法为准绳，在财务会计确认、计量的基础上，再以税法为判断标准进行重新确认和计量，在遵从或不违反税法的前提下，履行纳税义务，寻求税收利益。该原则体现"税法至上"，即税法优先于会计法规等其他普通法规。

2. 以财务会计核算为基础原则

此项原则适用于税务会计与财务会计混合的会计模式。只有当某一交易事项按会计准则在财务会计报告日确认以后，才能确认该交易事项按税法规定确认的应课税款，依据会计准则在财务报告日尚未确认的交易事项可能影响到当日已确认的其他交易事项的最终应课税款，但只有在根据会计准则确认导致征税效应的交易事项之后，才能确认这些征税效应。

其基本含义如下。

（1）对于已在财务会计报表中确认的全部交易事项的当期或递延税款，应确认为当期或递延所得税负债或资产。

（2）根据现行税法的规定计量某一交易事项的当期或递延应纳税款，以确定当期或未来年份应付或应退还的所得税金额。

（3）为确认和计量递延所得税负债或资产，不预期未来年份赚取的收益或发生的费用的应纳税款或已颁布税法、税率变更的未来执行情况。

3. 应计制原则与实现制原则

由于收付实现制不符合财务会计要素的确认、计量原则，不能用于财务会计报告目的。为了更多地借助于财务会计记录，降低税收征管成本，目前多数国家的税法一般都接受应计制原则。但在用于税务会计时，与财务会计的应计制还是存在明显差异。

(1) 应该考虑税款支付能力原则,使得纳税人在最有能力时支付税款。
(2) 确定性的需要,要求收入和费用的实际实现具有确定性。
(3) 保护政府税收收入。

由此可见,税务会计是有条件地接受应计制原则,体现的是税收实用主义。

4. **历史(实际)成本计价原则**

按历史成本计价原则进行会计处理,既有利于对资产、负债、所有者权益的存量计量,也有利于对收入、费用、利润的流量计量,因此,能够客观真实地反映企业的财务状况和财务成果。在税务会计中,除税法另有规定外,纳税人必须遵循历史成本计价原则,因为它具有确定性与可验证性。

5. **相关性原则**

与财务会计的相关性原则的含义不同,税务会计的相关性体现在所得税负债的计算上,即纳税人当期可扣除的费用在性质和根源上必须与其取得的收入相关。

6. **配比原则**

配比原则是财务会计中对某一会计期间的收入同与其相关的费用相配比,以正确计算当期损益并据以进行收益分配。税务会计的配比原则是在所得税负债计算时,应按税法确定收入(法定收入)并界定同期可扣除费用,即纳税人发生的费用应在费用应配比或应分配的当期申报中扣除。

7. **确定性原则**

确定性原则是指在所得税会计处理过程中,按所得税税法的规定,应税收入与可扣除费用的实际实现应具有确定性,即纳税人可扣除的费用不论何时支付,其金额必须是确定的。该原则适用于所得税的税前扣除,凡税前扣除的费用,如财产损失等,必须是真实发生且其金额必须是可以确定的。

8. **合理性原则**

合理性原则是指纳税人可扣除费用的计算与分配方法应符合一般的经营常规和会计惯例。该原则属于定性原则而非定量原则,具有较大的弹性。对同一交易事项的认定和会计处理,征纳双方角度不同、利益不同,对是否合理会有不同的解释。税务会计信息应该具有"合理性"的充分说服力。

9. **税款支付能力原则**

税款支付能力与纳税能力有所不同。纳税能力是指纳税人应以合理的标准确定计税基数(税基),有同等计税基数的纳税人应负担同一税种的同等税款。因此,纳税能力体现的是合理负税原则。与企业的其他费用支出有所不同,税款支付必须全部是现金支出,因此,在考虑纳税能力的同时,也应考虑税款的支付能力。税务会计在确认、计量、记录收入、收益、成本、费用时,应尽可能选择能够保证税款支付能力的会计处理方法(包括销售方式、结算方式、结算工具的选择等)。

10. **筹划性原则**

税务会计既要保证依法计税、纳税,又要尽可能地争取纳税人的最大税收利益。因此,选择什么样的会计政策、采用何种税务筹划方案,必须事先进行周密的谋划。"税务会计的目标不是会计,而是收益。"因此,它还具有财务职能,具有预测性。

五、税务会计要素

税务会计要素是对税务会计对象的进一步分类,其分类既要服从税务会计目标,又受税务会计环境的影响。税务会计环境决定了纳税会计主体的具体涉税事项和特点,按涉税事项的特点和税务会计信息使用者的要求进行的分类,即形成税务会计要素,它同时也是税务会计报表(纳税申报表)要素。税务会计要素主要有以下几个。

1. 计税依据

计税依据是税法中规定的计算应纳税额的根据。在税收理论中称为税基。纳税人的各种应缴税款是各税的计税依据与其税率之积。不同税种的计税依据不同,有收入额、销售额(量)、增值额(率)、所得额等。

2. 应税收入

应税收入是企业因销售商品、提供劳务等应税行为所取得的收入,即税法所认定的收入。因此,也可称为法定收入。应税收入与财务会计收入(简称会计收入)有密切联系,但不一定等同。确认应税收入的原则,一是与应税行为相联系,即发生应税行为才能产生应税收入。换言之,如果纳税人发生非应税行为或免税行为,其所取得的收入就不是应税收入,而只是会计收入。二是与某一具体税种相关。纳税人取得一项收入,如果是应税收入,必然与某一具体税种相关,即是某一特定税种的应税收入,而非其他税种的应税收入。

对应税收入的确认和计量,一般也是按财务会计原则和标准来进行的。但税法也有例外,如对权责发生制的修正,税法对某些应税行为按收付实现制确认应税收入。

3. 扣除费用

扣除费用是企业因发生应税收入而必须支付的相关成本、费用、税金、损失,即税法所认可的允许在计税时扣除项目的金额,亦称法定扣除项目金额。属于扣除项目的成本、费用、税金、损失是在财务会计确认、计量、记录的基础上,分不同情况确认:一是按其与应税收入的发生是否有因果关系。如有因果关系,可按比例扣除。二是在受益期内,按税法允许的会计方法进行折旧、摊销。三是对财务会计中已经确认、计量、记录的某些项目,凡超过税法规定的扣除标准的,一律按税法规定的限额作为扣除费用。由此可见,财务会计确认、计量、记录的成本、费用、支出与法定扣除项目金额虽然有密切关系,但两者并不等同。

4. 应税所得

在经济学、财务会计学与税务会计学中,关于"所得"的含义有所不同。财务会计中的"所得"就是账面利润或会计利润。税务会计中的"所得"即指应税所得,或称应纳税所得,它是应税收入与法定扣除项目金额(扣除费用)的差额,也是所得税的计税依据。在税务会计实务中,企业是在财务会计提供的账面利润的基础上,按现行税法与财务会计的差异及其选定的所得税会计方法确认应税所得,进而计算应纳税额。

如果应税所得是负数,则为应税亏损。如果财务会计提供的账面利润是负数,即为账面亏损。在账面亏损的基础上,按现行税法进行调整,如果调整后仍是负数,即为应税亏损。只有对应税亏损,方可按税法规定进行税前弥补。对企业有意虚列亏损,则视同逃税行为。

5. 应纳税额

应纳税额亦称应缴税款。它是计税依据与其适用税率与单位税额的乘积。应纳税额是税务会计特有的一个会计要素,其他会计没有这个要素。影响应纳税额的因素有计税依据、税率、单位税额和减免税规定。计税依据体现征税的广度,每个税种都要明确规定其计税依据,除附加税外,各个税种均有独立的计税依据。税率体现征税的深度,各个税种一般都有其特定的税率。如果是对税基的减免,减免税体现在计税依据中,如果是对应纳税额的减免,减免税则是一个单独的因素。

上述税务会计要素也可以称为基本要素,因为主要税种还可以将基本要素细化,即税务会计具体要素,如增值税会计要素、所得税会计要素等。此外,免退税、退补税、滞纳金、罚款、罚金等也可以作为税务会计要素,但不是主要会计要素,或者说是税务会计要素的调整因素。

6. 税务会计等式

在我国财务会计的六项会计要素中,资产、负债和所有者权益构成资产负债表,收入、费用和利润构成利润表,通过两张主要会计报表,分别体现了静态、动态会计要素之间的关系。在混合模式下,当财务会计要素的确认与税务会计一致时,按财务会计处理;当两者不一致时,按税法要求进行调整,调整后再融入财务会计中。税务会计要素是税制构成要素在税务会计中的具体体现,它们之间的关系构成以下两个会计等式:

应税收入－扣除费用＝应税所得

计税依据×适用税率(或单位税额)＝应纳税额

前者仅适用于所得税,后者适用于包括所得税在内的所有税种。

本章习题
扫描二维码
可下载。

第二章

增值税法及其会计核算

【教学目标】
- 理解增值税的含义、特点及其纳税人
- 掌握增值税的征税范围、税率以及应纳税额的计算
- 了解增值税的申报与缴纳
- 掌握增值税会计的确认、计量与记录

【本章重点】
- 增值税的征收范围
- 增值税的纳税人
- 增值税的税率、征收率
- 销项税额与进项税额的确认
- 增值税会计与财务会计的关系

【本章难点】
- 销项税额与进项税额的确认
- 出口退税

第一节 增值税的概念与特点

一、增值税的概念

增值税是以单位和个人生产经营过程中取得的增值额为课税对象征收的一种税。按照我国增值税法的规定,增值税是对在我国境内销售货物,提供加工修理修配劳务(以下简称提供应税劳务),销售服务、无形资产及不动产(以下简称发生应税行为),以及进口货物的企业、单位和个人,就其销售货物、提供应税劳务、发生应税行为的增值额和货物进口金额为计税依据而课征的一种流转税。

这里的"增值额",可以从以下几个角度来理解。

(1)从理论上讲,增值额相当于商品价值 $C+V+M$ 中的 $V+M$ 部分,C 即商品生产

过程中所消耗的生产资料转移价值;V 即工资,是劳动者为自己创造的价值;M 即剩余价值或盈利,是劳动者为社会创造的价值。增值额是企业在生产经营过程中新创造的价值,大体相当于净产值或国民收入。

(2) 从商品生产的全过程而言,一件商品最终实现消费时的最后销售额,相当于该商品从生产到流通各个经营环节的增值额之和,也就是该项货物或劳务的最终销售价值。

(3) 从个别生产单位而言,增值额可以看作商品购销价差,即因提供应税的商品和劳务而取得的收入价格与该商品或劳务外购成本价格之间的差额。

(4) 从税收征收实践来看,增值额是指法定增值额,即收入总额扣除法定项目后的余额。

增值税之所以能够在世界上众多国家推广,是因为其可以有效地防止商品在流转过程中的重复征税问题,并使其具备保持税收中性、普遍征收、税收负担由最终消费者承担、实行税款抵扣制度、实行比例税率、实行价外税制度等特点。

我国现行增值税的基本规范是 2008 年 11 月 10 日国务院令第 538 号公布的《中华人民共和国增值税暂行条例》(以下简称《增值税暂行条例》)、《中华人民共和国增值税暂行条例实施细则》(以下简称《增值税暂行条例实施细则》)以及 2016 年 3 月发布的《关于全面推开营业税改征增值税试点的通知》。

二、增值税的特点

增值税具有以下几个特点。

(一) 保持税收中性

根据增值税的计税原理,流转额中的非增值因素在计税时被扣除。因此,对同一商品而言,无论流转环节的多与少,只要增值额相同,税负就相等,不会影响商品的生产结构、组织结构和产品结构。

(二) 普遍征收

从增值税的征税范围看,对从事商品生产经营和劳务提供的所有单位与个人,在商品增值的各个生产流通环节向纳税人普遍征收。

(三) 税款由最终消费者负担

虽然增值税是向企业主征收,但企业主在销售商品时又通过价格将税收负担转嫁给下一生产流通环节,最后由最终消费者承担。可见,增值税税负具有逐环节向前推移的特点,作为纳税人的生产经营者并不是增值税的真正负担者,只有最终消费者才是全部税款的负担者。

(四) 实行税款抵扣制度

在计算企业应纳税款时,要扣除商品在以前生产环节已负担的税款,以避免重复征税。从世界各国来看,一般都实行凭购货发票进行抵扣。

（五）实行比例税率

从实行增值税制度的国家来看，普遍实行比例税制，以贯彻征收简便易行的原则。由于增值额对不同行业和不同企业、不同产品来说，性质是一样的，原则上对增值额应采用单一比例税率，但为了贯彻一些经济社会政策，对某些特定的行业或产品实行差别税率。因而开征增值税的国家，一般都规定基本税率和优惠税率或低税率。

（六）实行价外税制度

在计税时，作为计税依据的销售额中不包含增值税税额，这样有利于形成均衡的生产价格，并有利于税负转嫁的实现。这是增值税与传统的以全部流转额为计税依据的流转税或商品课税的一个重要区别。

三、增值税的类型

在实践中，各国征收增值税均以法定增值额为课税对象。但是，法定增值额和理论增值额往往不一致，主要区别在于对购入固定资产的处理上，所以根据对购入固定资产已纳税款处理的不同，可以将增值税分为不同的类型。依据实行增值税的各个国家允许抵扣已纳税款的扣除项目范围的大小，增值税分为生产型增值税、收入型增值税和消费型增值税三种类型。

（一）生产型增值税

生产型增值税是以纳税人的销售收入（劳务收入）减去用于生产、经营的外购原材料、燃料、动力等物质资料价值后的余额作为法定的增值额，但对购入的固定资产及其折旧均不予扣除。既不允许扣除购入固定资产的价值，也不考虑生产经营过程中固定资产磨损的那部分转移价值（折旧）。由于这个法定增值额等于工资、租金、利息、利润和折旧之和，其内容从整个社会来说相当于国民生产总值，所以称为生产型增值税。

（二）收入型增值税

收入型增值税除允许扣除外购物质资料的价值以外，对于购置用于生产、经营用的固定资产，允许将已提折旧的价值额予以扣除，即对于购入的固定资产，可以按照磨损程度相应地给予扣除。这个法定增值额，就整个社会来说，相当于国民收入，所以称为收入型增值。

（三）消费型增值税

消费型增值税允许将购置物质资料的价值和用于生产、经营的固定资产价值中所含的税款，在购置当期一次性全部扣除。虽然固定资产在原生产经营单位作为商品出售时都已征税，但当购置者作为固定资产购进使用时，其已纳税金在购置当期已经全部扣除。从整个国民经济来看，这一课税基数仅限于消费资料价值的部分，故称消费型增值税。

我国从1994年1月1日起开征增值税，受财政承受能力制约，直至2008年12月31

日,均实行生产型增值税。从2009年1月1日起转征消费型增值税,极大地刺激企业对固定资产进行投资,进行设备更新改造,促进了我国产业结构的调整,对经济的增长将起到重要的拉动作用,财政收入总量也会随之逐渐增长。

第二节 增值税的基本内容

一、增值税纳税义务人

(一)纳税义务人

在中华人民共和国境内销售货物或者提供加工、修理修配劳务(以下简称劳务),销售服务、无形资产、不动产以及进口货物的单位和个人为增值税纳税人。

单位,是指企业、行政单位、事业单位、军事单位、社会团体及其他单位。

个人,是指个体工商户和其他个人。

(二)扣缴义务人

中华人民共和国境外的单位或者个人在境内提供应税劳务,在境内未设有经营机构的,其应纳税款以境内代理人为扣缴义务人;在境内没有代理人的,以购买者为扣缴义务人。

境外单位或个人在境内销售服务、无形资产或者不动产,在境内未设有经营机构的,以购买方为增值税扣缴义务人。财政部和国家税务总局另有规定的除外。

二、一般纳税人和小规模纳税人的认定

增值税实行凭专用发票抵扣税款的制度,客观上要求纳税人具备健全的会计核算制度和能力。由于我国增值税纳税人众多,会计核算水平差异较大,大量的小企业和个人还不具备用发票抵扣税款的条件。为了既简化增值税的计算和征收,又有利于减少税收征管漏洞,税法上将增值税纳税人按会计核算水平和经营规模大小,分为一般纳税人和小规模纳税人两类纳税人进行管理,分别采取不同的发票管理制度和增值税计税方法。

(一)小规模纳税人管理

1. 小规模纳税人划分的标准

根据《财政部税务总局关于统一增值税小规模纳税人标准的通知》(财税〔2018〕33号)规定,自2018年5月1日起,统一增值税小规模纳税人标准,即增值税小规模纳税人标准为年应征增值税销售额500万元及以下。

2. 特殊规定

(1)年应税销售额超过小规模纳税人标准的其他个人按小规模纳税人纳税;非企业性单位、不经常发生应税行为的企业可选择按小规模纳税人纳税。

(2)年应税销售额未超过规定标准的纳税人,会计核算健全,能够提供准确税务资料的,可以向主管税务机关办理一般纳税人登记。会计核算健全,是指能够按照国家

统一的会计制度规定设置账簿,根据合法、有效凭证进行核算。能够准确提供税务资料,是指能够按规定如实填报增值税纳税申报表及其他相关资料,并按期进行申报纳税。

(二) 一般纳税人资格登记及管理

根据2018年2月1日开始执行的《增值税一般纳税人登记管理办法》(国家税务总局令第43号),增值税纳税人年应税销售额超过财政部、国家税务总局规定的小规模纳税人标准的,除按照政策规定选择按小规模纳税人纳税的和年应税销售额超过规定标准的其他个人外,应当向主管税务机关办理一般纳税人登记。

年应税销售额,是指纳税人在连续不超过12个月或4个季度的经营期内累计应征增值税销售额,包括纳税申报销售额、稽查查补销售额、纳税评估调整销售额。纳税申报销售额,是指纳税人自行申报的全部应征增值税销售额,其中包括免税销售额和税务机关代开发票销售额。稽查查补销售额和纳税评估调整销售额计入查补税款申报当月(或当季)的销售额,不计入税款所属期销售额。

销售服务、无形资产或者不动产(以下简称"应税行为")有扣除项目的纳税人,其应税行为年应税销售额按未扣除之前的销售额计算。纳税人偶然发生的销售无形资产、转让不动产的销售额,不计入应税行为年应税销售额。

经营期,是指在纳税人存续期内的连续经营期间,含未取得销售收入的月份或季度。

除国家税务总局另有规定外,纳税人登记为一般纳税人后,不得转为小规模纳税人。

三、增值税的征税范围

增值税的征税范围包括在境内销售货物、提供应税劳务、发生应税行为以及进口货物等。根据《增值税暂行条例》《增值税暂行条例实施细则》和营改增的规定,将增值税的征税范围分为一般规定和特殊规定。

(一) 征税范围的一般规定

现行增值税征税范围的一般规定包括销售或者进口的货物、提供的应税劳务和发生的应税行为。

1. 销售或者进口的货物

货物是指有形动产,包括电力、热力、气体在内。销售货物,是指有偿转让货物的所有权。进口货物是指申报进入我国海关境内的货物。

2. 提供的应税劳务

应税劳务是指纳税人提供的加工、修理修配劳务。加工是指受托加工货物,即委托方提供原料及主要材料,受托方按照委托方的要求制造货物并收取加工费的业务;修理修配是指受托对损伤和丧失功能的货物进行修复,使其恢复原状和功能的业务。

自2020年5月1日起,纳税人受托对垃圾、污泥、污水、废气等废弃物进行专业化处理(即运用填埋、焚烧、净化、制肥等方式,对废弃物进行减量化、资源化和无害化处理处置)后产生货物,且货物归属委托方的,受托方属于提供加工劳务;货物归属受托方的,受托方将产生的货物用于销售时,属于销售货物。

3. 发生的应税行为

应税行为分为三大类,即销售应税服务、销售无形资产和销售不动产。其中,应税服务包括交通运输服务、邮政服务、电信服务、建筑服务、金融服务、现代服务、生活服务。具体征税范围如下。

(1) 交通运输服务。交通运输服务是指利用运输工具将货物或者旅客送达目的地,使其空间位置得到转移的业务活动,包括陆路运输服务、水路运输服务、航空运输服务和管道运输服务。自2018年1月1日起,纳税人已售票但客户逾期未消费取得的运输逾期票证收入,按照"交通运输服务"缴纳增值税。

(2) 邮政服务。邮政服务是指中国邮政集团公司及其所属邮政企业提供邮件寄递、邮政汇兑和机要通信等邮政基本服务的业务活动,包括邮政普遍服务、邮政特殊服务和其他邮政服务。

(3) 电信服务。电信服务是指利用有线、无线的电磁系统或者光电系统等各种通信网络资源,提供语音通话服务,传送、发射、接收或者应用图像、短信等电子数据和信息的业务活动,包括基础电信服务和增值电信服务。

① 基础电信服务。基础电信服务是指利用固网、移动网、卫星、互联网,提供语音通话服务的业务活动,以及出租或者出售带宽、波长等网络元素的业务活动。

② 增值电信服务。增值电信服务是指利用固网、移动网、卫星、互联网、有线电视网络,提供短信和彩信服务、电子数据和信息的传输及应用服务、互联网接入服务等业务活动。

卫星电视信号落地转接服务,按照增值电信服务缴纳增值税。

(4) 建筑服务。建筑服务是指各类建筑物、构筑物及其附属设施的建造、修缮、装饰,线路、管道、设备、设施等的安装以及其他工程作业的业务活动,包括工程服务、安装服务、修缮服务、装饰服务和其他建筑服务。

(5) 金融服务。金融服务是指经营金融保险的业务活动,包括贷款服务、直接收费金融服务、保险服务和金融商品转让。融资性售后回租,是指承租方以融资为目的,将资产出售给从事融资性售后回租业务的企业后,从事融资性售后回租业务的企业将该资产出租给承租方的业务活动。

以货币资金投资收取的固定利润或者保底利润,按照贷款服务缴纳增值税。

(6) 现代服务。现代服务是指围绕制造业、文化产业、现代物流产业等提供技术性、知识性服务的业务活动,包括研发和技术服务、信息技术服务、文化创意服务、物流辅助服务、租赁服务、鉴证咨询服务、广播影视服务、商务辅助服务和其他现代服务。

① 研发和技术服务。研发和技术服务包括研发服务、合同能源管理服务、工程勘察勘探服务、专业技术服务。自2020年5月1日起,纳税人受托对垃圾、污泥、污水、废气等废弃物进行专业化处理(即运用填埋、焚烧、净化、制肥等方式,对废弃物进行减量化、资源化和无害化处理处置)后未产生货物的,以及专业化处理后产生货物,且货物归属受托方的,受托方属于提供"专业技术服务"。

② 信息技术服务。信息技术服务是指利用计算机、通信网络等技术对信息进行生

产、收集、处理、加工、存储、运输、检索和利用,并提供信息服务的业务活动,包括软件服务、电路设计及测试服务、信息系统服务、业务流程管理服务和信息系统增值服务。

③ 文化创意服务。文化创意服务包括设计服务、知识产权服务、广告服务和会议展览服务。

④ 物流辅助服务。物流辅助服务包括航空服务、港口码头服务、货运客运场站服务、打捞救助服务、装卸搬运服务、仓储服务和收派服务。

⑤ 租赁服务。租赁服务包括融资租赁服务和经营租赁服务。

⑥ 鉴证咨询服务。鉴证咨询服务包括认证服务、鉴证服务和咨询服务。

⑦ 广播影视服务。广播影视服务包括广播影视节目(作品)的制作服务、发行服务和播映(含放映,下同)服务。

⑧ 商务辅助服务。商务辅助服务包括企业管理服务、经纪代理服务、人力资源服务、安全保护服务。

⑨ 其他现代服务。其他现代服务是指除研发和技术服务、信息技术服务、文化创意服务、物流辅助服务、租赁服务、鉴证咨询服务、广播影视服务和商务辅助服务以外的现代服务。

(7) 生活服务。生活服务是指为满足城乡居民日常生活需求提供的各类服务活动,包括文化体育服务、教育医疗服务、旅游娱乐服务、餐饮住宿服务、居民日常服务和其他生活服务。提供餐饮服务的纳税人销售的外卖食品,按照"餐饮服务"缴纳增值税。

(8) 销售无形资产。销售无形资产是指转让无形资产所有权或者使用权的业务活动。无形资产,是指不具实物形态,但能带来经济利益的资产,包括技术、自然资源使用权和其他权益性无形资产。

① 技术。技术包括专利技术和非专利技术。

② 自然资源使用权。自然资源使用权包括土地使用权、海域使用权、探矿权、采矿权、取水权和其他自然资源使用权。

③ 其他权益性无形资产。其他权益性无形资产包括基础设施资产经营权、公共事业特许权、配额、经营权(包括特许经营权、连锁经营权、其他经营权)、经销权、分销权、代理权、会员权、席位权、网络游戏虚拟道具、域名、名称权、肖像权、冠名权、转会费等。

(9) 销售不动产。销售不动产是指转让不动产所有权的业务活动。不动产,是指不能移动或者移动后会引起性质、形状改变的财产,包括建筑物、构筑物等。

(二)视同销售的征税规定

1. **单位或者个体工商户的下列行为,视同销售货物。**

(1) 将货物交付其他单位或者个人代销。

(2) 销售代销货物。

(3) 设有两个以上机构并实行统一核算的纳税人,将货物从一个机构移送至其他机构用于销售,但相关机构设在同一县(市)的除外。用于销售,是指收货机构发生以下情形之一的经营行为:向购货方开具发票;向购货方收取货款。

(4) 将自产、委托加工的货物用于集体福利或者个人消费。

(5) 将自产、委托加工或者购进的货物作为投资,提供给其他单位或者个体工商户。

(6) 将自产、委托加工或者购进的货物分配给股东或者投资者。

(7) 将自产、委托加工或者购进的货物无偿赠送给其他单位或者个人。

2. 视同销售服务、无形资产或者不动产

下列情形视同销售服务、无形资产或者不动产:

(1) 单位或者个体工商户向其他单位或者个人无偿提供服务,但用于公益事业或者以社会公众为对象的除外。

(2) 单位或者个人向其他单位或者个人无偿转让无形资产或者不动产,但用于公益事业或者以社会公众为对象的除外。

(3) 财政部和国家税务总局规定的其他情形。

纳税人出租不动产,租赁合同中规定免租期的,不属于视同销售服务。

对上述行为视同销售,按规定计算销售额并征收增值税的目的,一是为了防止通过这些行为逃避纳税,造成税基侵蚀,税款流失;二是为了避免税款抵扣链条的中断,导致各环节间税负的不均衡,形成重复征税。

(三) 增值税征税范围的特殊规定

1. 混合销售

一项销售行为如果既涉及货物又涉及服务,为混合销售。从事货物的生产、批发或者零售的单位和个体工商户的混合销售行为,按照销售货物缴纳增值税;其他单位和个体工商户的混合销售行为,按照销售服务缴纳增值税。

2. 兼营行为

兼营行为,是指纳税人的经营范围既包括销售货物和加工修理修配劳务,又包括销售服务、无形资产或者不动产。

(1) 根据《中华人民共和国增值税暂行条例实施细则》和《营业税改征增值税试点有关事项的规定》(财税[2016]36号附件2),纳税人销售货物、加工修理修配劳务、服务、无形资产或者不动产适用不同税率或者征收率的,应当分别核算适用不同税率或者征收率的销售额,未分别核算销售额的,按照以下方法适用税率或者征收率:

① 兼有不同税率的销售货物、加工修理修配劳务、服务、无形资产或者不动产,从高适用税率。

② 兼有不同征收率的销售货物、加工修理修配劳务、服务、无形资产或者不动产,从高适用征收率。

③ 兼有不同税率和征收率的销售货物、加工修理修配劳务、服务、无形资产或者不动产,从高适用税率。

(2) 纳税人兼营免税、减税项目的,应当分别核算免税、减税项目的销售额;未分别核算的,不得减税、免税。

(3) 混合销售与兼营的不同点及其税务处理的规定。

混合销售与兼营,区别是混合销售强调的是在同一项销售行为中存在着不同类别经营项目的混合,销售货款及劳务价款是同时从一个购买方取得的;兼营强调的是在同一纳税人的经营活动中存在着不同类别经营项目，但这不同类别经营项目不是在同一项销售行为中发生。

混合销售与兼营是两个不同的税收概念，因此，在税务处理上的规定也不同。混合销售的纳税主要原则是按"经营主业"划分，分别按照"销售货物""销售服务"等不同应税交易征收增值税。兼营的纳税原则是分别核算、分别按照适用税率或征收率征收增值税；对兼营行为不分别核算的，从高适用税率或征收率征收增值税。

3. 征税范围的其他特别规定

与增值税征税范围相关的其他规定主要涉及两大方面：一是征税范围中的特殊项目；二是明确不征收增值税的项目。

（1）征税范围中的特殊项目

① 纳税人取得的财政补贴收入，与其销售货物、劳务、服务、无形资产、不动产的收入或者数量直接挂钩的，应按规定计算缴纳增值税。

② 电力公司向发电企业收取的过网费，应当征收增值税。

③ 供电企业进行电力调压并按电量向电厂收取的并网服务费，按照提供加工劳务征收增值税。

④ 经营罚没物品收入（未上缴财政的），照章征收增值税。

⑤ 单用途卡售卡方因发行或者销售单用途卡并办理相关资金收付结算业务取得的手续费、结算费、服务费、管理费等收入，应按照现行规定缴纳增值税。

（2）不缴纳增值税的特殊项目

① 纳税人取得的与销售收入或数量不直接挂钩的其他情形的财政补贴收入，不征增值税。

② 视罚没物品收入归属确定征税与否，凡作为罚没变价或拍卖收入如数上缴财政的，不予征税。

③ 根据国家指令无偿提供的铁路运输服务、航空运输服务，属于用于公益事业服务，不缴纳增值税。

④ 存款利息不征收增值税。

⑤ 被保险人获得的保险赔付不征收增值税。

⑥ 房地产主管部门或者其指定机构、公积金管理中心、开发企业以及物业管理单位代收的住宅专项维修资金，不征收增值税。

⑦ 纳税人在资产重组过程中，通过合并、分立、出售、置换等方式，将全部或者部分实物资产以及与其相关联的债权、负债和劳动力一并转让给其他单位和个人，不属于增值税的征税范围，其中涉及的货物转让，不动产、土地使用权转让行为，不征收增值税。

⑧ 单用途卡发卡企业或者售卡企业销售仅限于在本企业、本企业所属集团或者同一品牌特许经营体系内兑付货物或者服务的作为预付凭证的单用途卡，或者接受单用途卡持卡人充值取得的预收资金，不缴纳增值税。

四、增值税的税率及征收率

我国增值税采用比例税率形式。为了发挥增值税的中性作用，原则上增值税应该对不同行业不同企业实行单一税率,称为基本税率。同时,为了发挥增值税调节产业结构和产品结构的功能,又对某些行业以及部分产品设置了低档税率。

(一)增值税税率

1. 基本税率

增值税一般纳税人销售或进口货物,提供应税劳务及应税服务,除下列 2、3 情况外,税率一律为 13%,这就是通常所说的基本税率。

2. 低税率

(1) 增值税一般纳税人提供交通运输服务、邮政、基础电信、建筑、不动产租赁服务,销售不动产,转让土地使用权,以及销售或者进口部分货物,按低税率 9% 计征增值税。

其中适用 9% 税率的货物包括:农产品(含粮食)、食用植物油、鲜奶;食用盐、自来水、热水、暖气、石油液化气、天然气、冷气、煤气、沼气、居民用煤炭制品;图书、报纸、杂志、音像制品、电子出版物;农机、饲料、农药、农膜、化肥、二甲醚。

(2) 纳税人发生提供增值电信服务、金融服务、现代服务(服务租赁除外)、生活服务、转让无形资产(土地使用权除外)的其他应税行为,税率为 6%。

3. 零税率

纳税人出口货物,境内单位和个人发生符合规定的跨境应税行为,税率为零。

根据《关于全面推开营业税改征增值税试点的通知》的相关规定,中华人民共和国境内(以下简称境内)的单位和个人销售的下列服务和无形资产,适用增值税零税率。

(1) 国际运输服务。国际运输服务是指:①在境内载运旅客或者货物出境。②在境外载运旅客或者货物入境。③在境外载运旅客或者货物。

(2) 航天运输服务。

(3) 向境外单位提供的完全在境外消费的下列服务:①研发服务。②合同能源管理服务。③设计服务。④广播影视节目(作品)的制作和发行服务。⑤软件服务。⑥电路设计及测试服务。⑦信息系统服务。⑧业务流程管理服务。⑨离岸服务外包业务。⑩转让技术。

(4) 财政部和国家税务总局规定的其他服务。

需要注意的是税率为零,不是简单地等同于免税。出口货物免税仅指在出口环节不征收增值税,而零税率是指对出口货物除了在出口环节不征增值税外,还要对该产品在出口前已经缴纳的增值税进行退税,使该出口产品在出口时完全不含增值税税款,从而以无税产品进入国际市场。

(二)征收率

增值税征收率是指对特定的货物或特定的纳税人销售货物、提供应税劳务、发生应税行为在某一生产流通环节应纳税额与销售额的比率。增值税征收率适用于两种情况:一是小规模纳税人;二是一般纳税人销售货物、提供应税劳务、发生应税行为按规定可以选择简易计税方法计税的。

《增值税暂行条例》规定,小规模纳税人发生应税销售行为,实行按照销售额和征收率计算应纳税额的简易办法,生产规定的某些货物的一般纳税人也可按此法计算纳税。目前,我国增值税征收率为3%和5%。

1. 征收率的一般规定

增值税小规模纳税人,一般适用3%征收率。

销售自己使用过的固定资产、旧货,按照3%的征收率减按2%征收增值税。

根据"营改增"的规定,下列情况适用5%征收率:

(1) 小规模纳税人销售自建或者取得的不动产。

(2) 一般纳税人选择简易计税方法计税的不动产销售。

(3) 房地产开发企业中的小规模纳税人,销售自行开发的房地产项目。

(4) 其他个人销售其取得(不含自建)的不动产(不含其购买的住房)。

(5) 一般纳税人选择简易计税方法计税的不动产经营租赁。

(6) 小规模纳税人出租(经营租赁)其取得的不动产(不含个人出租住房)。

(7) 其他个人出租(经营租赁)其取得的不动产(不含住房)。

(8) 个人出租住房,应按照5%的征收率减按1.5%计算应纳税额。

自2021年10月1日起,住房租赁企业中的增值税一般纳税人向个人出租住房取得的全部出租收入,可以选择适用简易计税方法,按照5%的征收率减按1.5%计算缴纳增值税。住房租赁企业中的增值税小规模纳税人向个人出租住房,按照按照5%的征收率减按1.5%计算缴纳增值税。住房租赁企业是指,按规定向住房城乡建设部门进行开业报告或者备案的从事住房租赁经营业务的企业。

(9) 一般纳税人2016年4月30日前签订的不动产租赁合同,或以2016年4月30日前取得的不动产提供的融资租赁服务,选择适用简易计税方法的。

(10) 一般纳税人收取试点前开工的一级公路、二级公路、桥、闸通行费,选择适用简易计税方法的。

(11) 纳税人转让2016年4月30日前取得的土地使用权,选择适用简易计税方法的。

(12) 房地产开发企业的一般纳税人销售自行开发的房地产老项目,选择适用简易计税方法的。

(13) 一般纳税人和小规模纳税人提供劳务派遣服务选择差额纳税的。

(14) 一般纳税人提供人力资源外包服务,选择适用简易计税方法的。

(15) 纳税人提供安全保护服务,选择差额纳税的。

除上述适用5%征收率以外的纳税人,选择简易计税方法销售货物、提供应税劳务、发生应税行为均为3%征收率。

2. 征收率的特殊政策

根据增值税法的有关规定,适用3%征收率的某些一般纳税人和小规模纳税人可以减按2%计征增值税。

(1) 一般纳税人销售自己使用过的不得抵扣且未扣扣进项税额的固定资产,按照简易办法依照3%征收率减按2%征收增值税。一般纳税人可以放弃减税,按照简易办法依照3%征收率缴纳增值税,并可开具增值税专用发票。

(2) 小规模纳税人(除其他个人外,下同)销售自己使用过的固定资产,按照简易办法依照3%征收率减按2%征收率征收增值税。小规模纳税人可以放弃减税,按照简易办法依照3%征收率缴纳增值税,并可开具增值税专用发票。

(3) 纳税人(含一般纳税人、小规模纳税人)销售旧货(二手车除外),按照简易办法依照3%征收率减按2%征收增值税。所称旧货,是指进入二次流通的具有部分使用价值的货物,但不包括自己使用过的物品。

上述纳税人销售自己使用过的固定资产、旧货适用按照简易办法依照3%征收率减按2%征收增值税的,按下列公式确定销售额和应纳税额:

销售额＝含税销售额÷(1＋3%)

应纳税额＝销售额×2%

(4) 自2020年5月1日至2023年12月31日,从事二手车经销业务的纳税人销售其收购的二手车,减按0.5%征收增值税。

应纳税额＝含税销售额÷(1＋0.5%)×0.5%

二手车,是指从办理完注册登记手续至达到国家强制报废标准之前进行交易并转移所有权的车辆。

纳税人应当开具二手车销售统一发票。因二手车销售统一发票不是有效的增值税扣税凭证,为维护购买方纳税人的进项抵扣权益,购买方索取增值税专用发票的,纳税人应当再为其开具征收率为0.5%的增值税专用发票。如果购买方为消费者个人,从事二手车经销业务的纳税人不得为其开具增值税专用发票。

(三) 兼营行为的税率选择

销售货物、提供应税劳务、发生应税行为适用不同税率或者征收率的,应当分别核算适用不同税率或者征收率的销售额,未分别核算销售额的,按照以下方法适用税率或者征收率。

(1) 兼有不同税率的销售货物、提供应税劳务、发生应税行为,从高适用税率。

(2) 兼有不同征收率的销售货物、提供应税劳务、发生应税行为,从高适用征收率。

(3) 兼有不同税率和征收率的销售货物、提供应税劳务、发生应税行为,从高适用税率。

五、税收优惠

(一) 法定免税项目

在《增值税暂行条例》中规定涉及以下行为免征增值税。

(1) 农业生产者销售的自产农产品。

(2) 避孕药品和用具。

(3) 古旧图书,是指向社会收购的古书和旧书。

(4) 直接用于科学研究、科学试验和教学的进口仪器、设备。

(5) 外国政府、国际组织无偿援助的进口物资和设备。

(6) 由残疾人的组织直接进口供残疾人专用的物品。

(7) 销售自己使用过的物品。自己使用过的物品,是指其他个人自己使用过的物品。

除上述规定外,增值税的免税、减税项目由国务院规定,任何地区、部门均不得规定免税、减税项目。

(二) 特定免税项目

1. 销售货物

(1) 对承担粮食收储任务的国有粮食购销企业销售的粮食免征增值税。对其他粮食企业经营粮食,除下列项目免征增值税外,一律征收增值税。

(2) 自2014年5月1日起,对承担粮食收储任务的国有粮食购销企业销售的粮食增值税免税政策适用范围由粮食扩大到粮食和大豆,并可对免税业务开具增值税专用发票。

(3) 政府储备食用植物油的销售免征增值税。对其他销售食用植物油的业务,一律照章征收增值税。

(4) 销售饲料免征增值税。

(5) 蔬菜流通环节免征增值税。

(6) 部分鲜活肉蛋产品流通环节免征增值税。

(7) 对供热企业向居民个人(以下称居民)供热而取得的采暖费收入免征增值税。

2. 销售服务

(1) 托儿所、幼儿园提供的保育和教育服务。

(2) 养老机构提供的养老服务。

(3) 残疾人福利机构提供的育养服务。

(4) 婚姻介绍服务。

(5) 殡葬服务。

(6) 残疾人员本人为社会提供的服务。残疾人个人提供的加工、修理修配劳务,免征增值税。

(7) 学生勤工俭学提供的服务。

(8) 农业机耕、排灌、病虫害防治、植物保护、农牧保险以及相关技术培训业务,家禽、牲畜、水生动物的配种和疾病防治。自2020年1月1日起,动物诊疗机构提供的动物疾病预防、诊断、治疗和动物绝育手术等动物诊疗服务属于家禽、牲畜、水生动物的配种和疾病防治的,免征增值税。

(9) 纪念馆、博物馆、文化馆、文物保护单位管理机构、美术馆、展览馆、书画院、图书馆在自己的场所提供文化体育服务取得的第一道门票收入。

(10) 寺院、宫观、清真寺和教堂举办文化、宗教活动的门票收入。

(11) 福利彩票、体育彩票的发行收入。

(12) 社会团体收取的会费。

(13) 医疗机构提供的医疗服务。

(14) 从事教育的学校提供的教育服务。

(15) 军队转业干部就业。

(16) 随军家属就业。

(17) 同时符合下列条件的合同能源管理服务。

① 节能服务公司实施合同能源管理项目相关技术,应当符合原国家质量监督检验检疫总局和国家标准化管理委员会发布的《合同能源管理技术通则》(GB/T 24915-2010)规定的技术要求。

② 节能服务公司与用能企业签订节能效益分享型合同,其合同格式和内容,符合《中华人民共和国合同法》和《合同能源管理技术通则》(GB/T 24915-2010)等规定。

(18) 台湾航运公司、航空公司从事海峡两岸海上直航、空中直航业务在大陆取得的运输收入。

(19) 纳税人提供的直接或者间接国际货物运输代理服务。

(20) 自2001年1月1日起,对铁路系统内部单位为本系统修理货车的业务免征增值税。

3. 销售无形资产

(1) 个人转让著作权。

(2) 纳税人提供技术转让、技术开发和与之相关的技术咨询、技术服务。

技术转让、技术开发,是指《销售服务、无形资产、不动产注释》中"转让技术""研发服务"范围内的业务活动。技术咨询,是指就特定技术项目提供可行性论证、技术预测、专业技术调查、分析评价报告等业务活动。

与技术转让、技术开发相关的技术咨询、技术服务,是指转让方(或者受托方)根据技术转让或者开发合同的规定,为帮助受让方(或者委托方)掌握所转让(或者委托开发)的技术而提供的技术咨询、技术服务业务,且这部分技术咨询、技术服务的价款与技术转让或者技术开发的价款应当在同一张发票上开具。

4. 销售不动产及不动产租赁服务

下列项目免征或减征增值税:

(1) 个人销售自建自用住房免征增值税。

(2) 涉及家庭财产分割的个人无偿转让不动产、土地使用权免征增值税。家庭财产分割,包括下列情形:离婚财产分割;无偿赠与配偶、父母、子女、祖父母、外祖父母、孙子女、外孙子女、兄弟姐妹;无偿赠与对其承担直接抚养或者赡养义务的抚养人或者赡养人;房屋产权所有人死亡,法定继承人、遗嘱继承人或者受遗赠人依法取得房屋产权。

(3) 个人将购买不足2年的住房对外销售的,按照5%的征收率全额缴纳增值税;个人将购买2年以上(含2年)的住房对外销售的,免征增值税。本项政策适用于北京市、上海市、广州市和深圳市之外的地区。

个人将购买不足2年的住房对外销售的,按照5%的征收率全额缴纳增值税;个人将购买2年以上(含2年)的非普通住房对外销售的,以销售收入减去购买住房价款后的差额按照5%的征收率缴纳增值税;个人将购买2年以上(含2年)的普通住房对外销售的,免征增值税。本项政策仅适用于北京市、上海市、广州市和深圳市。

(4) 个人出租住房，应按照5%的征收率减按1.5%计算应纳增值税。

(5) 将土地使用权转让给农业生产者用于农业生产免征增值税。

纳税人采取转包、出租、互换、转让、入股等方式将承包地流转给农业生产者用于农业生产取得的收入，免征增值税。自2020年1月20日起，纳税人将国有农用地出租给农业生产者用于农业生产，免征增值税。

(6) 土地所有者出让土地使用权和土地使用者将土地使用权归还给土地所有者免征增值税。土地所有者依法征收土地，并向土地使用者支付土地及其相关有形动产、不动产补偿费的行为，属于土地使用者将土地使用权归还给土地所有者的情形。

(7) 县级以上地方人民政府或自然资源行政主管部门出让、转让或收回自然资源使用权(不含土地使用权)免征增值税。

(8) 军队空余房产租赁收入免征增值税。

5. 金融服务

(1) 下列利息收入免征增值税。

① 国家助学贷款。

② 国债、地方政府债。

③ 人民银行对金融机构的贷款。

④ 住房公积金管理中心用住房公积金在指定的委托银行发放的个人住房贷款。

⑤ 外汇管理部门在从事国家外汇储备经营过程中，委托金融机构发放的外汇贷款。

⑥ 统借统还业务中，企业集团或企业集团中的核心企业以及集团所属财务公司按不高于支付给金融机构的借款利率水平或者支付的债券票面利率水平，向企业集团或者集团内下属单位收取的利息。

自2019年2月1日至2023年12月31日，对企业集团内单位(含企业集团)之间的资金无偿借贷行为，免征增值税。

(2) 被撤销金融机构以货物、不动产、无形资产、有价证券、票据等财产清偿债务。

(3) 保险公司开办的一年期以上人身保险产品取得的保费收入。

(4) 下列金融商品转让收入免征增值税。

① 合格境外投资者(QFII)委托境内公司在我国从事证券买卖业务。自2016年5月1日起，人民币合格境外投资者(RQFII)委托境内公司在我国从事证券买卖业务，以及经人民银行认可的境外机构投资银行间本币市场取得的收入属于金融商品转让收入。

银行间本币市场包括货币市场、债券市场以及衍生品市场。

② 香港市场投资者(包括单位和个人)通过沪港通买卖上海证券交易所上市A股。

③ 对香港市场投资者(包括单位和个人)通过基金互认买卖内地基金份额。

④ 证券投资基金(封闭式证券投资基金，开放式证券投资基金)管理人运用基金买卖股票、债券。

⑤ 个人从事金融商品转让业务。

(5) 金融同业往来利息收入。

(6) 创新企业境内发行存托凭证试点阶段有关税收政策。

① 对个人投资者转让创新企业 CDR 取得的差价收入,暂免征收增值税。

② 对单位投资者转让创新企业 CDR 取得的差价收入,按金融商品转让政策规定征免增值税。

③ 自试点开始之日起,对公募证券投资基金(封闭式证券投资基金、开放式证券投资基金)管理人运营基金过程中转让创新企业 CDR 取得的差价收入,三年内暂免征收增值税。

④ 对合格境外机构投资者(QFII)、人民币合格境外机构投资者(RQFII)委托境内公司转让创新企业 CDR 取得的差价收入,暂免征收增值税。

6. 进口货物

(1) 对中国经济图书进出口公司、中国出版对外贸易总公司为大专院校和科研单位免税进口的图书、报刊等资料,在其销售给上述院校和单位时,免征国内销售环节的增值税。

(2) 对中国教育图书进出口公司、北京中科进出口公司、中国国际图书贸易总公司销售给高等学校、科研单位和北京图书馆的进口图书、报刊资料免征增值税。

(3) 对中国科技资料进出口总公司为科研单位、大专院校进口的用于科研、教学的图书、文献、报刊及其他资料(包括只读光盘、缩微平片、胶卷、地球资源卫星照片、科技和教学声像制品)免征国内销售环节增值税。

(4) 对中国图书进出口总公司销售给国务院各部委、各直属机构及各省、自治区、直辖市所属科研机构和大专院校的进口科研、教学书刊免征增值税。

(5) 自 2018 年 5 月 1 日起,对进口抗癌药品,减按 3% 征收进口环节增值税;自 2019 年 3 月 1 日起,对进口罕见病药品,减按 3% 征收进口环节增值税。

7. 海南离岛免税

(1) 海南离岛旅客免税购物政策(以下简称离岛免税政策)自 2020 年 7 月 1 日起执行。离岛免税政策免税税种为关税、进口环节增值税和消费税。离岛免税政策是指对乘飞机、火车、轮船离岛(不包括离境)旅客实行限值、限量、限品、免进口税购物,在实施离岛免税政策的免税商店内或经批准的网上销售窗口付款,在机场、火车站、港口码头指定区域提货离岛的税收优惠政策。离岛旅客每年每人免税购物额度为 10 万元人民币,不限次数。

(2) 自 2020 年 11 月 1 日起,海南离岛免税店销售离岛免税商品,免征增值税和消费税。离岛免税店销售非离岛免税商品,按现行规定向主管税务机关申报缴纳增值税和消费税。

离岛免税店兼营应征增值税、消费税项目的,应分别核算离岛免税商品和应税项目的销售额;未分别核算的,不得免税。

离岛免税店销售离岛免税商品应开具增值税普通发票,不得开具增值税专用发票。

(三) 增值税即征即退

纳税人享受增值税即征即退政策,需要符合纳税信用级别条件的,以纳税人申请退税税款所属期的纳税信用级别确定。申请退税税款所属期内纳税信用级别发生变化的,以变化后的纳税信用级别确定。

1. 资源综合利用产品和劳务

为进一步推动资源综合利用和节能减排,规范和优化增值税政策,自2015年7月1日起,国家对资源综合利用产品和劳务增值税优惠政策进行了整合和调整。

2. 修理修配劳务

对飞机维修劳务增值税实际税负超过6%的部分即征即退。

3. 软件产品

增值税一般纳税人销售其自行开发生产的软件产品,按13%的税率征收增值税后,对其增值税实际税负超过3%的部分实行即征即退政策。

增值税一般纳税人将进口软件产品进行本土化改造后对外销售,其销售的软件产品可享受上款规定的增值税即征即退政策。

4. 动漫产业

自2018年1月1日至2023年12月31日,对动漫企业增值税一般纳税人销售其自主开发生产的动漫软件,按照适用税率征收增值税后,对其增值税实际税负超过3%的部分实行即征即退政策。动漫软件出口免征增值税。

5. 安置残疾人

纳税人安置残疾人应享受增值税即征即退优惠政策:

(1)纳税人,是指安置残疾人的单位和个体工商户。

(2)纳税人本期应退增值税额按下列公式计算:

本期应退增值税额=本期所含月份每月应退增值税额之和

本月应退增值税额=纳税人本月安置残疾人员人数×本月月最低工资标准的4倍

月最低工资标准是指纳税人所在区县(含县级市、旗)适用的经省(含自治区、直辖市、计划单列市)人民政府批准的月最低工资标准。

(3)纳税人新安置的残疾人从签订劳动合同并缴纳社会保险的次月起计算,其他职工从录用的次月起计算;安置的残疾人和其他职工减少的,从减少当月计算。

6. 黄金期货交易

上海期货交易所会员和客户通过上海期货交易所销售标准黄金(持上海期货交易所开具的《黄金结算专用发票》),发生实物交割但未出库的,免征增值税;发生实物交割并已出库的,由税务机关按照实际交割价格代开增值税专用发票,并实行增值税即征即退的政策,同时免征城市维护建设税和教育费附加。

7. 铂金交易

为规范黄金、铂金交易,加强黄金、铂金交易的税收管理,铂金及铂金制品的税收政策明确如下。

(1)对进口铂金免征进口环节增值税。

(2)对中博世金科贸有限责任公司通过上海黄金交易所销售的进口铂金,以上海黄金交易所开具的《上海黄金交易所发票》(结算联)为依据,实行增值税即征即退政策。

(3)中博世金科贸有限责任公司进口的铂金没有通过上海黄金交易所销售的,不得享受增值税即征即退政策。

(4) 国内铂金生产企业自产自销的铂金也实行增值税即征即退政策。

8. **管道运输服务**

一般纳税人提供管道运输服务,对其增值税实际税负超过3%的部分实行增值税即征即退政策。

9. **有形动产融资租赁和售后回租服务**

经人民银行、银监会或者商务部批准从事融资租赁业务的试点纳税人中的一般纳税人,提供有形动产融资租赁服务和有形动产融资性售后回租服务,对其增值税实际税负超过3%的部分实行增值税即征即退政策。

10. **风力发电**

自2015年7月1日起,对纳税人销售自产的利用风力生产的电力产品,实行增值税即征即退50%的政策。

(四) 增值税先征后退

自2021年1月1日至2023年12月31日执行下列增值税先征后退政策。

1. 对下列出版物在出版环节执行增值税100%先征后退的政策

(1) 中国共产党和各民主党派的各级组织的机关报纸和机关期刊,各级人大、政协、政府、工会、共青团、妇联、残联、科协的机关报纸和机关期刊,新华社的机关报纸和机关期刊,军事部门的机关报纸和机关期刊。

上述各级组织不含其所属部门。机关报纸和机关期刊增值税先征后退范围掌握在一个单位一份报纸和一份期刊以内。

(2) 专为少年儿童出版发行的报纸和期刊,中小学的学生教科书。

(3) 专为老年人出版发行的报纸和期刊。

(4) 少数民族文字出版物。

(5) 盲文图书和盲文期刊。

(6) 经批准在内蒙古、广西、西藏、宁夏、新疆五个自治区内注册的出版单位出版的出版物。

(7) 列入财政部税务总局公告2021年第10号附件1的图书、报纸和期刊。

2. 对下列出版物在出版环节执行增值税先征后退50%的政策

(1) 各类图书、期刊、音像制品、电子出版物,但上述规定执行增值税100%先征后退的出版物除外。

(2) 列入财政部税务总局公告2021年第10号附件2的报纸。

3. 对下列印刷、制作业务执行增值税100%先征后退的政策

(1) 对少数民族文字出版物的印刷或制作业务。

(2) 列入财政部税务总局公告2021年第10号附件3的新疆维吾尔自治区印刷企业的印刷业务。

(五) 起征点和免税规定

1. 个人销售起征点

对个人销售额未达到规定起征点的,免征增值税。增值税起征点的适用范围限于个人,不包括认定为一般纳税人的个体工商户。

(1) 按期纳税的,为月销售额 5 000～20 000 元(含本数)。

(2) 按次纳税的,为每次(日)销售额 300～500 元(含本数)。

起征点的调整由财政部和国家税务总局规定。省、自治区、直辖市财政厅(局)和税务局应当在规定的幅度内,根据实际情况确定本地区适用的起征点,并报财政部和国家税务总局备案。

2. 小规模纳税人免税规定

根据《国家税务总局关于小规模纳税人免征增值税政策有关征管问题的公告》(国家税务总局公告 2019 年第 4 号)、《国家税务总局关于小规模纳税人免征增值税征管问题的公告》(国家税务总局公告 2021 年第 5 号)和《国家税务总局关于小规模纳税人免征增值税等征收管理事项的公告》(国家税务总局公告 2022 年第 6 号)等文件的规定执行。

(六) 其他减免税规定

1. 纳税人兼营免税、减税项目的,应当分别核算免税、减税项目的销售额;未分别核算销售额的,不得免税、减税。

2. 纳税人销售货物或者提供应税劳务和应税服务适用免税规定的,可以放弃免税,依照《增值税暂行条例》的规定缴纳增值税。放弃免税后,36 个月内不得再申请免税。其他个人代开增值税发票时,放弃免税权不受"36 个月不得享受减免税优惠限制",仅对当次代开发票有效,不影响以后申请免税代开。

3. 纳税人发生应税行为同时适用免税和零税率规定的,可以选择适用免税或者零税率。

4. 生产和销售免征增值税货物或劳务的纳税人要求放弃免税权,应当以书面形式提交放弃免税权声明,报主管税务机关备案。纳税人自提交备案资料的次月起,按照现行有关规定计算缴纳增值税。

5. 放弃免税权的纳税人符合一般纳税人认定条件尚未认定为增值税一般纳税人的,应当按现行规定认定为增值税一般纳税人,其销售的货物或劳务可开具增值税专用发票。

6. 纳税人一经放弃免税权,其生产销售的全部增值税应税货物或劳务均应按照适用税率征税,不得选择某一免税项目放弃免税权,也不得根据不同的销售对象选择部分货物或劳务放弃免税权。

第三节 增值税应纳税额的计算

一、一般计税方法应纳税额的计算

从计税原理上说,增值税是对商品生产、流通、劳务服务中多个环节的新增价值或商品的附加值征收的一种流转税。实行价外税,也就是由消费者负担,有增值才征税,没增值不征税,但在实际中,商品新增价值或附加值在生产和流通过程中是很难准确计算的。因此,我国也采用国际上普遍采用的税款抵扣的办法,即根据销售商品或劳务的销售额,按规定的税率计算出销项税额,然后扣除取得该商品或劳务时所支付的增值税款,也就是进项税额,其差额就是增值部分应交的税额,这种计算方法体现了按增值因素计税的原则。

增值税一般纳税人销售货物或者提供应税劳务的应纳税额的计算公式为

$$当期应纳税额＝当期销项税额－当期进项税额$$
$$＝当期销售额×适用税率－当期进项税额$$

(一)销项税额的计算

销项税额是指纳税人销售货物或者提供应税劳务以及应税服务,按照销售额或者提供应税劳务和应税服务收入与规定的税率计算并向购买方收取的增值税税额。销项税额的计算公式为

$$销项税额＝销售额×适用税率$$

销项税额是由购买方在购买货物或者接受应税劳务或应税服务等支付价款时,一并向销售方支付的税额。对于一般纳税人的销售方来说,在没有抵扣其进项税额前,销售方收取的销项税额还不是其应纳增值税税额。销项税额的计算取决于销售额和适用税率两个因素。在适用税率既定的前提下,销项税额的大小主要取决于销售额的大小。

1.一般销售方式下的销售额

销售额是指纳税人销售货物、提供应税劳务以及发生应税行为向购买方收取的全部价款和价外费用。但是,尽管销项税额也是销售方向购买方收取的,但是由于增值税采用价外计税方式,用不含税价作为计税依据,因而销售额中不包括向购买方收取的销项税额。

价外费用,包括价外向购买方收取的手续费、补贴、基金、集资费、返还利润、奖励费、违约金、滞纳金、延期付款利息、赔偿金、代收款项、贷垫款项、包装费、包装物租金、储备费、优质费、运输装卸费以及其他各种性质的收费。但下列项目不包括在内:

(1)受托加工应征消费税的消费品所代收代缴的消费税。

(2)同时符合以下条件代为收取的政府性基金或者行政事业性收费:

① 由国务院或者财政部批准设立的政府性基金,由国务院或者省级人民政府及其财政、价格主管部门批准设立的行政事业性收费。

② 收取时开具省级以上财政部门印制的财政票据。

③ 所收款项全额上缴财政。

(3)以委托方名义开具发票代委托方收取的款项。

(4)销售货物的同时代办保险等而向购买方收取的保险费,以及向购买方收取的代购买方缴纳的车辆购置税、车辆牌照费。

特别提醒,根据国家税务总局规定:对增值税一般纳税人向购买方收取的价外费用和逾期包装物押金,应视为含税收入,在征税时换算成不含税收入再并入销售额。

2. 特殊销售方式下的销售额

在销售活动中,为了达到促销的目的,有多种销售方式。不同销售方式下,销售者取得的销售额会有所不同。对不同销售方式如何确定其计征增值税的销售额,既是纳税人关心的问题,也是税法必须分别予以明确规定的事情。税法对以下几种销售方式分别做了规定。

1) 采取折扣方式销售

折扣销售是指销货方在销售货物或提供应税劳务和应税服务时,因购货方购货数量较大等原因而给予购货方的价格优惠(如:购买5件,销售价格折扣10%;购买10件,折扣20%等)。根据税法规定,纳税人销售货物并向购买方开具增值税专用发票后,由于购货方在一定时期内累计购买货物达到一定数量,或者由于市场价格下降等原因,销货方给予购货方相应的价格优惠或补偿等折扣、折让行为,销货方可按现行《增值税专用发票使用规定》的有关规定开具红字增值税专用发票。应注意以下几点。

(1) 折扣销售不同于销售折扣。销售折扣是指销货方在销售货物或提供应税劳务和应税服务后,为了鼓励购货方及早偿还货款而协议许诺给予购货方的一种折扣优待(如:10天内付款,货款折扣2%;20天内付款,折扣1%;30天内全价付款)。销售折扣发生在销货之后,是一种融资性质的理财费用,因此,销售折扣不得从销售额中减除。企业在确定销售额时应把折扣销售与销售折扣严格区分开。

(2) 销售折扣又不同于销售折让。销售折让是指货物销售后,由于其品种、质量等原因购货方未予退货,但销货方需给予购货方的一种价格折让。销售折让与销售折扣相比较,虽然都是在货物销售后发生的,但因为销售折让是由于货物的品种和质量引起销售额的减少,因此,对销售折让可以按折让后的金额为销售额。

(3) 折扣销售仅限于货物价格的折扣,如果销货者将自产、委托加工和购买的货物用于实物折扣,则该实物价款不能从货物销售额中减除,且该实物应按"视同销售货物"中的"赠送他人"计算征收增值税。

纳税人销售货物、提供应税劳务或者发生应税行为,如将销售额和折扣额在同一张发票上的"金额"栏分别注明的,可按折扣后的销售额征收增值税。未在同一张发票"金额"栏注明折扣额,而仅在发票的"备注"栏注明折扣额的,折扣额不得从销售额中减除;未在同一张发票上分别注明的,以价款为销售额,不得扣减折扣额。

2) 采取以旧换新方式销售

以旧换新是指纳税人在销售自己的货物时,有偿收回旧货物的行为。税法规定,采取以旧换新方式销售货物的,应按新货物的同期销售价格确定销售额,不得扣减旧货物的收购价格。因为销售新货物与收购旧货物是两个不同的业务活动,销售额与收购额不能相互抵减,防止出现销售额不实、减少纳税的现象。对于金银首饰以旧换新活动,考虑其业务特殊性,税法规定:对金银首饰以旧换新业务,可以按销售方实际收取的不含增值税的全部价款征收增值税。

3) 采取还本销售方式销售

还本销售是指纳税人在销售货物后,在一定期限内,由销售方一次或分次退还给购货方全部或部分货款。其本意是一种筹资行为,销售方以货物换取资金一定时期的使用价值,到期还本不付息的方法。税法规定,采取还本销售方式销售货物,其销售额是该货物同期销售价格,不得从销售额中扣减还本支出。

4) 采取以物易物方式销售

以物易物是指购销双方不是以货币进行结算,而是以同等价款的货物相互结算,实现货物购销的一种方式。一些纳税人以为以物易物不是购销行为,销货方收到购货方抵顶货款的货物,认为自己不是购货;购货方发出抵顶货款的货物,认为自己不是销货。这是两种错误认识。税法规定:以物易物,双方都应作购销处理,以各自发出的货物核算销售额并计算销项税额,以各自收到的货物按规定核算购货金额,并凭发票抵扣进项税额。需要强调的是,在以物易物活动中,双方应各自开具合法的票据,必须计算销项税额,但如果收到货物不能取得相应的增值税专用发票或者其他增值税扣税凭证,不得抵扣进项税额。

5) 包装物押金的税务处理

包装物是指纳税人包装本单位货物的各种物品。纳税人销售货物时另收取包装物押金,目的是促使购货方及早退回包装物以便周转使用。

税法规定,纳税人为销售货物而出租出借包装物收取的押金,单独记账核算的,时间在 1 年以内,又未过期的,不并入销售额征税,但对因逾期未收回包装物不再退还的押金,应按所包装货物的适用税率计算销项税额。

上述规定中,"逾期"是指按合同约定实际期限或以 1 年为期限,对收取 1 年以上的押金,无论是否退还均并入销售额征税。在将包装物押金并入销售额征税时,需要先将该押金换算为不含税价,再并入销售额征税。

国家税务总局国税发〔1995〕192 号文件规定,从 1995 年 6 月 1 日起,对销售除啤酒、黄酒外的其他酒类产品而收取的包装物押金,无论是否返还以及会计上如何核算,均应并入当期销售额征税。对销售啤酒、黄酒所收取的押金,按上述一般押金的规定处理。

另外,包装物押金不应混同于包装物租金,包装物租金在销货时作为价外费用并入销售额计算销项税额。

6) 直销的税务处理

直销企业先将货物销售给直销员,直销员再将货物销售给消费者的,直销企业的销售额为其向直销员收取的全部价款和价外费用。直销员将货物销售给消费者时,应按照现行规定缴纳增值税。

直销企业通过直销员向消费者销售货物,直接向消费者收取货款,直销企业的销售额为其向消费者收取的全部价款和价外费用。

7) 贷款服务的销售额

贷款服务,以提供贷款服务取得的全部价款及利息性质的收入为销售额。

银行提供贷款服务按期计收利息的,结息日当日计收的全部利息收入,均应计入结息日所属期的销售额,按照现行规定计算缴纳增值税。

8) 直接收费金融服务的销售额

直接收费金融服务,以提供直接收费金融收取的手续费、佣金、酬金、管理费、服务费、经手费、开户费、过户费、结算费、转托管费等各类费用为销售额。

自 2018 年 1 月 1 日起,金融机构开展贴现、转贴现业务,以其实际持有票据期间取得的利息收入作为贷款服务销售额计算缴纳增值税。

9) 销货退回或销售折让计税问题

纳税人在销售货物时,因货物质量、规格等原因而发生销货退回或销售折让,由于销货退回或折让不仅涉及销货价款或折让价款的退回,还涉及增值税的退回,因此,销货方应对当期销项税额进行调整。税法规定,一般纳税人因销货退回和折让而退还给购买方的增值税额,应从发生销货退回或折让当期的销项税额中扣减。

3. 视同销售行为的销售额的确定

视同销售行为是增值税税法规定的特殊销售行为。由于视同销售行为一般不以资金形式反映出来,因而会出现视同销售而无销售额的情况。根据《增值税暂行条例》,纳税人发生应税销售行为的价格明显偏低并无正当理由的,由主管税务机关按照下列顺序核定其计税销售额:

① 按纳税人最近时期同类货物、服务、无形资产或者不动产的平均销售价格确定。

② 按其他纳税人最近时期同类货物、服务、无形资产或者不动产的平均销售价格确定。

③ 用以上两种方法均不能确定其销售额的情况下,可按组成计税价格确定销售额。公式为

$$组成计税价格 = 成本 \times (1 + 成本利润率)$$

属于应征消费税的货物,其组成计税价格应加计消费税税额。计算公式为

$$组成计税价格 = 成本 \times (1 + 成本利润率) + 消费税税额$$

或:
$$组成计税价格 = 成本 \times (1 + 成本利润率) \div (1 - 消费税税率)$$

式中,货物"成本"分为两种情况:属于销售自产货物的为实际生产成本;属于销售外购货物的为实际采购成本。

货物"成本利润率"为 10%。但属于应征收消费税的货物,其组成计税价格公式中的成本利润率,为消费税政策中规定的成本利润率。成本利润率由国家税务总局确定。

4. 含税销售额的换算

由于增值税是价外税,增值税的销售额不包括收取的增值税销项税额,增值税税金不是销售额的组成部分,如果纳税人取得的是价税合计金额,需要换算为不含增值税的销售额。

实际业务中,常常会出现纳税人销售货物或应税服务采用销售额和销项税额合并定价收取的情况,因此形成含税销售额。增值税是价外税,应按下列公式换算增值税计税销售额:

$$销售额 = 含税销售额 \div (1 + 适用税率)$$

需要强调的是,一般情况下与销售额有因果连带关系的价外费用都应看作含税销售额,即向购买方收取的价外费用视为含税收入,在征税时换算为不含税收入,再并入销售额中计算销项税额。含税收入的常见情况有:商业企业零售价、普通发票上注明的金额、价税合并收取的金额,价外费用一般视为含税收入,并入销售额征税的包装物押金一般为含税收入。

5. "营改增"关于销售额的特殊规定

随着营改增政策的推进,原营业税的纳税人全行业均纳入增值税的征收范围。但是,某些业务目前仍然有无法通过抵扣机制避免重复征税的情况存在,因此,税法中规定了某些业务引入差额征税的办法,解决纳税人税收负担增加的问题。以下项目属于按差额确定销售额:

(1) 经纪代理服务的销售额。

(2) 纳税人提供人力资源外包服务。

(3) 纳税人提供签证代理服务。

(4) 纳税人代理进口按规定免征进口增值税的货物。

(5) 航空运输企业的销售额,不包括代收的机场建设费和代售其他航空运输企业客票而代收转付的价款。

(6) 一般纳税人提供客运场站服务,以其取得的全部价款和价外费用,扣除支付给承运方运费后的余额为销售额。

(7) 航空运输销售代理企业的销售额。

(8) 境外单位通过教育部考试中心及其直属单位在境内开展考试,应以取得的考试费收入扣除支付给境外单位考试费后的余额为销售额,按提供"教育辅助服务"缴纳增值税。

教育部考试中心及其直属单位代为收取并支付给境外单位的考试费,应统一扣缴增值税,不得开具增值税专用发票,可以开具增值税普通发票。

(9) 提供旅游服务,可以选择以取得的全部价款和价外费用,扣除向旅游服务购买方收取并支付给其他单位或者个人的住宿费、餐饮费、交通费、签证费、门票费,以及付给其他接团旅游企业的旅游费用后的余额为销售额。

(10) 提供劳务派遣服务的销售额。

(11) 提供物业管理服务的纳税人。向服务接受方收取的自来水水费,以扣除其对外支付的自来水水费后的余额为销售额。

(12) 房地产开发企业中的一般纳税人销售其开发的房地产项目(选择简易计税方法的房地产老项目除外),以取得的全部价款和价外费用,扣除受让土地时向政府部门支付的土地价款后的余额为销售额。

(13) 提供建筑服务适用简易计税方法的,以取得的全部价款和价外费用扣除支付的分包款后的余额为销售额。

(14) 金融商品转让,按照卖出价减去买入价后的余额为销售额。

(15) 融资租赁和融资性售后回租业务的销售额。

(二) 进项税额的认证与抵扣

进项税额,是指纳税人购进货物、无形资产、不动产,接受加工、修理修配劳务以及应税服务等所支付的或者负担的增值税额。进项税额是与销项税额相对应的另一个概念。在开具增值税专用发票的情况下,它们之间的对应关系是,销售方收取的销项税额,就是购买方支付的进项税额。对于一般纳税人而言,由于其在经营活动中,既会发生销售货物或者提供应税劳务或者发生应税行为,又会发生购进货物或接受应税劳务或应税行为,因此,每个一般纳税人都会有收取的销项税额和支付的进项税额。

但是,并不是一般纳税人所支付的所有进项税额都可以从销项税额中抵扣。为体现增值税的配比原则,即购进项目金额与销售产品销售额之间应有配比性,当纳税人购进的货物或接受的应税劳务及应税服务不用于增值税应税项目,而是用于非应税项目、免税项目或用于集体福利、个人消费等情况时,其支付的进项税额就不能从销项税额中抵扣。税法对不能抵扣进项税额的项目做了严格的规定,如果违反税法规定,随意抵扣进项税额就将以偷税论处。

一般而言,准予抵扣的进项税额可以根据以下两种方法来确定:

一是进项税额体现支付或者负担的增值税额,为直接在销货方开具的增值税专用发票和海关完税凭证上注明的税额,不需要计算;

二是购进某些货物或者接受应税劳务时,其进项税额是根据支付金额和法定的扣除率计算出来的。

1. 准予从销项税额中抵扣的进项税额

根据《增值税暂行条例》规定,准予从销项税额中抵扣的进项税额,限于下列增值税扣税凭证上注明的增值税税额和按规定的扣除率计算的进项税额。

(1) 从销售方或者提供方取得的增值税专用发票(含税控《机动车销售统一发票》,下同)上注明的增值税额。增值税专用发票具体包括以下两种:

① 《增值税专用发票》。《增值税专用发票》是增值税一般纳税人销售货物、提供应税劳务或者发生应税行为开具的发票。

② 税控《机动车销售统一发票》。税控《机动车销售统一发票》是增值税一般纳税人从事机动车零售业务开具的发票。

2019年4月1日起,纳税人取得不动产或不动产在建工程的进项税额不再分两年抵扣,此前按照上述规定尚未抵扣完毕的待抵扣进项税额,可自2019年4月税款所属期起从销项税额中抵扣。

(2) 从海关取得的海关进口增值税专用缴款书上注明的增值税额。

对海关代征进口环节增值税开具的增值税专用缴款书上标明有两个单位名称,既有代理进口单位名称,又有委托进口单位名称的,只准予其中取得专用缴款书原件的一个单位抵扣税款。申报抵扣税款的委托进口单位,必须提供相应的海关代征增值税专用缴款书原件、委托代理合同及付款凭证,否则,不予抵扣进项税额。

(3) 从境外单位或者个人购进服务、无形资产或者不动产,为税务机关或者扣缴义务人取得的解缴税款的完税凭证上注明的增值税额。纳税人凭完税凭证抵扣进项税额的,应当具备书面合同、付款证明和境外单位的对账单或者发票。资料不全的,其进项税额不得从销项税额中抵扣。

(4) 购进农产品,除取得增值税专用发票或者海关进口增值税专用缴款书外,按照农产品收购凭证上注明的农产品买价和扣除率计算进项税额。纳税人购进农产品,扣除率为9%;纳税人购进用于生产销售或委托加工13%税率货物的农产品,按照10%的扣除率计算进项税额。其中,9%是凭票据实抵扣或凭票计算抵扣进项税额;1%是在生产领用农产品当期加计抵扣进项税额。

进项税额计算公式：

$$进项税额 = 买价 \times 扣除率$$

买价，是指纳税人购进农产品时，在农产品收购凭证上注明的价款和按照规定缴纳的烟叶税。

计算公式如下：

$$烟叶收购金额 = 烟叶收购买价 \times (1+10\%)$$

$$烟叶税应纳税额 = 烟叶收购金额 \times 税率(20\%)$$

$$准予抵扣的进项税额 = (烟叶收购金额 + 烟叶税税额) \times 扣除率$$

购进农产品除计算抵扣进项税额外，部分行业试点增值税进项税额核定扣除方法。具体范围包括以购进农产品为原料生产销售液体乳及乳制品、酒及酒精、植物油的增值税一般纳税人。

(5) 纳税人购进国内旅客运输服务未取得增值税专用发票准予扣除的进项税额的确定。

① 取得增值税电子普通发票的，为发票上注明的税额。电子普通发票上注明的购买方"名称""纳税人识别号"等信息，应当与实际抵扣税款的纳税人一致，否则不予抵扣。

② 取得注明旅客身份信息的航空运输电子客票行程单的，为按照下列公式计算的进项税额：

$$航空旅客运输进项税额 = (票价 + 燃油附加费) \div (1+9\%) \times 9\%$$

③ 取得注明旅客身份信息的铁路车票的，为按照下列公式计算的进项税额：

$$铁路旅客运输进项税额 = 票面金额 \div (1+9\%) \times 9\%$$

④ 取得注明旅客身份信息的公路、水路等其他客票的，按照下列公式计算进项税额：

$$公路、水路等其他旅客运输进项税额 = 票面金额 \div (1+3\%) \times 3\%$$

⑤ 国内旅客运输服务，限于与本单位签订了劳动合同的员工，以及本单位作为用工单位接受的劳务派遣员工发生的国内旅客运输服务。纳税人允许抵扣的国内旅客运输服务进项税额，是指纳税人 2019 年 4 月 1 日及以后实际发生，并取得合法有效增值税扣税凭证注明的或依据其计算的增值税税额。以增值税专用发票或增值税电子普通发票为增值税扣税凭证的，为 2019 年 4 月 1 日及以后开具的增值税专用发票或增值税电子普通发票。

(6) 纳税人支付的道路、桥、闸通行费抵扣进项税额。

① 纳税人支付的道路通行费，按照收费公路通行费增值税电子普通发票上注明的增值税额抵扣进项税额。

② 纳税人支付的桥、闸通行费，暂凭取得的通行费发票(不含财政票据，下同)里注明的收费金额按照下列公式计算可抵扣的进项税额：

$$桥、闸通行费可抵扣进项税额 = 桥、闸通行费发票上注明的金额 \div (1+5\%) \times 5\%$$

通行费，是指有关单位依法或者依规设立并收取的过路、过桥和过闸费用。

2. 不得从销项税额中抵扣的进项税额

纳税人购进货物或者接受应税劳务或应税行为，取得的增值税扣税凭证不符合法律、行政法规或者国务院税务主管部门有关规定的，其进项税额不得从销项税额中抵扣。

(1) 用于简易计税方法计税项目、免征增值税项目、集体福利或者个人消费的购进货物、加工修理修配劳务、服务、无形资产和不动产。其中涉及的固定资产、无形资产、不动产,仅指专用于上述项目的固定资产、无形资产(不包括其他权益性无形资产)、不动产。

纳税人的交际应酬消费属于个人消费,即交际应酬消费不属于生产经营中的生产投入和支出。

(2) 非正常损失的购进货物,以及相关的劳务和交通运输服务。

(3) 非正常损失的在产品、产成品所耗用的购进货物(不包括固定资产)、劳务和交通运输服务。

(4) 非正常损失的不动产,以及该不动产所耗用的购进货物、设计服务和建筑服务。

(5) 非正常损失的不动产在建工程所耗用的购进货物、设计服务和建筑服务。纳税人新建、改建、扩建、修缮、装饰不动产,均属于不动产在建工程。

上述2、3、4、5项所说的非正常损失,是指因管理不善造成货物被盗、丢失、霉烂变质,以及因违反法律法规造成货物或者不动产被依法没收、销毁、拆除的情形。

上述4、5项所称货物,是指构成不动产实体的材料和设备,包括建筑装饰材料和给排水、采暖、卫生、通风、照明、通信、煤气、消防、中央空调、电梯、电气、智能化楼宇设备及配套设施。

(6) 购进的贷款服务、餐饮服务、居民日常服务和娱乐服务。

(7) 纳税人接受贷款服务向贷款方支付的与该笔贷款直接相关的投融资顾问费、手续费、咨询费等费用,其进项税额不得从销项税额中抵扣。

(8) 适用一般计税方法的纳税人,兼营简易计税方法计税项目、免征增值税项目而无法划分不得抵扣的进项税额,按照下列公式计算不得抵扣的进项税额:

不得抵扣的进项税额=当期无法划分的全部进项税额×(当期简易计税方法计税项目销售额+免征增值税项目销售额)÷当期全部销售额

主管税务机关可以按照上述公式依据年度数据对不得抵扣的进项税额进行清算。

(9) 已抵扣进项税额的不动产,发生非正常损失,或者改变用途,专用于简易计税方法计税项目、免征增值税项目、集体福利或者个人消费的,按照下列公式计算不得抵扣的进项税额,并从当期进项税额中扣减:

不得抵扣的进项税额=已抵扣进项税额×不动产净值率

不动产净值率=(不动产净值÷不动产原值)×100%

(10) 纳税人从批发、零售环节购进适用免征增值税政策的蔬菜、部分鲜活肉蛋而取得的增值税普通发票,不得作为计算抵扣进项税额的凭证。

(11) 有下列情形之一者,应按销售额依照增值税税率计算应纳税额,不得抵扣进项税额,也不得使用增值税专用发票:

① 一般纳税人会计核算不健全,或者不能够提供准确税务资料的。

② 除另有规定外,纳税人销售额超过小规模纳税人标准,未申请办理一般纳税人认定或登记手续的。

"不得抵扣进项税额",是指纳税人在停止抵扣进项税额期间发生的全部进项税额,包括在停止抵扣期间取得的进项税额、上期留抵税额以及经批准允许抵扣的期初存货已征税款。纳税人经税务机关核准恢复抵扣进项税额资格后,其在停止抵扣进项税额期间发生的全部进项税额不得抵扣。

(12) 纳税人取得的增值税扣税凭证不符合法律、行政法规或者国家税务总局有关规定的,其进项税额不得从销项税额中抵扣。

纳税人凭完税凭证抵扣进项税额的,应当具备书面合同、付款证明和境外单位的对账单或者发票。资料不全的,其进项税额不得从销项税额中抵扣。

(13) 财政部和国家税务总局规定的其他情形。

3. 进项税额抵扣的特殊规定

(1) 鉴于计算抵扣进项税容易产生舞弊和高征低扣的现象,自 2012 年 7 月 1 日起,在部分行业开展增值税进项税额核定扣除试点。这种方式在实际计算上体现出按照销售实耗核定扣除。

① 自 2012 年 7 月 1 日起,以购进农产品为原料生产销售液体乳及乳制品、酒及酒精、植物油的增值税一般纳税人,纳入农产品增值税进项税额核定扣除试点范围,其购进农产品无论是否用于生产上述产品,增值税进项税额均按照农产品增值税进项税额核定扣除试点实施办法的规定抵扣。

② 除上述规定以外的纳税人,其购进农产品仍按现行增值税的有关规定抵扣农产品进项税额。

③ 对部分液体乳及乳制品实行全国统一的扣除标准。

(2) 关于生产、生活性服务业纳税人加计抵减政策

为贯彻落实党中央、国务院决策部署,推进增值税实质性减税,实行生产、生活性服务业纳税人加计抵减税收政策。

① 适用加计抵减政策的纳税人

生产、生活性服务业纳税人,是指提供邮政服务、电信服务、现代服务、生活服务(以下简称四项服务)取得的销售额占全部销售额的比重超过 50% 的纳税人。

适用加计抵减政策的销售额,包括纳税申报销售额、稽查查补销售额、纳税评估调整销售额;稽查查补销售额和纳税评估调整销售额,计入查补或评估调整当期销售额确定适用加计抵减政策。适用增值税差额征收政策的,以差额后的销售额确定适用加计抵减政策。

② 生产性服务业适用加计抵减 10% 的税收政策

自 2019 年 4 月 1 日至 2022 年 12 月 31 日,允许生产性服务业纳税人按照当期可抵扣进项税额加计 10%,抵减应纳税额。生产性服务业纳税人,是指提供邮政服务、电信服务、现代服务取得的销售额占全部销售额的比重超过 50% 的纳税人。

纳税人(除生活性服务业外)应按照当期可抵扣进项税额的 10% 计提当期加计抵减额。按照现行规定不得从销项税额中抵扣的进项税额,不得计提加计抵减额;已计提加计抵减额的进项税额,按规定作进项税额转出的,应在进项税额转出当期,相应调减加计抵减额。计算公式如下:

当期计提加计抵减额 = 当期可抵扣进项税额 × 10%

当期可抵减加计抵减额 = 上期末加计抵减额余额 + 当期计提加计抵减额
— 当期调减加计抵减额

③ 生活性服务业纳税人加计抵减15%的税收政策

自2019年10月1日至2022年12月31日,允许生活性服务业纳税人按照当期可抵扣进项税额加计15%,抵减应纳税额。(自2019年4月1日至2019年9月30日,生活性服务业纳税人按照当期可抵扣进项税额加计10%,抵减应纳税额。)

生活性服务业纳税人,是指提供生活服务取得的销售额占全部销售额的比重超过50%的纳税人。生活服务的具体范围按照《销售服务、无形资产、不动产注释》执行。

(三) 应纳税额的计算

一般纳税人在计算出销项税额和进项税额后就可以得出实际应纳税额。为了正确计算增值税的应纳税额,在实际操作中还需要掌握以下几个重要规定。

1. 计算应纳税额的时间限定

为了保证计算应纳税额的合理、准确性,纳税人必须严格把握当期进项税额从当期销项税额中抵扣这个要点。"当期"是个重要的时间限定,具体是指税务机关依照税法规定对纳税人确定的纳税期限;只有在纳税期限内实际发生的销项税额、进项税额,才是法定的当期销项税额或当期进项税额。增值税纳税人应税销售行为发生后,什么时间计算销项税额,关系到当期销项税额的大小。关于销项税额的确定时间,总的原则是:销项税额的确定不得滞后。

1) 计算销项税额的时间限定

销售货物或者提供应税劳务的纳税义务发生时间,按销售结算方式的不同,具体为:

① 采取直接收款方式销售货物,不论货物是否发出,均为收到销售款或取得索取销售款凭据的当天。

纳税人生产经营活动中采取直接收款方式销售货物,已将货物移送对方并暂估销售收入入账,但既未取得销售款或取得索取销售款凭据也未开具销售发票的,其增值税纳税义务发生时间为取得销售款或取得索取销售款凭据的当天;先开具发票的,为开具发票的当天。

② 采取托收承付和委托银行收款方式销售货物,为发出货物并办妥托收手续的当天。

③ 采取赊销和分期收款方式销售货物,为书面合同约定收款日期的当天。无书面合同或者书面合同没有约定收款日期的,为货物发出的当天。

④ 采取预收货款方式销售货物,为货物发出的当天。但生产销售生产工期超过12个月的大型机械设备、船舶、飞机等货物,为收到预收款或者书面合同约定的收款日期的当天。

⑤ 委托其他纳税人代销货物,为收到代销单位的代销清单或者收到全部或者部分货款的当天;未收到代销清单及货款的,为发出代销货物满180日的当天。

⑥ 销售应税劳务,为提供劳务同时收讫销售款或取得索取销售款凭据的当天。

⑦ 纳税人发生除将货物交付其他单位或者个人代销和销售代销货物以外的视同销售货物行为,为货物移送的当天。

⑧ 纳税人提供租赁服务采取预收款方式的,其纳税义务发生时间为收到预收款的

当天。

⑨ 纳税人从事金融商品转让的,为金融商品所有权转移的当天。

⑩ 纳税人发生视同销售服务、无形资产或者不动产情形的,其纳税义务发生时间为服务、无形资产转让完成的当天或者不动产权属变更的当天。

2) 增值税专用发票进项税额抵扣的时间限定

进项税额是纳税人购进货物或者接受应税劳务、无形资产或者不动产所支付或负担的增值税额,进项税额的大小,直接影响纳税人的应纳税额的多少。

增值税一般纳税人取得 2017 年 1 月 1 日及以后开具的增值税专用发票、海关进口增值税专用缴款书、机动车销售统一发票、收费公路通行费增值税电子普通发票,取消认证确认、稽核比对、申报抵扣的期限。纳税人在进行增值税纳税申报时,应当通过本省(自治区、直辖市和计划单列市)增值税发票综合服务平台对上述扣税凭证信息进行用途确认。

增值税一般纳税人取得 2016 年 12 月 31 日及以前开具的增值税专用发票、海关进口增值税专用缴款书、机动车销售统一发票,超过认证确认、稽核比对、申报抵扣期限,但符合规定条件的,仍可按照《国家税务总局关于逾期增值税扣税凭证抵扣问题的公告》(国家税务总局公告 2011 年第 50 号)、《国家税务总局关于未按期申报抵扣增值税扣税凭证有关问题的公告》(国家税务总局公告 2011 年第 78 号)规定,继续抵扣进项税额。

2. 销售折让、中止或者退回涉及销项税额和进项税额的税务处理

纳税人适用一般计税方法计税的,因销售折让、中止或者退回而退还给购买方的增值税额,应当从当期的销项税额中扣减;因销售折让、中止或者退回而收回的增值税额,应当从当期的进项税额中扣减。

一般纳税人销售货物或提供应税劳务或发生应税行为,开具增值税专用发票后,发生销售货物退回或者折让、开票有误等情形,应按国家税务总局的规定开具红字增值税专用发票,未按规定开具红字增值税专用发票的不得扣减销项税额或者销售额。

纳税人在货物购销或提供应税劳务或发生应税行为的活动中,因货物质量、规格、服务质量等原因常会发生销货退回或销售折让的情况。由于销货退回或折让不仅涉及销货价款或折让价款的退回,还涉及增值税的退回,这样,销货方和购货方应相应对当期的销项税额或进项税额进行调整。

(四)增值税留抵税额退税制度

自 2019 年 4 月 1 日起,试行增值税期末留抵税额退税制度。

1. 同时符合以下条件的纳税人,可以向主管税务机关申请退还增量留抵税额

(1) 自 2019 年 4 月税款所属期起,连续 6 个月(按季纳税的,连续 2 个季度)增量留抵税额均大于零,且第 6 个月增量留抵税额不低于 50 万元;增量留抵税额,是指与 2019 年 3 月底相比新增加的期末留抵税额。

(2) 纳税信用等级为 A 级或者 B 级。

纳税人申请增值税留抵退税,判断其是否符合纳税信用级别为 A 级或者 B 级的条件,以纳税人向主管税务机关申请退税提交《退(抵)税申请表》时的纳税信用级别确定。

(3) 申请退税前 36 个月未发生骗取留抵退税、出口退税或虚开增值税专用发票情形的。

(4) 申请退税前36个月未因偷税被税务机关处罚两次及以上的。

(5) 自2019年4月1日起未享受即征即退、先征后返(退)政策的。

2. 纳税人(除小微企业和制造业外)当期允许退还的增量留抵税额的计算

$$允许退还的增量留抵税额＝增量留抵税额×进项构成比例×60\%$$

小微企业和制造业等留底退税政策根据《财政部 税务总局关于进一步加大增值税期末留底退税政策实施力度的公告》(财政部 税务总局公告2022年第14号)和《国家税务总局关于进一步加大增值税期末留底退税政策实施力度有关征管事项的公告》(国家税务总局公告2022年第4号)执行。

3. 纳税人当期允许退还的增量留抵税额的管理

(1) 纳税人出口货物劳务、发生跨境应税行为，适用免抵退税办法的，可以在同一申报期内，既申报免抵退税又申请办理留抵退税。办理免抵退税后，纳税人仍符合留抵退税条件的，再办理留抵退税。

(2) 纳税人既有增值税欠税，又有期末留抵税额的，按最近一期《增值税纳税申报表(一般纳税人适用)》期末留抵税额，抵减增值税欠税后的余额确定允许退还的增量留抵税额。

(3) 纳税人申请办理留抵退税，应在符合条件的次月起，在申报期内完成本期申报后，通过电子税务局或办税服务厅提交《退(抵)税申请表》。

(4) 纳税人按照规定取得增值税留抵退税款的，不得再申请享受增值税即征即退、先征后返(退)政策。纳税人已按照规定取得增值税留抵退税款的，在2020年6月30日前将已退还的增值税留抵退税款全部缴回，可以按规定享受增值税即征即退、先征后返(退)政策；否则，不得享受增值税即征即退、先征后返(退)政策。

(五) 增值税汇总纳税

经财政部和国家税务总局批准的总分机构试点纳税人及其分支机构，按照《总分机构试点纳税人增值税计算缴纳暂行办法》(财税[2013]74号)的规定计算缴纳增值税。

(1) 总机构汇总的应征增值税销售额，为总机构及其分支机构发生《应税服务范围注释》所列业务的应征增值税销售额。

(2) 总机构汇总的销项税额，按照第1项规定的应征增值税销售额和增值税适用税率计算。

(3) 总机构汇总的进项税额，是指总机构及其分支机构因发生《应税服务范围注释》所列业务而购进货物或者接受加工修理修配劳务和应税服务，支付或者负担的增值税税额。总机构及其分支机构用于发生《应税服务范围注释》所列业务之外的进项税额不得汇总。

(4) 分支机构发生《应税服务范围注释》所列业务，按应征增值税销售额和预征率计算缴纳增值税。计算公式如下：

$$应预缴的增值税＝应征增值税销售额×预征率$$

预征率由财政部和国家税务总局规定，并适时予以调整。

分支机构销售货物、提供加工修理修配劳务,按照增值税暂行条例及相关规定就地申报缴纳增值税。

(5)分支机构发生《应税服务范围注释》所列业务当期已预缴的增值税税款,在总机构当期增值税应纳税额中抵减不完的,可以结转下期继续抵减。

(6)每年的第一个纳税申报期结束后,对上一年度总分机构汇总纳税情况进行清算。总机构和分支机构年度清算应交增值税,按照各自销售收入占比和总机构汇总的上一年度应交增值税税额计算。分支机构预缴的增值税超过其年度清算应交增值税的,通过暂停以后纳税申报期预缴增值税的方式予以解决。分支机构预缴的增值税小于其年度清算应交增值税的,差额部分在以后纳税申报期由分支机构在预缴增值税时一并就地补缴入库。

总机构及其分支机构的其他增值税涉税事项,按照营业税改征增值税试点政策及其他增值税有关政策执行。

【例2-1】 某生产企业为增值税一般纳税人,其生产的产品适用13%增值税税率。2021年2月发生如下业务:

(1)购进生产设备1台,取得增值税专用发票,注明金额100万元、税额13万元;支付运费给某交通运输企业,取得增值税专用发票,列示运费1万元、税额0.09万元。

(2)购进两间写字楼办公室,购进时取得增值税专用发票,注明税额20万元。

(3)向A企业销售甲产品,开具增值税专用发票,注明销售额300万元。向B企业销售甲产品,开具增值税普通发票,取得含税销售收入226万元。

(4)向某幼儿园赠送一批特制的乙产品,无同类货物销售价格,该批乙产品成本为10万元,国家税务总局确定的乙产品成本利润率10%。

(5)销售2016年购进的作为固定资产使用过的卡车,开具增值税专用发票,注明销售额6万元。

(6)本月购进一批装饰材料,取得增值税专用发票,注明增值税税额30万元,企业资产处领用15%用于装修职工食堂。

(7)销售2012年自建的仓库,取得不含税销售收入56万元,该仓库建造成本为32万元。该企业选择按照简易方法计税。

假定该企业取得的票据均符合税法规定,并在本月勾选抵扣进项税额。

要求:根据上述资料,回答下列问题。

(1)计算该企业销售甲产品的销项税额。
(2)计算该企业赠送乙产品的销项税额。
(3)计算该企业本月准予从销项税额中抵扣的进项税额的合计数。
(4)计算该企业销售卡车应纳增值税额。
(5)计算该企业销售仓库应纳增值税额。
(6)计算该企业本月合计应缴纳的增值税税额。

【解】
(1)该企业销售甲产品的销项税额=300×13%+226/(1+13%)×13% =65(万元)
(2)该企业赠送乙产品的销项税额=10×(1+10%)×13% =1.43(万元)

(3) 该企业本月准予从销项税额中抵扣的进项税额＝13＋0.09＋20＋30×(1－15%)＝58.59(万元)

(4) 该企业销售卡车应纳增值税额＝6×13%＝0.78(万元)

(5) 该企业销售仓库应纳增值税额＝56×5%＝2.8(万元)

(6) 该企业本月应纳增值税税额＝65＋1.43－58.59＋0.78＋2.8＝11.42(万元)

二、简易征税方法应纳税额的计算

(一) 应纳税额的计算

纳税人销售货物或者提供应税劳务或者发生应税行为适用按简易计税方法的，按照销售额和征收率计算应纳税额，并不得抵扣进项税额。其应纳税额计算公式为

应纳税额＝销售额×征收率

销售额＝含税销售额÷(1＋征收率)

小规模纳税人一律采用简易计税方法计税，但是一般纳税人销售特定货物或者提供特定应税行为可以选择适用简易计税方法。例如：试点纳税人中的一般纳税人提供的公共交通运输服务，以清包工方式提供的建筑服务，可以选择按照简易计税方法计算缴纳增值税。

(二) 含税销售额的换算

简易计税方法的销售额不包括其应纳的增值税税额，纳税人采用销售额和应纳增值税税额合并定价方法的，按照下列公式计算销售额：

销售额＝含税销售额÷(1＋征收率)

【例 2-2】 某餐馆为增值税小规模纳税人，2022 年 6 月取得含增值税的餐饮收入总额为 12.36 万元。计算该餐馆 6 月应缴纳的增值税税额。

【解】

(1) 6 月取得的不含税销售额＝12.36÷(1＋3%)＝12(万元)

(2) 6 月应缴纳增值税税额＝12×3%＝0.36(万元)

纳税人适用简易计税方法计税的，因销售折让、中止或者退回而退还给购买方的销售额，应当从当期销售额中扣减。扣减当期销售额后仍有余额造成多缴的税款，可以从以后的应纳税额中扣减。

对小规模纳税人发生上述情况而退还销售额给购买方，依照规定将所退的款项扣减当期销售额的，如果小规模纳税人已就该项业务委托税务机关为其代开了增值税专用发票，应按规定申请开具红字专用发票。

【例 2-3】 某小规模纳税人仅经营某项应税服务，适用 3% 的征收率。2022 年 5 月发生一笔销售额为 1 000 元的业务并就此缴纳了增值税，6 月该业务由于合理原因发生退款。(销售额均为不含税销售额)

(1) 假设 6 月该企业应税服务的销售额为 5 000 元，则：

6 月最终的计税销售额＝5 000－1 000＝4 000(元)

6月缴纳的增值税＝4 000×3％＝120(元)

（2）假设6月该企业应税服务销售额为600元，7月该企业应税服务销售额为5 000元，则：

6月最终的计税销售额＝600－600＝0(元)

6月应纳增值税额＝0×3％＝0(元)

6月销售额不足扣减的部分(600－1 000)而多缴的税款为12元(400×3％)，可以从以后纳税期的应纳税额中扣减。

7月企业实际缴纳的税额＝5 000×3％－12＝138(元)

或7月企业实际缴纳的税额＝(5 000－400)×3％＝138(元)

第四节 进口货物征税

一、进口货物的征税范围及纳税人

（一）进口货物征税的范围

（1）根据《增值税暂行条例》的规定，申报进入中华人民共和国海关境内的货物，均应缴纳增值税。

确定一项货物是否属于进口，必须首先看其是否有报关进口手续。一般来说，境外产品要输入境内，都必须向我国海关申报进口，并办理有关报关手续。只要是报关进口的应税货物，不论其用途如何，是自行采购用于贸易，还是自用；不论是购进，还是国外捐赠，均应按照规定缴纳进口环节的增值税（免税进口的货物除外）。

国家在规定对进口货物征税的同时，对某些进口货物制定了减免税的特殊规定。如属于"来料加工""进料加工"贸易方式进口国外的原材料、零部件等在国内加工后复出口的，对进口的料、件按规定给予免税或减税；但这些进口免、减税的料、件若不能加工复出口，而是销往国内的，就要予以补税。

（2）从其他国家或地区进口《跨境电子商务零售进口商品清单》范围内的以下商品适用于跨境电子商务零售进口增值税税收政策。

① 所有通过与海关联网的电子商务交易平台交易，能够实现交易、支付、物流电子信息"三单"比对的跨境电子商务零售进口商品。

② 未通过与海关联网的电子商务交易平台交易，但快递、邮政企业能够统一提供交易、支付、物流等电子信息，并承诺承担相应法律责任进境的跨境电子商务零售进口商品。

不属于跨境电子商务零售进口的个人物品以及无法提供交易、支付、物流等电子信息的跨境电子商务零售进口商品，按现行规定执行。

（二）进口货物的纳税人

进口货物的收货人（承受人）或办理报关手续的单位和个人，为进口货物增值税的纳税义务人。也就是说，进口货物增值税纳税人的范围较宽，包括国内一切从事进口业务的企业事业单位、机关团体和个人。

对于企业、单位和个人委托代理进口应征增值税的货物,鉴于代理进口货物的海关完税凭证,有的开具给委托方,有的开具给受托方的特殊性,对代理进口货物以海关开具的完税凭证上的纳税人为增值税纳税人。在实际工作中一般由进口代理者代缴进口环节增值税。纳税后,由代理者将已纳税款和进口货物价款费用等与委托方结算,由委托者承担已纳税款。

跨境电子商务零售进口商品按照货物征收关税和进口环节增值税、消费税,购买跨境电子商务零售进口商品的个人作为纳税义务人。电子商务企业、电子商务交易平台企业或物流企业可作为代收代缴义务人。

二、进口环节增值税的使用税率

进口货物增值税税率与增值税一般纳税人在国内销售同类货物的税率相同。

三、进口货物应纳税额的计算

无论是一般纳税人还是小规模纳税人,进口货物应缴纳的增值税,均应按照规定的组成计税价格和适用的税率计算缴纳增值税,并且不得抵扣发生在我国境外的各种税金。计算公式为

$$应缴纳增值税额 = 组成计税价格 \times 税率$$

其中,进口货物增值税税率与本章第一节的内容相同;组成计税价格是指在没有实际销售价格时,按照税法规定计算出作为计税依据的价格。

进口货物计算增值税组成计税价格的公式为

$$组成计税价格 = 关税完税价格 + 关税 + 消费税 \left(或 \frac{关税完税价格 + 关税}{1 - 消费税税率}\right)$$

纳税人在计算进口货物的增值额时应该注意以下问题。

(1) 进口货物增值税的组成计税价格包括已纳关税税额,如果进口货物属于消费税应税消费品,其组成计税价格中还要包括进口环节已纳消费税税额。

(2) 在计算进口环节的应纳增值税税额时不得抵扣任何税额,即在计算进口环节的应纳增值税税额时,不得抵扣发生在我国境外的各种税金。

(3) 按照《中华人民共和国海关法》(以下简称《海关法》)和《中华人民共和国进出口关税条例》(以下简称《进出口关税条例》)的规定,一般贸易下进口货物的关税完税价格以海关审定的成交价格为基础的到岸价格作为完税价格。所谓成交价格是一般贸易项下进口货物的买方为购买该项货物向卖方实际支付或应当支付的价格;到岸价格,是货价加上货物运抵我国关境内输入地点起卸前的包装费、运费、保险费和其他劳务费等费用构成的一种价格。

(4) 进口货物在海关缴纳的增值税,符合抵扣范围的,凭借海关进口增值税专用缴款书,可以从当期销项税额中抵扣。

(5) 跨境电子商务零售进口商品按照货物相关关税和进口环节增值税、消费税,以实际交易价格(包括货物零售价格、运费和保险费)作为完税价格。

(6) 根据《财政部 海关总署 国家税务总局关于跨境电子商务零售进口税收政策的通

知》(财关税[2016]18号),跨境电子商务零售进口商品的单次交易限值为人民币2 000元,个人年度交易限值为人民币20 000元。在限值以内进口的跨境电子商务零售进口商品,关税税率暂设为零;进口环节增值税、消费税取消免征税额,暂按法定应纳税额的70%征收。超过单次限值、累加后超过个人年度限值的单次交易,以及完税价格超过2 000元限值的单个不可分割商品,均按照一般贸易方式全额征税。

跨境电子商务零售进口商品自海关放行之日起30日内退货的,可申请退税,并相应调整个人年度交易总额。

自2019年1月1日起,将跨境电子商务零售进口商品的单次交易限值由人民币2 000元提高至5 000元,年度交易限值由人民币20 000元提高至26 000元。

完税价格超过5 000元单次交易限值但低于26 000元年度交易限值,且订单下仅一件商品时,可以自跨境电商零售渠道进口,按照货物税率全额征收关税和进口环节增值税、消费税,交易额计入年度交易总额,但年度交易总额超过年度交易限值的,应按一般贸易管理。

已经购买的电商进口商品属于消费者个人使用的最终商品,不得进入国内市场再次销售;原则上不允许网购保税进口商品在海关特殊监管区域外开展"网购保税+线下自提"模式。

四、进口货物的税收管理

进口货物的增值税由海关代征。个人携带或者邮寄进境自用物品的增值税,连同关税一并计征。具体办法由国务院关税税则委员会会同有关部门制定。

进口货物增值税纳税义务发生时间为报关进口的当天,其纳税地点应当由进口人或其代理人向报关地海关申报纳税,其纳税期限应当自海关填发海关进口增值税专用缴款书之日起15日内缴纳税款。

跨境电子商务零售进口商品自海关放行之日起30日内退货的,可申请退税,并相应调整个人年度交易总额。

跨境电子商务零售进口商品购买人(订购人)的身份信息应进行认证未进行认证的,购买人(订购人)身份信息应与付款人一致。

进口货物增值税的征收管理,依据《税收征收管理法》《海关法》《进出口关税条例》和《进出口税则》的有关规定执行。

【例2-4】 某商贸公司(有进出口经营权)10月进口货物一批。该批货物在国外的买价为40万元,另该批货物运抵我国海关前发生的包装费、运输费、保险费等共计20万元。货物报关后,商场按规定缴纳了进口环节的增值税并取得了海关开具的海关进口增值税专用缴款书。假定该批进口货物在国内全部销售,取得不含税销售额80万元。

相关资料:货物进口关税税率15%,增值税税率13%。请按下列顺序回答问题:
(1) 计算关税的组成计税价格;
(2) 计算进口环节应纳的进口关税;
(3) 计算进口环节应纳增值税的组成计税价格;
(4) 计算进口环节应缴纳增值税的税额;

(5) 计算国内销售环节的销项税额；

(6) 计算国内销售环节应缴纳增值税税额。

【解】

(1) 关税的组成计税价格＝40＋20＝60(万元)

(2) 应缴纳进口关税＝60×15％＝9(万元)

(3) 进口环节应纳增值税的组成计税价格＝60＋9＝69(万元)

(4) 进口环节应缴纳增值税的税额＝69×13％＝8.97(万元)

(5) 国内销售环节的销项税额＝80×13％＝10.4(万元)

(6) 国内销售环节应缴纳增值税税额＝10.4－8.97＝1.43(万元)

第五节　出口货物和服务的退(免)税

出口货物退(免)税是国际贸易中通常采用的并为世界各国普遍接受的一项政策，目的在于鼓励本国出口产品的国际市场竞争力。由于这项制度比较公平合理，因此它已成为国际社会通行的惯例。

我国的出口货物、劳务和跨境应税行为退(免)税是指在国际贸易业务中，对我国报关出口的货物或者劳务和服务退还或免征其在国内各生产和流转环节按税法规定缴纳的增值税和消费税，即对增值税出口货物、劳务和跨境应税行为实行零税率。

增值税出口货物、劳务和跨境应税行为的零税率，从税法上理解有两层含义：一是对本道环节生产或销售货物、劳务和跨境应税行为的增值部分免征增值税；二是对出口货物、劳务和跨境应税行为前道环节所含的进项税额进行退还。当然，由于各种货物、劳务和跨境应税行为出口政策不同，出口前涉及征免增值税的情况也不同，且由于出口政策是国家调控经济的手段，因此，对货物、劳务和跨境应税行为出口的不同情况，国家在遵循"征多少、退多少""未征不退和彻底退税"基本原则的基础上，制定了不同的税务处理办法。

一、出口货物、劳务和跨境应税行为退(免)税的基本政策

目前，我国的出口货物、劳务和跨境应税行为税收政策分为以下三种形式。

1. 出口免税并退税

出口免税是指对货物、劳务和跨境应税行为在出口销售环节不征增值税、消费税，这是把货物、劳务和跨境应税行为出口环节与出口前的销售环节都同样视为一个征税环节；出口退税是指对货物、劳务和跨境应税行为在出口前实际承担的税收负担，按规定的退税率计算后予以退还。

2. 出口免税不退税

出口免税与上述第1项含义相同。出口不退税是指适用这个政策的出口货物、劳务和跨境应税行为因在前一道生产、销售环节或进口环节是免税的，因此，出口时该货物、劳务和跨境应税行为的价格中本身就不含税，也无须退税。

3. 出口不免税也不退税

出口不免税是指对国家限制或禁止出口的某些货物、劳务和跨境应税行为的出口环节视同内销环节，照常征税；出口不退税是指对这些货物、劳务和跨境应税行为出口不退还出口前其所负担的税款。

二、增值税出口退税率

(1) 除财政部和国家税务总局根据国务院决定而明确的增值税出口退税率（以下简称"退税率"）外，出口货物的退税率为其适用税率。

自2019年4月1日起，原适用16%税率且出口退税率为16%的出口货物及劳务，出口退税率调整为13%；原适用10%税率且出口退税率为10%的出口货物、跨境应税行为，出口退税率调整为9%。

服务和无形资产的退税率为按照《营业税改征增值税试点实施办法》第十五条第（一）至（三）项规定适用的增值税税率。

(2) 退税率的特殊规定。

① 外贸企业购进按简易办法征税的出口货物、从小规模纳税人购进的出口货物，其退税率分别为简易办法实际执行的征收率、小规模纳税人征收率。上述出口货物取得增值税专用发票的，退税率按照增值税专用发票上的税率和出口货物退税率孰低的原则确定。

② 出口企业委托加工修理修配货物，其加工修理修配费用的退税率，为出口货物的退税率。

③ 中标机电产品、出口企业向海关报关进入特殊区域销售给特殊区域内生产企业生产耗用的列名原材料、输入特殊区域的水电气，其退税率为适用税率。如果国家调整列名原材料的退税率，列名原材料应当自调整之日起按调整后的退税率执行。

④ 海洋工程结构物退税率的适用，具体根据《海洋工程结构物和海上石油天然气开采企业的具体范围》（财税〔2012〕39号附件3）确定。

⑤ 适用不同退税率的货物劳务，应分开报关、核算并申报退（免）税，未分开报关、核算或划分不清的，从低适用退税率。

⑥ 自2020年3月20日起，瓷制卫生器具等1 084项产品出口退税率提高至13%，植物生长调节剂等380项产品出口退税率提高至9%，具体产品清单见《提高出口退税率的产品清单》（财政部 税务总局公告2020年第15号附件）。

三、出口货物、劳务和跨境应税退税的计算

适用增值税退（免）税政策的出口货物、劳务和跨境应税行为，按照下列规定实行增值税"免、抵、退"税或"免、退"税办法。

(1) "免、抵、退"税办法。生产企业出口自产货物和视同自产货物及对外提供加工修理修配劳务，以及《财政部国家税务总局关于出口货物劳务增值税和消费税政策的通知》（财税〔2012〕39号）附件5列明生产企业出口非自产货物，免征增值税，相应的进项税额抵减应纳增值税额（不包括适用增值税即征即退、先征后退政策的应纳增值税额），未抵减

完的部分予以退还。

境内的单位和个人提供适用增值税零税率的服务或者无形资产,如果属于适用简易计税方法的,实行免征增值税办法。如果属于适用增值税一般计税方法的,生产企业实行免抵退税办法,外贸企业外购服务或者无形资产出口实行免退税办法,外贸企业直接将服务或者自行研发的无形资产出口,视同生产企业连同其出口货物统一实行免抵退税办法。

(2)"免、退"税办法。不具有生产能力的出口企业(以下称外贸企业)或其他单位出口货物、劳务和跨境应税行为劳务,免征增值税,相应的进项税额予以退还。

外贸企业外购研发服务和设计服务免征增值税,其对应的外购应税服务的进项税额予以退还。

(一)"免、抵、退"税的计算方法

(1)生产企业出口货物、劳务、服务和无形资产的增值税"免、抵、退"税,依下列公式计算。

① 当期应纳税额的计算:

当期应纳税额 = 当期销项税额 −(当期进项税额 − 当期不得免征和抵扣税额)

当期不得免征和抵扣税额 = 当期出口货物离岸价 × 外汇人民币折合率
　　　　　　　　　　　　× (出口货物适用税率 − 出口货物退税率)
　　　　　　　　　　　　− 当期不得免征和抵扣税额抵减额

当期不得免征和抵扣税额抵减额 = 当期免税购进原材料价格
　　　　　　　　　　　　　　× (出口货物适用税率 − 出口货物退税率)

出口货物离岸价(FOB)以出口发票计算的离岸价为准。出口发票不能如实反映实际离岸价的,企业必须按照实际离岸价向主管税务机关申报予以核定。

从上述计算公式看,出口退税在"销项税额"方面并非执行真正的零税率而是一种"超低税率",即征税率与退税率之差。

从会计制度看,上述"免、抵、退"税的计算原理更加清晰。根据企业会计制度的规定,对于实行"免、抵、退"方法的生产企业,在会计上应当增设如下增值税专栏:

a."出口抵减内销产品应纳税额"借方专栏。

b."出口退税"贷方专栏。

另外,以"进项税额转出"贷方专栏核算"当期'免、抵、退'税不得免征和抵扣税额",以"其他应收款——应收补贴款"科目核算"当期应退税额"。相关会计处理为

a. 根据"当期'免、抵、退'税不得免征和抵扣税额":

借:主营业务成本
　　贷:应交税费——应交增值税(进项税额转出)

b. 根据"当期免抵税额":

借:应交税费——应交增值税(出口抵减内销产品应纳税额)
　　贷:应交税费——应交增值税(出口退税)

c. 根据"当期应退税额":

借:其他应收款——应收补贴款

贷：应交税费——应交增值税（出口退税）

这笔分录，才是真正的退税。根据"当期应退税额"的计算过程可得知，退的是期末未抵扣完的留抵进项税额。由此可见，"出口退税"贷方专栏核算的是"当期免抵税额"与"当期应退税额"之和，即税法中规定的"当期'免、抵、退'税额"（出口销售额×退税率）。

而出口货物实际执行的"超低税率"计算的"销项税额"被计入"进项税额转出"贷方专栏。如果将该部分数额与"出口退税"贷方专栏数额相加，其实也就是内销情况下应当缴纳的销项税额。所以，"出口退税"贷方专栏反映的并非真正的退税，而是出口货物、劳务和跨境应税行为较内销货物因执行税率的不同而少缴的增值税销项税额。

② 当期"免、抵、退"税额的计算：

当期"免、抵、退"税额＝当期出口货物离岸价×外汇人民币折合率×出口货物退税率
　　　　　　　　　　－当期"免、抵、退"税额抵减额

当期"免、抵、退"税额抵减额＝当期免税购进原材料价格×出口货物退税率

③ 当期应退税额和免抵税额的计算：

a. 当期期末留抵税额≤当期"免、抵、退"税额，则：

　　当期应退税额＝当期期末留抵税额

　　当期免抵税额＝当期"免、抵、退"税额－当期应退税额

b. 当期期末留抵税额＞当期"免、抵、退"税额，则：

　　当期应退税额＝当期"免、抵、退"税额

　　当期免抵税额＝0

当期期末留抵税额为当期增值税纳税申报表中"期末留抵税额"。

④ 当期免税购进原材料价格包括当期国内购进的无进项税额且不计提进项税额的免税原材料的价格和当期进料加工保税进口料件的价格，其中当期进料加工保税进口料件的价格为组成计税价格：

当期进料加工保税进口料件的组成计税价格＝当期进口料件到岸价格＋海关实征关税
　　　　　　　　　　　　　　　　　　　　＋海关实征消费税

a. 采用"实耗法"的，当期进料加工保税进口料件的组成计税价格为当期进料加工出口货物耗用的进口料件组成计税价格。其计算公式为

当期进料加工保税进口料件的组成计税价格＝当期进料加工出口货物离岸价
　　　　　　　　　　　　　　　　　　　×外汇人民币折合率×计划分配率

计划分配率＝计划进口总值÷计划出口总值×100％

实行纸质手册和电子化手册的生产企业，应根据海关签发的加工贸易手册或加工贸易电子化纸质单证所列的计划进出口总值计算计划分配率。

实行电子账册的生产企业，计划分配率按前一期已核销的实际分配率确定；新启用电子账册的，计划分配率按前一期已核销的纸质手册或电子化手册的实际分配率确定。

b. 采用"购进法"的，当期进料加工保税进口料件的组成计税价格为当期实际购进的进料加工进口料件的组成计税价格。

若当期实际不得免征和抵扣税额抵减额大于当期出口货物离岸价×外汇人民币折合

率×(出口货物适用税率－出口货物退税率),则:

$$当期不得免征和抵扣税额抵减额=当期出口货物离岸价×外汇人民币折合率× \\ (出口货物适用税率-出口货物退税率)$$

【例 2-5】 某自营出口的生产企业为增值税一般纳税人,出口货物、劳务和跨境应税行为的征税税率为 13%,退税税率为 10%,2021 年 4 月的有关经营业务为:购进原材料一批,取得的增值税专用发票注明的价款 200 万元,外购货物准予抵扣的进项税额 26 万元通过认证。上月末留抵税款 3 万元,本月内销货物不含税销售额 100 万元,收款 113 万元存入银行,本月出口货物、劳务和跨境应税行为的销售额折合人民币 200 万元。试计算该企业当期的"免、抵、退"税额。

① 当期"免、抵、退"税不得免征和抵扣税额 $=200×(13\%-10\%)=6$(万元)

② 当期应纳税额 $=100×13\%-(26-6)-3=13-20-3=-10$(万元)

③ 出口货物、劳务和跨境应税行为"免、抵、退"税额 $=200×10\%=20$(万元)

④ 按规定,如当期末留抵税额≤当期"免、抵、退"税额时:

$$当期应退税额=当期期末留抵税额$$

即该企业当期应退税额 $=10$(万元)

⑤ 当期免抵税额 $=$ 当期免抵退税额－当期应退税额

$$当期免抵税额=20-10=10(万元)$$

【例 2-6】 某自营出口的生产企业为增值税一般纳税人,出口货物、劳务和跨境应税行为的征税税率为 13%,退税税率为 10%。2021 年 6 月有关经营业务为:购原材料一批,取得的增值税专用发票注明的价款 400 万元,外购货物准予抵扣的进项税额 52 万元通过认证。上期末留抵税款 5 万元。本月内销货物不含税销售额 100 万元,收款 113 万元存入银行。本月出口货物、劳务和跨境应税行为的销售额折合人民币 200 万元。试计算该企业当期的"免、抵、退"税额。

① 当期"免、抵、退"税不得免征和抵扣税额 $=200×(13\%-10\%)=6$(万元)

② 当期应纳税额 $=100×13\%-(52-6)-5=13-46-5=-38$(万元)

③ 出口货物、劳务和跨境应税行为"免、抵、退"税额 $=200×10\%=20$(万元)

④ 按规定,当期期末留抵税额＞当期"免、抵、退"税额时:

$$当期应退税额=当期"免、抵、退"税额$$

即该企业当期应退税额 $=20$ 万元

⑤ 当期免抵税额 $=$ 当期"免、抵、退"税额－当期应退税额

$$该企业当期免抵税额=20-20=0$$

⑥ 6 月期末留抵结转下期继续抵扣税额为 18 万元(38－20)。

(2) 零税率应税行为增值税退(免)税的计算。

零税率应税行为增值税"免、抵、退"税,依下列公式计算:

① 当期"免、抵、退"税额的计算。

$$当期零税率应税行为"免、抵、退"税额=当期零税率应税行为"免、抵、退"税计税依据 \\ ×外汇人民币折合率 \\ ×零税率应税行为增值税退税率$$

② 当期应退税额和当期免抵税额的计算。

当期期末留抵税额 ≤ 当期"免、抵、退"税额时，

当期应退税额 ＝ 当期期末留抵税额

当期免抵税额 ＝ 当期"免、抵、退"税额 － 当期应退税额

当期期末留抵税额 ＞ 当期"免、抵、退"税额时，

当期应退税额 ＝ 当期"免、抵、退"税额

当期免抵税额 ＝ 0

"当期期末留抵税额"为当期《增值税纳税申报表》的"期末留抵税额"。

【例 2-7】 某国际运输公司，已登记为一般纳税人，该企业实行"免、抵、退"税管理办法。该企业 2021 年 8 月实际发生如下业务：

① 该企业当月承接了 3 个国际运输业务，取得确认的收入 60 万元人民币。

② 企业增值税纳税申报时，期末留抵税额为 15 万元人民币。

要求计算该企业当月的退税额。

【解】

当期零税率应税行为"免、抵、退"税额 ＝ 当期零税率应税行为"免、抵、退"税计税依据

× 外汇人民币折合率

× 零税率应税行为增值税退税率

＝ 60 × 9% ＝ 5.4（万元）

因为当期期末留抵税额 15 万元 ＞ 当期"免、抵、退"税额 5.4 万元，所以当期应退税额 ＝ 当期"免、抵、退"税额 ＝ 5.4（万元）。

退税申报后，结转下期留抵的税额为 9.6 万元。

（二）"免、退"计算办法

外贸企业出口货物、劳务和跨境应税行为劳务增值税免退税，依下列公式计算：

① 外贸企业出口委托加工修理修配货物以外的货物：

增值税应退税额 ＝ 增值税退（免）税计税依据 × 出口货物退税率

② 外贸企业出口委托加工修理修配货物：

出口委托加工修理修配货物的增值税应退税额

＝ 委托加工修理修配的增值税退（免）税计税依据 × 出口货物退税率

③ 外贸企业兼营的零税率应税服务增值税免退税：

外贸企业兼营的零税率应税服务应退税额 ＝ 外贸企业兼营的零税率应税服务免退税计税依据

× 零税率应税服务增值税退税率

【例 2-8】 某进出口公司 2021 年 3 月出口美国平纹布 2 000 平方米，进货增值税专用发票列明单价 20 元/平方米，计税金额 40 000 元，退税税率 13%，其应退税额：2 000 × 20 × 13% ＝ 5 200（元）。

【例 2-9】 某进出口公司 2021 年 6 月购进牛仔布委托加工成服装出口，取得牛仔布增值税发票一张，注明计税金额 10 000 元；取得服装加工费计税金额 2 000 元，受托方将

原材料成本并入加工修理修配费用并开具了增值税专用发票。假设退税税率为13%,该企业的应退税额:(10 000+2 000)×13%=1 560(元)。

四、境外旅客购物离境退税

(一)离境退税

离境退税政策,是指境外旅客在离境口岸离境时,对其在退税商店购买的退税物品退还增值税的政策。

境外旅客,是指在中华人民共和国境内连续居住不超过183天的外国人和港澳台同胞。

离境口岸,是指实施离境退税政策的地区正式对外开放并设有退税代理机构的口岸,包括航空口岸、水运口岸和陆地口岸。

退税物品,是指由境外旅客本人在退税商店购买且符合退税条件的个人物品,但不包括下列物品:

(1)《中华人民共和国禁止、限制进出境物品表》所列的禁止、限制出境物品;
(2) 退税商店销售的适用增值税免税政策的物品;
(3) 财政部、海关总署、国家税务总局规定的其他物品。

(二)境外旅客申请退税的条件

境外旅客申请退税,应当同时符合以下条件:
(1) 同一境外旅客同一日在同一退税商店购买的退税物品金额达到500元人民币;
(2) 退税物品尚未启用或消费;
(3) 离境日距退税物品购买日不超过90天;
(4) 所购退税物品由境外旅客本人随身携带或随行托运出境。

(三)退税率

适用13%税率的境外旅客购物离境退税物品,退税率为11%;适用9%税率的境外旅客购物离境退税物品,退税率为8%。

2019年6月30日前,按调整前税率征收增值税的,执行调整前的退税率;按调整后税率征收增值税的,执行调整后的退税率。

退税率的执行时间,以退税物品增值税普通发票的开具日期为准。

$$应退增值税额=退税物品销售发票金额(含增值税)×退税率$$

(四)退税方式

退税币种为人民币。退税方式包括现金退税和银行转账退税两种方式。退税额未超过10 000元的,可自行选择退税方式。退税额超过10 000元的,以银行转账方式退税。

(五)退税代理机构

省级税务部门会同财政、海关等相关部门按照公平、公开、公正的原则选择退税代理机构,充分发挥市场作用,引入竞争机制,提高退税代理机构提供服务的水平。退税代理机构的具体条件,由国家税务总局商财政部和海关总署制定。未选择退税代理机构的,由税务部门直接办理增值税退税。

符合条件的商店报经省级税务部门备案即可成为退税商店。退税商店的具体条件由国家税务总局商财政部制定。

离境旅客购物所退增值税款,由中央与实际办理退税地按现行出口退税负担机制共同负担。

第六节　增值税发票的使用及管理

增值税一般纳税人销售货物、提供加工修理修配劳务和发生应税行为,应使用增值税发票管理新系统(以下称新系统)开具增值税纸质专用发票、增值税纸质普通发票、增值税电子普通发票、增值税电子专用发票、机动车销售统一发票或者收费公路通行费增值税电子普通发票。

一、增值税纸质专用发票

增值税实行凭国家印发的增值税专用发票注明的税款进行抵扣的制度。增值税专用发票不仅是纳税人经济活动中的重要商业凭证,而且是兼记销货方销项税额和购货方进项税额进行税款抵扣的凭证,对增值税的计算和管理起着决定性的作用。因此,正确使用增值税专用发票是十分重要的。

(一)专用发票的联次

专用发票由基本联次或者基本联次附加其他联次构成,分为三联版和六联版两种。基本联次为三联:发票联、抵扣联和记账联。发票联,作为购买方核算采购成本和增值税进项税额的记账凭证;抵扣联,作为购买方报送主管税务机关认证和留存备查的凭证;记账联,作为销售方核算销售收入和增值税销项税额的记账凭证。其他联次用途,由一般纳税人自行确定。纳税人办理产权过户手续需要使用发票的,可以使用增值税纸质专用发票第六联。

(二)专用发票的开具

专用发票应按下列要求开具。

(1)项目齐全,与实际交易相符。

(2)字迹清楚,不得压线、错格。

(3)发票联和抵扣联加盖财务专用章或者发票专用章。

(4)按照增值税纳税义务的发生时间开具。

对不符合上列要求的专用发票,购买方有权拒收。

(5)一般纳税人销售货物或者提供应税劳务可汇总开具专用发票。汇总开具专用发票的,同时使用防伪税控系统开具《销售货物或者提供应税劳务清单》,并加盖财务专用章或者发票专用章。

(6) 保险机构作为车船税扣缴义务人,在代收车船税并开具增值税发票时,应在增值税发票备注栏中注明代收车船税税款信息。具体包括保险单号、税款所属期(详细至月)、代收车船税金额、滞纳金金额、金额合计等。该增值税发票可作为纳税人缴纳车船税及滞纳金的会计核算原始凭证。

(三)专用发票的开具范围

(1) 一般纳税人销售货物或者提供应税劳务和应税服务,应向购买方开具专用发票。

(2) 商业企业一般纳税人零售的烟、酒、食品、服装、鞋帽(不包括劳保专用部分)、化妆品等消费品不得开具专用发票。

(3) 增值税小规模纳税人需要开具专用发票的,可向主管税务机关申请代开。

(4) 销售免税货物不得开具专用发票,法律、法规及国家税务总局另有规定的除外。

(5) 纳税人提供应税服务,应当向索取增值税专用发票的接受方开具增值税专用发票,并在增值税专用发票上分别注明销售额和销项税额。属于下列情形之一的,不得开具增值税专用发票:

① 向消费者个人提供应税服务。

② 适用免征增值税规定的应税服务。

(四)开具增值税专用发票后发生退货或开票有误的处理

增值税一般纳税人开具增值税专用发票后,发生销货退回、开票有误、应税服务中止等情形,但不符合发票作废条件,或者因销货部分退回及发生销售折让需要开具红字专用发票的,应收回原发票并注明"作废"字样或取得对方有效证明。

纳税人需要开具红字增值税普通发票的,可以在所对应的蓝字发票金额范围内开具多份红字发票。红字机动车销售统一发票需与原蓝字机动车销售统一发票一一对应。

二、增值税纸质普通发票

增值税普通发票,是将除商业零售以外的增值税一般纳税人纳入增值税防伪税控系统开具和管理,也就是说一般纳税人可以使用同一套增值税防伪税控系统开具增值税专用发票、增值税普通发票等,俗称"一机多票"。

(一)增值税纸质普通发票(折叠票)

增值税纸质普通发票(折叠票)由基本联次或者基本联次附加其他联次构成,分为两联版和五联版两种。基本联次为两联:第一联为记账联,是销售方记账凭证;第二联为发票联,是购买方记账凭证。其他联次用途,由纳税人自行确定。纳税人办理产权过户手续需要使用发票的,可以使用增值税普通发票第三联。

(二)增值税纸质普通发票(卷票)

增值税纸质普通发票(卷票)分为两种规格:57mm×177.8mm、76mm×177.8mm,

均为单联。

自2017年7月1日起,纳税人可按照《中华人民共和国发票管理办法》及其实施细则要求,书面向税务机关要求使用印有本单位名称的增值税普通发票(卷票),税务机关按规定确认印有该单位名称发票的种类和数量。纳税人通过增值税发票管理系统开具印有本单位名称的增值税普通发票(卷票)。印有本单位名称的增值税普通发票(卷票),由国家税务总局统一招标采购的增值税普通发票(卷票)中标厂商印制,其式样、规格、联次和防伪措施等与原有增值税普通发票(卷票)一致,并加印企业发票专用章。使用印有本单位名称的增值税普通发票(卷票)的企业,按照《国家税务总局 财政部关于冠名发票印制费结算问题的通知》(税总发[2013]53号)规定,与发票印制企业直接结算印制费用。

三、机动车销售统一发票

自2021年7月1日起,《机动车发票使用办法》正式施行。

机动车发票,是指销售机动车(不包括二手车)的单位和个人(以下简称销售方)通过增值税发票管理系统开票软件中机动车发票开具模块所开具的增值税专用发票和机动车销售统一发票(包括纸质发票、电子发票)。增值税发票管理系统开票软件自动在增值税专用发票左上角打印"机动车"字样。

机动车发票均应通过增值税发票管理系统开票软件在线开具。按照有关规定不使用网络办税或不具备网络条件的特定纳税人,可以离线开具机动车发票。

开通机动车发票开具模块的销售方分为机动车生产企业、机动车授权经销企业、其他机动车贸易商三种类型。

机动车生产企业包括国内机动车生产企业及进口机动车生产企业驻我国办事机构或总授权代理机构;机动车授权经销企业是指经机动车生产企业授权,且同时具备整车销售、零配件销售、售后维修服务等经营业务的机动车经销企业;其他机动车贸易商,是指除上述两类企业以外的机动车销售单位和个人。

对于已开通机动车发票开具模块的销售方,税务机关可以根据其实际生产经营情况调整划分类型。

主管税务机关对机动车发票实行分类分级规范管理,提升办税效率,加强后续服务和监管。

销售方应当按照销售符合国家机动车管理部门车辆参数、安全等技术指标规定的车辆所取得的全部价款如实开具机动车发票。

向消费者销售机动车,销售方应当开具机动车销售统一发票;其他销售机动车行为,销售方应当开具增值税专用发票。

四、增值税电子普通发票

为了满足纳税人开具增值税电子普通发票的需求,国家税务总局在2015年11月发布了《关于推行通过增值税电子发票系统开具的增值税电子普通发票有关问题的公告》(国家税务总局公告2015年第84号)。增值税电子普通发票的开票方和受票方需要纸质发票的,可以自行打印增值税电子普通发票的版式文件,其法律效力、基本用途、基本使用规定等与税务机关监制的增值税普通发票相同。推行通过增值税电子发票系统开具的增值税电子普通发票，对降低纳税人经营成本，节约社会资源，方便消费者保存使用发票，营造健康公平的税收环境有着重要作用。

五、增值税电子专用发票

自2020年12月21日起，在天津、河北、上海、江苏、浙江、安徽、广东、重庆、四川、宁波和深圳等11个地区的新设立登记的纳税人（以下简称新办纳税人）中实行增值税专用发票电子化（以下简称专票电子化），受票方范围为全国。其中，宁波、石家庄和杭州等3个地区已试点纳税人开具增值税电子专用发票（以下简称电子专票）的受票方范围扩至全国。

自2021年1月21日起，在北京、山西、内蒙古、辽宁、吉林、黑龙江、福建、江西、山东、河南、湖北、湖南、广西、海南、贵州、云南、西藏、陕西、甘肃、青海、宁夏、新疆、大连、厦门和青岛等25个地区的新办纳税人中实行专票电子化，受票方范围为全国。

实行专票电子化的新办纳税人具体范围由国家税务总局各省、自治区、直辖市和计划单列市税务局（以下简称各省税务局）确定。

电子专票由各省税务局监制，采用电子签名代替发票专用章，属于增值税专用发票，其法律效力、基本用途、基本使用规定等与增值税纸质专用发票（以下简称纸质专票）相同。

电子专票的发票代码为12位，编码规则：第1位为0，第2~5位代表省、自治区、直辖市和计划单列市，第6~7位代表年度，第8~10位代表批次，第11~12位为13。发票号码为8位，按年度、分批次编制。

自各地专票电子化实行之日起，本地区需要开具增值税纸质普通发票、增值税电子普通发票（以下简称电子普票）、纸质专票、电子专票、纸质机动车销售统一发票和纸质二手车销售统一发票的新办纳税人，统一领取税务UKey开具发票。税务机关向新办纳税人免费发放税务UKey，并依托增值税电子发票公共服务平台，为纳税人提供免费的电子专票开具服务。

税务机关按照电子专票和纸质专票的合计数，为纳税人核定增值税专用发票领用数量。电子专票和纸质专票的增值税专用发票（增值税税控系统）最高开票限额应当相同。

纳税人开具增值税专用发票时，既可以开具电子专票，也可以开具纸质专票。受票方索取纸质专票的，开票方应当开具纸质专票。

六、收费公路通行费增值税电子普通发票

收费公路通行费增值税电子普通发票（以下简称通行费电子发票）包括左上角标识"通行费"字样且税率栏次显示适用税率或征收率的通行费电子发票（以下简称征税发票）以及左上角无"通行费"字样，且税率栏次显示"不征税"的通行费电子发票（以下简称不征税发票）。客户通行经营性收费公路，由经营管理者开具征税发票，可按规定用于增值税进项抵扣；客户采取充值方式预存通行费，可由ETC客户服务机构开具不征税发票，不可用于增值税进项抵扣。

第七节 增值税的申报与缴纳

一、增值税纳税义务发生的时间

《增值税暂行条例》和《关于全面推开营业税改征增值税试点的通知》明确规定了增值税纳税义务的发生时间。增值税纳税义务发生时间,是指增值税纳税义务人、扣缴义务人发生应税、扣缴税款行为应承担纳税义务扣缴义务的时间。税法明确规定纳税义务发生时间的作用在于:(1)正式确认纳税人已经发生属于税法规定的应税行为,应承担纳税义务;(2)有利于税务机关实施税务管理,合理规定申报期限和纳税期限,监督纳税人切实履行纳税义务。

(一)销售货物或者提供应税劳务的纳税义务发生时间

纳税人销售货物或者提供应税劳务,其纳税义务发生时间为收讫销售款项或者取得索取销售款项凭据的当天;先开具发票的,为开具发票的当天。其中,收讫销售款项或者取得索取销售款项凭据的当天按销售结算方式的不同,具体为:

(1)采取直接收款方式销售货物,不论货物是否发出,均为收到销售款或者取得索取销售款凭据的当天。

纳税人生产经营活动中采取直接收款方式销售货物,已将货物移送对方并暂估销售收入入账,但既未取得销售款或取得索取销售款凭据也未开具销售发票的,其增值税纳税义务发生时间为取得销售款或取得索取销售款凭据的当天;先开具发票的,为开具发票的当天。

(2)采取托收承付和委托银行收款方式销售货物,为发出货物并办妥托收手续的当天。

(3)采取赊销和分期收款方式销售货物,为书面合同约定的收款日期的当天,无书面合同的或者书面合同没有约定收款日期的,为货物发出的当天。

(4)采取预收货款方式销售货物,为货物发出的当天,但生产销售生产工期超过12个月的大型机械设备、船舶、飞机等货物,为收到预收款或者书面合同约定的收款日期的当天。

(5)委托其他纳税人代销货物,为收到代销单位的代销清单或者收到全部或者部分货款的当天;未收到代销清单及货款的,为发出代销货物满180天的当天。

(6)销售应税劳务,为提供劳务同时收讫销售款或者取得索取销售款的凭据的当天。

(7)纳税人发生除将货物交付其他单位或者个人代销和销售代销货物以外的视同销售货物行为,为货物移送的当天。

(8)纳税人进口货物,其纳税义务发生时间为报关进口的当天。

(二)发生应税行为的纳税义务发生时间

纳税人发生应税行为并收讫销售款项或者取得索取销售款项凭据的当天为纳税义务

发生时间；先开具发票的，为开具发票的当天。

收讫销售款项，是指纳税人销售服务、无形资产、不动产过程中或者完成后收到款项。取得索取销售款项凭据的当天，是指书面合同确定的付款日期；未签订书面合同或者书面合同未确定付款日期的，为服务、无形资产转让完成的当天或者不动产权属变更的当天。

除了上述一般规定外，以下行业的纳税义务发生时间为：

（1）纳税人提供建筑服务、租赁服务采取预收款方式的，其纳税义务发生时间为收到预收款的当天。

例如：某试点纳税人出租一辆小轿车，租金5 000元/月，一次性预收了对方一年的租金共60 000元，该纳税人则应在收到60 000元租金的当天确认纳税义务发生，并按60 000元确认收入。而不能将60 000元租金采取按月分摊确认收入的方法，也不能在该业务完成后再确认收入。

（2）纳税人从事金融商品转让的，为金融商品所有权转移的当天。

（3）纳税人发生视同销售服务、无形资产或者不动产情形的，其纳税义务发生时间为服务、无形资产转让完成的当天或者不动产权属变更的当天。

（三）增值税扣缴义务发生时间

增值税扣缴义务发生时间为纳税人增值税纳税义务发生的当天。

二、增值税纳税期限

在明确了增值税纳税义务发生时间后，还需要掌握具体纳税期限，以保证按期缴纳税款。根据《增值税暂行条例》和《关于全面推开营业税改征增值税试点的通知》，增值税的纳税期限分别为1日、3日、5日、10日、15日、1个月或者1个季度。

纳税人的具体纳税期限，由主管税务机关根据纳税人应纳税额的大小分别核定。以1个季度为纳税期限的规定适用于小规模纳税人、银行、财务公司、信托投资公司、信用社，以及财政部和国家税务总局规定的其他纳税人。不能按照固定期限纳税的，可以按次纳税。

纳税人以1个月或以1个季度为1个纳税期的，自期满之日起15日内申报纳税；以1日、3日、5日、10日或者15日为1个纳税期的，自期满之日起5日内预缴税款，于次月起15日内申报纳税并结清上月应纳税款。

扣缴义务人解缴税款的期限，依照前两款规定执行。

纳税人进口货物，应当在向海关填发进口增值税专用缴款书之日起15日内缴纳税款。

纳税人出口货物适用退（免）税规定的，应向海关办理出口手续，凭出口报关单等有关凭证，在规定的出口退（免）税申报期内按月向主管税务机关申报办理该项出口货物的退（免）税。

三、增值税纳税地点

为了保证纳税人按期申报纳税,根据企业跨地区经营和搞活商品流通的特点及不同情况,税法还具体规定了增值税的纳税地点。

(1) 固定业户应当向其机构所在地的主管税务机关申报纳税。总机构和分支机构不在同一县(市)的,应当分别向各自所在地的主管税务机关申报纳税;经国务院财政、税务主管部门或者其授权的财政、税务机关批准,可以由总机构汇总向总机构所在地主管税务机关申报纳税。

固定业户到外县(市)销售货物或者劳务的,应当向其机构所在地主管税务机关报告外出经营事项,并向其机构所在地主管税务机关申报纳税。未报告的,应当向销售地或者劳务发生地主管税务机关申报纳税;未向销售地或者劳务发生地主管税务机关申报纳税的,由其机构所在地主管税务机关补征税款。

(2) 非固定业户销售货物或者应税劳务,应当向销售地或者劳务发生地的主管税务机关申报纳税;未向销售地或者劳务发生地的主管税务机关申报纳税的,由其机构所在地或者居住地的主管税务机关补征税款。

(3) 进口货物,应当由进口人或其代理人向报关地海关申报纳税。

(4) 扣缴义务人应当向其机构所在地或者居住地的主管税务机关申报缴纳其扣缴的税款。

第八节 增值税的会计核算

一、增值税的会计科目设置

增值税的特点是价外循环,增值税会计的特点是账内核算。根据最新的《企业会计制度》规定,一般纳税人增值税计算与缴纳通过"应交税费"科目下设的"应交增值税""未交增值税"等10个二级科目,全面、系统核算增值税的形成、缴纳情况。小规模纳税人只需要通过"应交税费"科目下设的"应交增值税"这一个二级科目核算。

(一) 一般纳税人增值税的会计科目核算

根据最新的《企业会计制度》规定,一般纳税人增值税通过"应交税费"科目下设的下列10个二级科目核算(表2-1)。

表2-1 10个二级科目

应交增值税	待转销项税额
未交增值税	增值税留抵税额
预交增值税	简易计税
待抵扣进项税额	转让金融商品应交增值税
待认证进项税额	代扣代交增值税

(1)"应交税费——应交增值税"。"应交税费——应交增值税"账户是专门核算本期增值税的形成、缴纳情况的账户。一般纳税人在该二级账户下,按增值税的内容设置"进项税额""已交税金""减免税款""出口抵减内销应纳税额""销项税额抵减""转出未交增值税""销项税额""进项税额转出""出口退税""转出多交增值税"等专栏,按规定进行核算。"应交税费——应交增值税"科目的期末借方余额,反映尚未抵扣的增值税。

"应交税费——应交增值税"明细科目内记录的内容很多,其借方、贷方记录的明细项目以账户说明,如表2-2所示。

表2-2 "应交税费——应交增值税"明细科目

借方发生额	贷方发生额
(1) 进项税额 (2) 已交税金 (3) 减免税款 (4) 出口抵减内销应纳税额 (5) 销项税额抵减 (6) 转出未交增值税	(1) 销项税额 (2) 进项税额转出 (3) 出口退税 (4) 转出多交增值税
(余:留抵税额)	

该账户中的明细项目构成了"应交增值税"二级科目下的三级明细科目。

① 该账户的借方项目。"应交税费——应交增值税"借方项目核算的具体内容分别是以下几项。

"进项税额"明细科目:购进货物、加工修理修配劳务、服务、无形资产或不动产而支付或负担的,准予从当期销项税额中抵扣的增值税额若发生购货退回或折让,应以红字冲销。

"已交税金"明细科目:记录一般纳税人当月已交纳的应交增值税额,即已经预缴增值税。

"减免税款"明细科目:记录一般纳税人按现行增值税制度规定准予减免的增值税额。按规定,直接减免的增值税用蓝字登记,应冲销直接减免的增值税用红字登记。

"出口抵减内销应纳税额"明细科目:记录实行"免、抵、退"办法的一般纳税人按规定计算的出口货物的进项税抵减内销产品的应纳税额。

"销项税额抵减"明细科目:记录一般纳税人按照现行增值税制度规定因扣减销售额而减少的销项税额。

"转出未交增值税"明细科目:反映企业月终时当月发生的应交未交增值税的转账额。在会计上,作此转账核算后,"应交税费——应交增值税"的期末余额不再包括当期应交未交增值税额。

② 该账户的贷方项目。"应交税费——应交增值税"贷方项目核算的具体内容分别是以下几项。

"销项税额"明细科目:核算企业销售货物,提供应税劳务应收取的增值税额。若发生销货退回或折让,应以红字冲销。

"进项税额转出"明细科目：记录一般纳税人购进货物、加工修理修配劳务、服务、无形资产或不动产等发生非正常损失以及其他原因而不应从销项税额中抵扣、按规定转出的进项税额。

"出口退税"明细科目：记录一般纳税人出口货物、加工修理修配劳务、服务、无形资产按规定退回的增值税额。

"转出多交增值税"核算企业月末转出的多交增值税额（已预缴的增值税额）。月末结转此项后，"应交增值税"期末余额不应有预缴的增值税。

（2）"应交税费——待抵扣进项税额"。核算按税法规定不符合抵扣条件，暂不予在本期申报抵扣的进项税额。例如不动产不在当期抵扣的40%部分。

（3）"应交税费——增值税留抵税额"。核算试点当月按照规定不得从应税行为的销项税额中抵扣的月初增值税留抵税额。

（4）"应交税费——预交增值税"。转让不动产、不动产经营租赁、建筑服务、采用预收款方式销售自行开发的房地产项目。

（5）"应交税费——待认证进项税额"。未经税务机关认证而不得从当期销项税额中抵扣的进项税额；已申请稽核但尚未取得稽核相符结果的海关缴款书进项税额。

（6）"应交税费——待转销项税额"。已确认相关收入（或利得）但尚未发生增值税纳税义务而需于以后期间确认为销项税额的增值税额。

（7）"应交税费——简易计税"。核算一般纳税人采用简易计税方法发生的增值税计提、扣减、预缴、缴纳等业务。

（8）"应交税费——转让金融商品应交增值税"。核算增值税纳税人转让金融商品发生的增值税额。

（9）"应交税费——代扣代交增值税"。核算纳税人购进在境内未设经营机构的境外单位或个人在境内的应税行为代扣代缴的增值税。

（10）"应交税费——未交增值税"。月度终了从"应交增值税"或"预交增值税"明细科目转入当月应交未交、多交或预缴的增值税额，以及当月交纳以前期间未交的增值税额。

（二）小规模纳税人的会计科目核算

小规模纳税人只需在"应交税费"下设置"应交增值税"二级明细科目，无须再设明细项目。该科目贷方反映应交的增值税，借方反映实际上交的增值税，贷方余额反映未交或欠交的增值税，借方余额反映多交的增值税。小规模纳税人"应交税费——应交增值税"二级账户可按借方、贷方、余额设三栏式账页。

二、销项税额的会计核算

企业销售货物，加工、修理修配劳务，服务，无形资产或不动产，应当按应收或已收的金额，借记"应收账款""应收票据""银行存款"等科目，按取得的收入金额，贷"主营业务收入""其他业务收入""固定资产清理"等科目，按现行增值税制度规定计算的销项税额（或采用简易计税方法计算的应纳增值税税额），贷记"应交税费——应交增值税（销项税额或简易计税)"科目(小规模纳税人应贷记"应交税费——应交增值税"科目)。发生销售退回的,应根据税务机关开具的红字增值税专用发票做相反的会计分录。会计上收入或利得确认时点先于增值税纳税义务发生时点的,应将相关销项税额计入"应交税费——待转销项税额"科目,待实际发生纳税义务时再转入"应交税费——应交增值税(销项税额或简易计税)"科目。

(一) 销售货物销项税额的会计核算

1. 一般销售方式下销项税额的会计核算

(1) 直接收款方式下销项税额的会计核算。采取直接收款方式销售货物,不论货物是否发出,其纳税义务发生时间均为收到销售款项或者取得索取销售款项凭据的当天;先开具发票的,为开具发票当天。企业应根据销售结算凭证和银行存款进账单,借记"银行存款""应收账款""应收票据"等;按增值税专用发票上所列税额或按普通发票上所列货款除以(1+增值税税率)后再乘以增值税税率所计算的增值税额,贷记"应交税费——应交增值税(销项税额)"科目,按实际销售额贷记"主营业务收入"等科目。

【例 2-10】 平安服装厂(增值税一般纳税人)向某百货公司销售一批服装,开具的增值税专用发票上的注明价款为 100 000 元,税款 13 000 元,货款以银行存款支付。

其会计分录为

借:银行存款　　　　　　　　　　　　　　　　　　　113 000
　贷:主营业务收入　　　　　　　　　　　　　　　　　100 000
　　　应交税费——应交增值税(销项税额)　　　　　　 13 000

(2) 托收承付、委托银行收款方式下销项税额的会计核算。采取托收承付和委托银行收款方式销售货物,其纳税义务发生时间为发出货物并办妥托收手续的当天;若先开具发票,则为开具发票当天。企业应根据托收承付或委托收款结算凭证和发票,借记"应收账款"科目,贷记"主营业务收入"等科目及"应交税费——应交增值税(销项税额)"科目。

【例 2-11】 平安服装厂(增值税一般纳税人)采用委托收款方式向外地某服装公司销售一批服装,开具的增值税专用发票上注明价款 30 000 元,税款 3 900 元,向铁路部门支付代垫运杂费 1 000 元。平安服装厂根据发票和铁路运费单据已向银行办妥托收手续。

其会计分录为

借:应收账款——××服装公司　　　　　　　　　　　 33 900
　　其他应收款——代垫运费　　　　　　　　　　　　　1 000
　贷:主营业务收入　　　　　　　　　　　　　　　　　30 000
　　　应交税费——应交增值税(销项税额)　　　　　　　3 900
　　　银行存款　　　　　　　　　　　　　　　　　　　1 000

(3) 赊销和分期收款方式下销项税额的会计处理。采取赊销和分期收款方式销售货物,其纳税义务发生时间为书面合同约定的收款日期的当天,无书面合同的或者书面合同没有约定收款日期的,为货物发出的当天;若先开具发票,则为开具发票的当天。一般情况下,纳税人在合同约定的收款日期开具增值税专用发票(或普通发票),并计算增值税销项税额,借记"银行存款"或"应收账款"科目,贷记"应交税费——应交增值税(销项税额)"科目。

在这种销售方式下,企业将商品交付给购货方,通常表明与商品所有权有关的风险和报酬已经转移给购货方,在满足收入确认的其他条件时,应当根据应收款项的公允价值或现行售价一次确认收入。按照合同约定的收款日期分期收回货款,强调的是一个结算时点,与风险和报酬的转移没有关系,所以企业不应当按照合同约定的收款日期确认收入。

在赊销和分期收款方式下,会计上收入确认时点先于增值税纳税义务发生时点,应将相关销项税额计入"应交税费——待转销项税额"科目,待合同约定收款日期(发生纳税义务)时再转入"应交税费——应交增值税(销项税额或简易计税)"科目。

(4) 预收货款方式下销项税额的会计核算。采取预收货款方式销售货物,其纳税义务发生时间为货物发出的当天,但生产销售生产工期超过12个月的大型机械设备、船舶、飞机等货物,为收到预收款或者书面合同约定的收款日期的当天,若先开具发票,则为开具发票的当天。企业收到预收货款时借记"银行存款"科目,贷记"预收账款"科目,待货物发出时,借记"预收账款"科目,贷记"主营业务收入"及"应交税费——应交增值税(销项税额)"科目。

【例2-12】 平安服装厂(增值税一般纳税人)5月10日收到市服装批发公司预付部分服装款30 000元。5月25日,平安服装厂发出服装,开具的增值税专用发票上注明价款40 000元,税款5 200元。5月29日,平安服装厂收到市服装批发公司补付的货款15 200元。

其会计分录为

5月10日收到预付款时:

借:银行存款　　　　　　　　　　　　　　　　　　　30 000
　　贷:预收账款　　　　　　　　　　　　　　　　　　　30 000

5月25日发出货物时:

借:预收账款　　　　　　　　　　　　　　　　　　　30 000
　　应收账款　　　　　　　　　　　　　　　　　　　15 200
　　贷:主营业务收入　　　　　　　　　　　　　　　　40 000
　　　　应交税费——应交增值税(销项税额)　　　　　5 200

5月29日收到补付款时:

借:银行存款　　　　　　　　　　　　　　　　　　　15 200
　　贷:应收账款　　　　　　　　　　　　　　　　　　　15 200

2. 视同销售方式下销项税额的会计核算

企业发生现行增值税制度规定视同销售的行为,应当按照国家统一的会计制度进行相应的会计处理,并按照现行增值税制度规定计算的销项税额(或采用简易计税方法计算的应纳增值税税额),借记"应付职工薪酬""利润分配"等科目,贷记"应交税费——应交增值税(销项税额或简易计税)"科目。

(1) 将货物交付他人代销和销售代销货物销项税额的会计核算。现行增值税法规定,委托其他纳税人代销货物,其纳税义务发生时间为收到代销单位的代销清单或者收到全部或者部分货款的当天;未收到代销清单及货款的,为发出代销货物满180天的当天;若先开具发票,则为开具发票的当天。委托代销有两种方式,即视同买断方式和收取手续费方式。

① 采取视同买断方式代销商品,代销方可以自己制定销售价格,销售价格与买断价格之间的差额为代销方的利润。如果双方约定,受托方在取得代销商品后,无论是否能够卖出、是否获利,均与委托方无关,那么委托方和受托方之间的代销商品交易,与委托方直接销售商品给受托方没有实质区别。在符合商品收入确认条件时,委托方应确认相关销售商品收入,受托方作为购进商品处理。如果委托方和受托方之间的协议明确标明,将来受托方没有将商品售出时可以将商品退回给委托方,或受托方因代销商品出现亏损时可以要求委托方补偿,那么委托方在交付商品时通常不确认收入,受托方也不作为购进商品处理,受托方将商品销售后,按实际售价确认销售收入,并向委托方开具代销清单,委托方收到代销清单时,再确认本企业的销售收入。委托方收到代销清单,按应收的款项,借记"应收账款"等科目,贷记"主营业务收入""应交税费——应交增值税(销项税额)"科目。

② 采取收取手续费方式代销商品,代销方只能按代销协议确定的代销价格销售代销商品。企业发出代销商品时,借记"发出商品"科目,贷记"库存商品"科目。采用收取手续费方式委托其他单位代销的商品,也可以单独设置"委托代销商品"科目。企业收到代销单位的代销清单,并根据代销清单开具增值税专用发票,借记"银行存款""应收账款"科目,贷记"主营业务收入"及"应交税费——应交增值税(销项税额)"科目。委托单位支付的代销手续费,应在接到受托单位转来的普通发票后,借记"销售费用"科目,贷记"银行存款""应收账款"科目。

【例2-13】 平安服装厂委托市第一百货代销服装100件,不含税代销价格为500元/件,成本为200元/件。月末收到市第一百货转来的代销清单,清单上注明本月已销售衣服80件。平安服装厂根据代销清单开具增值税专用发票。代销手续费为每件价税合计50元,并取得了增值税专用发票,5日后平安服装厂收到扣除代销手续费后的全部款项。

平安服装厂的会计分录为
发出代销商品时:
借:发出商品　　　　　　　　　　　　　　　　　　　　　　20 000
　　贷:库存商品　　　　　　　　　　　　　　　　　　　　　20 000
收到代销清单时:
借:应收账款——市第一百货代销商品款　　　　　　　　　45 200
　　贷:主营业务收入　　　　　　　　　　　　　　　　　　40 000
　　　　应交税费——应交增值税(销项税额)　　　　　　　 5 200
同时结转产品成本:
借:主营业务成本　　　　　　　　　　　　　　　　　　　16 000
　　贷:发出商品　　　　　　　　　　　　　　　　　　　　16 000
收到代销方开具的手续费发票时:
借:销售费用　　　　　　　　　　　　　　　　　　　　　 3 539.82
　　应交税费——应交增值税(进项税额)　　　　　　　　　 460.18

贷：应收账款——市第一百货代销商品款		4 000

收到代销商品款时：

借：银行存款		45 200
贷：应收账款——市第一百货代销商品款		45 200

市第一百货的会计分录为

收到代销商品时：

借：受托代销商品		50 000
贷：受托代销商品款		50 000

实际销售商品时：

借：银行存款		45 200
贷：应付账款		40 000
应交税费——应交增值税（销项税额）		5 200
借：应交税费——应交增值税（进项税额）		5 200
贷：应付账款		5 200
借：受托代销商品款		40 000
贷：受托代销商品		40 000

支付平安服装厂货款并结算代销手续费时：

借：应付账款		45 200
贷：主营业务收入（或其他业务收入）		3 539.82
应交税费——应交增值税（销项税额）		460.18
银行存款		42 100

（2）设有两个以上机构并实行统一核算的纳税人，将货物从一个机构移送至其他机构（不在同一县、市）用于销售的销项税额的会计核算。设有两个以上机构并实行统一核算的纳税人，将货物从一个机构移送至其他机构（不在同一县、市）用于销售，其纳税义务的发生时间为货物移送的当天。货物调出方在货物移送时要开具增值税专用发票并计算销项税额，贷记"应交税费——应交增值税（销项税额）"科目，按确定的价格贷记"库存商品"科目，同时按确定的价税合计数借记"应收账款——调入方"科目。调入方按确定的货价借记"库存商品"科目，按增值税专用发票上注明的税额借记"应交税费——应交增值税（进项税额）"科目，同时按价税合计数贷记"应付账款——调出方"科目。

【例2-14】　某集团公司下属两个单位A和B分别位于甲市和乙市。2018年6月，A公司将自产货物100件，每件不含税售价为1 000元，成本为800元，调往B公司用于销售（双方均为增值税一般纳税人）。

B公司的会计分录：

借：库存商品		80 000
应交税费——应交增值税（进项税额）		12 800
贷：应付账款——A公司		92 800

A公司的会计分录：

借：应收账款——B公司		92 800

```
贷：库存商品                                                    80 000
    应交税费——应交增值税(销项税额)                          12 800
```

(3) 将自产或委托加工的货物用于集体福利及个人消费的销项税额的会计核算。纳税人将自产或者委托加工的货物用于集体福利及个人消费的，其纳税义务的发生时间为货物移送的当天。其销项税额的计算公式为

$$销项税额 = 计税价格 \times 增值税税率$$

在移送货物时，如果货物的所有权属未发生改变，按自产或委托加工货物的成本及其增值税销项税额之和，借记"应付职工薪酬"等科目，按自产或委托加工货物的成本贷记"库存商品""原材料"科目，同时贷记"应交税费——应交增值税(销项税额)"科目；如果货物的所有权属发生改变，按自产或委托加工货物的公允价值及其增值税销项税额之和，借记"应付职工薪酬"等科目，按自产或委托加工货物的公允价值贷记"主营业务收入"科目，同时贷记"应交税费——应交增值税(销项税额)"科目，并借记"主营业务成本"科目，贷记"库存商品"科目。

【例 2-15】 平安服装厂(增值税一般纳税人)将自产服装 100 件发给职工个人，已知衣服的成本为 400 元/件，对外不含税售价为 500 元/件。

$$销项税额 = 500 \times 100 \times 13\% = 6\,500(元)$$
$$应付职工薪酬 = 500 \times 100 + 6\,500 = 56\,500(元)$$

其会计分录为

```
借：应付职工薪酬                                                56 500
    贷：主营业务收入                                             50 000
        应交税费——应交增值税(销项税额)                          6 500
借：主营业务成本                                                40 000
    贷：库存商品                                                 40 000
```

(4) 将自产、委托加工或购进的货物作为投资的销项税额的会计核算。按现行增值税法规定，将应税货物作为投资提供给其他单位或者个体工商户，应视同销售货物计算销项税额，其纳税义务的发生时间为货物移送的当天。

企业以产成品、库存商品作为投资，其账务处理为

```
借：长期股权投资(投出资产的公允价值加上应支付的相关税费)
    贷：主营业务收入/其他业务收入(投出资产的公允价值)
        应交税费——应交增值税(销项税额)(公允价值×税率)
        银行存款(支付的相关税费)
借：主营业务成本/其他业务成本
    存货跌价准备
    贷：库存商品
```

【例 2-16】 平安服装厂(增值税一般纳税人)将服装 1 000 件用于对外投资，已知每件衣服的对外不含税售价为 1 000 元，成本为 800 元。该企业未提取存货跌价准备。

【解析】 企业将自产产品用于对外投资，应在移送环节开具增值税专用发票，并计算增值税销项税额。

$$销项税额=1\,000×1\,000×13\%=130\,000(元)$$

其会计分录为

借:长期股权投资	1 130 000
贷:主营业务收入	1 000 000
应交税费——应交增值税(销项税额)	130 000
借:主营业务成本	800 000
贷:库存商品	800 000

【例2-17】 平安服装厂(增值税一般纳税人)将外购布料用于对外投资,已知该布料的购进成本为1 000 000元,其公允价值为1 000 000元。

【解析】 企业将外购货物用于对外投资,应视同销售计算销项税额。

$$销项税额=1\,000\,000×13\%=130\,000(元)$$

其会计分录为

借:长期股权投资	1 130 000
贷:其他业务收入	1 000 000
应交税费——应交增值税(销项税额)	130 000
借:其他业务成本	1 000 000
贷:原材料	1 000 000

(5) 将自产、委托加工或购进的货物无偿赠送其他单位或者个人的销项税额的会计核算。企业将自产、委托加工或购进的货物无偿赠送其他单位或者个人,要视同销售货物计算增值税销项税额,其纳税义务发生时间及开具增值税专用发票的时间为货物移送的当天。按所赠货物的成本与所赠货物不含税售价或组成计税价格乘以税率计算的应纳增值税之和借记"营业外支出"科目,按所赠货物的成本贷记"库存商品""原材料"科目,按应纳增值税销项税额贷记"应交税费——应交增值税(销项税额)"科目。

【例2-18】 平安服装厂(增值税一般纳税人)将自产服装100件直接捐赠给贫困山区,已知每件衣服的成本为500元,每件衣服不含税售价为800元。

其会计分录为

借:营业外支出	60 400
贷:库存商品	50 000
应交税费——应交增值税(销项税额)	10 400

在计算所得税时,应调增收入80 000元,调增成本50 000元。此外,由于纳税人的直接捐赠不能在税前扣除,因而调增应纳税所得额60 400元。

(6) 将自产、委托加工或购进的货物分配给股东或投资者的销项税额的会计核算。将自产、委托加工或购进的货物分配给股东或投资者,要视同销售货物计算增值税销项税额,其纳税义务发生时间及开具增值税专用发票的时间为货物移送的当天。按所分配货物的售价或组成计税价格、增值税销项税额之和借记"应付股利"科目,按分配货物的售价、组成计税价格贷记"主营业务收入""其他业务收入"科目,按应纳增值税销项税额贷记"应交税费——应交增值税(销项税额)"科目。

【例2-19】 平安服装厂(增值税一般纳税人)将自产服装1 000件用于支付股利,已知每件服装的成本为 1500 元,每件服装的不含税售价为 2 000 元。

其会计分录为

借:应付股利　　　　　　　　　　　　　　　　　　　2 260 000
　　贷:主营业务收入　　　　　　　　　　　　　　　　　　2 000 000
　　　　应交税费——应交增值税(销项税额)　　　　　　　　260 000
借:主营业务成本　　　　　　　　　　　　　　　　　　1 500 000
　　贷:库存商品　　　　　　　　　　　　　　　　　　　　1 500 000

3. 特殊销售方式下销项税额的会计核算

(1) 折扣销售方式销项税额的会计核算。

【例 2-20】 平安服装厂(增值税一般纳税人)向某批发公司销售服装 100 件,每件不含税售价为 1 000 元。该厂价格折扣规定为一次购买 10 件,折扣 10%;一次购买 50 件,折扣 20%;一次购买 100 件,折扣 30%。平安服装厂开具的增值税专用发票上注明了 30% 的折扣额。款项已收到。

折扣以后的销售额 = 1 000 × (1 − 30%) × 100 = 70 000(元)

销项税额 = 70 000 × 13% = 9 100(元)

其会计分录为

借:银行存款　　　　　　　　　　　　　　　　　　　　79 100
　　贷:主营业务收入　　　　　　　　　　　　　　　　　　70 000
　　　　应交税费——应交增值税(销项税额)　　　　　　　　9 100

(2) 以旧换新方式销项税额的会计核算

【例 2-21】 某百货公司(增值税一般纳税人)采取以旧换新方式销售 A 牌彩电 100 台,每台含税售价为 3 000 元,收取旧彩电 50 台,折价 10 000 元。

企业实际收取现金款 = 3 000 × 100 − 10 000 = 290 000(元)

不含税销售额 = 3 000 × 100 ÷ (1 + 13%) = 265 486.73(元)

销项税额 = 265 486.73 × 13% = 34 513.27(元)

其会计分录为

借:库存现金　　　　　　　　　　　　　　　　　　　　290 000
　　库存商品　　　　　　　　　　　　　　　　　　　　　10 000
　　贷:主营业务收入　　　　　　　　　　　　　　　　　265 486.73
　　　　应交税费——应交增值税(销项税额)　　　　　　　34 513.27

(3) 还本销售方式销项税额的会计核算。采取还本销售方式销售货物,其销售额就是货物的销售价格,不得从销售额中减除还本支出。对于实际发生的还本支出,根据还本销售方式的不同目的将其计入相应的期间费用科目,即:以促销为目的的,相应的还本支出应计入"销售费用"科目;以筹资为目的的,相应的还本支出应计入"财务费用"科目。

【例 2-22】 某机床厂(增值税一般纳税人)采取还本销售方式销售一批产品,不含税售价为 100 000 元,合同规定一年后归还价款的 50%。

其会计分录为

销售产品时:

借：银行存款（应收账款） 113 000
　　贷：主营业务收入 100 000
　　　　应交税费——应交增值税（销项税额） 13 000

若还本销售的目的是促销，还本时：
借：销售费用 50 000
　　贷：银行存款 50 000

若还本销售的目的是筹资，还本时：
借：财务费用 50 000
　　贷：银行存款 50 000

(4) 以物易物方式销项税额的会计核算

【例 2-23】 平安服装厂（增值税一般纳税人）以服装 100 件，每件不含税售价 1 000 元换入 A 纺织厂布料，布料的不含税售价为 100 000 元。双方均开具增值税专用发票。已知该服装的成本为每件 500 元，未计提减值准备（假设该项交易不具有商业实质）。

根据企业会计准则的规定，由于该项交易不具有商业实质，应当以账面价值为计量基础，但仍需按照税法规定依据公允价值计算增值税。其会计分录为

借：原材料 50 000
　　应交税费——应交增值税（进项税额） 13 000（100 000×13%）
　　贷：库存商品 50 000
　　　　应交税费——应交增值税（销项税额） 13 000（1000×100×13%）

(5) 以物抵债方式销项税额的会计核算。以物抵债是指企业以自己的存货抵偿债务的行为。企业以自己的产品或库存商品抵偿债务，应按其计税价格计算缴纳增值税，并根据存货价值与债务价值的不同差额情况，借记"营业外支出——债务重组损失"，或者贷记"营业外收入——债务重组收益"。其会计分录为

借：应付账款等（账面余额）
　　营业外支出——债务重组损失
　　贷：主营业务收入（不含税售价/公允价值）
　　　　应交税费——应交增值税（销项税额）
　　　　银行存款（支付的相关费用）
　　　　应交税费（应交的其他相关税金）
　　　　营业外收入——债务重组收益
借：主营业务成本
　　存货跌价准备
　　贷：库存商品（账面余额）

【例 2-24】 平安服装厂（增值税一般纳税人）以服装 100 件（每件对外不含税售价 1 000 元，成本 500 元）偿付 A 公司货款 80 000 元。（该服装的存货跌价准备为零）

以服装抵偿债务应按其对外售价计算销项税额。

　　　　销项税额＝1 000×100×13%＝13 000（元）

其会计分录为

借:应付账款		80 000
营业外支出——债务重组损失		33 000
贷:主营业务收入		100 000
应交税费——应交增值税(销项税额)		13 000
借:主营业务成本		50 000
贷:库存商品		50 000

(6) 销售自己使用过的固定资产(不动产除外)的销项税额的会计核算。按现行会计准则规定,出售固定资产应通过"固定资产清理"账户核算,发生的净损益计入"营业外支出"或"营业外收入"账户。

【例 2-25】 2017 年 10 月,位于市区的平安服装厂(增值税一般纳税人)转让一台自己使用过的机床,该机床于 2008 年 7 月购入,原值为 50 000 元,已提折旧 2 000 元,在转让过程中支付清理费用 1 000 元,取得转让收入 60 000 元。(该服装厂在 2008 年 12 月 31 日以前未纳入扩大增值税抵扣范围试点,暂不考虑地方教育费附加)

由于平安服装厂转让的这台机床是 2008 年 7 月购进的,且该服装厂在 2008 年 12 月 31 日以前未纳入扩大增值税抵扣范围试点,按照当时的增值税规定不能抵扣相应的进项税额,因此在 2014 年 10 月转让的时候需要依照 3% 的征收率减按 2% 计算缴纳增值税。

应纳增值税 = 60 000 ÷ (1 + 3%) × 2% = 1 165.05(元)

其会计分录为

注销固定资产时:

借:固定资产清理		48 000
累计折旧		2 000
贷:固定资产		50 000

支付清理费用时:

借:固定资产清理		1 000
贷:银行存款		1 000

收到转让款时:

借:银行存款		60 000
贷:固定资产清理		58 834.95
应交税费——简易计税		1 165.05

计算缴纳城市维护建设税、教育费附加时:

借:固定资产清理		116.50
贷:应交税费——应交城市维护建设税		81.55
应交税费——应交教育费附加		34.95

结转净收益时:

净收益 = 58 834.95 − 48 000 − 1 000 − 116.50 = 9 718.45(元)

借:固定资产清理		9 718.45
贷:营业外收入		9 718.45

4. 销货退回及折让的销项税额的会计核算

纳税人在货物购销活动中，因货物质量、规格等原因常会发生销货退回或销售折让的情况。一般纳税人因销货退回或折让而退还给购买方的增值税税额，应从发生销货退回或折让当期的销项税额中扣减。借记"主营业务收入""应交税费——应交增值税（销项税额）"科目，贷记"银行存款"或"应付账款"科目，同时借记"库存商品"科目，贷记"主营业务成本"科目。

需要注意的是，一般纳税人开具增值税专用发票后，发生销售货物退回或者折让、开票有误等情形，应按国家税务总局的规定开具红字增值税专用发票。未按规定开具红字增值税专用发票的，增值税税额不得从销项税额中扣减。

【例 2-26】 平安服装厂（增值税一般纳税人）发生销售退回和折让，已按照现行增值税法规定，开具红字增值税专用发票，发票上注明退货数量 10 件，每件不含税价款 1 000 元，成本为 800 元，折让 5 件，折让比例为 40%，每件折让金额为 400 元。款项已支付。

其会计分录为

借：主营业务收入   12 000
  应交税费——应交增值税（销项税额）   1 560
 贷：银行存款   13 560

同时，

借：库存商品   8 000
 贷：主营业务成本   8 000

（二）提供应税劳务销项税额的会计核算

纳税人提供应税劳务，其纳税义务发生时间为提供劳务同时收讫销售款项或者取得索取销售款项凭据的当天。在进行账务处理时，纳税人按照确认的收入和按规定收取的增值税税额借记"银行存款""应收账款""应收票据"等科目，按照按规定收取的增值税税额贷记"应交税费——应交增值税（销项税额）"科目，按确认的收入贷记"主营业务收入""其他业务收入"等科目。

【例 2-27】 平安服装厂为增值税一般纳税人，1 月机修车间为某企业修理一批机器设备，收取修理费共计 22 600 元并开具增值税专用发票。款项已收存银行。

其会计分录为

借：银行存款   22 600
 贷：其他业务收入   20 000
  应交税费——应交增值税（销项税额）   2 600

（三）销售服务销项税额的会计核算

1. 一般销售方式下的会计核算

一般情况下，企业应根据销售结算凭证，按照确认的收入和按规定收取的增值税税额借记"银行存款""应收账款""应收票据"等科目，按照按规定收取的增值税税额贷记"应交税费——应交增值税（销项税额）"科目，按确认的收入贷记"主营业务收入""其他业务收入"等科目。

【例2-28】 某市一家物流公司已登记为增值税一般纳税人,2018年6月提供交通运输服务取得不含税收入800万元,提供物流辅助服务取得不含税收入100万元(非主营业务),按照适用税率分别开具了增值税专用发票,款项均已存入银行。

交通运输服务的适用税率为10%,物流辅助服务的适用税率为6%,因此

2018年5月该公司应计提的销项税额 = 8 000 000 × 10% + 1 000 000 × 6%
= 860 000(元)

其会计分录为

借:银行存款　　　　　　　　　　　　　　　　　　　　　　9 860 000
　　贷:主营业务收入　　　　　　　　　　　　　　　　　　　　8 000 000
　　　　其他业务收入　　　　　　　　　　　　　　　　　　　　1 000 000
　　　　应交税费——应交增值税(销项税额)　　　　　　　　　　860 000

对于采取预收款方式销售服务(建筑服务、租赁服务除外)的企业,应在收到预收款项时,借记"银行存款"科目,贷记"预收账款"科目;发生服务时,确认收入及补收款项,借记"预收账款""银行存款"等科目,贷记"应交税费——应交增值税(销项税额)""主营业务收入""其他业务收入"等科目。值得注意的是,采取预收款方式提供建筑服务、租赁服务的企业,其纳税义务发生时间为收到预收款的当天,应当在收到预收款时就计提增值税销项税额。

2. 视同销售服务的会计核算

纳税人发生视同销售服务的情形,其纳税义务发生时间为服务完成的当天,应按规定计提销项税额,借记"营业外支出""应付利润"等科目,贷记"应交税费——应交增值税(销项税额)"科目。

【例2-29】 2018年11月20日,某税务师事务所(增值税一般纳税人)派两名注册税务师参加一个企业高管座谈会,免费提供企业重组相关业务涉税咨询服务2小时(已知该事务所此类咨询服务的价格为每人1 500元/小时)。

2018年11月20日该事务所提供的免费咨询服务应该视同提供服务计算增值税。

销项税额 = 2 × 2 × 1 500 × 6% = 360(元)

其会计分录为

借:营业外支出　　　　　　　　　　　　　　　　　　　　　　　360
　　贷:应交税费——应交增值税(销项税额)　　　　　　　　　　　360

(四)销售无形资产销项税额的会计核算

纳税人销售无形资产,其纳税义务发生时间为纳税人销售无形资产并收讫销售款项或者取得索取销售款项凭据的当天,若先开具发票,则为开具发票的当天。在进行账务处理时,纳税人按照确认的收入和按规定收取的增值税税额借记"银行存款""应收账款""应收票据"等科目,按照规定收取的增值税税额贷记"应交税费——应交增值税(销项税额)"科目,按确认的收入(或支出)贷记"主营业务收入""营业外收入"(或借记"营业外支出")等科目。

【例2-30】 甲公司为增值税一般纳税人,2018年5月出售一项商标权,取得不含税收入60万元。该商标权的成本为150万元,出售时已摊销金额为105万元,款项已存入银行。

销售商标权适用税率为6%,因而有

销项税额=600 000×6%=36 000(元)

其会计分录为

借:银行存款	636 000
累计摊销	1 050 000
贷:无形资产——商标权	1 500 000
应交税费——应交增值税(销项税额)	36 000
营业外收入	150 000

(五)销售不动产销项税额的会计核算

1.房地产企业销售自行开发的房地产项目的销项税额的会计核算

纳税人销售不动产应缴纳增值税,其账务处理为按照确认的收入和按规定收取的增值税税额借记"银行存款""应收账款"等科目,按规定收取的增值税税额贷记"应交税费——应交增值税(销项税额)""应交税费——简易计税"科目,按确认的收入贷记"主营业务收入"科目。

【例2-31】 甲市某房地产公司(一般纳税人)自行开发了某房地产项目,施工许可证注明的开工日期是2015年5月1日。2017年5月该公司销售了该项目的一批房产,共取得含税收入3 150万元,同时办妥了房产产权转移手续。根据有关凭证可知,这批房产对应的土地价款为930万元。计算增值税时,该公司选择了简易计税方法。

纳税人销售房地产老项目,选择适用简易计税方法计税的,要以取得的全部价款和价外费用为销售额(不得扣除对应的土地价款),按照5%的征收率计税,因而有

应纳增值税=3 150÷(1+5%)×5%=150(万元)

其会计分录为

借:银行存款	31 500 000
贷:主营业务收入	30 000 000
应交税费——简易计税	1 500 000

2.非房地产企业销售不动产的销项税额的会计核算

纳税人销售不动产应通过"固定资产清理"账户核算,按规定收取的增值税税额贷记"应交税费——应交增值税(销项税额)"或"应交税费——简易计税"科目,按发生的净损益记入"营业外支出"或"营业外收入"科目。

(1)销售非自建不动产的销项税额的会计核算。

【例2-32】 甲市某公司为增值税一般纳税人,2018年1月销售位于乙市的写字楼,并于当月办妥了相关产权转移手续。该写字楼于2014年12月购置并投入使用,根据有关原始凭证确认投入使用前发生的成本为5 355万元,销售写字楼取得含税收入11 655万元。在销售过程中共发生其他税费1 000万元,已用银行存款缴纳。投入使用时,该公

司预计该写字楼可使用50年,按平均年限法计提折旧,无残值。计算增值税时,该公司选择了简易计税方法。

纳税人选择适用简易计税方法计税,要以取得的全部价款扣除该写字楼的购置成本后的余额为销售额,按照5%的征收率申报纳税,同时按上述方法预缴税款,因而有

$$应纳增值税 = (11\,655 - 5355) \div (1 + 5\%) \times 5\% = 300(万元)$$

$$预缴税款 = 300(万元)$$

其会计分录为

借:固定资产清理		60 337 000
累计折旧		3 213 000
贷:固定资产		53 550 000
银行存款		10 000 000
借:银行存款		116 550 000
贷:固定资产清理		60 337 000
应交税费——简易计税		3 000 000
营业外收入		53 213 000

预缴税款时:

借:应交税费——预交增值税		3 000 000
贷:银行存款		3 000 000

(2) 销售自建不动产的会计核算。

【例2-33】 甲市某公司为增值税一般纳税人,2017年12月销售位于乙市的自建写字楼,并于当月办妥了相关产权转移手续。该写字楼于2014年12月建成并投入使用,根据有关原始凭证确认投入使用前发生的建设成本为5355万元,销售写字楼取得的含税收入为11 655万元。在销售过程中共发生其他税费1 000万元,已用银行存款缴纳。投入使用时,该公司预计该写字楼可使用50年,按直线法计提折旧,无残值。计算增值税时,该公司选择了简易计税方法。

纳税人选择适用简易计税方法计税,要以取得的全部价款为销售额,按照5%的征收率申报纳税,同时按上述方法预缴税款,因而有

$$应纳增值税 = 11\,655 \div (1 + 5\%) \times 5\% = 555(万元)$$

$$预缴税款 = 555(万元)$$

其会计分录为

借:固定资产清理		60 337 000
累计折旧		3 213 000
贷:固定资产		53 550 000
银行存款		10 000 000
借:银行存款		116 550 000
贷:固定资产清理		60 337 000
应交税费——简易计税		5 550 000
营业外收入		50 663 000

预缴税款时：
借：应交税费——预交增值税　　　　　　　　　　　　5 550 000
　　贷：银行存款　　　　　　　　　　　　　　　　　　　　　5 550 000

三、进项税额的会计核算

（一）采购货物、劳务、服务等进项税额的会计核算

一般纳税人购进货物，加工、修理修配劳务，服务，无形资产，按应计入相关成本费用的金额，借记"在途物资"或"原材料""库存商品""生产成本""无形资产""固定资产""管理费用"等科目，按可抵扣的增值税税额，借记"应交税费——应交增值税（进项税额）"科目，按应付或实际支付的金额，贷记"应付账款""应付票据""银行存款"等科目。发生退货的，应根据税务机关开具的红字增值税专用发票做相反的会计分录。

【例 2-34】　某机械厂为增值税一般纳税人，原材料核算采用实际成本法。某日购进生产用钢材，取得的增值税专用发票注明价款 100 000 元，税款 13 000 元。货款已支付，材料已验收入库。

其会计分录为
借：在途物资　　　　　　　　　　　　　　　　　　　100 000
　　应交税费——应交增值税（进项税额）　　　　　　　　13 000
　　贷：银行存款　　　　　　　　　　　　　　　　　　　　113 000
借：原材料　　　　　　　　　　　　　　　　　　　　　100 000
　　贷：在途物资　　　　　　　　　　　　　　　　　　　　100 000

【例 2-35】　平安服装厂（增值税一般纳税人）委托大华纺织厂将一批白布加工成花布。已知白布的实际成本为 10 000 元，支付加工费 5 000 元，增值税税额为 650 元。加工过程中发生运费支出 1 000 元（不含税），取得运输部门开具的增值税专用发票。货物加工完毕已验收入库，增值税专用发票已通过认证。

其会计分录为
发出材料时：
借：委托加工物资　　　　　　　　　　　　　　　　　10 000
　　贷：原材料——白布　　　　　　　　　　　　　　　　　10 000
支付加工费时：
借：委托加工物资　　　　　　　　　　　　　　　　　 5 000
　　应交税费——应交增值税（进项税额）　　　　　　　　 650
　　贷：银行存款　　　　　　　　　　　　　　　　　　　　 5 650
支付运费：
借：委托加工物资　　　　　　　　　　　　　　　　　 1 000
　　应交税费——应交增值税（进项税额）　　　　　　　　 100
　　贷：银行存款　　　　　　　　　　　　　　　　　　　　 1 100
加工完毕收回入库：

借:原材料——花布　　　　　　　　　　　　　　　　　　　　　16 000
　　贷:委托加工物资　　　　　　　　　　　　　　　　　　　　16 000

【例2-36】 A企业(增值税一般纳税人)为降低本企业的涉税风险,就有关涉税事宜向当地某著名税务师事务所进行咨询,支付咨询费用共计10 600元,取得事务所开具的增值税专用发票,该发票已通过认证。

其会计分录为
借:管理费用　　　　　　　　　　　　　　　　　　　　　　　10 000
　　应交税费——应交增值税(进项税额)　　　　　　　　　　　　600
　　贷:银行存款　　　　　　　　　　　　　　　　　　　　　　10 600

【例2-37】 2016年5月,平安服装厂(增值税一般纳税人)从某公司购入一个服装类商标,取得的增值税专用发票上注明价款100 000元,增值税税额6 000元,共计106 000元,款项已用银行存款支付。

其会计分录为
借:无形资产——商标权　　　　　　　　　　　　　　　　　　100 000
　　应交税费——应交增值税(进项税额)　　　　　　　　　　　6 000
　　贷:银行存款　　　　　　　　　　　　　　　　　　　　　106 000

【例2-38】 2016年6月,平安服装厂(增值税一般纳税人)购入一栋办公楼,价税合计金额1 090万元,当月用银行存款支付了款项,办妥了相关产权转移手续,取得了增值税专用发票并认证相符。

适用税率为9%,因而有

不含税价款=1 090÷(1+9%)=1 000(万元)
当月可抵扣的进项税额=1 000×9%×60%=54(万元)
待抵扣的进项税额=1 000×9%×40%=36(万元)

其会计分录为
2016年6月购入办公楼时
借:固定资产——办公楼　　　　　　　　　　　　　　　　　10 000 000
　　应交税费——应交增值税(进项税额)　　　　　　　　　　540 000
　　应交税费——待抵扣进项税额　　　　　　　　　　　　　360 000
　　贷:银行存款　　　　　　　　　　　　　　　　　　　　10 900 000
2017年6月:
借:应交税费——应交增值税(进项税额)　　　　　　　　　　360 000
　　贷:应交税费——待抵扣进项税额　　　　　　　　　　　　360 000

(二)接受捐赠货物的进项税额的会计核算

根据我国《企业所得税法》的相关规定,企业接受的捐赠收入是指企业接受的来自其他企业、组织或者个人无偿给予的货币性资产、非货币性资产。接受捐赠收入按照实际收到捐赠资产的日期确认收入的实现。企业接受捐赠转入的货物,按照确定的价值借记"原材料""库存商品"等科目,按增值税专用发票上注明的增值税税额借记"应交税费——应交增值税(进项税额)",贷记"营业外收入"科目。

【例2-39】 平安服装厂接受大华纺织厂捐赠的一批布料,取得的增值税专用发票上注明该批货物的价款为50 000元,税款为6 500元。货物已验收入库。原材料成本的核算采用实际成本法,增值税专用发票已通过认证。

其会计分录为

借:原材料——布匹　　　　　　　　　　　　　　　　50 000
　　应交税费——应交增值税(进项税额)　　　　　　　6 500
　贷:营业外收入——接受捐赠非货币性资产价值　　　　56 500

(三)进项税额转出的会计核算

因发生非正常损失或改变用途等,原已计入进项税额但按现行增值税制度规定不得从销项税额中抵扣的,借记"待处理财产损溢""应付职工薪酬"等科目,贷记"应交税费——应交增值税(进项税额转出)""应交税费——待抵扣进项税额"或"应交税费——待认证进项税额"科目。

原不得抵扣且未抵扣进项税额的固定资产、无形资产等,因改变用途等用于允许抵扣进项税额的应税项目的,应当在用途改变的次月调整相关资产账面价值,按允许抵扣的进项税额,借记"应交税费——应交增值税(进项税额)"科目,贷记"固定资产""无形资产"等科目。固定资产、无形资产经上述调整后,应按调整后的账面价值在剩余尚可使用寿命内计提折旧或摊销。

【例2-40】 平安服装厂(增值税一般纳税人)将上月购进的布料用于职工福利。已知布料的实际成本为11 000元,其中含运费1 000元。其进项税额已进行抵扣。

【解析】 计算进项税额转出数额:

布料部分应转出的进项税额=(11 000-1 000)×13%=1 300(元)

运费部分应转出的进项税额=1 000×9%=90(元)

其会计分录为

借:应付职工薪酬　　　　　　　　　　　　　　　　　12 390
　贷:原材料　　　　　　　　　　　　　　　　　　　　11 000
　　　应交税费——应交增值税(进项税额转出)　　　　1 390

【例2-41】 平安服装厂(增值税一般纳税人)6月丢失服装10件,每件成本1 000元。其中,每件服装中外购货物和应税劳务的成本比例为60%,综合抵扣率为14.5%。原因尚未查明。

应转出进项税额=1 000×10×60%×14.5%=870(元)

其会计分录为

借:待处理财产损溢　　　　　　　　　　　　　　　　10 870
　贷:库存商品　　　　　　　　　　　　　　　　　　　10 000
　　　应交税费——应交增值税(进项税额转出)　　　　　870

四、小规模纳税人应纳税额的会计核算

税法规定,小规模纳税人不得抵扣任何税款,因此小规模纳税人核算增值税时只需设置"应交税费——应交增值税"科目即可。企业销售货物时,按收取的货款金额借记"银行存款""应收账款"等科目,按不含增值税的价款贷记"主营业务收入""其他业务收入"等科目,按计算的增值税税额贷记"应交税费——应交增值税"科目。企业购货时,不得抵扣任何进项税额,其购进货物所负担的增值税直接计入购进货物的成本之中。

【例 2-42】 某工业企业为小规模纳税人,本月销售一批产品,开具的普通发票上注明价款 10 000 元。款项已收存银行。

其会计分录为

借:银行存款　　　　　　　　　　　　　　　　10 000
　　贷:主营业务收入　　　　　　　　　　　　9 708.74[10 000÷(1+3%)]
　　　　应交税费——应交增值税　　　　　　　　291.26

【例 2-43】 某饭店为小规模纳税人,本月提供餐饮服务共取得收入 103 000 元,款项已收存银行。

餐饮服务小规模纳税人适用的征收率为 3%。

其会计分录为

借:银行存款　　　　　　　　　　　　　　　　103 000
　　贷:主营业务收入　　　　　　　　　　　　100 000
　　　　应交税费——应交增值税　　　　　　　　3 000

本章习题
扫描二维码
可下载。

第三章

消费税法及其会计核算

【教学目标】

- 熟悉消费税的含义、征税范围、纳税人及税目税率
- 掌握消费税的计算
- 了解消费税申报与缴纳
- 掌握消费税会计的确认、计量与记录

【本章重点】

- 消费税的概念和基本特征
- 消费税的纳税环节
- 消费税的计税依据
- 计算消费税税额(包括自产销售、自产自用、委托加工、进口)
- 出口应税消费品的退税的处理
- 消费税会计的记录

【本章难点】

- 消费税税额的计算
- 消费税与增值税的关系

第一节 消费税的概念及特点

一、消费税的概念

消费税是指对消费品和特定的消费行为按消费流转额征收的一种商品税。广义上，消费税一般对所有消费品包括生活必需品和日用品普遍课税。一般概念上，消费税主要对特定消费品或特定消费行为如奢侈品等课税。消费税主要以消费品为课税对象，在此情况下，税收随价格转嫁给消费者负担，消费者是实际的负税人。

我国的消费税是指对在我国境内从事生产、委托加工和进口以及销售特定消费品的单位和个人，就其应税消费品的销售额或销售数量征收的一种税。

目前,世界上已有 100 多个国家开征了这一税种或类似税种,我国现行的消费税是 1994 年税制改革在流转税中新设置的一个税种,是在对货物普遍征收增值税的基础上,选择少数消费品再征收一道消费税,目的是调节产品结构,引导消费方向,保障国家财政收入。

我国现行的消费税基本法规是 2008 年 11 月 5 日经国务院第 34 次常务会议修订通过,自 2009 年 1 月 1 日起实施的《中华人民共和国消费税暂行条例》(以下简称《消费税暂行条例》),以及 2008 年 12 月 15 日颁布,自 2009 年 1 月 1 日起实施的《中华人民共和国消费税暂行条例实施细则》(以下简称《消费税暂行条例实施细则》)。

二、消费税的特点

(一) 征税范围具有选择性

消费税是根据国家产业政策、消费政策的要求,有选择地对部分消费品征收的,其征收范围可根据经济发展水平及消费结构变化不断加以调整,目前主要针对特殊消费品、奢侈品、高能耗消费品、不可再生资源消费品等征收。

(二) 征税环节具有单一性

消费税的最终负担者是消费者,但是,为了加强源泉控制,防止税款流失,消费税的纳税环节主要确定在生产环节或进口环节。也就是说,应税消费品在生产环节或进口环节征税之后,除个别消费品的纳税环节为零售环节外,再继续转销该消费品不再征收消费税。但无论在哪个环节征税,基本都实行单环节征收,以零售环节为纳税环节的应税消费品,在零售环节以前的诸环节都不征收消费税(卷烟、超豪华小汽车除外)。这样,既可以减少纳税人的数量,降低税款征收费用和税源流失的风险,又可以防止重复征税。

(三) 征收方法具有多样性

消费税在征收方法上,既可以采用对消费品制定单位税额,依消费品的数量实行从量定额的征收方法,也可以采用对消费品制定比例税率,依消费品的价格实行从价定率的征收方法,还可以采用复合计税方法,目前,对卷烟和白酒两类消费品既采用从价征收,又同时采用从量征收,即采取复合计税方法。

(四) 税收调节具有特殊性

消费税属于国家运用税收杠杆对某些消费品进行特殊调节的税种。为了有效体现国家政策,消费税的平均税率水平一般定得比较高,并且不同征税项目的税负差异较大,对需要限制或控制消费的消费品,通常税负较重。我国现行消费税是同增值税相互配合而设置的,这种办法在对某些需要特殊调节的消费品征收增值税的同时,再征收一道消费税,从而形成了一种交叉调节的间接税体系。

(五) 税收负担具有转嫁性

消费税是对消费应税消费品的课税,因此,税负归宿应为消费者。但为了简化征收管理,我国消费税直接以应税消费品的生产经营者为纳税人,销售环节、进口环节或零售环节缴纳税款,并成为商品价格的一个组成部分向购买者收取,消费者为税负的最终负担者。

第二节 消费税的基本内容

一、纳税义务人与扣缴义务人

(一)纳税义务人

在中华人民共和国境内生产、委托加工和进口《中华人民共和国消费税暂行条例》(以下简称《消费税暂行条例》)规定的消费品的单位和个人,以及国务院确定的销售《消费税暂行条例》规定的消费品的其他单位和个人,为消费税的纳税人,应当依照《消费税暂行条例》缴纳消费税。

单位,是指企业、行政单位、事业单位、军事单位、社会团体及其他单位。

个人,是指个体工商户及其他个人。

在中华人民共和国境内,是指生产、委托加工和进口应当缴纳消费税的消费品的起运地或者所在地在境内。

进口的应税消费品,尽管其产制地不在我国境内,但在我国境内销售或消费,为了平衡进口应税消费品与本国应税消费品的税负,必须由从事进口应税消费品的进口人或其代理人按照规定缴纳消费税。个人携带或者邮寄入境的应税消费品的消费税,连同关税一并计征,由携带入境者或者收件人缴纳消费税。

(二)扣缴义务人

(1)为了加强消费税的源泉控税,对于委托加工应税消费品的纳税人应当缴纳的消费税,由受托方向委托方交付时代收代缴(受托方为个体经营者除外)。

委托加工的应税消费品,委托方为消费税纳税人,其应纳消费税由受托方(受托方为个人除外)在向委托方交货时代收代缴税款。

(2)跨境电子商务零售进口商品按照货物征收进口环节消费税,购买跨境电子商务零售进口商品的个人作为纳税义务人,电子商务企业、电子商务交易平台企业或物流企业可作为代收代缴义务人。

二、征税范围

目前,消费税的征税范围分布于以下环节。

(一)对生产应税消费品在生产销售环节征税

生产应税消费品的销售是消费税征收的主要环节,因为消费税具有单一环节征税的特点,在生产销售环节征税以后,货物在流通环节无论再转销多少次,不用再缴纳消费税。生产应税消费品除了直接对外销售应征收消费税外,纳税人将生产的应税消费品换取生产资料、消费资料、投资入股、偿还债务,以及用于继续生产应税消费品以外的其他方面都应缴纳消费税。

另外,工业企业以外的单位和个人的下列行为视为应税消费品的生产行为,按规定征收消费税。

(1) 将外购的消费税非应税产品以消费税应税产品对外销售的。
(2) 将外购的消费税低税率应税产品以高税率应税产品对外销售的。

(二) 对委托加工应税消费品在委托加工环节征税

委托加工应税消费品是指委托方提供原料和主要材料,受托方只收取加工费和代垫部分辅助材料加工的应税消费品。由受托方提供原材料或其他情形的一律不能视同加工应税消费品。委托加工的应税消费品收回后,再继续用于生产应税消费品进行销售且符合现行政策规定的,其加工环节缴纳的消费税款可以扣除。

(三) 对进口应税消费品在进口环节征税

单位和个人进口货物属于消费税征税范围的,在进口环节要缴纳消费税。为了减少征税成本,进口环节缴纳的消费税由海关代征。

(四) 对零售应税消费品在零售环节征税

经国务院批准,自1995年1月1日起,金银首饰消费税由生产销售环节征收改为零售环节征收。改在零售环节征收消费税的金银首饰仅限于金基、银基合金首饰以及金、银和金基、银基合金的镶嵌首饰,进口环节暂不征收,零售环节适用税率为5%,在纳税人销售金银首饰、钻石及钻石饰品时征收。

此外,对超豪华小汽车,在生产(进口)环节按现行税率征收消费税基础上,在零售环节加征消费税,税率为10%。

(五) 对移送使用应税消费品在移送使用环节征税

如果企业在生产经营过程中,将应税消费品用于加工非应税消费品,则应对移送部分征收消费税。

(六) 对批发卷烟在卷烟的批发环节征税

与其他消费税应税商品不同的是,卷烟除了在生产销售环节征收消费税外,还在批发环节征收一次。纳税人兼营卷烟批发和零售业务的,应当分别核算批发和零售环节的销售额、销售数量;未分别核算批发和零售环节销售额、销售数量的,按照全部销售额、销售数量计征批发环节消费税。纳税人销售给纳税人以外的单位和个人的卷烟于销售时纳税。纳税人之间销售的卷烟不缴纳消费税。卷烟批发企业的机构所在地,总机构与分支机构不在同一地区的,由总机构申报纳税。卷烟消费税在生产和批发两个环节征收后,批发企业在计算纳税时不得扣除已含的生产环节的消费税税款。

三、消费税税目

消费税以在我国境内生产、委托加工、进口的应税消费品为征税对象,其征收范围主要是一些高档消费品、奢侈品和非生活必需品。现行的应税消费品大体可归为五种类型的产品:第一类,一些过度消费会对人类健康、社会秩序、生态环境等方面造成危害的特殊消费品,如烟、酒、鞭炮、焰火;第二类,奢侈品、非生活必需品,如贵重首饰、化妆品;第三类,高能耗及高档消费品,如小汽车、摩托车、高尔夫球及球具、高档手表、游艇;第四类,不可再生和替代的石油类消费品,如汽油、柴油、木制一次性筷子、实木地板;第五类,具有一定财政意义的产品,如涂料、电池。

按照《消费税暂行条例》规定,2014 年 12 月调整后,确定征收消费税的共有 15 个税目,有的税目还进一步划分为若干子目。

(一)烟

凡是以烟叶为原料加工生产的产品,不论使用何种辅料,均属于本税目的征收范围。包括卷烟(进口卷烟、白包卷烟、手工卷烟和未经国务院批准纳入计划的企业及个人生产的卷烟)、雪茄烟、电子烟和烟丝。

在"烟"税目下,分"卷烟"等子目,"卷烟"又分"甲类卷烟"和"乙类卷烟"。其中,甲类卷烟是指每标准条(200 支,下同)调拨价格在 70 元(不含增值税)以上(含 70 元)的卷烟;乙类卷烟是指每标准条调拨价格在 70 元(不含增值税)以下的卷烟。

(二)酒

酒是酒精度在 1 度以上的各种酒类饮料。酒类包括粮食白酒、薯类白酒、黄酒、啤酒和其他酒。

啤酒每吨出厂价(含包装物及包装物押金)在 3 000 元(含 3 000 元,不含增值税)以上的是甲类啤酒,每吨出厂价(含包装物及包装物押金)在 3 000 元(不含增值税)以下的是乙类啤酒。包装物押金不包括重复使用的塑料周转箱的押金。对饮食业、商业、娱乐业举办的啤酒屋(啤酒坊)利用啤酒生产设备生产的啤酒,应当征收消费税。果啤属于啤酒,按啤酒征收消费税。

(三)高档化妆品

自 2016 年 10 月 1 日起,本税目调整为包括高档美容、修饰类化妆品,高档护肤类化妆品和成套化妆品。

高档美容、修饰类化妆品和高档护肤类化妆品是指生产(进口)环节销售(完税)价格(不含增值税)在 10 元/毫升(克)或 15 元/片(张)及以上的美容、修饰类化妆品和护肤类化妆品。

美容、修饰类化妆品是指香水、香水精、香粉、口红、指甲油、胭脂、眉笔、唇笔、蓝眼油、眼睫毛以及成套化妆品。

舞台、戏剧、影视演员化妆用的上妆油、卸装油、油彩,不属于本税目的征收范围。

高档护肤类化妆品征收范围另行制定。

(四) 贵重首饰及珠宝玉石

凡以金、银、白金、宝石、珍珠、钻石、翡翠、珊瑚、玛瑙等高贵稀有物质以及其他金属、人造宝石等制作的各种纯金银首饰及镶嵌首饰和经采掘、打磨、加工的各种珠宝玉石。对出国人员免税商店销售的金银首饰征收消费税。

(五) 鞭炮、焰火

各种鞭炮、焰火。体育上用的发令纸、鞭炮药引线,不按本税目征收。

(六) 成品油

本税目包括汽油、柴油、石脑油、溶剂油、航空煤油、润滑油、燃料油7个子目;航空煤油暂缓征收。

(七) 小汽车

小汽车是指由动力驱动,具有4个或4个以上车轮的非轨道承载的车辆。

本税目征收范围包括含驾驶员座位在内最多不超过9个(含)座位的在设计和技术特性上用于载运乘客和货物的各类乘用车和含驾驶员座位在内的座位数在10~23个(含)的在设计和技术特性上用于载运乘客和货物的各类中轻型商用客车,以及每辆零售价格130万元(不含增值税)及以上的乘用车和中轻型商用客车,即乘用车和中轻型商用客车子税目中的超豪华小汽车。

含驾驶员人数(额定载客)为区间值的(如8~10人、17~26人)小汽车,按其区间值下限人数确定征收范围。

超豪华小汽车,为每辆零售价格130万元(不含增值税)及以上的乘用客车和中轻型商用客车,即乘用客车和中轻型商用客车子税目中的超豪华小汽车。

电动汽车不属于本税目征收范围。

车身长度大于7米(含),并且座位在10~23座(含)以下的商用客车,不属于中轻型商用客车征税范围,不征收消费税。

沙滩车、雪地车、卡丁车、高尔夫车不属于消费税征收范围,不征收消费税。

(八) 摩托车

摩托车的征收范围包括气缸容量250毫升和250毫升(不含)以上的摩托车。自2014年12月1日起,气缸容量250毫升(不含)以下的小排量摩托车不征收消费税。

(九) 高尔夫球及球具

高尔夫球及球具是指从事高尔夫球运动所需的各种专用装备,包括高尔夫球、高尔夫球杆及高尔夫球包(袋)等。

本税目征收范围包括高尔夫球、高尔夫球杆、高尔夫球包(袋)。高尔夫球杆的杆头、杆身和握把属于本税目的征收范围。

(十) 高档手表

高档手表是指销售价格(不含增值税)每只在 10 000 元(含)以上的各类手表。

本税目征收范围包括符合以上标准的各类手表。

(十一) 游艇

本税目征收范围包括艇身长度大于 8 米(含)小于 90 米(含),内置发动机,可以在水上移动,一般为私人或团体购置,主要用于水上运动和休闲娱乐等非营利活动的各类机动艇。

(十二) 木制一次性筷子

木制一次性筷子,又称卫生筷子,是指以木材为原料经过锯段、浸泡、旋切、刨切、烘干、筛选、打磨、倒角、包装等环节加工而成的各类供一次性使用的筷子。

本税目征收范围包括各种规格的木制一次性筷子。未经打磨、倒角的木制一次性筷子属于本税目征税范围。

(十三) 实木地板

实木地板是指以木材为原料,经锯割、干燥、刨光、截断、开榫、涂漆等工序加工而成的块状或条状的地面装饰材料。

本税目征收范围包括各类规格的实木地板,实木指接地板,实木复合地板及用于装饰墙壁、天棚的侧端面为榫、槽的实木装饰板。未经涂饰的素板也属于本税目征税范围。

(十四) 电池

范围包括:原电池、蓄电池、燃料电池、太阳能电池和其他电池。

自 2015 年 2 月 1 日起对电池(铅蓄电池除外)征收消费税;对无汞原电池、金属氢化物镍蓄电池("氢镍蓄电池"或"镍氢蓄电池")、锂原电池、锂离子蓄电池、太阳能电池、燃料电池、全钒液流电池免征消费税。2015 年 12 月 31 日前对铅蓄电池缓征消费税;自 2016 年 1 月 1 日起,对铅蓄电池按 4% 税率征收消费税。

(十五) 涂料

涂料是指涂于物体表面能形成具有保护、装饰或特殊性能的固态涂膜的一类液体或固体材料的总称。自 2015 年 2 月 1 日起对涂料征收消费税,施工状态下挥发性有机物含量低于 420 克/升(含)的涂料免征消费税。

四、消费税税率

消费税采用比例税率和定额税率两种形式,以适应不同应税消费品的实际情况。

消费税根据不同的税目或子目确定相应的税率或单位税额。例如,白酒税率为 20%,摩托车税率为 3% 等;黄酒、啤酒、汽油、柴油等分别按单位重量或单位体积确定单位税额。经整理汇总的消费税应税消费品名称、税率和计量单位对照表如表 3-1 所示。

表 3-1 应税消费品名称、税率和计量单位对照表

应税消费品名称	比例税率	定额税率	计量单位
一、烟			
1. 卷烟			
(1) 工业			
① 甲类卷烟(调拨价 70 元(不含增值税)/条以上(含 70 元))	56%	30 元/万支	万支
② 乙类卷烟(调拨价 70 元(不含增值税)/条以下)	36%	30 元/万支	
(2) 商业批发	11%	50 元/万支	
2. 雪茄烟	36%	——	支
3. 烟丝	30%	——	千克
4. 电子烟			
(1) 工业	36%	——	盒
(2) 商业批发	11%	——	盒
二、酒			
1. 白酒	20%	0.5 元/500 克(毫升)	500 克(毫升)
2. 黄酒	——	240 元/吨	吨
3. 啤酒			
(1) 甲类啤酒(出厂价格 3000 元(不含增值税)/吨以上(含 3000 元))	——	250 元/吨	吨
(2) 乙类啤酒(出厂价格 3000 元(不含增值税)/吨以下)	——	220 元/吨	
4. 其他酒	10%	——	吨
三、高档化妆品	15%		实际使用计量单位
四、贵重首饰及珠宝玉石			
1. 金银首饰、铂金首饰和钻石及钻石饰品	5%	——	实际使用计量单位
2. 其他贵重首饰和珠宝玉石	10%		
五、鞭炮、焰火	15%		实际使用计量单位
六、成品油			
1. 汽油	——	1.52 元/升	升
2. 柴油	——	1.20 元/升	
3. 航空煤油	——	1.20 元/升	

续表

应税消费品名称	比例税率	定额税率	计量单位
4. 石脑油	——	1.52 元/升	升
5. 溶剂油	——	1.52 元/升	
6. 润滑油	——	1.52 元/升	
7. 燃料油	——	1.20 元/升	
七、摩托车			
1. 气缸容量（排气量，下同）=250 毫升	3%	——	辆
2. 气缸容量>250 毫升	10%	——	
八、小汽车			
1. 乘用车			
(1) 气缸容量（排气量，下同）≤1.0 升	1%	——	辆
(2) 1.0 升<气缸容量≤1.5 升	3%	——	
(3) 1.5 升<气缸容量≤2.0 升	5%	——	
(4) 2.0 升<气缸容量≤2.5 升	9%	——	
(5) 2.5 升<气缸容量≤3.0 升	12%	——	
(6) 3.0 升<气缸容量≤4.0 升	25%	——	
(7) 气缸容量>4.0 升	40%	——	
2. 中轻型商用客车	5%	——	
3. 超豪华小汽车	10%	——	
九、高尔夫球及球具	10%	——	实际使用计量单位
十、高档手表	20%	——	只
十一、游艇	10%	——	艘
十二、木制一次性筷子	5%	——	万双
十三、实木地板	5%	——	平方米
十四、电池	4%	——	只
十五、涂料	4%	——	吨

第三节　消费税应纳税额的计算

一、消费税计税依据的确定

按照现行消费税法的基本规定,消费税应纳税额的计算主要分为从价计征、从量计征和从价从量复合计征三种方法。

(一) 从价计征

在从价定率计算方法下,应纳税额等于应税消费品的销售额乘以适用税率,应纳税额的多少取决于应税消费品的销售额和适用税率两个因素。

销售额为纳税人销售应税消费品向购买方收取的全部价款和价外费用。销售,是指有偿转让应税消费品的所有权;有偿,是指从购买方取得货币、货物或者其他经济利益;价外费用,是指价外向购买方收取的手续费、补贴、基金、集资费、返还利润、奖励费、违约金、滞纳金、延期付款利息、赔偿金、代收款项、代垫款项、包装费、包装物租金、储备费、优质费、运输装卸费以及其他各种性质的价外收费。但下列项目不包括在内。

(1) 同时符合以下条件的代垫运输费用:

① 承运部门的运输费用发票开具给购买方的。

② 纳税人将该项发票转交给购买方的。

(2) 同时符合以下条件代为收取的政府性基金或者行政事业性收费:

① 由国务院或者财政部批准设立的政府性基金,由国务院或者省级人民政府及其财政、价格主管部门批准设立的行政事业性收费;

② 收取时开具省级以上财政部门印制的财政票据;

③ 所收款项全额上缴财政。

其他价外费用,无论是否属于纳税人的收入,均应并入销售额计算征税。

实行从价定率办法计算应纳税额的应税消费品连同包装销售的,无论包装是否单独计价,也不论在会计上如何核算,均应并入应税消费品的销售额中征收消费税。如果包装物不作价随同产品销售,而是收取押金,此项押金则不应并入应税消费品销售额中征税。但对因逾期未收回的包装物不再退还的或者已收取的时间超过12个月的押金,应并入应税消费品的销售额,按照应税消费品的适用税率缴纳消费税。

对既作价随同应税消费品销售又另外收取押金的包装物的押金,凡纳税人在规定的期限内没有退还的,均应并入应税消费品的销售额,按照应税消费品的适用税率缴纳消费税。

应税消费品在缴纳消费税的同时,与一般货物一样,还应缴纳增值税。按照《消费税暂行条例实施细则》的规定,应税消费品的销售额,不包括应向购货方收取的增值税税款。如果纳税人应税消费品的销售额中未扣除增值税税款或者因不得开具增值税专用发票而发生价款和增值税税款合并收取的,在计算消费税时,应将含增值税的销售额换算为不含增值税税款的销售额。其换算公式为

应税消费品的销售额＝含增值税的销售额÷(1＋增值税税率或征收率)

在使用换算公式时,应根据纳税人的具体情况分别使用增值税税率或征收率。如果消费税的纳税人同时又是增值税一般纳税人的,应适用13%的增值税税率;如果消费税的纳税人是增值税小规模纳税人的,应适用3%的征收率。

(二) 从量计征

在从量定额计算方法下,应纳税额等于应税消费品的销售数量乘以单位税额,应纳税

额的多少取决于应税消费品的销售数量和单位税额两个因素。

1. 销售数量的确定

销售数量是指纳税人生产、加工和进口应税消费品的数量。具体规定为

（1）销售应税消费品的，为应税消费品的销售数量；

（2）自产自用应税消费品的，为应税消费品的移送使用数量；

（3）委托加工应税消费品的，为纳税人收回的应税消费品数量；

（4）进口的应税消费品，为海关核定的应税消费品进口征税数量。

2. 计量单位的换算标准

《消费税暂行条例》规定，黄酒、啤酒是以吨为税额单位，汽油、柴油是以升为税额单位的。但是，考虑到在实际销售过程中，一些纳税人会把吨或升这两个计量单位混用，故规范了不同产品的计量单位，以准确计算应纳税额，吨与升两个计量单位的换算标准如表 3-2 所示。

表 3-2　吨、升换算标准

序　号	名　称	计量单位的换算标准
1	黄酒	1 吨＝962 升
2	啤酒	1 吨＝988 升
3	汽油	1 吨＝1 388 升
4	柴油	1 吨＝1 176 升
5	航空煤油	1 吨＝1 246 升
6	石脑油	1 吨＝1 385 升
7	溶剂油	1 吨＝1 282 升
8	润滑油	1 吨＝1 126 升
9	燃料油	1 吨＝1 015 升

（三）从价与从量复合计征

现行消费税的征税范围中，只有卷烟、白酒采用复合计征方法。应纳税额等于应税销售数量乘以定额税率再加上应税销售额乘以比例税率。

生产销售卷烟、白酒从量定额计税依据为实际销售数量。进口、委托加工、自产自用卷烟、白酒从量定额计税依据分别为海关核定的进口征税数量、委托方收回数量、移送使用数量。

（四）计税依据的特殊规定

（1）纳税人通过自设非独立核算门市部销售的自产应税消费品，应当按照门市部对外销售额或者销售数量征收消费税。

（2）纳税人用于换取生产资料和消费资料，投资入股和抵偿债务等方面的应税消费品，应当以纳税人同类应税消费品的最高销售价格作为计税依据计算消费税。

（3）酒类关联企业间关联交易消费税问题处理。

白酒生产企业向商业销售单位收取的"品牌使用费"是随着应税白酒的销售而向购货方收取的，属于应税白酒销售价款的组成部分，因此，不论企业采取何种方式或以何种名义收取价款，均应并入白酒的销售额中缴纳消费税。

（4）对既销售金银首饰，又销售非金银首饰的生产、经营单位，应将两类商品划分清楚，分别核算销售额。凡划分不清楚或不能分别核算的，在生产环节销售的，一律从高适用税率征收消费税；在零售环节销售的，一律按金银首饰征收消费税。金银首饰与其他产品组成成套消费品销售的，应按销售额全额征收消费税。

金银首饰连同包装物销售的，无论包装是否单独计价，也无论会计上如何核算，均应并入金银首饰的销售额，计征消费税。

带料加工的金银首饰，应按受托方销售同类金银首饰的销售价格确定计税依据征收消费税。没有同类金银首饰销售价格的，按照组成计税价格计算纳税。

纳税人采用以旧换新（含翻新改制）方式销售的金银首饰，应按实际收取的不含增值税的全部价款确定计税依据征收消费税。

（5）兼营不同税率应税消费品的税务处理。

纳税人生产销售应税消费品，如果不是单一经营某一税率的产品，而是经营多种不同税率的产品，这就是兼营行为。纳税人兼营不同税率的应税消费品，应当分别核算不同税率应税消费品的销售额、销售数量。未分别核算销售额、销售数量，或者将不同税率的应税消费品组成成套消费品销售的，从高适用税率。

需要解释的是，纳税人兼营不同税率的应税消费品，是指纳税人生产销售两种税率以上的应税消费品。所谓从高适用税率，就是对兼营高低不同税率的应税消费品，当不能分别核算销售额、销售数量，或者将不同税率的应税消费品组成成套消费品销售的，就以应税消费品中适用的高税率与混合在一起的销售额、销售数量相乘，得出应纳消费税额。

（6）纳税人将自产的应税消费品与外购或自产的非应税消费品组成套装销售的，以套装产品的销售额（不含增值税）为计税依据计算消费税。

二、生产销售环节应纳消费税的计算

纳税人在生产销售环节应缴纳的消费税，包括直接对外销售应税消费品应缴纳的消费税和自产自用应税消费品应缴纳的消费税。

（一）直接对外销售应纳消费税的计算

直接对外销售应税消费品涉及三种计算方法。

1. 从价定率计算

在从价定率计算方法下，应纳消费税额等于销售额乘以适用税率。基本计算公式为

$$应纳税额 = 应税消费品的销售额 \times 比例税率$$

2. 从量定额计算

在从量定额计算方法下，应纳税额等于应税消费品的销售数量乘以单位税额。基本

计算公式为
$$应纳税额 = 应税消费品的销售数量 \times 定额税率$$

3. 从价定率和从量定额复合计算

现行消费税的征税范围中,只有卷烟、白酒采用复合计算方法。基本计算公式为
$$应纳税额 = 应税消费品的销售数量 \times 定额税率 + 应税销售额 \times 比例税率$$

【例 3-1】 某化妆品生产企业为增值税一般纳税人。2021 年 3 月 15 日向某大型商场销售高档化妆品一批,开具增值税专用发票,取得不含增值税销售额 50 万元,增值税额 6.5 万元;3 月 20 日向某单位销售高档化妆品一批,开具普通发票,取得含增值税销售额 4.52 万元。计算该化妆品生产企业上述业务应缴纳的消费税额。(增值税税率 13%)

① 高档化妆品适用消费税税率 15%
② 高档化妆品的应税销售额 = 50 + 4.52 ÷ (1 + 13%) = 54(万元)
③ 应缴纳的消费税额 = 54 × 15% = 8.1(万元)

【例 3-2】 某啤酒厂 2021 年 4 月销售甲类啤酒 1 000 吨,取得不含增值税销售额 295 万元,增值税税款 38.35 万元,另收取包装物押金 22.6 万元。计算 4 月该啤酒厂应纳消费税税额。

① 销售甲类啤酒,适用定额税率每吨 250 元
② 应纳税额 = 销售数量 × 定额税率 = 1 000 × 250 = 250 000(元)

【例 3-3】 某白酒生产企业为增值税一般纳税人,2021 年 4 月销售白酒 50 吨,取得不含增值税的销售额 200 万元。计算白酒企业 4 月应缴纳的消费税额。

① 白酒适用比例税率 20%,定额税率每 500 克 0.5 元
② 应纳税额 = 50 × 2 000 × 0.000 05 + 200 × 20% = 45(万元)

(二)自产自用应纳消费税的计算

所谓自产自用,就是纳税人生产应税消费品后,不是用于直接对外销售,而是用于自己连续生产应税消费品或用于其他方面。这种自产自用应税消费品形式,在实际经济活动中是很常见的,但也是在是否纳税或如何纳税上最容易出现问题的。例如,有的企业把自己生产的应税消费品,以福利或奖励等方式发给本厂职工,以为不是对外销售,不必计入销售额,无须纳税,这样就出现了漏缴税款的现象。因此,很有必要认真理解税法对自产自用应税消费品的有关规定。

1. 用于连续生产应税消费品

纳税人自产自用的应税消费品,用于连续生产应税消费品的不纳税。所谓"纳税人自产自用的应税消费品,用于连续生产应税消费品的",就是指作为生产最终应税消费品的直接材料并构成最终产品实体的应税消费品。例如,卷烟厂生产出烟丝,烟丝已是应税消费品,卷烟厂再用自产烟丝连续生产卷烟,则烟丝就不缴纳消费税,只对生产的卷烟征收消费税。若将自产烟丝直接对外销售的,则烟丝需要缴纳消费税,体现了消费税不重复课税且计税简便的原则。

2. 用于其他方面的应税消费品

纳税人自产自用的应税消费品,除用于连续生产应税消费品外,凡用于其他方面的,于移送使用时纳税。用于其他方面的是指纳税人用于生产非应税消费品、在建工程、管理部门、非生产机构、提供劳务,以及用于馈赠、赞助、集资、广告、样品、职工福利、奖励等方面。所谓"用于生产非应税消费品",就是指把自产的应税消费品用于生产消费税条例税目税率表所列15类产品以外的产品。

如原油加工厂用生产出的应税消费品汽油调和制成溶剂汽油,该溶剂汽油就属于非应税消费品。所谓"用于在建工程",就是指把自产的应税消费品用于本单位的各项建设工程。例如,石化工厂把自己生产的柴油用于本厂基建工程的车辆、设备使用。所谓"用于管理部门、非生产机构",就是指把自己生产的应税消费品用于与本单位有隶属关系的管理部门或非生产机构。例如,汽车制造厂把生产出的小汽车提供给上级主管部门使用。所谓"用于馈赠、赞助、集资、广告、样品、职工福利、奖励",就是指把自己生产的应税消费品无偿赠送给他人或以资金的形式投资于外单位某些事业或作为商品广告、经销样品或以福利、奖励的形式发给职工。例如,摩托车厂把自己生产的摩托车赠送或赞助给摩托车拉力赛赛手使用,兼作商品广告;酒厂把生产的滋补药酒以福利的形式发给职工等。总之,企业自产的应税消费品虽然没有用于销售或连续生产应税消费品,但只要是用于税法所规定的范围的都要视同销售,依法缴纳消费税。

3. 组成计税价格及税额的计算

纳税人自产自用的应税消费品,凡用于其他方面,应当纳税的,按照纳税人生产的同类消费品的销售价格计算纳税。同类消费品的销售价格是指纳税人当月销售的同类消费品的销售价格,如果当月同类消费品各期销售价格高低不同,应按销售数量加权平均计算。但销售的应税消费品有下列情况之一的,不得列入加权平均计算:

(1) 销售价格明显偏低又无正当理由的。

(2) 无销售价格的。

如果当月无销售或者当月未完结,应按照同类消费品上月或者最近月份的销售价格计算纳税。

没有同类消费品销售价格的,按照组成计税价格计算纳税。组成计税价格计算公式为

实行从价定率办法计算纳税的组成计税价格计算公式:

$$组成计税价格 = (成本 + 利润) \div (1 - 比例税率)$$

$$应纳税额 = 组成计税价格 \times 比例税率$$

实行复合计税办法计算纳税的组成计税价格计算公式:

$$组成计税价格 = (成本 + 利润 + 自产自用数量 \times 定额税率) \div (1 - 比例税率)$$

$$应纳税额 = 组成计税价格 \times 比例税率 + 自产自用数量 \times 定额税率$$

上述公式中所说的"成本",是指应税消费品的产品生产成本。

上述公式中所说的"利润",是指根据应税消费品的全国平均成本利润率计算的利润。应税消费品全国平均成本利润率由国家税务总局确定。

2006年3月,国家税务总局颁发的《消费税若干具体问题的规定》,确定了应税消费

品全国平均成本利润率表(表3-3)。

表3-3 平均成本利润率表 单位：%

货物名称	平均利润率	货物名称	平均利润率
1. 甲类卷烟	10	10. 贵重首饰及珠宝玉石	6
2. 乙类卷烟	5	11. 摩托车	6
3. 雪茄烟	5	12. 高尔夫球及球具	10
4. 烟丝	5	13. 高档手表	20
5. 粮食白酒	10	14. 游艇	10
6. 薯类白酒	5	15. 木制一次性筷子	5
7. 其他酒	5	16. 实木地板	5
8. 化妆品	5	17. 乘用车	8
9. 鞭炮、焰火	5	18. 中轻型商用客车	5

【例3-4】 某化妆品公司将一批自产的高档化妆品用作职工福利，化妆品的成本100 000元，该化妆品无同类产品市场销售价格，但已知其成本利润率为5%，消费税税率为15%。计算该批化妆品应缴纳的消费税税额。

（1）组成计税价格＝成本×(1＋成本利润率)÷(1－消费税税率)＝100 000×(1＋5%)÷(1－15%)＝105 000÷0.85＝123 529.41(元)

（2）应纳税额＝123 529.41×15%＝18 529.41(元)

三、委托加工环节应税消费品应纳税额的计算

企业、单位或个人由于设备、技术、人力等方面的局限或其他方面的原因，常常要委托其他单位代为加工应税消费品，然后，将加工好的应税消费品收回，直接销售或自己使用。这是生产应税消费品的另一种形式，也需要纳入征收消费税的范围。例如，某企业将购来的小客车底盘和零部件提供给某汽车改装厂，加工组装成小客车供自己使用，则加工、组装成的小客车就需要缴纳消费税。按照规定，委托加工的应税消费品，由受托方在向委托方交货时代收代缴税款。

（一）委托加工应税消费品的确定

委托加工的应税消费品是指由委托方提供原料和主要材料，受托方只收取加工费和代垫部分辅助材料加工的应税消费品。对于由受托方提供原材料生产的应税消费品，或者受托方先将原材料卖给委托方，然后再接受加工的应税消费品，以及由受托方以委托方名义购进原材料生产的应税消费品，不论纳税人在财务上是否作销售处理，都不得作为委托加工应税消费品，而应当按照销售自制应税消费品缴纳消费税。

（二）代收代缴税款的规定

委托加工应税消费品，委托方为消费税纳税人，受托方是代收代缴义务人。委托加工

的应税消费品,除受托方是个人外,由受托方在向委托方交货时代收代缴消费税。纳税人委托个人(含个体工商户)加工应税消费品,于委托方收回后在委托方所在地缴纳消费税。

委托加工的应税消费品,受托方在交货时代收代缴消费税,委托方将收回的应税消费品,以不高于受托方的计税价格出售的,为直接出售,不再缴纳消费税;委托方以高于受托方的计税价格出售的,不属于直接出售,需按照规定申报缴纳消费税,在计税时准予扣除受托方已代收代缴的消费税。

对于受托方没有按规定代收代缴税款的,不能因此免除委托方补缴税款的责任。在对委托方进行税务检查中,如果发现受其委托加工应税消费品的受托方没有代收代缴税款,则应按照《税收征收管理法》的规定,对受托方处以应代收代缴税款50%以上3倍以下的罚款。委托方要补缴税款,对委托方补征税款的计税依据是:如果在检查时,收回的应税消费品已经直接销售的,按销售额计税;收回的应税消费品尚未销售或不能直接销售的(如收回后用于连续生产等),按组成计税价格计税。计税价格的计算公式与委托加工应税消费品的组成计税价格公式相同。

(三)组成计税价格及应纳税额的计算

委托加工的应税消费品,按照受托方的同类消费品的销售价格计算纳税,同类消费品的销售价格是指受托方(代收代缴义务人)当月销售的同类消费品的销售价格,如果当月同类消费品各期销售价格高低不同,应按销售数量加权平均计算。但销售的应税消费品有下列情况之一的,不得列入加权平均计算:

(1)销售价格明显偏低又无正当理由的;

(2)无销售价格的。

如果当月无销售或者当月未完结,应按照同类消费品上月或最近月份的销售价格计算纳税。没有同类消费品销售价格的,按照组成计税价格计算纳税。组成计税价格的计算公式为

实行从价定率办法计算纳税的组成计税价格计算公式:

$$组成计税价格=(材料成本+加工费)\div(1-比例税率)$$

实行复合计税办法计算纳税的组成计税价格计算公式:

$$组成计税价格=(材料成本+加工费+委托加工数量\times 定额税率)\div(1-比例税率)$$

上述组成计税价格公式中的"材料成本"是指委托方所提供加工材料的实际成本;"加工费"是指受托方加工应税消费品向委托方所收取的全部费用(包括代垫辅助材料的实际成本,不包括增值税税金)。

【例3-5】 某鞭炮企业2018年6月受托为某单位加工一批鞭炮,委托单位提供的原材料金额为60万元,收取委托单位不含增值税的加工费8万元,鞭炮企业无同类产品市场价格。计算鞭炮企业应代收代缴的消费税。

(1)鞭炮的适用税率15%。

(2)组成计税价格=(60+8)÷(1-15%)=80(万元)

(3)应代收代缴消费税=80×15%=12(万元)

四、进口环节应纳消费税的计算

进口的应税消费品,于报关进口时缴纳消费税;进口或代理进口应税消费品的单位和个人,为进口应税消费品消费税的纳税义务人;进口的应税消费品的消费税由海关代征;纳税人进口应税消费品,按照关税征收管理的相关规定,应当自海关填发海关进口消费税专用缴款书之日起15日内缴纳税款;进口应税消费品消费税的税目、税率(税额),依照《消费税暂行条例》所附的《消费税税目税率(税额)表》执行。

纳税人进口应税消费品,按照组成计税价格和规定的税率计算应纳税额。计算方法如下:

1. 从价定率计征应纳税额的计算

实行从价定率办法计算纳税的组成计税价格计算公式:

$$组成计税价格=(关税完税价格+关税)\div(1-消费税比例税率)$$

$$应纳税额=组成计税价格\times 消费税比例税率$$

公式中所称"关税完税价格",是指海关核定的关税计税价格。

2. 实行从量定额计征应纳税额的计算

应纳税额的计算公式:

$$应纳税额=应税消费品数量\times 消费税定额税率$$

3. 实行从价定率和从量定额复合计税办法计征应纳税额的计算

应纳税额的计算公式:

$$组成计税价格=(关税完税价格+关税+进口数量\times 消费税定额税率)$$
$$\div(1-消费税比例税率)$$

$$应纳税额=组成计税价格\times 消费税税率+应税消费品进口数量\times 消费税定额税率$$

进口环节消费税除国务院另有规定者外,一律不得给予减税、免税。

【例3-6】 某商贸公司2018年5月从国外进口一批应税消费品,已知该批应税消费品的关税完税价格为90万元,按规定应缴纳关税18万元,假定进口的应税消费品的消费税税率为10%。请计算该批消费品进口环节应缴纳消费税税额。

(1) 组成计税价格=(90+18)÷(1-10%)=120(万元)

(2) 应缴纳消费税税额=120×10%=12(万元)

五、已纳消费税扣除的计算

为了避免重复征税,现行消费税规定,将外购应税消费品和委托加工收回的应税消费品继续生产应税消费品销售的,可以将外购应税消费品和委托加工收回应税消费品已缴纳的消费税给予扣除。

(一)外购应税消费品已纳税款的扣除

1. 外购应税消费品连续生产应税消费品

由于某些应税消费品是用外购已缴纳消费税的应税消费品连续生产出来的,在对这些连续生产出来的应税消费品计算征税时,税法规定应按当期生产领用数量计算准予扣除外购的应税消费品已纳的消费税税款。对外购已税消费品的扣除范围包括以下几项:

(1) 外购已税烟丝生产的卷烟。
(2) 外购已税高档化妆品生产的高档化妆品。
(3) 外购已税珠宝玉石生产的贵重首饰及珠宝玉石。
(4) 外购已税鞭炮焰火生产的鞭炮焰火。
(5) 外购已税汽油、柴油、石脑油、燃料油、润滑油为原料生产的应税成品油。
(6) 外购已税杆头、杆身和握把为原料生产的高尔夫球杆。
(7) 外购已税木制一次性筷子为原料生产的木制一次性筷子。
(8) 外购已税实木地板为原料生产的实木地板。
(9) 外购已税葡萄酒连续生产应税葡萄酒。

根据《葡萄酒消费税管理办法(试行)》的规定,自 2015 年 5 月 1 日起,从葡萄酒生产企业购进、进口葡萄酒连续生产应税葡萄酒的,准予从葡萄酒消费税应纳税额中扣除所耗用应税葡萄酒已纳消费税税款。如本期消费税应纳税额不足抵扣的,余额留待下期抵扣。

(10) 啤酒生产集团内部企业间用啤酒液连续罐装生产的啤酒。

2. 准予扣除的已纳税款的计算方法

上述当期准予扣除外购应税消费品已纳消费税税款的计算方法如下。
(1) 实行从价定率办法计算已纳税额的:
当期准予扣除的外购应税消费品已纳税款=当期准予扣除的外购应税消费品买价
×外购应税消费品适用税率
当期准予扣除的外购应税消费品买价=期初库存的外购应税消费品的买价
+当期购进的应税消费品的买价
－期末库存的外购应税消费品的买价

外购已税消费品的买价是指购货发票(含销货清单)上注明的销售额(不包括增值税税款)。

(2) 实行从量定额办法计算已纳税额的:
当期准予扣除的外购应税消费品已纳税款=当期准予扣除的外购应税消费品数量
×外购应税消费品单位税额
当期准予扣除的外购应税消费品数量=期初库存的外购应税消费品的数量
+当期购进的应税消费品的数量
－期末库存的外购应税消费品数量

需要指出的是,纳税人用外购的已税珠宝玉石生产的,改在零售环节征收消费税的金银首饰(镶嵌首饰)、钻石首饰,在计税时,一律不得扣除外购珠宝玉石的已纳税款。

(3) 外购应税消费品销售后已纳税款的扣除

对既有自产应税消费品,同时又购进与自产应税消费品同样的应税消费品进行销售的工业企业,对其销售的外购应税消费品应当征收消费税,同时可以扣除外购应税消费品的已纳税款。

上述允许扣除已纳税款的外购应税消费品仅限于烟丝,高档化妆品,珠宝玉石,鞭炮、焰火和摩托车。

对自己不生产应税消费品,而只是购进后再销售应税消费品的工业企业,其销售的高档化妆品、鞭炮、焰火和珠宝玉石,凡不能构成最终消费品直接进入消费品市场,而需进一步生产加工的(如需进行深加工、包装、贴标、组合的珠宝玉石,高档化妆品,鞭炮、焰火等),应当征收消费税,同时允许扣除上述外购应税消费品的已纳税款。

允许扣除已纳税款的应税消费品包括从工业企业购进的应税消费品和商业企业购进的应税消费品。

(二) 委托加工收回的应税消费品已纳税款的扣除

委托加工的应税消费品因为已由受托方代收代缴消费税,因此,委托方收回货物后用于连续生产应税消费品的,其已纳税款准予按照规定从连续生产的应税消费品应纳消费税税额中抵扣。按照国家税务总局的规定,满足条件的连续生产的应税消费品准予从应纳消费税税额中按当期生产领用数量计算扣除委托加工收回的应税消费品已纳消费税税款。

1. 委托加工收回应税消费品已纳税款扣除范围

(1) 以委托加工收回的已税烟丝为原料生产的卷烟。
(2) 以委托加工收回的高档化妆品为原料生产的高档化妆品。
(3) 以委托加工收回的珠宝玉石为原料生产的贵重首饰及珠宝玉石。
(4) 以委托加工收回的鞭炮焰火为原料生产的鞭炮焰火。
(5) 以委托加工收回的汽油、柴油、石脑油、燃料油、润滑油为原料生产的应税成品油。
(6) 以委托加工收回的杆头、杆身和握把为原料生产的高尔夫球杆。
(7) 以委托加工收回的木制一次性筷子为原料生产的木制一次性筷子。
(8) 以委托加工收回的实木地板为原料生产的实木地板。

以上8种委托加工收回的应税消费品连续生产的应税消费品,准予从应纳消费税额中按当期生产领用数量计算扣除其已纳的消费税税款。

2. 委托加工收回应税消费品已纳税款的计算

当期准予扣除委托加工收回的应税消费品已纳消费税税款的计算公式是:

当期准予扣除委托加工应税消费品已纳税款 = 期初库存的委托加工应税消费品已纳税款 + 当期收回的委托加工应税消费品已纳税款 − 期末库存的委托加工应税消费品已纳税款

需要说明的是,纳税人用委托加工收回的已税珠宝玉石生产的改在零售环节征收消费税的金银、钻石首饰,在计税时一律不得扣除委托加工收回的珠宝玉石的已纳消费税税款。

【例 3-7】 某卷烟生产企业,某月初库存外购已税烟丝金额50万元,当月又外购应税烟丝金额500万元(不含增值税),月末库存烟丝金额30万元,其余被当月生产卷烟领用。

计算卷烟厂当月准许扣除的外购烟丝已缴纳的消费税税额。

① 烟丝适用的消费税税率为30%
② 当期准许扣除的外购烟丝买价 = 50 + 500 − 30 = 520(万元)
③ 当月准许扣除的外购烟丝已缴纳的消费税额 = 520 × 30% = 156(万元)

六、消费税出口退税的计算

对纳税人出口应税消费品,免征消费税;国务院另有规定的除外。

(一)出口免税并退税

有出口经营权的外贸企业购进应税消费品直接出口,以及外贸企业受其他外贸企业委托代理出口应税消费品,外贸企业只有受其他外贸企业委托,代理出口应税消费品才可办理退税,外贸企业受其他企业(主要是非生产性的商贸企业)委托,代理出口应税消费品是不予退(免)税的。

属于从价定率计征消费税的,为已征且未在内销应税消费品应纳税额中抵扣的购进出口货物金额属于从量定额计征消费税的,为已征且未在内销应税消费品应纳税额中抵扣的购进出口货物数量;属于复合计征消费税的,按从价定率和从量定额的计税依据分别确定。

消费税应退税额 = 从价定率计征消费税的退税计税依据 × 比例税率
　　　　　　　＋从量定额计征消费税的退税计税依据 × 定额税率

(二)出口免税但不退税

有出口经营权的生产性企业自营出口或生产企业委托外贸企业代理出口自产的应税消费品,依据其实际出口数量免征消费税,不予办理退还消费税。免征消费税是指对生产性企业按其实际出口数量免征生产环节的消费税。不予办理退还消费税,因已免征生产环节的消费税,该应税消费品出口时,已不含有消费税,所以无须再办理退还消费税。

(三)出口不免税也不退税

除生产企业、外贸企业外的其他企业,具体是指一般商贸企业,这类企业委托外贸企业代理出口应税消费品一律不予退(免)税。出口货物的消费税应退税额的计税依据,按购进出口货物的消费税专用缴款书和海关进口消费税专用缴款书确定。

第四节　消费税的申报与缴纳

一、消费税纳税义务发生时间

消费税纳税义务发生的时间,以货款结算方式或行为发生时间分别确定。

(1)纳税人销售的应税消费品,其纳税义务的发生时间为:

① 纳税人采取赊销和分期收款结算方式的,为书面合同约定的收款日期的当天,书面合同没有约定收款日期或者无书面合同的,为发出应税消费品的当天。

② 纳税人采取预收货款结算方式的,其纳税义务的发生时间,为发出应税消费品的当天。

③纳税人采取托收承付和委托银行收款方式销售的应税消费品,其纳税义务的发生时间,为发出应税消费品并办妥托收手续的当天。

④纳税人采取其他结算方式的,其纳税义务的发生时间,为收讫销售款或者取得索取销售款凭据的当天。

(2)纳税人自产自用的应税消费品,其纳税义务的发生时间,为移送使用的当天。

(3)纳税人委托加工的应税消费品,其纳税义务的发生时间,为纳税人提货的当天。

(4)纳税人进口的应税消费品,其纳税义务的发生时间,为报关进口的当天。

二、消费税纳税期限

按照《消费税暂行条例》规定,消费税的纳税期限分别为1日、3日、5日、10日、15日、1个月或者1个季度。纳税人的具体纳税期限,由主管税务机关根据纳税人应纳税额的大小分别核定;不能按照固定期限纳税的,可以按次纳税。

纳税人以1个月或以1个季度为一期纳税的,自期满之日起15日内申报纳税;以1日、3日、5日、10日或者15日为一期纳税的,自期满之日起5日内预缴税款,于次月1日起至15日内申报纳税并结清上月应纳税款。

纳税人进口应税消费品,应当自海关填发海关进口消费税专用缴款书之日起15日内缴纳税款。

三、消费税纳税地点

(1)纳税人销售的应税消费品,以及自产自用的应税消费品,除国务院财政、税务主管部门另有规定外,应当向纳税人机构所在地或者居住地的主管税务机关申报纳税。

(2)委托加工的应税消费品,除受托方为个人外,由受托方向机构所在地或者居住地的主管税务机关解缴消费税税款。

(3)进口的应税消费品,由进口人或者其代理人向报关地海关申报纳税。

(4)纳税人到外县(市)销售或者委托外县(市)代销自产应税消费品的,于应税消费品销售后,向机构所在地或者居住地主管税务机关申报纳税。

纳税人的总机构与分支机构不在同一县(市),但在同一省(自治区、直辖市)范围内,经省(自治区、直辖市)财政厅(局)、国家税务总局审批同意,可以由总机构汇总向总机构所在地的主管税务机关申报缴纳消费税。

省(自治区、直辖市)财政厅(局)、国家税务总局应将审批同意的结果,上报财政部、国家税务总局备案。

(5)纳税人销售的应税消费品,如因质量等原因由购买者退回时,经所在地主管税务机关审核批准后,可退还已征收的消费税税款,但不能自行直接抵减应纳税款。

(6)纳税人直接出口的应税消费品办理免税后,发生退关或者国外退货,复进口时已予以免税的,可暂不办理补税,将其转为国内销售的当月申报缴纳消费税。

四、消费税纳税环节

消费税的纳税环节分为以下几种情况。

1. 生产环节。生产应税消费品销售是消费税征收的主要环节,生产应税消费品由生产者于销售时纳税。消费税具有单一环节征税的特点,在生产销售环节征税以后,流通环节一般不需要再缴纳消费税。

2. 委托加工。委托加工应税消费品,由受托方在向委托方交货时代收代缴税款。委托加工的应税消费品直接出售的,不再征收消费税;委托加工应税消费品收回后用于连续生产应税消费品的,可以抵扣委托加工应税消费品的已纳消费税税款。例如,以委托加工收回的高档化妆品为原料生产的高档化妆品因最终生产的消费品需缴纳消费税,因此,对受托方代收代缴的高档化妆品消费税税款准予抵扣。

3. 进口环节。进口的应税消费品,由进口报关者于报关进口时纳税。进口环节消费税由海关代征。

4. 零售环节。金银首饰消费税由生产销售环节征收改为零售环节征收。自2016年12月1日起,对超豪华小汽车在生产(进口)环节按现行税率征收消费税基础上,在零售环节加征消费税。

5. 批发环节。除生产环节外,对卷烟批发环节分别加征从价税和从量税。

6. 移送使用环节。纳税人自产自用的应税消费品,用于连续生产应税消费品的,不纳税;用于其他方面的,具体包括用于生产非应税消费品、在建工程、管理部门、非生产机构、提供劳务、馈赠、赞助、集资、广告、样品、职工福利、奖励等方面,于移送使用时纳税。

第五节　消费税会计核算

消费税会计核算主要涉及"应交税费"和"税金及附加"两个账户,下面分别介绍。

消费税的纳税义务人通过"应交税费"账户下设"应交消费税"二级明细账(三栏式),进行消费税的核算,其贷方反映纳税人按规定计算的应交消费税税额,借方反映纳税人实际缴纳的消费税和待抵扣的消费税,期末贷方余额,反映尚未交纳的消费税,若为借方余额,反映本期多交的或待抵扣的消费税。

"税金及附加"是用于核算纳税人应负担的价内流转税及应交的有关费用,如消费税、资源税、城市维护建设税、土地增值税、教育费附加,其借方反映计算应交的价内税及附加,贷方反映期末转入"本年利润"的价内税及附加,该账户期末结转后无余额。由于消费税是价内税,其应交的消费税已在应税消费品实现的销售收入中,因此需通过损益类账户"税金及附加"扣除销售收入中的价内税。

【例 3-8】 某摩托厂本月量产 200 辆摩托车,本月售出 170 辆,货款已收存银行。每辆销售价格(不含增值税)5 000 元。委托一特约经销商代销 20 辆,每辆成本 3 800 元,尚未收到代销清单(摩托车消费税税率为 10%)。计算该摩托厂应交税额及会计处理情况。

$$应交消费税 = 5\ 000 \times 170 \times 10\% = 85\ 000(元)$$
$$应交增值税 = 5\ 000 \times 170 \times 13\% = 110\ 500(元)$$

有关会计处理如下:

确认销售实现时:

```
借：银行存款                                          960 500
    贷：主营业务收入                                  850 000
        应交税费——应交增值税(销项税额)             110 500
计算消费税税金时：
借：税金及附加                                         85 000
    贷：应交税费——应交消费税                         85 000
上缴消费税时：
借：应交税费——应交消费税                             85 000
    贷：银行存款                                       85 000
发出委托代销商品时：
借：发出商品                                           76 000
    贷：库存商品                                       76 000
```

【例3-9】 2018年5月，某啤酒厂将自产特制啤酒5吨发给职工作为福利，15吨作为样品免费供应啤酒节，生产成本3 000元/吨，消费税税额为每吨250元。计算其应交税费及相应的会计处理。(增值税税率为13%)

应交消费税=(5+15)×250=1 250(职工福利)+3 750(样品)=5 000(元)

应交增值税=[3 000×5×(1+10%)+1 250]×13%+[3 000×15
×(1+10%)+3 750]×13%(样品)=2 307.5+6 922.5=9 230(元)

有关会计处理如下：

发给职工作为福利的会计处理：

```
借：应付工资薪酬                                      20 057.5
    贷：主营业务收入                                  17 750
        应交税费——应交增值税(销项税额)              2 307.5
借：税金及附加                                         1 250
    贷：应交税费——应交消费税                          1 250
借：主营业务成本                                       15 000
    贷：库存商品                                       15 000
作为样品供应啤酒节的会计处理：
借：营业费用(或销售费用)                              55 672.5
    贷：库存商品                                       45 000
        应交税费——应交消费税                          3 750
        应交税费——应交增值税(销项税额)              6 922.5
```

【例3-10】 某卷烟厂外购已税烟丝一批已入库，取得增值税专用发票上注明价款150万元，税金22.5万元，当月以外购烟丝生产乙类卷烟100(标准)箱并销售，不含税销售额为220万元，本月初库存外购烟丝成本30万元，月末库存外购烟丝45万元。消费税税率：卷烟定额税率为每箱150元，比例税率为36%；烟丝30%。计算该厂应交税费及有关会计处理。

外购烟丝已交消费税=150×30%=45(万元)

准予扣除外购应税消费品已交消费税＝(30＋150－45)×30%＝40.5(万元)
本月应交消费税＝(100×150÷10 000＋220×36%)－40.5＝40.2(万元)
本月应交增值税＝220×13%－22.5＝6.1(万元)

有关会计处理如下：

购进烟丝时：

借：原材料　　　　　　　　　　　　　　　　　1 050 000
　　应交税费——应交增值税(进项税额)　　　　 225 000
　　待扣税费——待扣消费税　　　　　　　　　　450 000
　　贷：银行存款　　　　　　　　　　　　　　1 725 000

销售卷烟时：

借：银行存款　　　　　　　　　　　　　　　　2 486 000
　　贷：主营业务收入　　　　　　　　　　　　2 200 000
　　　　应交税费——应交增值税(销项税额)　　 286 000

计算消费税时：

借：税金及附加　　　　　　　　　　　　　　　　807 000
　　贷：应交税费——应交消费税　　　　　　　　807 000

抵扣消费税时：

借：应交税费——应交消费税　　　　　　　　　　405 000
　　贷：待扣税费——待扣消费税　　　　　　　　405 000

本月实际缴纳增值税、消费税时：

借：应交税费——应交增值税(已交税金)　　　　　61 000
　　　　　　　——应交消费税　　　　　　　　　402 000
　　贷：银行存款　　　　　　　　　　　　　　　463 000

本章习题
扫描二维码
可下载。

第四章

城市维护建设税和烟叶税

【教学目标】
- 了解城市维护建设税与增值税、消费税的关系
- 掌握城市维护建设税的计税依据、税率、应纳税额的计算
- 掌握烟叶税的计算

【本章重点】
- 城市维护建设税的计税依据
- 烟叶税的计算

【本章难点】
- 城市维护建设税与增值税、消费税的关系

第一节 城市维护建设税

一、城市维护建设税的概念

城市维护建设税是对从事工商经营,缴纳增值税、消费税的单位和个人征收的一种税。

城市维护建设税属于特定目的税,是国家为加强城市建设维护而征收的一种税,因此,城市维护建设税具有以下特点。

(一)税款专款专用

所征税款要求保证用于城市公用事业和公共设施的维护和建设。

(二)属于一种附加税

城市维护建设税是以纳税人实际缴纳的增值税、消费税(以下合并称"两税")税额为计税依据,随"两税"同时征收,其本身没有特定的课税对象,其征管方法也完全比照"两税"的有关规定办理。

（三）根据城镇规模设计不同的比例税率

根据纳税人所在城镇的规模及其资金需要设计税率。

（四）征收范围广

增值税、消费税在我国现行税制中属于主体税种,而城市维护建设税又是其附加税,缴纳增值税、消费税的单位和个人都要缴纳城市维护建设税,因此城市维护建设税的征税范围也相应比较广。

城市维护建设税的作用:①补充城市维护建设资金的不足,以增值税、消费税为代表的流转税是我国的主体税种,城市维护建设税以此作为计税依据,保证了税源的充足,对补充城市维护建设资金的不足产生了积极的作用。②调动了地方政府进行城市维护和建设的积极性。城市维护建设税专项保证用于城市的公用事业和公共设施的维护建设,具体安排由地方人民政府确定,将城市维护建设税收入与当地城市建设直接挂钩,就充分调动了地方政府的积极性。

二、城市维护建设税的基本内容

（一）城市维护建设税的纳税义务人

城市维护建设税是对从事经营活动,缴纳增值税、消费税的单位和个人征收的一种税。城市维护建设税的纳税义务人,是指负有缴纳增值税、消费税义务的单位和个人,包括国有企业、集体企业、私营企业、股份制企业、其他企业和行政单位、事业单位、军事单位、社会团体、其他单位,以及个体工商户及其他个人。

城市维护建设税的代扣代缴、代收代缴,一律比照增值税、消费税的有关规定办理,增值税、消费税的代扣代缴、代收代缴义务人同时也是城市维护建设税的代扣代缴、代收代缴义务人。

（二）城市维护建设税的征税范围

城市维护建设税在全国范围征收,不仅包括城市、县城和建制镇,还包括税法规定征收"两税"的其他地区。也就是说,只要征收"两税"的地方,除税法另有规定者外,都属于其征税的范围。城市、县城、建制镇的范围,应以行政区划为标准,不能随意扩大或缩小各自行政区域的管辖范围。

对进口货物或者境外单位和个人向境内销售劳务、服务、无形资产缴纳的增值税、消费税税额,不征收城市维护建设税。

（三）城市维护建设税的税率

城市维护建设税实行地区差别税率,根据纳税人所在地不同而适用不同档次的税率,具体规定如下。

(1) 纳税人所在地为市区的,税率为7%。

(2) 纳税人所在地为县城、镇的,税率为5%。撤县建市后,城市维护建设税适用税率为7%。

(3) 纳税人所在地不在市区、县城或者镇的,税率为1%;开采海洋石油资源的中外合作油(气)田所在地在海上,其城市维护建设适用1%的税率。

城市维护建设税的适用税率,应当按纳税人所在地的规定税率执行,但是对下列两种情况,可按缴纳"两税"所在地的规定税率就地缴纳城市维护建设税。

(1) 由受托方代扣代缴、代收代缴"两税"的单位和个人,其代扣代缴、代收代缴的城市维护建设税按受托方所在地适用税率执行。

(2) 流动经营等无固定纳税地点的单位和个人,在经营地缴纳"两税"的,其城市维护建设税的缴纳按经营地适用税率执行。

(四)城市维护建设税的税收优惠

城市维护建设税原则上不单独减免,但因城市维护建设税又具附加税性质,当主税发生减免时,城市维护建设税相应发生税收减免。城市维护建设税的税收减免具体有以下几种情况。

(1) 城市维护建设税按减免后实际缴纳的"两税"税额计征,即随"两税"的减免而减免。

(2) 对于因减免税而需进行"两税"退库的,城市维护建设税也可同时退库。

(3) 海关对进口产品代征的增值税、消费税,不征收城市维护建设税。

(4) 对"两税"实行先征后返、免、退、即征即退办法的,除另有规定外,对随"两税"附征的城市维护建设税和教育费附加,一律不退(返)还。

(5) 为支持国家重大水利工程建设,对国家重大水利工程建设基金免征城市维护建设税。

(6) 对黄金交易所会员单位通过黄金交易所销售且发生实物交割的标准黄金,免征城市维护建设税。

(7) 对上海期货交易所会员和客户通过上海期货交易所销售且发生实物交割并已出库的标准黄金,免征城市维护建设税。

(8) 自2019年1月1日至2025年12月31日,实施支持和促进重点群体创业就业城市维护建设税减免。

三、城市维护建设税应纳税额的计算

(一)城市维护建设税的计税依据

城市维护建设税的计税依据,是指纳税人依法实际缴纳的"两税"税额。纳税人违反"两税"有关税法而加收的滞纳金和罚款,是税务机关对纳税人违法行为的经济制裁,不作为城市维护建设税的计税依据,但纳税人在被查补"两税"和被处以罚款时,应同时对其偷漏的城市维护建设税进行补税、征收滞纳金和罚款。

依法实际缴纳的"两税"税额,是指纳税人依照增值税、消费税相关法律法规和税收政策规定计算的应当缴纳的"两税"税额(不含因进口货物和个人向境内销售劳务、服务、无形资产缴纳的"两税"税额),加上增值税免抵税额,扣除直接减免的"两税"税额和期末留底退税退还的增值税税额后的金额。直接减免的"两税"税额,是指依照增值税、消费税相关法律法规和税收政策的规定,直接减征或免征的"两税"税额,不包括实行先征后返、先征后退、即征即退办法退还的"两税"税额。

对出口产品退还增值税、消费税的,不退还已缴纳的城市维护建设税。

(二) 城市维护建设税应纳税额的计算

城市维护建设税纳税人的应纳税额大小是由纳税人实际缴纳的"两税"税额决定的,其计算公式为

应纳税额＝纳税人实际缴纳的增值税、消费税税额×适用税率

【例 4-1】 某企业位于县城,2020 年 9 月撤县设区,该企业 2021 年 3 月实际缴纳增值税 500 000 元,缴纳消费税 400 000 元。计算该企业应纳的城市维护建设税税额。

应纳城市维护建设税税额＝(实际缴纳的增值税＋实际缴纳的消费税)×适用税率
　　　　　　　　　　＝(500 000＋400 000)×7％＝900 000×7％＝63 000 (元)

由于城市维护建设税法实行纳税人所在地差别比例税率,所以在计算应纳税额时,应注意根据纳税人所在地来确定适用税率。

四、城市维护建设税的申报与缴纳

(一) 纳税环节

城市维护建设税的纳税环节,实际就是纳税人缴纳"两税"的环节。纳税人只要发生"两税"的纳税义务,就要在同样的环节,分别计算缴纳城市维护建设税。

(二) 纳税期限

(1) 由于城市维护建设税是由纳税人在缴纳"两税"时同时缴纳的,所以其纳税期限分别与"两税"的纳税期限一致。

(2) 根据增值税法和消费税法规定,增值税、消费税的纳税期限分别为 1 日、3 日、5 日、10 日、15 日、1 个月或者 1 个季度。

(3) 增值税、消费税的具体纳税期限,由主管税务机关根据纳税人应纳税额大小分别核定;不能按照固定期限纳税的,可以按次纳税。

(4) 纳税人自收到留抵退税额之日起,应当在下一个纳税申报期从城建税计税依据中扣除。留抵退税额仅允许在按照增值税一般计税方法确定的城建税计税依据中扣除。当期未扣除完的余额,在以后纳税申报期按规定继续扣除。

(5) 对增值税免抵税额征收的城建税,纳税人应在税务机关核准免抵税额的下一个纳税申报期内向主管税务机关申报缴纳。

(6) 对于增值税小规模纳税人更正、查补此前按照一般计税方法确定的城建税计税

依据,允许扣除尚未扣除完的留抵退税额。

(三) 纳税地点

城市维护建设税以纳税人实际缴纳的增值税、消费税税额为计税依据,分别与"两税"同时缴纳。所以,纳税人缴纳"两税"的地点,就是该纳税人缴纳城市维护建设税的地点。但是,属于下列情况的,纳税地点为:

(1) 代扣代缴、代收代缴"两税"的单位和个人,同时也是城市维护建设税的代扣代缴、代收代缴义务人,其城市维护建设税的纳税地点在代扣代收地。

(2) 跨省开采的油田,下属生产单位与核算单位不在一个省内的,其生产的原油,在油井所在地缴纳增值税,其应纳税款由核算单位按照各油井的产量和规定税率,计算汇拨各油井缴纳。所以,各油井应纳的城市维护建设税,应由核算单位计算,随同增值税一并汇拨油井所在地,由油井在缴纳增值税的同时,一并缴纳城市维护建设税。

(3) 对管道局输油部分的收入,由取得收入的各管道局于所在地缴纳增值税。所以,其应纳城市维护建设税,也应由取得收入的各管道局于所在地缴纳增值税时一并缴纳。

(4) 对流动经营等无固定纳税地点的单位和个人,应随同"两税"在经营地按适用税率缴纳。

五、城市维护建设税的会计核算

城市维护建设税为价内税,其计算与缴纳的会计核算均通过"应交税费——应交城市维护建设税"科目。计算城市维护建设税时,借记"税金及附加"或"其他业务支出"或"固定资产清理",贷记"应交税费——应交城市维护建设税";按期上缴城市维护建设税时,借记"应交税费——应交城市维护建设税",贷记"银行存款"。

【例 4-2】 位于某城市的一家化妆品生产企业,5 月销售货物缴纳增值税 17 万元,销售化妆品缴纳消费税 30 万元,计算该企业 5 月城市维护建设税及教育费附加和会计处理。

该企业 5 月城市维护建设税及教育费附加处理如下:

$$应交城市维护建设税 = (17 + 30) \times 7\% = 3.29(万元)$$
$$应交教育费附加 = (17 + 30) \times 3\% = 1.41(万元)$$

有关会计处理如下:

计算城市维护建设税时:

借:税金及附加	47 000
贷:应交税费——应交城市维护建设税	32 900
应交税费——应交教育费附加	14 100

上缴城市维护建设税时:

借:应交税费——应交城市维护建设税	32 900
应交税费——应交教育费附加	14 100
贷:银行存款	47 000

第二节 烟 叶 税

一、烟叶税的概念

烟叶税是以纳税人收购烟叶的收购金额为计税依据征收的一种税。

烟叶税是中华人民共和国成立以后慢慢形成的一个税种,1958年我国颁布实施《中华人民共和国农业税条例》。1994年我国进行了财政体制和税制改革,国务院决定取消原产品税和工商统一税,将原农林特产农业税与原产品税和工商统一税中的农林牧水产品税目合并,改为统一征收农业特产农业税,其中规定对烟叶在收购环节征收,税率为31%。1999年,将烟叶特产农业税的税率下调为20%。2004年6月,财政部、国家税务总局下发《关于取消除烟叶外的农业特产农业税有关问题的通知》(财税〔2004〕120号),规定从2004年起,除对烟叶暂保留征收农业特产农业税外,取消对其他农业特产品征收的农业特产农业税。2005年12月29日,第十届全国人大常委会第十九次会议决定,《中华人民共和国农业税条例》自2006年1月1日起废止。至此,对烟叶征收农业特产农业税失去了法律依据。2006年4月28日,国务院公布了《中华人民共和国烟叶税暂行条例》(以下简称《烟叶税暂行条例》),并自公布之日起施行。2017年12月27日,《中华人民共和国烟叶税法》颁布,自2018年7月1日起施行,2006年4月28日国务院公布的《中华人民共和国烟叶税暂行条例》同时废止。

二、烟叶税的基本内容

(一)纳税义务人

在中华人民共和国境内收购烟叶的单位为烟叶税的纳税人,应当依照《烟叶税暂行条例》的规定缴纳烟叶税。

(二)征税范围

按照《烟叶税暂行条例》的规定,烟叶的征税范围是指晾晒烟叶、烤烟叶。

(三)税率

烟叶税实行比例税率,税率为20%。烟叶税税率的调整,由国务院决定。

三、烟叶税的计算

烟叶税应纳税额按照《烟叶税暂行条例》的规定,以纳税人收购烟叶实际交付的价款总额和规定的税率计算。应纳税额的计算公式为

$$应纳税额 = 烟叶收购金额 \times 税率$$

收购金额包括纳税人支付给烟叶销售单位和个人的烟叶收购价款和价外补贴。按照简化手续、方便征收的原则,对价外补贴统一暂按烟叶收购价款的10%计入收购金额征税。

收购金额＝收购价款×(1＋10%)

【例4-3】 某烟草公司系增值税一般纳税人,8月收购烟叶100 000千克,烟叶收购价格10元/千克,总计1 000 000元,货款已全部支付。计算该烟草公司8月收购烟叶应缴纳的烟叶税。

应缴纳烟叶税＝1 000 000×(1＋10%)×20%＝220 000(元)

四、烟叶税的申报与缴纳

(一)纳税义务发生时间

烟叶税的纳税义务发生时间为纳税人收购烟叶的当天。收购烟叶的当天是指纳税人向烟叶销售者付讫收购烟叶款项或者开具收购烟叶凭据的当天。

(二)纳税地点

纳税人收购烟叶,应当向烟叶收购地的主管税务机关申报纳税。按照税法的有关规定,烟叶收购地的主管税务机关是烟叶收购地的县级税务局或者其所指定的税务分局、所。

(三)纳税期限

烟叶税按月计征,纳税人应当于纳税义务发生月终了之日起15日内申报并缴纳税款。

第三节 教育费附加和地方教育附加的有关规定

一、教育费附加和地方教育附加的概念

教育费附加和地方教育附加是对缴纳增值税、消费税的单位和个人,就其实际缴纳的税额为计算依据征收的一种附加费。

教育费附加是为加快地方教育事业,扩大地方教育经费的资金而征收的一项专用基金,其实质上具有税的性质。为了调动各种社会力量办教育的积极性,开辟多种渠道筹集教育经费,国务院于1986年4月28日颁布了《征收教育费附加的暂行规定》,决定从同年7月1日开始在全国范围内征收教育费附加。自2006年9月1日起施行的《中华人民共和国教育法》规定:"税务机关依法足额征收教育费附加,由教育行政部门统筹管理,主要用于实施义务教育。省、自治区、直辖市人民政府根据国务院的有关规定,可以决定开征用于教育的地方附加费,专款专用。"2010年财政部下发了《关于统一地方教育附加政策有关问题的通知》,对各省、自治区、直辖市的地方教育附加进行了统一。

二、教育费附加和地方教育附加的征收范围及计征依据

教育费附加和地方教育附加对缴纳增值税、消费税的单位和个人征收,以其实际缴纳的增值税、消费税为计征依据,分别与增值税、消费税同时缴纳。

三、教育费附加和地方教育附加计征比率

现行教育费附加征收比率为3%,地方教育附加征收比率统一为2%。

四、教育费附加和地方教育附加的计算

教育费附加和地方教育附加的计算公式为

$$应纳教育费附加或地方教育费附加 = 实际缴纳的增值税、消费税 \times 征收比率(3\% 或 2\%)$$

【例4-4】 北京市区一家企业2021年3月实际缴纳增值税300 000元,缴纳消费税300 000元。计算该企业应缴纳的教育费附加和地方教育附加。

应纳教育费附加 = (实际缴纳的增值税 + 实际缴纳的消费税) × 征收比率
= (300 000 + 300 000) × 3% = 600 000 × 3% = 18 000(元)

应纳地方教育附加 = (实际缴纳的增值税 + 实际缴纳的消费税) × 征收比率
= (300 000 + 300 000) × 2% = 600 000 × 2% = 12 000(元)

五、教育费附加和地方教育附加的减免规定

(1) 对海关进口的产品征收的增值税、消费税,不征收教育费附加。

(2) 对由于减免增值税、消费税而发生退税的,可向其退还已征收的教育费附加。但对出口产品退还增值税、消费税的,不退还已征的教育费附加。

(3) 对国家重大水利工程建设基金免征教育费附加。

本章习题
扫描二维码
可下载。

第五章

关 税 法

【教学目标】

- 了解关税的征税对象及纳税人、税则、税目及税率,熟悉税收的定义
- 掌握进口关税的完税价格
- 掌握应纳税额的计算

【本章重点】

- 应纳税额的计算

【本章难点】

- 关税的完税价格

第一节 关税的概念及特点

关税的历史十分悠久,随着商品经济的发展,特别是当国与国之间出现商品交换后,作为对进出国境商品征税的关税才在各国普遍开征起来。据考证,最早的关税是为保护过往客商交通安全而产生的,现代国家出现以后,关税作为国家取得财政收入一种重要手段曾经在历史上占有主要地位。但是,在现代,尤其是对于经济发达国家而言,关税已不再是取得财政收入的重要手段,而是以关税为工具实现其贸易保护主义政策。

中华人民共和国成立以后,1951年5月政务院颁布了《中华人民共和国暂行海关法》和《中华人民共和国海关进出口税则》,统一了国家的关税政策,建立了完全独立自主的保护关税制度,以后进行了多次修改和补充,进一步完善了我国的关税制度。

我国现行关税制度的法律依据主要有:全国人大常委会于1987年1月颁布、2017年11月第五次修订的《中华人民共和国海关法》(以下简称《海关法》);国务院于2003年11月颁布、2017年3月第四次修订的《中华人民共和国进出口关税条例》(以下简称《关税条例》);《中华人民共和国海关关于入境旅客行李物品和个人邮递物品征收进口税办法》(海关总署令第47号);由国务院关税税则委员会审定并报国务院批准,每年发布的《中华人民共和国进出口税则》;2005年1月颁布、2018年5月第四次修订的《中华人民共和国海关进出口货物征税管理办法》(海关总署令第124号);2013年12月颁布的《中华人民共

和国海关审定进出口货物完税价格办法》(海关总署令第 213 号);2020 年 12 月颁布、2021 年 3 月 1 日起实施的《中华人民共和国海关进出口货物减免税管理办法》(海关总署令第 245 号)。

一、关税的概念

关税是指国家海关对进出我国关境的货物或物品征收的一种税。货物是指以贸易行为为目的而进出我国关境的商品;物品是指入境旅客携带的、个人邮递的、运输工具服务人员携带的,以及以其他方式进入我国关境的属于个人自用的非商品。关境是一个国家的关税法令完全实施的境域。国境是指一个主权国家的领土范围。在一般情况下,关境与国境是一致的,但两者不完全相同。当一个国家存在自由港、自由区时,国境大于关境。进入设在一国境内的自由港、自由区的货物免征关税,但该国仍具有对自由港、自由区的管理权。当存在关税同盟时,几个国家组成一个共同的关境,实施统一的关税法令和海关进出口税则,成员国之间的商品和物品进出国境时免征关税,而只对来自及运往非成员国的商品和物品进出同盟国的共同关境时征收关税。显然,在这种条件下,关境已超出一个主权国家的领土范围,关境必然大于同盟国成员各自的国境。在我国,香港、澳门回归后,仍保持贸易自由港的地位,属于我国主权管辖下的一个独立关境,因而中国的国境大于关境。

二、关税的特点

(一)以进出国境或关境的货物和物品为征税对象

关税的征税对象是进出国境或关境的货物和物品。关税不同于因商品交换或提供劳务取得收入而课征的流转税,也不同于因取得所得或拥有财产而课征的所得税或财产税,而是对特定货物和物品途经海关通道进出口征税。

(二)关税是单一环节的价外税

关税的完税价格中不包括关税,即在征收关税时,以实际成交价格为计税依据。

(三)实行复式税则

关税的税则是关税课税范围及其税率的法则。复式税则又称多栏税则,是指一个税目设有两个或两个以上的税率,根据进口货物原产国的不同,分别适用高低不同的税率。复式税则是一个国家对外贸易政策的体现。目前,在国际上除极个别国家外,各国关税普遍实行复式税则。

(四)关税具有涉外统一性,执行统一的对外经济政策

关税是一个国家的重要税种。国家征收关税不单纯是为了满足政府财政上的需要,更重要的是利用关税来贯彻执行统一的对外经济政策,实现国家的政治经济目的。在我国现阶段,关税被用来争取实现平等互利的对外贸易,保护并促进国内工农业生产发展,

为社会主义市场经济服务。

（五）关税由海关机构代表国家征收

关税由海关总署及所属机构具体管理和征收，征收关税是海关工作的一个重要组成部分。《海关法》规定："中华人民共和国海关是国家的进出关境监督管理机关，海关依照本法和其他有关法律、行政法规，监督进出境的运输工具、货物、行李物品、邮递物品和其他物品，征收关税和其他税、费，查缉走私，并编制海关统计和办理其他海关业务。"监督管理、征收关税和查缉走私是当前我国海关的三项基本任务。

第二节 关税的基本内容

一、关税纳税义务人

进口货物的收货人、出口货物的发货人、进出境物品的所有人，是关税的纳税义务人。进出口货物的收、发货人是依法取得对外贸易经营权，并进口或者出口货物的法人或者其他社会团体。进出境物品的所有人包括该物品的所有人和推定为所有人的人。一般情况下，对于携带进境的物品，推定其携带人为所有人；对分离运输的行李，推定相应的进出境旅客为所有人；对以邮递方式进境的物品，推定其收件人为所有人；以邮递或其他运输方式出境的物品，推定其寄件人或托运人为所有人。

二、关税征税对象

关税的征税对象是准许进出境的货物和物品。货物是指贸易性商品；物品指入境旅客随身携带的行李物品、个人邮递物品、各种运输工具上的服务人员携带进口的自用物品、馈赠物品以及其他方式入境的个人物品。

三、关税税率

（一）进口关税税率

1. 税率设置与适用

在我国加入世界贸易组织（WTO）之前，我国进口税则设有两栏税率，即普通税率和优惠税率。对原产于与我国未订关税互惠协议的国家或者地区的进口货物，按照普通税率征税；对原产于与我国订有关税互惠协议的国家或者地区的进口货物，按照优惠税率征税。

在我国加入WTO之后，为履行我国在加入WTO关税减让谈判中承诺的有关义务，享有WTO成员应有的权利，自2002年1月1日起，我国进口税则设有最惠国税率、协定税率、特惠税率、普通税率、关税配额税率等税率。其中：①最惠国税率适用原产于与我国共同适用最惠国待遇条款的WTO成员或地区的进口货物，或原产于与我国签订有相互给予最惠国待遇条款的双边贸易协定的国家或地区的进口货物，以及原产于我国境内的进口货物；②协定税率适用原产于我国参加的含有关税优惠条款的区域性贸易协定有关缔约方的进口货物；③特惠税率适用原产于与我国签订有特殊优惠关税协定的国家或地区的进口货物;④普通税率适用于原产于上述国家或地区以外的其他国家或地区的进口货物。⑤关税配额税率是指对实行关税配额管理的进口货物,关税配额内的,适用关税配额税率;关税配额外的,按不同情况分别适用于最惠国税率、协定税率、特惠税率或普通税率。⑥暂定税率是在海关进出口税则规定的进口优惠税率的基础上,对进口的某些重要的工农业生产原材料和机电产品关键部件(但只限于从与中国订有关税互惠协议的国家和地区进口的货物)和出口的特定货物实施的更为优惠的关税税率。

2．税率种类

按征收关税的标准,可以分为从价税、从量税、复合税、选择税和滑准税。

(1) 从价税。从价税是一种最常用的关税计税标准。它是以货物的价格或者价值为征税标准,以应征税额占货物价格或者价值的百分比为税率,价格越高,税额越高。货物进口时,以此税率和海关审定的实际进口货物完税价格相乘计算应征税额。目前,我国海关计征关税标准主要是从价税。

(2) 从量税。从量税是以货物的数量、重量、体积、容量等计量单位为计税标准,以每计量单位货物的应征税额为税率。我国目前对原油、啤酒和胶卷等进口商品征收从量税。

(3) 复合税。复合税又称混合税,即订立从价、从量两种税率,随着完税价格和进口数量而变化,征收时两种税率合并计征。它是对某种进口货物混合使用从价税和从量税的一种关税计征标准。我国目前仅对录像机、放像机、摄像机、数字照相机和摄录一体机等进口商品征收复合税。

(4) 选择税。选择税是对一种进口商品同时定有从价税和从量税两种税率,但征税时选择其税额较高的一种征税。

(5) 滑准税。滑准税是根据货物的不同价格适用不同税率的一类特殊的从价关税。它是一种关税税率随进口货物价格由高至低而由低至高设置计征关税的方法。简单地讲,就是进口货物的价格越高,其进口关税税率越低,进口商品的价格越低,其进口关税税率越高。滑准税的特点是可保持实行滑准税商品的国内市场价格的相对稳定,而不受国际市场价格波动的影响。

(二) 出口关税税率

我国出口税则为一栏税率,即出口税率。国家仅对少数产品征收出口关税。《国务院关税税则委员会关于 2022 年关税调整方案的通知》(税委会[2021]18 号)规定,自 2022 年 1 月 1 日起继续对铬铁等 106 项商品征收出口关税,提高黄磷以外的其他磷和粗铜等 2 项商品的出口关税。

(三) 特别关税

特别关税包括报复性关税、反倾销税与反补贴税、保障性关税。征收特别关税的货物、适用国别、税率、期限和征收办法,由国务院关税税则委员会决定,海关总署负责实施。

四、关税的减免

关税减免税是对某些纳税人和征税对象给予鼓励和照顾的一种特殊调节手段。关税政策制定工作兼顾了普遍性和特殊性、原则性和灵活性。关税减免税分为法定减免税、特定减免税和临时减免税。根据《海关法》的规定,除法定减免税外的其他减免税均由国务院决定。同时,海关总署制定《中华人民共和国海关进出口货物减免税管理办法》(署令[2020]245号),对减免税过程中的管理事项做出了规定,该办法已于2020年12月11日审议通过,并于2021年3月1日起施行。

(一)法定减免税

法定减免税是税法中明确列出的减税或免税。符合税法规定可予减免税的进出口货物,纳税义务人无须提出申请,海关可按规定直接予以减免税。海关对法定减免税货物一般不进行后续管理。

我国《海关法》和《进出口关税条例》明确规定,下列货物、物品予以减免关税:

(1)关税税额在人民币50元以下的一票货物,可免征关税。

(2)无商业价值的广告品和货样,可免征关税。

(3)外国政府、国际组织无偿赠送的物资,可免征关税。

(4)进出境运输工具装载的途中必需的燃料、物料和饮食用品,可予免税。

(5)在海关放行前损失的货物,可免征关税。

(6)规定数额以内的物品。

(7)我国缔结或者参加的国际条约规定减征、免征关税的货物、物品,按照规定予以减免关税。

(8)法律规定减征、免征关税的其他货物、物品。

在海关放行前遭受损坏的货物,可以根据海关认定的受损程度减征关税。

(二)特定减免税

特定减免税也称政策性减免税。在法定减免税之外,国家按照国际通行规则和我国实际情况,制定发布的有关进出口货物减免关税的政策,称为特定或政策性减免税。特定减免税货物一般有地区、企业和用途的限制,海关需要进行后续管理,也需要进行减免税统计。

我国特定减免税范围主要包括:

(1)科教用品。

(2)残疾人专用品。

(3)慈善捐赠物资。

(4)重大技术装备。

(5)集成电路产业和软件产业。

(6)海南自由贸易港自用生产设备"零关税"。全岛封关运作前,对海南自由贸易港注册登记并具有独立法人资格的事业单位进口的自用生产设备,免征关税、进口环节增值税和消费税。生产设备,增列旋转木马、秋千及其他游乐场娱乐设备等文体旅游业所需的生产设备,按照《中华人民共和国进出口税则(2022)》商品分类,包括:旋转木马、秋千和旋转平台,过山车,水上乘骑游乐设施,水上乐园娱乐设备等8项商品。

(三)临时减免税

临时减免税是指以上法定和特定减免税以外的其他减免税,即由国务院根据《海关法》对某个单位、某类商品、某个项目或某批进出口货物的特殊情况,给予特别照顾,一案一批,专文下达的减免税。一般有单位、品种、期限、金额或数量等限制,不能比照执行。

我国已加入世界贸易组织,为遵循统一、规范、公平、公开的原则,有利于统一税法、公平税负、平等竞争,国家严格控制减免税,一般不办理个案临时性减免税,对特定减免税也在逐步规范、清理,对不符合国际惯例的税收优惠政策将逐步予以废止。

第三节 关税应纳税额的计算

一、原产地规定

确定进境货物原产国的主要原因之一,是便于正确运用进口税则的各栏税率,对产自不同国家或地区的进口货物适用不同的关税税率。我国原产地规定基本上采用了"全部产地生产标准""实质性加工标准"两种国际上通用的原产地标准。

(一)全部产地生产标准

全部产地生产标准是指进口货物"完全在一个国家内生产或制造",生产国或制造国即为该货物的原产国。完全在一国生产或制造的进口货物包括:

(1) 在该国领土或领海内开采的矿产品;
(2) 在该国领土上收获或采集的植物产品;
(3) 在该国领土上出生或由该国饲养的活动物及从其所得产品;
(4) 在该国领土上狩猎或捕捞所得的产品;
(5) 在该国的船只上卸下的海洋捕捞物,以及由该国船只在海上取得的其他产品;
(6) 在该国加工船加工上述第(5)项所列物品所得的产品;
(7) 在该国收集的只适用于做再加工制造的废碎料和废旧物品;
(8) 在该国完全使用上述(1)~(7)项所列产品加工成的制成品。

(二)实质性加工标准

实质性加工标准是适用于确定有两个或两个以上国家参与生产的产品的原产国的标准,其基本含义是:经过几个国家加工、制造的进口货物,以最后一个对货物进行经济上可以视为实质性加工的国家作为有关货物的原产国。"实质性加工"是指产品加工后,在进出口税则中四位数税号一级的税则归类已经有了改变,或者加工增值部分所占新产品总值的比例已超过30%及以上的。

(三)其他

对机器、仪器、器材或车辆所用零件、部件、配件、备件及工具,如与主件同时进口且数量合理的,其原产地按主件的原产地确定,分别进口的则按各自的原产地确定。

二、关税完税价格

依据《海关法》,进出口货物的完税价格,由海关以该货物的成交价格为基础审查确定。成交价格不能确定时,完税价格由海关依法估定。完税价格按照一般货物进口、特殊货物进口、出口货物及进境物品等情形分别确定。

自我国加入世界贸易组织后,我国海关已全面实施《世界贸易组织估价协定》,遵循客观、公平、统一的估价原则,并依据2014年2月1日起实施的《中华人民共和国海关审定进出口货物完税价格办法》(以下简称《完税价格办法》),审定进出口货物的完税价格。

(一) 一般进口货物的完税价格

1. 以成交价格为基础的完税价格

依据《关税条例》,进口货物的完税价格由海关以符合相关规定所列条件的成交价格以及该货物运抵中华人民共和国境内输入地点起卸前的运输费及其相关费用、保险费为基础审查确定。

进口货物的成交价格,是指卖方向中华人民共和国境内销售该货物时,买方为进口该货物向卖方实付、应付的,并按照规定调整后的价款总额,包括直接支付的价款和间接支付的价款。

成交价格应符合以下条件:

(1) 卖方对买方处置或使用进口货物不予限制,但法律、行政法规规定实施的限制、对货物销售地域的限制和对货物价格无实质影响的限制除外。

(2) 进口货物的成交价格不得受到使该货物成交价格无法确定的条件或因素的影响。

(3) 卖方不得直接或者间接获得因买方销售、处置或者使用进口货物而产生的任何收益,或者虽有收益但能够按照规定进行调整。

(4) 买卖双方没有特殊关系,或者虽有特殊关系但未对价格产生影响。

2. 对实付或应付价格进行调整的有关规定

"实付或应付价格"指买方为购买进口货物直接或间接支付的总额,即作为卖方销售进口货物的条件,由买方向卖方或为履行卖方义务向第三方已经支付或将要支付的全部款项。

(1) 如下列费用或者价值未包括在进口货物的实付或者应付价格中,应当计入完税价格。

① 由买方负担的除购货佣金以外的佣金和经纪费。"购货佣金"指买方为购买进口货物向自己的采购代理人支付的劳务费用。"经纪费"指买方为购买进口货物向代表买卖双方利益的经纪人支付的劳务费用。

② 由买方负担的与该货物视为一体的容器费用。

③ 由买方负担的包装材料和包装劳务费用。

④ 与该货物的生产和向中华人民共和国境内销售有关的,由买方以免费或者以低于

成本的方式提供并可以按适当比例分摊的料件、工具、模具、消耗材料及类似货物的价款，以及在境外开发、设计等相关服务的费用。

⑤ 与该货物有关并作为卖方向我国销售该货物的一项条件，应当由买方直接或间接支付的特许权使用费。"特许权使用费"指买方为获得与进口货物相关的、受著作权保护的作品、专利、商标、专有技术和其他权利的使用许可而支付的费用。但是在估定完税价格时，进口货物在境内的复制权费不得计入该货物的实付或应付价格之中。

⑥ 卖方直接或间接从买方对该货物进口后转售、处置或使用所得中获得的收益。

上列所述的费用或价值，应当由进口货物的收货人向海关提供客观量化的数据资料。如果没有客观量化的数据资料，完税价格由海关按《完税价格办法》规定的方法进行估定。

（2）下列费用，如能与该货物实付或者应付价格区分，不得计入完税价格。

进口时在货物的价款中列明的下列税收、费用，不计入该货物的完税价格：

① 厂房、机械、设备等货物进口后进行建设、安装、装配、维修和技术服务的费用；

② 进口货物运抵中华人民共和国境内输入地点起卸后的运输及其相关费用、保险费；

③ 进口关税及国内税收。

3. 进口货物海关估价方法

进口货物的价格不符合成交价格条件或者成交价格不能确定的，海关应当依次以相同货物成交价格方法、类似货物成交价格方法、倒扣价格方法、计算价格方法及其他合理方法确定的价格为基础，估定完税价格。如果进口货物的收货人提出要求，并提供相关资料，经海关同意，可以选择倒扣价格方法和计算价格方法的适用次序。

（1）相同或类似货物成交价格方法，即以与被估的进口货物同时或大约同时（在海关接受申报进口之日的前后各45日以内）进口的相同或类似货物的成交价格为基础，估定完税价格。

上述"相同货物"指与进口货物在同一国家或地区生产的，在物理性质、质量和信誉等所有方面都相同的货物，但表面的微小差异允许存在；"类似货物"指与进口货物在同一国家或地区生产的，虽然不是在所有方面都相同，但却具有相似的特征、相似的组成材料、同样的功能，并且在商业中可以互换的货物。

（2）倒扣价格方法即以被估的进口货物、相同或类似进口货物在境内销售的价格为基础估定完税价格。按该价格销售的货物应当同时符合五个条件，即在被估货物进口时或大约同时销售，按照进口时的状态销售，在境内第一环节销售，合计的货物销售总量最大，向境内无特殊关系方销售。

以该方法估定完税价格时，下列各项应当扣除。

① 该货物的同等级或同种类货物，在境内销售时的利润和一般费用及通常支付的佣金。

② 货物运抵境内输入地点之后的运费、保险费、装卸费及其他相关费用。

③ 进口关税、进口环节税和其他与进口或销售上述货物有关的国内税。

（3）计算价格方法即按下列各项的总和计算出的价格估定完税价格。有关项为以下几方面：

① 生产该货物所使用的原材料价值和进行装配或其他加工的费用。
② 与向境内出口销售同等级或同种类货物的利润、一般费用相符的利润和一般费用。
③ 货物运抵境内输入地点起卸前的运输及相关费用、保险费。

(4) 其他合理方法。

使用其他合理方法时,应当根据《完税价格办法》规定的估价原则,以在境内获得的数据资料为基础估定完税价格。但不得使用以下价格:
① 境内生产的货物在境内的销售价格;
② 可供选择的价格中较高的价格;
③ 货物在出口地市场的销售价格;
④ 以计算价格方法规定的有关各项之外的价值或费用计算的价格;
⑤ 出口到第三国或地区的货物的销售价格;
⑥ 最低限价或武断虚构的价格。

(二) 出口货物的完税价格

出口货物的完税价格,由海关以该货物向境外销售的成交价格为基础审查确定,并应包括货物运至我国境内输出地点装载前的运输及其相关费用、保险费,但其中包含的出口关税税额,应当扣除。

出口货物的成交价格,是指该货物出口销售到我国境外时买方向卖方实付或应付的价格。出口货物的成交价格中含有支付给境外的佣金的,如果单独列明,应当扣除。

(三) 进口货物完税价格中相关费用的确定

1. 进口货物的运费

进口货物的运输及其相关费用,应当按照由买方实际支付或者应当支付的费用计算。如果进口货物的运输及其相关费用无法确定的,海关应当按照该货物进口同期的正常运输成本审查确定。运输工具作为进口货物,利用自身动力进境的,海关在审查确定完税价格时,不再另行计入运费。

2. 进口货物的保险费

进口货物的保险费应当按照实际支付的费用计算。如果进口货物的保险费无法确定或者未实际发生,海关应当按照"货价"和"运费"两者总额的3%计算保险费,其计算公式如下:

$$保险费=(货价+运费)\times 3\%$$

邮运进口的货物,应当以邮费作为运输及其相关费用、保险费。

(四) 进境物品的完税价格

(1) 一般规定

对于个人进境物品关税完税价格,由海关总署根据《中华人民共和国海关关于入境旅客行李物品和个人邮递物品征收进口税办法》(海关总署令第47号)、《国务院关税税则委员会关于调整进境物品进口税有关问题的通知》(税委会[2019]17号),公布《中华人民共和国进境物品完税价格表》,来确定商品归类和完税价格。

(2) 跨境电子商务零售进口商品的税收政策

自 2016 年 4 月 8 日起,跨境电子商务零售进口商品按照货物征收关税和进口环节增值税、消费税,购买跨境电子商务零售进口商品的个人作为纳税人,电子商务企业、电子商务交易平台或物流企业可作为代收代缴义务人。

① 跨境电子商务零售进口商品的单次交易限值为 5 000 元,个人年度交易限值为 26 000 元。限值以内进口的跨境电子商务零售商品,关税税率暂设为零。

② 完税价格超过 5 000 元单次交易限值但低于 26 000 元年度交易限值,且订单下仅一件商品时,可以自跨境电商零售渠道进口,按照货物税率全额征收关税和进口环节增值税、消费税,交易额计入年度交易总额,但年度交易总额超过年度交易限值的,应按一般贸易管理。

③ 已经购买的电商进口商品属于消费者个人使用的最终商品,不得进入国内市场再次销售;原则上不允许网购保税进口商品在海关特殊监管区域外开展"网购保税＋线下自提"模式。

④ 为适应跨境电商发展,财政部会同有关部门对《跨境电子商务零售进口商品清单》进行调整并另行公布。

(五) 出口货物的完税价格

出口货物的完税价格由海关以该货物的成交价格为基础审查确定,并应当包括货物运至中华人民共和国境内输出地点装载前的运输及其相关费用、保险费。

1. 以成交价格为基础的完税价格

出口货物的成交价格,是指该货物出口销售时,卖方为出口该货物应当向买方直接收取和间接收取的全部价款。

下列税收、费用不计入出口货物的完税价格:

(1) 出口关税;

(2) 在货物价款中单独列明的货物运至中华人民共和国境内输出地点装载后的运输及其相关费用、保险费。

2. 出口货物海关估定方法

出口货物的成交价格不能确定的,海关经了解有关情况,并与纳税义务人进行价格磋商后,依次以下列价格审查确定该货物的完税价格:

(1) 同时或者大约同时向同一国家或者地区出口的相同货物的成交价格;

(2) 同时或者大约同时向同一国家或者地区出口的类似货物的成交价格;

(3) 根据境内生产相同或者类似货物的成本、利润和一般费用(包括直接费用和间接费用)、境内发生的运输及其相关费用、保险费计算所得的价格;

(4) 按照其他合理方法估定的价格。

三、应纳税额的计算

(一) 从价税应纳税额的计算

$$关税税额 = 应税进(出)口货物数量 \times 单位完税价格 \times 税率$$

(二) 从量税应纳税额的计算

$$关税税额 = 应税进（出）口货物数量 \times 单位货物税额$$

(三) 复合税应纳税额的计算

我国目前实行的复合税都是先计征从量税，再计征从价税。

$$关税税额 = 应税进（出）口货物数量 \times 单位货物税额 + 应税进（出）口货物数量 \times 单位完税价格 \times 税率$$

(四) 滑准税应纳税额的计算

$$关税税额 = 应税进（出）口货物数量 \times 单位完税价格 \times 滑准税税率$$

【例5-1】某商场于2021年10月进口一批化妆品。该批货物在国外的买价120万元，货物运抵我国入关前发生的运输费、保险费和其他费用分别为10万元、6万元、4万元。货物报关后，该商场按规定缴纳了进口环节的增值税和消费税并取得了海关开具的缴款书。从海关将化妆品运往商场所在地取得增值税专用发票，注明运输费5万元、增值税进项税额0.45万元，该批化妆品当月在国内全部销售，取得不含税销售额520万元（假定化妆品进口关税税率20%、增值税税率13%、消费税税率15%）。

要求：计算该批化妆品进口环节应缴纳的关税、增值税、消费税和国内销售环节应缴纳的增值税。

关税的组成计税价格 = 120 + 10 + 6 + 4 = 140（万元）

应缴纳的进口关税 = 140 × 20% = 28（万元）

进口环节应缴纳的增值税的组成计税价格 = (140 + 28) ÷ (1 − 15%) = 197.65（万元）

进口环节应缴纳的增值税 = 197.65 × 13% = 25.7（万元）

进口环节应缴纳的消费税 = 197.65 × 15% = 29.65（万元）

国内销售环节应缴纳的增值税 = 520 × 13% − 0.45 − 25.7 = 41.45（万元）

第四节 关税申报与缴纳

一、关税的缴纳

进口货物自运输工具申报进境之日起14日内，出口货物在货物运抵海关监管区后装货的24小时以前，应由进出口货物的纳税义务人向货物进（出）境地海关申报，海关根据税则归类和完税价格计算应缴纳的关税和进口环节代征税，并填发税款缴款书。

纳税义务人应当自海关填发税款缴款书之日起15日内，向指定银行缴纳税款。如关税缴纳期限的最后1日是周末或法定节假日，则关税缴纳期限顺延至周末或法定节假日过后的第1个工作日。为方便纳税义务人，经申请且海关同意，进（出）口货物的纳税义务人可以在设有海关的指运地（启运地）办理海关申报、纳税手续。

关税纳税义务人因不可抗力或者在国家税收政策调整的情形下，不能按期缴纳税款的,依法提供税款担保后,可以向海关办理延期缴纳税款手续,但最长不得超过6个月。

二、关税的强制执行

纳税义务人未在关税缴纳期限内缴纳税款,即构成关税滞纳。为保证海关征收关税决定的有效执行和国家财政收入的及时入库,《海关法》赋予海关对滞纳关税的纳税义务人强制执行的权力。强制措施主要有两类。

1. 征收关税滞纳金

滞纳金自关税缴纳期限届满滞纳之日起至纳税义务人缴纳关税之日止,按滞纳税款万分之五的比例按日征收,周末或法定节假日不予扣除。具体计算公式为

$$关税滞纳金金额 = 滞纳关税税额 \times 滞纳金征收比率 \times 滞纳天数$$

2. 保全措施

出口货物的纳税义务人在规定的纳税期限内有明显的转移、藏匿其应税货物以及其他财产迹象的,海关可以责令纳税义务人提供担保;纳税义务人不能提供担保的,海关可以按照《海关法》第六十一条的规定采取以下税收保全措施:

(1) 书面通知纳税义务人开户银行或者其他金融机构暂停支付纳税义务人相当于应纳税款的存款;

(2) 扣留纳税义务人价值相当于应纳税款的货物或者其他财产。

3. 强制措施

纳税义务人、担保人自缴纳税款期限届满之日起超过3个月仍未缴纳税款的,经直属海关关长或者其授权的隶属海关关长批准,海关可以采取下列强制措施:

(1) 书面通知其开户银行或者其他金融机构从其存款中扣缴税款;

(2) 将应税货物依法变卖,以变卖所得抵缴税款;

(3) 扣留并依法变卖其价值相当于应纳税款的货物或者其他财产,以变卖所得抵缴税款。

海关采取强制措施时,对上述纳税义务人、担保人未缴纳的滞纳金同时强制执行。进出境物品的纳税义务人,应当在物品放行前缴纳税款。

三、关税的退还

关税退还是关税纳税义务人按海关核定的税额缴纳关税后,因某种原因的出现,海关将实际征收多于应当征收的税额退还给原纳税义务人的一种行政行为。根据《海关法》规定,海关多征的税款,发现后应当立即退还。

按规定,有下列情形之一的,进出口货物的纳税义务人可以自缴纳税款之日起1年内,书面声明理由,连同原纳税收据向海关申请退税并加算银行同期活期存款利息,逾期不予受理。

(1) 已征进口关税的货物,因品质或者规格原因,原状退货复运出境的;

(2) 已征出口关税的货物,因品质或者规格原因,原状退货复运进境,并已重新缴纳因出口而退还的国内环节有关税收的;

(3) 已征出口关税的货物,因故未装运出口,申报退关的。

海关应当自受理退税申请之日起 30 日内查实并通知纳税义务人办理退还手续。纳税义务人应当自收到通知之日起 3 个月内办理有关退税手续。

如果海关发现实际征收税款多于应征税款，应当立即通知纳税义务人办理退还手续。纳税义务人发现多缴税款的，自缴纳税款之日起 1 年内，可以以书面形式要求海关退还多缴的税款并加算银行同期活期存款利息；海关应当自受理退税申请之日起 30 日内查实并通知纳税义务人办理退还手续。纳税义务人应当自收到通知之日起 3 个月内办理有关退税手续。

四、关税的补征和追征

补征和追征是海关在关税纳税义务人按海关核定的税额缴纳关税后，发现实际征收税额少于应当征收的税额时，责令纳税义务人补缴所差税款的一种行政行为。海关法根据短征关税的原因，将海关征收原短征关税的行为分为补征和追征两种。由于纳税人违反海关规定造成短征关税的，称为追征；非因纳税人违反海关规定造成短征关税的，称为补征。区分关税追征和补征的目的是区别不同情况适用不同的征收时效，超过时效规定的期限，海关就丧失了追补关税的权力。

根据《海关法》和《关税条例》规定，补征和追征期限分别为：

（1）进出口货物放行后，海关发现少征或者漏征税款的，应当自缴纳税款或者货物放行之日起 1 年内，向纳税义务人补征；

（2）进出口货物放行后，因纳税义务人违反规定造成少征或者漏征税款的，海关可以自缴纳税款或者货物放行之日起 3 年内追征税款，并从缴纳税款或者货物放行之日起按日加收少征或者漏征税款万分之五的滞纳金；

（3）海关发现海关监管货物因纳税义务人违反规定造成少征或者漏征税款的，应当自纳税义务人应缴纳税款之日起 3 年内追征税款，并从应缴纳税款之日起按日加收少征或者漏征税款万分之五的滞纳金。

第五节　关税的会计核算

一、进口关税的核算

进口时不仅要征收进口关税，还要征收增值税以及消费税。进口环节缴纳的关税，在会计核算时一般不需要通过"应交税费"账户核算，而是直接将税额计入进口货物成本。进口环节缴纳的增值税，在会计核算时一般需要通过"应交税费——应交增值税（进项税额）"账户核算。

（一）生产企业享有进出口经营权，自营进口货物的会计处理

生产企业直接从国外进口生产所需要的货物，在进口环节实际支付的关税不需要通过"应交税费"账户核算，只要将进口货物的价款、国外运费和保险费、进口时负担的关税以及国内费用一并计入进口货物的采购成本即可。会计处理时，借记"物资采购"科目，贷

记"银行存款"科目。

【例 5-2】 某有进出口经营权的家具生产企业,2021 年 8 月从东南亚某国进口优质板材一批,该货物是以境外口岸离岸价格加运费价格(CFR)成交的。离岸价格为 120 000 美元,运费为 8 000 美元,保险费按货价加运费的 3‰ 支付。双方协议采用汇款结算方式,假定进口板材的关税税率为 10%,增值税税率为 13%,外汇汇率为 1 美元＝6.92 元人民币。计算家具生产企业的进口环节税金并进行会计处理。

进口环节税金计算如下:

完税价格 ＝(120 000＋8 000)×6.92×(1＋3‰)＝888 417.28(元)

进口关税 ＝888 417.28×10%＝88 841.73(元)

进口应纳增值税 ＝(888 417.28＋88 841.73)×13%＝127 043.67(元)

会计处理如下:

企业购入现汇时:

借:银行存款——美元现汇存款　　　　　　　　　888 417.28
　　贷:银行存款——人民币存款　　　　　　　　　888 417.28

企业支付款项时:

借:物资采购　　　　　　　　　　　　　　　　　888 417.28
　　贷:银行存款——美元现汇存款　　　　　　　　888 417.28

企业缴纳进口税金时:

借:物资采购　　　　　　　　　　　　　　　　　 88 841.73
　　应交税费——应交增值税(进项税额)　　　　　127 043.67
　　贷:银行存款——人民币存款　　　　　　　　　254 975.76

企业将板材入库时:

借:原材料——板材　　　　　　　　　　　　　　977 259.01
　　贷:物资采购　　　　　　　　　　　　　　　　977 259.01

(二) 企业不享有进出口经营权,由外贸企业代理进口时的会计处理

外贸企业代理进出口业务,作为受托方提供了代理服务业务,应该向委托方收取手续费。并不需要一定垫付款项,委托方应该是关税的纳税人。即使受托方是纳税人,也只是履行了代垫义务,负税人仍然是委托方,最终仍要收回代垫的关税税额。在会计处理时,委托方并不需要通过"应交税费"科目进行核算,而是将关税计入采购成本。受托方代垫关税时,应该通过"应收账款""应付账款"等科目进行核算。

【例 5-3】 某外贸企业受某电子企业的委托,从日本进口一批电子元件。由海关确认的完税价格为 50 000 美元(1 美元＝7 元人民币),双方协议按完税价格的 5% 提取代理手续费,并由委托方交付所有款项。货物进口后,受托方同委托方进行了结算。假设电子元件的进口关税税率为 25%,增值税税率为 13%。计算该外贸企业的应纳税额并进行会计处理。

应纳税额计算如下:

应纳关税税额 ＝50 000×7×25%＝350 000×25%＝87 500(元)

代理手续费 = 350 000 × 5% = 17 500(元)

应交增值税 = (50 000 × 7 + 87 500) × 13% = 437 500 × 13% = 56 875(元)

上述业务的会计处理如下：

(1) 电子企业的会计处理

购入现汇时：

借：银行存款——美元现汇存款　　　　　　　　　　　　350 000
　　贷：银行存款——人民币存款　　　　　　　　　　　　350 000

支付购货款项时：

借：物资采购——电子元件　　　　　　　　　　　　　　437 500
　　应交税费——应交增值税(进项税额)　　　　　　　　56 875
　　贷：银行存款——美元现汇存款　　　　　　　　　　　350 000
　　　　银行存款——人民币存款　　　　　　　　　　　　161 875

企业将材料入库时：

借：原材料——电子元件　　　　　　　　　　　　　　　437 500
　　贷：物资采购——电子元件　　　　　　　　　　　　　437 500

(2) 外贸企业代理进口业务的会计处理

收到委托方支付的款项时：

借：银行存款(437 500+56 875+17 500)　　　　　　　　511 875
　　贷：应付账款——电子企业　　　　　　　　　　　　　511 875

对外付款时：

借：应收账款——电子企业　　　　　　　　　　　　　　350 000
　　贷：银行存款　　　　　　　　　　　　　　　　　　　350 000

支付进口关税和增值税时：

借：应付账款——电子企业　　　　　　　　　　　　　　161 875
　　贷：银行存款　　　　　　　　　　　　　　　　　　　161 875

提取手续费时：

借：应付账款——电子企业　　　　　　　　　　　　　　17 500
　　贷：代购代销收入——手续费　　　　　　　　　　　　17 500

二、出口关税的核算

出口关税税额包含在出口离岸价格中，属于价内税，企业出口货物计算缴纳的关税应该通过"税金及附加""应交税费"等账户进行核算。

【例 5-4】 某水产进出口公司 2021 年 4 月从农业生产者手中收购一批鳗鱼苗出口，货物出口成交价格 92 万元，运至境内输出地点装载前的运输、装卸、储藏等费用共计 4.6 万元(假设出口货物关税税率 15%)。海关开出关税税款的缴纳凭证，企业以银行转账支票付讫税款。计算该公司应纳出口关税并进行会计处理。

应纳出口关税 = [92 × (1+15%) + 4.6] × 15% = 12.69(万元)

会计处理如下：

计算出口关税时：
借：税金及附加　　　　　　　　　　　　　　　126 900
　　贷：应交税费——出口关税　　　　　　　　　　　　126 900
实际缴纳税款时：
借：应交税费——出口关税　　　　　　　　　　126 900
　　贷：银行存款　　　　　　　　　　　　　　　　　　126 900

第六节　船舶吨税

一、船舶吨税概述

（一）船舶吨税的概念

船舶吨税是由海关在设关口岸对进出、停靠我国港口的国际航行船舶征收的一种使用税，征收船舶吨税的目的是用于航道设施的建设。

船舶吨税属于行为税类，有些国家称为灯塔税。

（二）船舶吨税的征收目的和法律

船舶吨税的政策目标在于一方面可限制外国船舶随意进入我国港口，保护我国海洋运输业的发展；另一方面可为我国港口和海上干线公用航标的建设与维护等集一定的资金。

二、船舶吨税基本内容

（一）船舶吨税的纳税义务人

船舶吨税（以下简称"吨税"）的纳税人是在中国港口行驶的外国籍船舶和外商租用的中国籍船舶，以及中外合营企业使用的中外国籍船舶的各类企业、单位和个人，或者说是应税船舶的使用人（船长）或其委托的外轮代理公司。

（二）船舶吨税的征税范围

自中华人民共和国境外港口进入境内港口的船舶（以下简称"应税船舶"），应当缴纳船舶吨税。

（三）船舶吨税的税率

吨税设置优惠税率和普通税率。中华人民共和国国籍的应税船舶，船籍国与中华人民共和国签订含有相互给予船舶税费最惠国待遇条款的条约或者协定的应税船舶，适用优惠税率。其他应税船舶，适用普通税率。《吨税税目、税率表》（表5-1）的调整，由国务院决定。

表 5-1 吨税税目、税率表

税目 (按船舶净吨位划分)	税率(元/净吨)						备 注
	普通税率 (按执照期限划分)			优惠税率 (按执照期限划分)			
	1年	90日	30日	1年	90日	30日	
不超过2 000净吨	12.6	4.2	2.1	9.0	3.0	1.5	拖船和非机动驳船分别按相同净吨位船舶税率的50%计征税款
超过2 000净吨,但不超过10 000净吨	24.0	8.0	4.0	17.4	5.8	2.9	
超过10 000净吨,但不超过50 000净吨	27.6	9.2	4.6	19.8	6.6	3.3	
超过50 000净吨	31.8	10.6	5.3	22.8	7.0	3.8	

注:拖船,是指专门用于拖(推)动运输船舶的专业作业船舶,拖船按照发动机功率每1千瓦折合净吨位0.67吨;非机动驳船,是指在船舶管理部门登记为驳船的非机动船舶。

三、应纳税额的计算

吨税按照船舶净吨位和吨税执照期限征收,应纳税额按照船舶净吨位乘以适用税率计算。净吨位,是指由船籍国(地区)政府授权签发的船舶吨位证明书上标明的净吨位。计算公式为

应纳税额＝船舶净吨位×定额税率

应税船舶在进入港口办理入境手续时,应当向海关申报纳税领取吨税执照,或者交验吨税执照。应税船舶负责人在每次申报纳税时,可以按照《吨税税目、税率表》选择申领一种期限的吨税执照。应税船舶负责人缴纳吨税或者提供担保后,海关按照其申领的执照期限填发吨税执照。

应税船舶负责人申领吨税执照时,应当向海关提供下列文件:

(1)船舶国籍证书或者海事签发的船舶国籍证书收存证明;

(2)船舶吨位证明。

应税船舶在吨税执照期限内,因税目税率调整或者船籍改变而导致适用税率变化的,吨税执照继续有效。应税船舶在离开港口办理出境手续时,应当交验吨税执照。

【例 5-5】B国某运输公司一艘货轮驶入我国某港口,该货轮净吨位为30 000吨,货轮负责人已向我国该海关领取了吨税执照,在港口停留期限为30天,B国已与我国签订相互给予船舶税费最惠国待遇条款。计算该货轮负责人应向我国海关缴纳的船舶吨税。

(1)根据船舶吨税的相关规定,该货轮应享受优惠税率,每净吨位为3.3元。

(2)应缴纳船舶吨税＝30 000×3.3＝99 000(元)。

四、船舶吨税的征管规定

(1)吨税由海关负责征收。海关征收吨税应当制发缴款凭证。

(2)吨税纳税义务发生时间为应税船舶进入港口的当日。

(3)应税船舶在吨税执照期满后尚未离开港口的,应当申领新的吨税执照,自上一次

执照期满的次日起续缴吨税。

（4）应税船舶负责人应当自海关填发吨税缴款凭证之日起 15 日内向指定银行缴清税款。未按期缴清税款的，自滞纳税款之日起，按日加收滞纳税款 0.5‰ 的滞纳金。

（5）海关发现少征或者漏征税款的，应当自应税船舶应当缴纳税款之日起 1 年内，补征税款。但因应税船舶违反规定造成少征或者漏征税款的，海关可以自应当缴纳税款之日起 3 年内追征税款，并自应当缴纳税款之日起按日加征少征或者漏征税款 0.5‰ 的滞纳金。海关发现多征税款的，应当立即通知应税船舶办理退还手续，并加算银行同期活期存款利息。

（6）应税船舶有下列行为之一的，由海关责令限期改正，处 2 000 元以上 3 万元以下罚款；不缴或者少缴应纳税款的，处不缴或者少缴税款 50% 以上 5 倍以下的罚款，但罚款不得低于 2 000 元：

① 未按照规定申报纳税、领取吨税执照的；

② 未按照规定交验吨税执照及其他证明文件的。

（7）吨税税款、滞纳金、罚款以人民币计算。

本章习题
扫描二维码
可下载。

第六章

资源税法、城镇土地使用税法、耕地占用税法和环境保护税法

【教学目标】
- 了解什么是资源税、城镇土地使用税、耕地占用税和环境保护税法
- 掌握我国资源税类的征税范围、计税方法

【本章重点】
- 资源税、城镇土地使用税和耕地占用税的计算

【本章难点】
- 资源税税目的确定及税收优惠

第一节 资 源 税

一、资源税的概念

资源税是以应税资源为课税对象,对在中华人民共和国领域和中华人民共和国管辖的其他海域开发应税资源的单位和个人,就其应税资源销售额或销售数量为计税依据而征收的一种税。

所谓资源,一般是指自然界存在的所有天然物质财富,包括地下资源、地上资源、空间资源。从物质内容角度看,包括矿产资源、土地资源、水资源、动物资源、植物资源、海洋资源、太阳能资源、空气资源等。对应税资源征收资源税,是落实税收法定原则、完善地方税体系的重要举措,是绿色税制建设的重要组成部分。

资源税法是指国家制定的用以调整资源税征收与缴纳之间权利及义务关系的法律规范。《中华人民共和国资源税暂行条例》(以下简称《资源税暂行条例》)经 1993 年 12 月 25 日中华人民共和国国务院令第 139 号发布,后于 2011 年 9 月 30 日进行修订,2011 年 9 月 30 日国务院令第 605 号发布。2011 年 10 月 28 日财政部、国家税务总局公布《中华人民共和国资源税暂行条例实施细则》,2015 年 7 月 1 日国家税务总局公布《资源税征收管

理办法(试行)》以及 2016 年 5 月 9 日财政部、国家税务总局公布《关于全面推进资源税改革的通知》《关于资源税改革具体政策问题的通知》,在河北省实行开征水资源税试点工作,采取水资源费改税方式,将地表水和地下水纳入征税范围,实行从量定额计征并探索逐步将其他自然资源纳入征收范围。2019 年 8 月 26 日,第十三届全国人大常委会第十二次会议表决通过了《中华人民共和国资源税法》(以下简称《资源税法》),并于 2020 年 9 月 1 日起实施。

二、征收资源税的作用

1. 促进企业之间开展平等竞争

我国的资源税属于比较典型的级差资源税,它根据应税产品的品种、质量、存在形式、开采方式以及企业所处地理位置和交通运输条件等客观因素的差异确定差别税率,从而使条件优越者税负较高,反之则税负较低。这种税率设计使资源税能够比较有效地调节由于自然资源条件差异等客观因素给企业带来的级差收入,减少或排除资源条件差异对企业盈利水平的影响,为企业之间开展平等竞争创造有利的外部条件。

2. 促进对自然资源的合理开发利用

通过对开发、利用应税资源的行为课征资源税,体现了国有自然资源有偿占用的原则,从而可以促使纳税人节约、合理地开发和利用自然资源,有利于我国经济可持续发展。

3. 为国家筹集财政资金

随着其课征范围的逐渐扩展,资源税的收入规模及其在税收收入总额中所占的比重都相应增加,其财政意义也日渐明显,在为国家筹集财政资金方面发挥着不可忽视的作用。

三、资源税的基本内容

(一)纳税义务人

在中华人民共和国领域和中华人民共和国管辖的其他海域开发应税资源的单位和个人,为资源税的纳税人,应当依照《资源税法》规定缴纳资源税。

单位是指国有企业、集体企业、私营企业、股份制企业、其他企业和行政单位、事业单位、军事单位、社会团体及其他单位。个人是指个体经营者和其他个人;其他单位和其他个人包括外商投资企业、外国企业及外籍人员。

(二)税目

资源税的税目反映征收资源税的具体范围,是资源税课征对象的具体表现形式。《资源税法》采取正列举的方式,共设置 5 个一级税目,17 个二级子税目,具体税目有 164 个。资源税的税目包括能源矿产、金属矿产、非金属矿产、水汽矿产和盐五大类。

各税目的征税对象包括原矿或选矿,涵盖了所有已经发现的矿种和盐。根据《资源税法》的规定,对取用地表水或者地下水的单位和个人试点征收水资源税。

具体税目与税率详见表6-1。

（三）税率

资源税采取从价定率或者从量定额的办法计征，分别以应税产品的销售额乘以纳税人具体适用的比例税率或者以应税产品的销售数量乘以纳税人具体适用的定额税率计算，实施"级差调节"的原则。级差调节是指运用资源税对因资源贮存状况、开采条件、资源优劣、地理位置等客观存在的差别而产生的资源级差收入，通过实施差别税额标准进行调节。资源条件好的，税率、税额高一些；资源条件差的，税率、税额低一些。

资源税税目、税率表如表6-1所示。

表6-1 资源税税目税率表

税 目			征税对象	税 率
能源矿产	原油		原矿	6%
	天然气、页岩气、天然气水合物		原矿	6%
	煤		原矿或者选矿	2%~10%
	煤成(层)气		原矿	1%~2%
	铀、钍		原矿	4%
	油页岩、油砂、天然沥青、石煤		原矿或者选矿	1%~4%
	地热		原矿	1%~20%或者每立方米1~30元
金属矿产	黑色金属	铁、锰、铬、钒、钛	原矿或者选矿	1%~9%
	有色金属	铜、铅、锌、锡、镍、锑、镁、钴、铋、汞	原矿或者选矿	2%~10%
		铝土矿	原矿或者选矿	2%~9%
		钨	选矿	6.5%
		钼	选矿	8%
		金、银	原矿或者选矿	2%~6%
		铂、钯、钌、锇、铱、铑	原矿或者选矿	5%~10%
		轻稀土	选矿	7%~12%
		中重稀土	选矿	20%
		铍、锂、锆、锶、铷、铯、铌、钽、锗、镓、铟、铊、铪、铼、镉、硒、碲	原矿或者选矿	2%~10%
非金属矿产	矿物类	高岭土	原矿或者选矿	1%~6%
		石灰岩	原矿或者选矿	1%~6%或者每吨（或者每立方米）1~10元
		磷	原矿或者选矿	3%~8%

续表

税　　目			征税对象	税　率
非金属矿产	矿物类	石墨	原矿或者选矿	3%~12%
		萤石、硫铁矿、自然硫	原矿或者选矿	1%~8%
		天然石英砂、脉石英、粉石英、水晶、工业用金刚石、冰洲石、蓝晶石、硅线石（矽线石）、长石、滑石、刚玉、菱镁矿、颜料矿物、天然碱、芒硝、钠硝石、明矾石、砷、硼、碘、溴、膨润土、硅藻土、陶瓷土、耐火黏土、铁矾土、凹凸棒石黏土、海泡石黏土、伊利石黏土、累托石黏土	原矿或者选矿	1%~12%
		叶蜡石、硅灰石、透辉石、珍珠岩、云母、沸石、重晶石、毒重石、方解石、蛭石、透闪石、工业用电气石、白垩、石棉、蓝石棉、红柱石、石榴子石、石膏	原矿或者选矿	2%~12%
		其他黏土（铸型用黏土、砖瓦用黏土、陶粒用黏土、水泥配料用黏土、水泥配料用红土、水泥配料用黄土、水泥配料用泥岩、保温材料用黏土）	原矿或者选矿	1%~5%或者每吨（或者每立方米）0.1~5元
	岩石类	大理岩、花岗岩、白云岩、石英岩、砂岩、辉绿岩、安山岩、闪长岩、板岩、玄武岩、片麻岩、角闪岩、页岩、浮石、凝灰岩、黑曜岩、霞石正长岩、蛇纹岩、麦饭石、泥灰岩、含钾岩石、含钾砂页岩、天然油石、橄榄岩、松脂岩、粗面岩、辉长岩、辉石岩、正长岩、火山灰、火山渣、泥炭	原矿或者选矿	1%~10%
		砂石	原矿或者选矿	1%~5%或者每吨（或者每立方米）0.1~5元
	宝玉石类	宝石、玉石、宝石级金刚石、玛瑙、黄玉、碧玺	原矿或者选矿	4%~20%
水汽矿产	二氧化碳气、硫化氢气、氦气、氡气		原矿	2%~5%
	矿泉水		原矿	1%~20%或者每立方米1~30元
盐	钠盐、钾盐、镁盐、锂盐		选矿	3%~15%
	天然卤水		原矿	3%~15%或者每吨（或者每立方米）1~10元
	海盐			2%~5%

《税目税率表》中规定实行幅度税率的，其具体适用税率由省、自治区、直辖市人民政

府统筹考虑该应税资源的品位、开采条件以及对生态环境的影响等情况,在《税目税率表》规定的税率幅度内提出,报同级人民代表大会常务委员会决定,并报全国人民代表大会常务委员会和国务院备案。

《税目税率表》中规定征税对象为原矿或者选矿的,应当分别确定具体适用税率。

纳税人以自采原矿(经过采矿过程采出后未进行选矿或者加工的矿石)直接销售,或者自用于应当缴纳资源税情形的,按照原矿计征资源税。

纳税人以自采原矿洗选加工为选矿产品(通过破碎、切割、洗选、筛分、磨矿、分级、提纯、脱水、干燥等过程形成的产品,包括富集的精矿和研磨成粉、粒级成型、切割成型的原矿加工品)销售,或者将选矿产品自用于应当缴纳资源税情形的,按照选矿产品计征资源税,在原矿移送环节不缴纳资源税。对于无法区分原生岩石矿种的粒级成型砂石颗粒,按照砂石税目征收资源税。

水资源税根据当地水资源状况、取用水类型和经济发展等情况实行差别税率。

纳税人开采或者生产不同税目应税产品的,应当分别核算不同税目应税产品的销售额或者销售数量;未分别核算或者不能准确提供不同税目应税产品的销售额或者销售数量的,从高适用税率。

纳税人开采或者生产同一税目下适用不同税率应税产品的,应当分别核算不同税率应税产品的销售额或者销售数量;未分别核算或者不能准确提供不同税率应税产品的销售额或者销售数量的,从高适用税率。

(四) 资源税减税、免税项目

1. 免征规定

有下列情形之一的,免征资源税:
① 开采原油以及在油田范围内运输原油过程中用于加热的原油、天然气;
② 煤炭开采企业因安全生产需要抽采的煤成(层)气。

2. 减征规定

有下列情形之一的,减征资源税:
① 从低丰度油气田开采的原油、天然气,减征20%资源税;
② 高含硫天然气、三次采油和从深水油气田开采的原油、天然气,减征30%资源税;
③ 稠油、高凝油减征40%资源税;
④ 从衰竭期矿山开采的矿产品,减征30%资源税。

根据国民经济和社会发展需要,国务院对有利于促进资源节约集约利用、保护环境等情形可以规定免征或者减征资源税,报全国人民代表大会常务委员会备案。

3. 由省、自治区、直辖市决定的免征或者减征规定

有下列情形之一的,省、自治区、直辖市可以决定免征或者减征资源税:
① 纳税人开采或者生产应税产品过程中,因意外事故或者自然灾害等原因遭受重大损失;
② 纳税人开采共伴生矿、低品位矿、尾矿。

上述规定的免征或者减征资源税的具体办法,由省、自治区、直辖市人民政府提出,报同级人民代表大会常务委员会决定,并报全国人民代表大会常务委员会和国务院备案。

纳税人的免税、减税项目,应当单独核算销售额或者销售数量;未单独核算或者不能准确提供销售额或者销售数量的,不予免税或者减税。

4. 增值税小规模纳税人的优惠

自2022年1月1日至2024年12月31日,由省、自治区、直辖市人民政府根据本地区实际情况以及宏观调控需要确定,对增值税小规模纳税人、小型微利企业和个体工商户可以在50%的税额幅度内减征资源税(不含水资源税)。

5. 其他减免税规定

① 自2014年12月1日至2023年8月31日,对充填开采置换出来的煤炭,资源税减征50%。

② 纳税人开采或者生产同一应税产品,其中既有享受减免税政策的,又有不享受减免税政策的,按照免税、减税项目的产量占比等方法分别核算确定免税、减税项目的销售额或者销售数量。

纳税人开采或者生产同一应税产品,同时符合两项或者两项以上减征资源税优惠政策的,除另有规定外,只能选择其中一项执行。

纳税人的免税、减税项目,应当单独核算销售额或销售数量;为单独核算或者不能单独核算的,除另有规定外,只能选择其中一项执行。

纳税人享受资源税优惠政策,实行"自行判别、申报享受、有关资料留存备查"的办理方式,另有规定的除外。纳税人对资源税优惠事项留存材料的真实性和合法性承担法律责任。

四、资源税计税依据与应纳税额的计算

(一)计税依据

根据《资源税法》规定,资源税实行从价计征或者从量计征。

《税目税率表》中规定可以选择实行从价计征或者从量计征的,具体计征方式由省、自治区、直辖市人民政府提出,报同级人民代表大会常务委员会决定,并报全国人民代表大会常务委员会和国务院备案。实行从价计征的,应纳税额按照应税资源产品(以下称应税产品)的销售额乘以具体适用税率计算。实行从量计征的,应纳税额按照应税产品的销售数量乘以具体适用税率计算。

纳税人开采或者生产应税产品自用的,应当依照《资源税法》规定缴纳资源税。但是,自用于连续生产应税产品的,不缴纳资源税。

纳税人自用应税产品应当缴纳资源税的情形,包括纳税人以应税产品用于非货币性资产交换、捐赠、偿债、赞助、集资、投资、广告、样品、职工福利、利润分配或者连续生产非应税产品等。

1. 从价定率征收的计税依据

(1)计税依据的一般规定

从价计征资源税的计税依据为应税资源产品的销售额。应税产品为矿产品的,包括

原矿和选矿产品。

资源税应税产品的销售额,按照纳税人销售应税产品向购买方收取的全部价款确定,不包括增值税税款。

计入销售额中的相关运杂费用,凡取得增值税发票或者其他合法有效凭据的,准予从销售额中扣除。相关运杂费用,是指应税产品从坑口或者洗选(加工)地到车站、码头或者购买方指定地点的运输费用、建设基金以及随运销产生的装卸、仓储、港杂费用。

(2) 计税依据的特殊规定

纳税人申报的应税产品销售额明显偏低且无正当理由的,或者有自用应税产品行为而无销售额的,主管税务机关可以按下列方法和顺序确定其应税产品销售额:

① 按纳税人最近时期同类产品的平均销售价格确定。
② 按其他纳税人最近时期同类产品的平均销售价格确定。
③ 按后续加工非应税产品销售价格,减去后续加工环节的成本利润后确定。
④ 按应税产品组成计税价格确定。

$$组成计税价格=成本\times(1+成本利润率)/(1-资源税税率)$$

上述公式中的成本利润率由省、自治区、直辖市税务机关确定。

⑤ 按其他合理方法确定。

2. 从量定额征收的计税依据

从量定额征收的资源税的计税依据是应税产品的销售数量。

应税产品的销售数量,包括纳税人开采或者生产应税产品的实际销售数量和自用于应当缴纳资源税情形的应税产品数量。

(二) 应纳税额的计算

资源税的应纳税额,按照从价定率或者从量定额的办法,分别以应税产品的销售额乘以纳税人具体适用的比例税率或者以应税产品的销售数量乘以纳税人具体适用的定额税率计算。

1. 从价定率应纳税额计算

实行从价定率征收的,根据应税产品的销售额和规定的适用税率计算应纳税额,具体计算公式为:

$$应纳税额=销售额\times适用税率$$

【例 6-1】 某油田 2021 年 3 月销售原油 20 000 吨,开具增值税专用发票取得销售额 10 000 万元、增值税额 1 300 万元,按《资源税税目税率表》的规定,其适用的税率为 8%。请计算该油田 3 月应缴纳的资源税。

$$应纳税额=10\ 000\times8\%=800(万元)$$

2. 从量定额应纳税额的计算

实行从量计征的,应纳税额按照应税产品的销售数量乘以具体适用税率计算。计算公式如下:

$$应纳税额=销售数量\times单位税额$$

应税产品的销售数量,包括纳税人开采或者生产应税产品的实际销售数量和自用于应当缴纳资源税情形的应税产品数量。

【例6-2】 某砂石开采企业 2021 年 3 月销售砂石 3 000 立方米,资源税税率为 2 元/立方米。请计算该企业 3 月应纳资源税税额。

外销砂石应纳税额:

应纳税额＝课税数量×单位税额＝3 000 ×2＝6 000(元)

(三)准予扣减外购应税产品的购进金额或购进数量的规定

纳税人外购应税产品与自采应税产品混合销售或者混合加工为应税产品销售的,在计算应税产品销售额或者销售数量时,准予扣减外购应税产品的购进金额或者购进数量;当期不足扣减的,可结转下期扣减。

纳税人应当准确核算外购应税产品的购进金额或者购进数量,未准确核算的,一并计算缴纳资源税。纳税人核算并扣减当期外购应税产品购进金额、购进数量,应当依据外购应税产品的增值税发票、海关进口增值税专用缴款书或者其他合法有效凭据。

由于资源税应税产品包括原矿和选矿,在计算确定扣减外购应税产品购进金额或购进数量时,按照《国家税务总局关于资源税征收管理若干问题的公告》(国家税务总局公告 2020 年第 14 号)规定执行,具体规定如下:

(1)纳税人以外购原矿与自采原矿混合为原矿销售,或者以外购选矿产品与自产选矿产品混合为选矿产品销售的,在计算应税产品销售额或者销售数量时,直接扣减外购原矿或者外购选矿产品的购进金额或者购进数量。

【例6-3】 甲煤炭生产企业位于 A 地,2020 年 10 月从位于 B 地的乙煤炭生产企业购进原煤,取得增值税专用发票,注明金额 100 万元。甲企业将其与部分自采原煤混合为原煤并在本月全部销售,取得不含税销售额为 500 万元,该批自采原煤同类产品不含税销售价格为 300 万元。已知 A 地和 B 地原煤资源税税率均为 3％。请计算甲企业 2020 年 10 月上述业务应纳资源税。

甲企业应纳资源税＝(500－100)× 3％＝12(万元)

(2)纳税人以外购原矿与自采原矿混合洗选加工为选矿产品销售的,在计算应税产品销售额或者销售数量时,按照下列方法进行扣减:

准予扣减的外购应税产品购进金额(数量)＝外购原矿购进金额(数量)
×(本地区原矿适用税率
÷本地区选矿产品适用税率)

不能按照上述方法计算扣减的,按照主管税务机关确定的其他合理方法进行扣减。

纳税人核算并扣减当期外购应税产品购进金额、购进数量,应当依据外购应税产品的增值税发票、海关进口增值税专用缴款书或者其他合法有效凭据。

【例6-4】 甲煤炭生产企业位于 A 地,2021 年 10 月从位于 B 地的乙煤炭生产 企业购进原煤,取得增值税专用发票,注明金额 100 万元。甲企业将其与部分自采原煤混合洗选加工为选煤并在本月全部销售,取得不含税销售额为 450 万元,该批自采原煤同类产品不含税销售价格为 200 万元。已知 A 地选煤资源税税率为 4％;B 地原煤资源税税率为 3％,选煤税率为 2％。请计算甲企业 2020 年 10 月上述业务应纳资源税。

准予扣减的外购应税产品购进金额＝外购原煤购进金额×（B地原煤适用税率
÷B地选煤适用税率）＝100×（3%÷2%）
＝150（万元）

甲企业应纳资源税＝（450－150）×4%＝12（万元）

五、资源税的申报与缴纳

（一）纳税义务发生时间

纳税人销售应税产品，缴纳资源税纳税义务发生时间为收讫销售款或者取得索取销售款凭据的当日；自用应税产品的，纳税义务发生时间为移送应税产品的当日。

（二）纳税期限

资源税按月或者按季申报缴纳；不能按固定期限计算缴纳的，可以按次申报缴纳。

纳税人按月或者按季申报缴纳的，应当自月度或者季度终了之日起15日内，向税务机关办理纳税申报并缴纳税款；按次申报缴纳的，应当自纳税义务发生之日起15日内，向税务机关办理纳税申报并缴纳税款。

（三）纳税地点

纳税人应当向应税矿产品开采地或者海盐生产地的税务机关申报缴纳资源税。

海上开采的原油和天然气资源税由海洋石油税务管理机构征收管理。

六、资源税的会计核算

为了核算企业应交的资源税，企业应设置"应交税费——应交资源税"科目，该科目的借方登记企业已交的或按规定允许抵扣的资源税，贷方登记应交的资源税，期末贷方余额反映企业尚未缴纳的资源税。

因为资源税应纳税额在计算上存在不同情况，所以，在账务处理上也不同。具体包括以下几种情况。

1. 应税资源产品直接销售的会计处理

在对企业直接销售的应税资源产品计提资源税时，应借记"税金及附加"科目，贷记"应交税费——应交资源税"；实际缴纳资源税时，借记"应交税费——应交资源税"科目，贷记"银行存款"等科目。

【例6-5】 某油田6月销售原油300 000吨，按照资源税税目税率表的规定，其适用的单位税额为8元/吨。计算该油田本月应纳资源税额，并做出相应的会计处理。

$$应纳资源税额＝300\,000×8＝2\,400\,000（元）$$

根据已知资料，会计处理如下。

计提企业应纳资源税时：

借：税金及附加　　　　　　　　　　　　　　　　　　2 400 000
　　贷：应交税费——应交资源税　　　　　　　　　　　　　2 400 000

实际缴纳税款时：
借：应交税费——应交资源税   2 400 000
  贷：银行存款   2 400 000

2. 纳税人生产自用应税资源产品的会计处理

纳税人自产自用的应税资源产品应以移送使用量确认计税数量。计税时，借记"生产成本""制造费用"等科目，贷记"应交税费——应交资源税"科目；实际缴纳税款时，借记"应交税费——应交资源税"科目，贷记"银行存款"等科目。

【例6-6】 某煤矿8月对外销售煤炭2 000吨，开具增值税专用发票，注明金额为200 000元；生产自用同类煤炭500吨。经核定，该类煤炭适用税率为2%。计算该企业当月应交的资源税，并作出相应的会计处理。

应交资源税计算如下：

对外销煤炭应纳资源税＝200 000×2%＝4 000（元）

自用煤炭资源税 500×100×2%＝1 000（元）

根据上述资料，会计处理如下：

计提企业应纳资源税时：
借：税金及附加   4 000
  贷：应交税费——应交资源税   4 000
借：生产成本   1 000
  贷：应交税费——应交资源税   1 000

实际缴纳税款时：
借：应交税费——应交资源税   5 000
  贷：银行存款   5 000

第二节 城镇土地使用税

一、城镇土地使用税的概念

城镇土地使用税是以国有土地为征税对象，以实际占用的土地面积为计税依据，按规定税额，对拥有土地使用权的单位和个人征收的一种税。

征收城镇土地使用税有利于促进土地的合理使用，调节土地级差收入，也有利于筹集地方财政资金。

二、城镇土地使用税的特点

1. 对占用土地的行为征税

广义上讲，土地是一种财产，对土地课税在国外属于财产税。但是，根据我国宪法规定，城镇土地的所有权归国家，单位和个人对占用的土地只有使用权而无所有权。因此，现行的城镇土地使用税实质上是对占用土地资源或行为的课税，属于准财产税，而非严格意义上的财产税。

2. 征税对象是土地

由于我国的土地归国家所有,单位和个人只有占用权或使用权,而无所有权,这样,国家既可以凭借财产权利对土地使用人获取的收益进行分配,又可以凭借政治权力对土地使用者进行征税。开征城镇土地使用税,实质上是运用国家政治权力,将纳税人获取的本应属于国家的土地收益集中到国家手中。

3. 征税范围有所限定

现行城镇土地使用税征税范围限定在城市、县城、建制镇、工矿区,上述范围之外的土地不属于城镇土地使用税的征税范围。城镇土地使用税在筹集地方财政资金、调节土地使用和收益分配方面,发挥了积极作用。

4. 实行差别幅度税额

开征城镇土地使用税的主要目的之一是调节土地的级差收入,而级差收入的产生主要取决于土地的位置。占有土地位置优越的纳税人,可以节约运输和流通费用,扩大销售和经营规模,取得额外经济收益。为了有利于体现国家政策,城镇土地使用税实行差别幅度税额,不同城镇适用不同税额,对同一城镇的不同地段,根据市政建设状况和经济繁荣程度也确定不等的负担水平。

三、城镇土地使用税的基本内容

(一)征税范围

城镇土地使用税的征税范围,包括在城市、县城、建制镇和工矿区内的国家所有和集体所有的土地。

上述城市、县城、建制镇和工矿区分别按以下标准确认:

(1) 城市是指经国务院批准设立的市。
(2) 县城是指县人民政府所在地。
(3) 建制镇是指经省、自治区、直辖市人民政府批准设立的建制镇。
(4) 工矿区是指工商业比较发达,人口比较集中,符合国务院规定的建制镇标准,但尚未设立建制镇的大中型工矿企业所在地,工矿区需经省、自治区、直辖市人民政府批准。

建立在城市、县城、建制镇和工矿区以外的工矿企业不需要缴纳城镇土地使用税。

(二)纳税义务人

城镇土地使用税是以国有土地或集体土地为征税对象,对拥有土地使用权的单位和个人征收的一种税。

凡在城市、县城、建制镇、工矿区范围内使用土地的单位和个人,为城镇土地使用税的纳税人。

上述所称单位,包括国有企业、集体企业、私营企业、股份制企业、外商投资企业、外国企业以及其他企业和事业单位、社会团体、国家机关、军队以及其他单位;所称个人,包括个体工商户以及其他个人。

城镇土地使用税的纳税人通常包括以下几类。

(1) 拥有土地使用权的单位和个人。

(2) 拥有土地使用权的单位和个人不在土地所在地的,其土地的实际使用人和代管人为纳税人。

(3) 土地使用权未确定或权属纠纷未解决的,其实际使用人为纳税人。

(4) 土地使用权共有的,共有各方都是纳税人,由共有各方分别纳税。

几个人或几个单位共同拥有一块土地的使用权,这块土地的城镇土地使用税的纳税人应是对这块土地拥有使用权的每一个人或每一个单位。他们应以其实际使用的土地面积占总面积的比例,分别计算缴纳城镇土地使用税。

例如,某城市的甲与乙共同拥有一块土地的使用权,这块土地面积为1 500平方米,甲实际使用1/3,乙实际使用2/3,则甲应是其所占的500平方米(1 500×1/3)土地的城镇土地使用税的纳税人,乙是其所占的1 000平方米(1 500×2/3)土地的城镇土地使用税的纳税人。

(三) 税率

城镇土地使用税采用定额税率,即采用有幅度的差别税额,按大、中、小城市和县城、建制镇、工矿区分别规定每平方米土地使用税年应纳税额。具体标准如下:

(1) 大城市1.5元至30元;

(2) 中等城市1.2元至24元;

(3) 小城市0.9元至18元;

(4) 县城、建制镇、工矿区0.6元至12元。

上述大、中、小城市是以公安部门登记在册的非农业正式户口人数为依据,按照国务院颁布的《城市规划条例》中规定的标准划分。人口在50万人以上者为大城市;人口在20万~50万人者为中等城市;人口在20万人以下者为小城市。城镇土地使用税税率见表6-2。

表6-2 城镇土地使用税税率表

级　　别	人口/人	每平方米税额/元
大城市	50万以上	1.5~30
中等城市	20万~50万	1.2~24
小城市	20万以下	0.9~18
县城、建制镇、工矿区		0.6~12

各省、自治区、直辖市人民政府可根据市政建设情况和经济繁荣程度在规定税额幅度内,确定所辖地区的适用税额幅度。经济落后地区,城镇土地使用税的适用税额标准可适当降低,但降低额不得超过上述规定最低税额的30%。经济发达地区的适用税额标准可以适当提高,但需报财政部批准。

(四) 税收优惠

1. 法定免缴土地使用税的优惠

(1) 国家机关、人民团体、军队自用的土地。这部分土地是指这些单位本身的办公用地和公务用地。如国家机关、人民团体的办公楼用地,军队的训练场用地等。

(2) 由国家财政部门拨付事业经费的单位自用的土地。这部分土地是指这些单位本身的业务用地。如学校的教学楼、操场、食堂等占用的土地。

(3) 宗教寺庙、公园、名胜古迹自用的土地。宗教寺庙自用的土地,是指举行宗教仪式等的用地和寺庙内的宗教人员生活用地。

公园、名胜古迹自用的土地,是指供公共参观游览的用地及其管理单位的办公用地。以上单位的生产、经营用地和其他用地,不属于免税范围,应按规定缴纳城镇土地使用税,如公园、名胜古迹中附设的营业单位如影剧院、饮食部、茶社、照相馆等使用的土地。

(4) 市政街道、广场、绿化地带等公共用地。

(5) 直接用于农、林、牧、渔业的生产用地。这部分土地是指直接从事种植养殖、饲养的专业用地,不包括农副产品加工场地和生活办公用地。

(6) 经批准开山填海整治的土地和改造的废弃土地,从使用的月份起免缴城镇土地使用税5~10年。

(7) 对非营利性医疗机构、疾病控制机构和妇幼保健机构等卫生机构自用的土地,免征城镇土地使用税。

(8) 企业办的学校、医院、托儿所、幼儿园,其用地能与企业其他用地明确区分的,免征城镇土地使用税。

(9) 免税单位无偿使用纳税单位的土地(如公安、海关等单位使用铁路、民航等单位的土地),免征城镇土地使用税。纳税单位无偿使用免税单位的土地,纳税单位应照章缴纳城镇土地使用税。纳税单位与免税单位共同使用、共有使用权土地上的多层建筑,对纳税单位可按其占用的建筑面积占建筑总面积的比例计征城镇土地使用税。

(10) 对行使国家行政管理职能的中国人民银行(含国家外汇管理局)所属分支机构自用的土地,免征城镇土地使用税。

(11) 为了体现国家的产业政策,支持重点产业的发展,对石油、电力、煤炭等能源用地,民用港口、铁路等交通用地和水利设施用地,三线调整企业、盐业、采石场、邮电等一些特殊用地划分了征免税界限和给予政策性减免税照顾。具体规定如下:

① 对企业的铁路专用线、公路等用地,在厂区以外、与社会公用地段未加隔离的,暂免征收城镇土地使用税。

② 对企业厂区以外的公共绿化用地和向社会开放的公园用地,暂免征收城镇土地使用税。

③ 对盐场的盐滩、盐矿的矿井用地,暂免征收城镇土地使用税。

④ 对石油天然气生产建设中用于地质勘探、钻井、井下作业、油气田地面工程等施工临时用地暂免征收城镇土地使用税。

(12) 自2016年1月1日至2018年12月31日,对专门经营农产品的农产品批发市场、农贸市场使用的房产、土地,暂免征收房产税和城镇土地使用税。对同时经营其他产品的农产品批发市场和农贸市场使用的房产、土地,按其他产品与农产品交易场地面积的比例确定征免房产税和城镇土地使用税。

农产品批发市场、农贸市场的行政办公区、生活区,以及商业餐饮娱乐等非直接为农产品交易提供服务的房产、土地,不属于规定的优惠范围,应按规定征收房产税和城镇土地使用税。

(13) 自 2020 年 1 月 1 日起至 2022 年 12 月 31 日止,对物流企业自有(包括自用和出租)或承租的大宗商品仓储设施用地,减按所属土地等级适用税额标准的 50% 计征城镇土地使用税。

物流企业,是指至少从事仓储或运输一种经营业务,为工农业生产、流通、进出口和居民生活提供仓储、配送等第三方物流服务,实行独立核算、独立承担民事责任,并在工商部门注册登记为物流、仓储或运输的专业物流企业。

大宗商品仓储设施,是指同一仓储设施占地面积在 6000 平方米及以上,且主要储存粮食、棉花、油料、糖料、蔬菜、水果、肉类、水产品、化肥、农药、种子、饲料等农产品和农业生产资料,煤炭、焦炭、矿砂、非金属矿产品、原油、成品油、化工原料、木材、橡胶、纸浆及纸制品、钢材、水泥、有色金属、建材、塑料、纺织原料等矿产品和工业原材料的仓储设施。

仓储设施用地,包括仓库库区内的各类仓房(含配送中心)、油罐(池)、货场、晒场(堆场)、罩棚等储存设施和铁路专用线、码头、道路、装卸搬运区域等物流作业配套设施的用地。

物流企业的办公、生活区用地及其他非直接用于大宗商品仓储的土地,不属于规定的减税范围,应按规定征收城镇土地使用税。

2. 省、自治区、直辖市地方税务局确定减免土地使用税的优惠

(1) 个人所有的居住房屋及院落用地。
(2) 房产管理部门在房租调整改革前经租的居民住房用地。
(3) 免税单位职工家属的宿舍用地。
(4) 集体和个人办的各类学校、医院、托儿所、幼儿园用地。

四、城镇土地使用税应纳税额的计算

(一) 计税依据

城镇土地使用税以纳税人实际占用的土地面积为计税依据,土地面积计量标准为每平方米。即税务机关根据纳税人实际占用的土地面积,按照规定的税额计算应纳税额,向纳税人征收城镇土地使用税。

纳税人实际占用的土地面积按下列办法确定。

(1) 由省、自治区、直辖市人民政府确定的单位组织测定土地面积的,以测定的面积为准。

(2) 尚未组织测量,但纳税人持有政府部门核发的土地使用证书的,以证书确认的土地面积为准。

(3) 尚未核发土地使用证书的,应由纳税人申报土地面积,据以纳税,待核发土地使用证以后再做调整。

(4) 对在城镇土地使用税征税范围内单独建造的地下建筑用地,按规定征收城镇土地使用税。其中,已取得地下土地使用权证的,按土地使用权证确认的土地面积计算应征税款;未取得地下土地使用权证或地下土地使用权证上未标明土地面积的,按地下建筑垂直投影面积计算应征税款。

对上述地下建筑用地暂按应征税款的50%征收城镇土地使用税。

(二)应纳税额的计算方法

城镇土地使用税的应纳税额可以通过纳税人实际占用的土地面积乘以该土地所在地段的适用税额求得。其计算公式为

$$全年应纳税额=实际占用应税土地面积(平方米)\times 适用税额$$

【例 6-7】 某市一商场坐落在该市繁华地段,企业土地使用证书记载占用土地的面积为6 000平方米,经确定属一等地段;该商场另设两个统一核算的分店均坐落在市区三等地段,共占地4 000平方米;一座仓库位于市郊,属五等地段,占地面积为1 000平方米;另外,该商场自办托儿所占地面积2 500平方米,属三等地段。请计算该商场全年应纳城镇土地使用税税额。(一等地段年税额4元/平方米;三等地段年税额2元/平方米;五等地段年税额1元/平方米;当地规定托儿所占地免税)

(1) 商场占地应纳税额 = 6 000×4 = 24 000(元)

(2) 分店占地应纳税额 = 4 000×2 = 8 000(元)

(3) 仓库占地应纳税额 = 1 000×1 = 1 000(元)

(4) 商场自办托儿所按税法规定免税。

(5) 全年应纳城镇土地使用税额 = 24 000 + 8 000 + 1 000 = 33 000(元)

五、城镇土地使用税的申报与缴纳

(一)纳税期限

城镇土地使用税实行按年计算、分期缴纳的征收方法,具体纳税期限由省、自治区、直辖市人民政府制定。

(二)纳税义务发生时间

(1) 纳税人购置新建商品房,自房屋交付使用之次月起,缴纳城镇土地使用税。

(2) 纳税人购置存量房,自办理房屋权属转移、变更登记手续,房地产权属登记机关签发房屋权属证书之次月起,缴纳城镇土地使用税。

(3) 纳税人出租、出借房产,自交付出租、出借房产之次月起,缴纳城镇土地使用税。

(4) 以出让或转让方式有偿取得土地使用权的,应由受让方从合同约定交付土地时间的次月起缴纳城镇土地使用税;合同未约定交付时间的,由受让方从合同签订的次月起缴纳城镇土地使用税。

(5) 纳税人新征用的耕地,自批准征用之日起满1年时开始缴纳城镇土地使用税。

(6) 纳税人新征用的非耕地,自批准征用次月起缴纳城镇土地使用税。

(7) 自2009年1月1日起,纳税人因土地的权利发生变化而依法终止城镇土地使用

税纳税义务的,其应纳税款的计算应截至土地权利发生变化的当月月末。

(三)纳税地点和征收机构

城镇土地使用税在土地所在地缴纳。

纳税人使用的土地不属于同一省、自治区、直辖市管辖的,由纳税人分别向土地所在地的税务机关缴纳城镇土地使用税;在同一省、自治区、直辖市管辖范围内,纳税人跨地区使用的土地,其纳税地点由各省、自治区、直辖市地方税务局确定。

六、土地使用税的会计处理

为了核算企业应交的城镇土地使用税,企业应设置"应交税费——应交城镇土地使用税"科目。该科目的借方登记企业实际上缴的城镇土地使用税;贷方登记应交的城镇土地使用税;期末贷方余额反映企业应交未交的城镇土地使用税。

城镇土地使用税的应纳税额是以使用者实际使用的土地面积乘以按等级适用的税额。缴纳城镇土地使用税的单位,年终计算应交城镇土地使用税时,借记"税金及附加"科目,贷记"应交税费——应交城镇土地使用税"科目。实际上缴时,借记"应交税费——应交城镇土地使用税"科目,贷记"银行存款"科目。如果纳税人因某些原因漏缴城镇土地使用税,应及时补缴,并相应支付滞纳金和税务罚款。补缴税款时,借记"应交税费——应交城镇土地使用税"科目,贷记"银行存款"科目。结转已纳税款时,借记"税金及附加"科目,贷记"应交税费——应交城镇土地使用税"科目。上缴滞纳金和税务罚款时,借记"营业外支出——上缴滞纳金(税务罚款)"科目,贷记"银行存款"科目。

【例 6-8】【例 6-7】中企业的会计处理如下:

计提企业应纳城镇土地使用税时:

借:税金及附加　　　　　　　　　　　　　　　　　33 000
　　贷:应交税费——应交城镇土地使用税　　　　　　33 000

实际缴纳税款时:

借:应交税费——应交城镇土地使用税　　　　　　33 000
　　贷:银行存款　　　　　　　　　　　　　　　　　33 000

第三节　耕地占用税

一、耕地占用税的概念

耕地占用税是对占用耕地建房或从事其他非农业建设的单位和个人,就其实际占用的耕地面积征收的一种税,它属于对特定土地资源占用课税。

2007 年 12 月 1 日国务院重新颁布《中华人民共和国耕地占用税暂行条例》(以下简称《耕地占用税暂行条例》),自 2008 年 1 月 1 日起施行。2018 年 12 月 29 日,第十三届全国人民代表大会常务委员会第七次会议通过《中华人民共和国耕地占用税法》,自 2019 年 9 月 1 日起施行。《耕地占用税暂行条例》同时废止。

二、耕地占用税的特点

耕地占用税作为一个出于特定目的、对特定的土地资源课征的税种,与其他税种相比,具有比较鲜明的特点,主要表现在:

1. 兼具资源税与特定行为税的性质

耕地占用税向占用农用耕地建房或从事其他非农用建设的行为征税,以约束占用耕地的行为、促进土地资源的合理运用为目的,除具有资源占用税的属性外,还具有明显的特定行为税的特点。

2. 采用地区差别税率

耕地占用税采用地区差别税率,根据不同地区的具体情况,分别制定差别税额,以适应我国地域辽阔、各地区之间耕地质量差别较大、人均占有耕地面积相差悬殊的具体情况,具有因地制宜的特点。

3. 在占用耕地环节一次性课征

耕地占用税在纳税人获准占用耕地的环节征收,具有一次性征收的特点。

三、耕地占用税的基本内容

(一) 征税范围

耕地占用税的征税范围包括纳税人为建房或从事其他非农业建设而占用的国家所有和集体所有的耕地。

1. 纳税人因建设项目施工或者地质勘查临时占用耕地的。

临时占用耕地,是指经自然资源主管部门批准,在一般不超过 2 年内临时使用耕地并且没有修建永久性建筑物的行为。

2. 占用园地、林地、草地、农田水利用地、养殖水面、渔业水域滩涂以及其他农用地建设建筑物、构筑物或者从事非农业建设的。

(1) 园地,包括果园、茶园、橡胶园、其他园地。其中,其他园地包括种植桑树、可可、咖啡、油棕、胡椒、药材等其他多年生作物的园地。

(2) 林地,包括乔木林地、竹林地、红树林地、森林沼泽、灌木林地、灌丛沼泽、其他林地,不包括城镇村庄范围内的绿化林木用地,铁路、公路征地范围内的林木用地,以及河流、沟渠的护堤林用地。其中,其他林地,包括疏林地、未成林地、迹地、苗圃等林地。

(3) 草地,包括天然牧草地、沼泽草地、人工牧草地,以及用于农业生产并已由相关行政主管部门发放使用权证的草地。

(4) 农田水利用地,包括农田排灌沟渠及相应附属设施用地。

(5) 养殖水面,包括人工开挖或者天然形成的用于水产养殖的河流水面、湖泊水面、水库水面、坑塘水面及相应附属设施用地。

(6) 渔业水域滩涂,包括专门用于种植或者养殖水生动植物的海水潮浸地带和滩地,以及用于种植芦苇并定期进行人工养护管理的苇田。

此外,纳税人因挖损、采矿塌陷、压占、污染等损毁耕地,属于上述所称占用耕地从事非农业建设的情形,同样需要缴纳耕地占用税。

需要注意的是,下列占地行为不征收耕地占用税:

(1) 建设农田水利设施占用耕地的。

(2) 建设直接为农业生产服务的生产设施所占用园地、林地、草地、农田水利用地、养殖水面、渔业水域滩涂以及其他农用地。

(二) 纳税义务人

耕地占用税以在中华人民共和国境内占用耕地建设建筑物、构筑物或从事非农业建设的单位和个人为纳税义务人。

经批准占用耕地的,纳税义务人为农用地转用审批文件中标明的建设用地人;农用地转用审批文件中未标明建设用地人的,纳税义务人为用地申请人。其中,用地申请人为各级人民政府的,由同级土地储备中心、自然资源主管部门或政府委托的其他部门、单位履行耕地占用税申报纳税义务。

未经批准占用耕地的,纳税义务人为实际用地人。

(三) 税率

考虑到我国不同地区之间客观条件差别,以及与此相关的税收调节力度和纳税人负担能力方面的差别,耕地占用税在税率设计上采用了地区差别定额税率。税率规定如下:

(1) 人均耕地不超过1亩(1亩≈666.67平方米)的地区(以县级行政区域为单位,下同),每平方米为10~50元。

(2) 人均耕地超过1亩但不超过2亩的地区,每平方米为8~40元。

(3) 人均耕地超过2亩但不超过3亩的地区,每平方米为6~30元;

(4) 人均耕地超过3亩以上的地区,每平方米为5~25元。

经济特区,经济技术开发区和经济发达、人均耕地特别少的地区,适用税额可以适当提高,但最多不得超过当地适用税额的50%。

各省、自治区、直辖市耕地占用税平均税额见表6-3。

表6-3 各省、自治区、直辖市耕地占用税平均税额　　　　　　单位:元

地　　区	每平方米平均税额
上海	45
北京	40
天津	35
江苏、浙江、福建、广东	30
辽宁、湖南、湖北	25
河北、安徽、江西、山东、河南、重庆、四川	22.5
广西、海南、贵州、云南、陕西	20
山西、吉林、黑龙江	17.5
内蒙古、西藏、甘肃、青海、宁夏、新疆	12.5

(四) 税收优惠

耕地占用税对占用耕地实行一次性征收,对生产经营单位和个人不设立减免税,仅对公益性单位和需要照顾群体设立减免税。

1. 免征耕地占用税

(1) 军事设施占用耕地。

(2) 学校、幼儿园、养老院、医院占用耕地。

学校范围,包括由国务院人力资源和社会保障行政部门,省、自治区、直辖市人民政府或其人力资源和社会保障行政部门批准成立的技工院校。

2. 减征耕地占用税

(1) 铁路线路、公路线路、飞机场跑道、停机坪、港口、航道占用耕地,减按每平方米2元的税额征收耕地占用税。

(2) 农村居民占用耕地新建住宅,按照当地适用税额减半征收耕地占用税。

农村烈士家属、残疾军人、鳏寡孤独以及革命老根据地、少数民族聚居区和边远贫困山区生活困难的农村居民,在规定用地标准以内新建住宅缴纳耕地占用税确有困难的,经所在地乡(镇)人民政府审核,报经县级人民政府批准后,可以免征或者减征耕地占用税。

(3) 纳税人临时占用耕地,应当依照本条例的规定缴纳耕地占用税。纳税人在批准临时占用耕地的期限内恢复所占用耕地原状的,全额退还已经缴纳的耕地占用税。

四、耕地占用税应纳税额的计算

(一) 计税依据

耕地占用税以纳税人占用耕地的面积为计税依据,以每平方米为计量单位。

(二) 应纳税额的计算

耕地占用税以纳税人实际占用的耕地面积为计税依据,以每平方米土地为计税单位,按适用的定额税率计税。其计算公式为

$$应纳税额 = 实际占用耕地面积(平方米) \times 适用定额税率$$

【例 6-9】 假设某市一家企业新占用 20 000 平方米耕地用于工业建设,所占耕地适用的定额税率为 20 元/平方米。计算该企业应纳的耕地占用税。

$$应纳税额 = 20\,000 \times 20 = 400\,000(元)$$

五、耕地占用税的申报与缴纳

(一) 征税机关

耕地占用税由地方税务机关负责征收。土地管理部门在通知单位或者个人办理占用耕地手续时,应当同时通知耕地所在地同级地方税务机关。

（二）纳税期限

获准占用耕地的单位或者个人应当在收到土地管理部门的通知之日起30日内缴纳耕地占用税。土地管理部门凭耕地占用税完税凭证或者免税凭证和其他有关文件发放建设用地批准书。

六、耕地占用税的会计核算

耕地占用税应计入企业构建的固定资产价值，耕地占用税不通过"应交税费"科目核算。

企业计算应纳耕地占用税款时，借记"在建工程"科目，贷记"银行存款"科目；工程竣工后汇算清缴时，如果预缴税款少于应交税款，借记"在建工程"科目，贷记"银行存款"科目；如果有多缴的预缴税款退回，借记"银行存款"科目，贷记"在建工程"科目。

【例6-10】某机场征用耕地25 000 000平方米，其中，建造飞机跑道、停机场设施占用耕地为24 000 000平方米；修建职工公寓楼用地20 000平方米；修建健身俱乐部用地800 000平方米；修建饮食服务部用地180 0000平方米；当地适用耕地占用征税税率为6元/平方米。购建飞机跑道、停机场，经税务部门审批减征耕地占用税，按2元/平方米征收。计算该机场征用耕地应缴纳的耕地占用税，并做出相应的会计处理。

应预缴耕地占用税额＝25 000 000×6＝150 000 000（元），会计处理为

借：在建工程　　　　　　　　　　　　　　　150 000 000
　　贷：银行存款　　　　　　　　　　　　　　　150 000 000

修飞机跑道、停机场占用耕地为24 000 000平方米，经批准按2元/平方米减征耕地占用税，竣工后汇算清缴时，应退还税款额＝24 000 000×4＝96 000 000（元），收到退还税款做以下分录：

借：银行存款　　　　　　　　　　　　　　　96 000 000
　　贷：在建工程　　　　　　　　　　　　　　　96 000 000

所以，企业实际缴纳的耕地占用税＝150 000 000－96 000 000＝54 000 000（元）

第四节　环境保护税

一、环境保护税的概念

环境保护税（简称"环保税"）是对在中华人民共和国领域和中华人民共和国管辖的其他海域，直接向环境排放应税污染物的企事业单位和其他经营者征收的一种税。

2016年12月25日，《中华人民共和国环境保护税法》（以下简称《环境保护税法》）在第十二届全国人大常委会第二十五次会议上获表决通过，并于2018年1月1日起施行。2018年10月26日，第十三届全国人大常委会第六次会议审议通过《环境保护税法》修订。

二、环境保护税的基本内容

（一）征税对象

环境保护税的征税对象为纳税人直接向环境排放的应税污染物，是《环境保护税法》

所附《环境保护税税目税额表》《应税污染物和当量值表》规定的大气污染物、水污染物、固体废物和噪声。

有下列情形之一的,不属于直接向环境排放污染物,不缴纳相应污染物的环境保护税:

(1) 企业事业单位和其他生产经营者向依法设立的污水集中处理、生活垃圾集中处理场所排放应税污染物的;

(2) 企业事业单位和其他生产经营者在符合国家和地方环境保护标准的设施、场所贮存或者处置固体废物的;

(3) 禽畜养殖场依法对畜禽养殖废弃物进行综合利用和无害化处理的。

(二) 纳税义务人

根据《环境保护税法》及其实施条例的规定,环境保护税的纳税人是指在中华人民共和国领域和中华人民共和国管辖的其他海域,直接向环境排放应税污染物的企业事业单位和其他生产经营者。

依法设立的城乡污水集中处理、生活垃圾集中处理场所超过国家和地方规定的排放标准向环境排放应税污染物的,应当缴纳环境保护税。城乡污水集中处理场所,是指为社会公众提供生活污水处理服务的场所,不包括为工业园区、开发区等工业聚集区域内的企业事业单位和其他生产经营者提供污水处理服务的场所,以及企业事业单位和其他生产经营者自建自用的污水处理场所。

企业事业单位和其他生产经营者贮存或者处置固体废物不符合国家和地方环境保护标准的,应当缴纳环境保护税。达到省级人民政府确定的规模标准并且有污染物排放口的畜禽养殖场,应当依法缴纳环境保护税。

(三) 税目与税率

1. 税目

环境保护税的征收对象是应税污染物,主要是四类重点污染物,即大气污染物、水污染物、固体废物和噪声。

(1) 大气污染物

大气污染物,是指由于人类活动或自然过程排入大气的并对人和环境产生有害影响的物质。应税大气污染物包括二氧化硫、氮氧化物、一氧化碳、氯气、氯化氢、氟化物、氰化氢、硫酸雾、铬酸雾、汞及其化合物、一般性粉尘、石棉尘、玻璃棉尘、碳黑尘、铅及其化合物、镉及其化合物、铍及其化合物、镍及其化合物、锡及其化合物、烟尘、苯、甲苯、二甲苯、苯并(a)芘、甲醛、乙醛、丙烯醛、甲醇、酚类、沥青烟、苯胺类、氯苯类、硝基苯、丙烯腈、氯乙烯、光气、硫化氢、氨、三甲胺、甲硫醇、甲硫醚、二甲二硫、苯乙烯、二硫化碳,共计44种。

燃烧产生废气中的颗粒物,按照烟尘征收环境保护税。排放的扬尘、工业粉尘等颗粒物,除可以确定为烟尘、石棉尘、玻璃棉尘、炭黑尘以外,按照一般性粉尘征收环境保护税。

(2) 水污染物

水污染物,是指直接或者间接向水体排放的,能导致水体污染的物质。应税水污染物包括总汞、总镉、总铬、六价铬、总砷、总铅、总镍、苯并(a)芘、总铍、总银等10种第一类水污染物，以及悬浮物(SS)、生化需氧量(BOD3)、化学需氧量(CODcr)、总有机碳(TOC)、石油类、动植物油、挥发酚、总氰化物、硫化物、氨氮、氟化物、甲醛、苯胺类、硝基苯类、阴离子表面活性剂(LAS)、总铜、总锌、总锰、彩色显影剂(CD-2)、总磷、单质磷(以P计)、有机磷农药(以P计)、乐果、甲基对硫磷、马拉硫磷、对硫磷、五氯酚及五氯酚钠(以五氯酚计)、三氯甲烷、可吸附有机卤化物(AOX)(以Cl计)、四氯化碳、三氯乙烯、四氯乙烯、苯、甲苯、乙苯、邻-二甲苯、对-二甲苯、间-二甲苯、氯苯、邻二氯苯、对二氯苯、对硝基氯苯、2,4-二硝基氯苯、苯酚、间-甲酚、2,4-二氯酚、2,4,6-三氯酚、邻苯二甲酸二丁酯、邻苯二甲酸二辛酯、丙烯腈、总硒等51种第二类水污染物。除此之外，应税水污染物还包括造成水质恶化的，如pH值酸碱度失衡、色度变化、大肠菌群数超标或余氯量造成的污染，以及禽畜养殖业、小型企业、饮食娱乐服务业、医院等因素造成的各种污染。第一类水污染物之外的污染统称为其他类水污染物。

（3）固体废物

固体废物，是指在生产、生活和其他活动中产生的丧失原有利用价值，或者虽未丧失利用价值但被抛弃或者放弃的固态、半固态和置于容器中的气态的物品、物质以及法律、行政法规规定纳入固体废物管理的物品、物质。应税固体废物包括煤矸石、尾矿、危险废物、冶炼渣、粉煤灰、炉渣、其他固体废物(含半固态、液态废物)。其中应税其他固体废物的范围由各省、自治区和直辖市人民政府统筹考虑本地区环境承载能力、污染物排放现状和经济社会生态发展目标要求提出，报同级人民代表大会常务委员会决定，并报全国人民代表大会常务委员会和国务院备案。

（4）噪声

噪声，是指在工业生产、建筑施工、交通运输和社会生活中所产生的干扰周围生活环境的声音，当所产生的环境噪声超过国家规定的环境噪声排放标准，并干扰他人正常生活、工作和学习时，就形成噪声污染。目前只对工业企业厂界噪声超标的情况征收环境保护税。

2. 税率

应税污染物的适用税率有两种，一是全国统一定额税，二是浮动定额税。对于固体废物和噪声实行的是全国统一的定额税制，对于大气和水污染物实行各省浮动定额税制，既有上限也有下限，税额上限设定为下限的10倍。各省可以在此幅度范围内自行选择定额税的金额。具体详见表6-4。

表6-4 环境保护税税率表

税目		计税单位	税额	备注
大气污染物		每污染当量	1.2元至12元	
水污染物		每污染当量	1.4元至14元	
固体废物	煤矸石	每吨	5元	
	尾矿	每吨	15元	
	危险废物	每吨	1 000元	

续表

税　目		计税单位	税　额	备　注
固体废物	冶炼渣、粉煤灰、炉渣、其他固体废物(含半固态、液态废物)	每吨	25元	
噪声	工业噪声	超标1～3分贝	每月350元	1. 一个单位边界上有多处噪声超标,根据最高一处超标声级计算应纳税额;当沿边界长度超过100米有两处以上噪声超标,按照两个单位计算应纳税额。 2. 一个单位有不同地点作业场所的,应当分别计算应纳税额,合并计征。 3. 昼、夜均超标的环境噪声,昼、夜分别计算应纳税额,累计计征。 4. 声源一个月内超标不足15天的,减半计算应纳税额。 5. 夜间频繁突发和夜间偶然突发厂界超标噪声。按等效声级和岭值噪声两种指标中超标分贝值高的一项计算应纳税额
		超标4～6分贝	每月700元	
		超标7～9分贝	每月1 400元	
		超标10～12分贝	每月2 800元	
		超标13～15分贝	每月5 600元	
		超标16分贝以上	每月11 200元	

应税大气污染物和水污染物的具体适用税额的确定和调整,由省、自治区、直辖市人民政府统筹考虑本地区环境承载能力、污染物排放现状和经济社会生态发展目标要求,在《环境保护税税目税额表》规定的税额幅度内提出,报同级人民代表大会常务委员会决定,并报全国人民代表大会常务委员会和国务院备案。

(四) 税收优惠

1. 环境保护税免征规定

(1) 农业生产(不包括规模化养殖)排放应税污染物的。

(2) 机动车、铁路机车、非道路移动机械、船舶和航空器等流动污染源排放应税污染物的。

(3) 依法设立的城乡污水集中处理、生活垃圾集中处理场所排放相应应税污染物,不超过国家和地方规定的排放标准的。依法设立的生活垃圾焚烧发电厂、生活垃圾填埋场、生活垃圾堆肥厂,属于生活垃圾集中处理场所,其排放应税污染物不超过国家和地方规定的排放标准的,依法予以免征环境保护税。

(4) 纳税人综合利用的固体废物,符合国家和地方环境保护标准的。

(5) 国务院批准免税的其他情形。

第(5)项免税规定,由国务院报全国人民代表大会常务委员会备案。

2. 环境保护税减征规定

纳税人排放应税大气污染物或者水污染物的浓度值低于国家和地方规定的污染物排放标准30%的,减按75%征收环境保护税。

纳税人排放应税大气污染物或者水污染物的浓度值低于国家和地方规定的污染物排放标准50%的,减按50%征收环境保护税。

应税大气污染物或者水污染物的浓度值,是指纳税人安装使用的污染物自动监测设备当月自动监测的应税大气污染物浓度值的小时平均值再平均所得数值,或者应税水污染物 H 浓度值的日平均值再平均所得数值,或者监测机构当月监测的应税大气污染物、水污染物浓度值的平均值。

依照《环境保护税法》减征环境保护税的,应当对每一排放口排放的不同应税污染物分别计算。同时,应税大气污染物浓度值的小时平均值或者应税水污染物浓度值的日平均值,以及监测机构当月每次监测的应税大气污染物、水污染物的浓度值,均不得超过国家和地方规定的污染物排放标准。

纳税人任何一个排放口排放应税大气污染物、水污染物的浓度值,以及没有排放口排放应税大气污染物的浓度值,超过国家和地方规定的污染物排放标准的,依法不予减征环境保护税。

纳税人噪声声源一个月内累计昼间超标不足15昼或者累计夜间超标不足15夜的,分别减半计算应纳税额。

三、环境保护税应纳税额的计算

(一) 计税依据

应税污染物的计税依据根据污染物的种类来确定,应税大气污染物和应税水污染物的计税依据为污染物排放量折合的污染当量数,应税固体废物的计税依据为固体废物的排放量,应税噪声计税依据为超过国家规定标准的分贝数。其中,污染当量,是指根据污染物或者污染排放活动对环境的有害程度以及处理的技术经济性,衡量不同污染物对环境污染的综合性指标或者计量单位。同一介质相同污染当量的不同污染物,其污染程度基本相当。

1. 应税大气污染物按照污染物排放量折合的污染当量数确定

应税大气污染物的污染当量数,以该污染物的排放量除以该污染物的污染当量值计算。每种应税大气污染物具体污染当量值,依照《应税污染物和当量值表》执行。

每一排放口或者没有排放口的应税大气污染物,按照污染当量数从大到小排序,对前三项污染物征收环境保护税。

2. 应税水污染物按照污染物排放量折合的污染当量数确定

应税水污染物的污染当量数,以该污染物的排放量除以该污染物的污染当量值计算。其中,色度的污染当量数,以污水排放量乘以色度超标倍数再除以适用的污染当量值计算。畜禽养殖业水污染物的污染当量数,以该畜禽养殖场的月均存栏量除以适用的污染当量值计算。畜禽养殖场的月均存栏量按照月初存栏量和月末存栏量的平均数计算。

每一排放口的应税水污染物,按照《应税污染物和当量值表》区分第一类水污染物和其他类水污染物,按照污染当量数从大到小排序,对第一类水污染物按照前五项征收环境保护税,对其他类水污染物按照前三项征收环境保护税。

另外,省、自治区、直辖市人民政府根据本地区污染物减排的特殊需要,可以增加同一排放口征收环境保护税的应税污染物项目数,报同级人民代表大会常务委员会决定,并报全国人民代表大会常务委员会和国务院备案。

3. 应税固体废物按照固体废物的排放量确定

应税固体废物的排放量为当期应税固体废物的产生量减去当期应税固体废物贮存量、处置量、综合利用量的余额。固体废物的贮存量、处置量,是指在符合国家和地方环境保护标准的设施、场所贮存或者处置的固体废物数量;固体废物的综合利用量,是指按照国务院发展改革、工业和信息化主管部门关于资源综合利用要求以及国家和地方环境保护标准进行综合利用的固体废物数量。纳税人应当准确计量应税固体废物的贮存量、处置量和综合利用量,未准确计量的,不得从其应税固体废物的产生量中减去。

纳税人依法将应税固体废物转移至其他单位和个人进行贮存、处置或者综合利用的,固体废物的转移量相应计入其当期应税固体废物的贮存量、处置量或者综合利用量。纳税人接收的应税固体废物转移量,不计入其当期应税固体废物的产生量。纳税人对应税固体废物进行综合利用的,应当符合工业和信息化部制定的工业固体废物综合利用评价管理规范。

4. 应税噪声按照超过国家规定标准的分贝数确定

应税噪声的应纳税额为超过国家规定标准分贝数对应的具体适用税额。噪声超标分贝数不是整数值的,按四舍五入取整。一个单位的同一监测点当月有多个监测数据超标的,以最高一次超标声级计算应纳税额;当沿边界长度超过100米有两处以上噪声超标,按两个单位计算应纳税额。一个单位有不同地点作业场所的,应当分别计算应纳税额,合并计征。昼、夜均超标的环境噪声,昼、夜分别计算应纳税额,累计计征。夜间频繁突发和夜间偶然突发厂界超标噪声,按等效声级和峰值噪声两种指标中超标分贝值最高的一项计算应纳税额。

(二) 计税依据的确定方法

应税大气污染物、水污染物、固体废物的排放量和噪声的分贝数,按照下列方法和顺序计算:

(1) 纳税人安装使用符合国家规定和监测规范的污染物自动监测设备的,按照污染物自动监测数据计算;

(2) 纳税人未安装使用污染物自动监测设备的,按照监测机构出具的符合国家有关规定和监测规范的监测数据计算;

(3) 因排放污染物种类多等原因不具备监测条件的,按照国务院生态环境主管部门规定的排污系数、物料衡算方法计算;

(4) 不能按照本条第一项至第三项规定的方法计算的,按照省、自治区、直辖市人民政府生态环境主管部门规定的抽样测算的方法核定计算。

为贯彻落实《中华人民共和国环境保护税法》,进一步规范因排放污染物种类多等原因不具备监测条件的排污单位应税污染物排放量计算方法,具体计算方法如下:

(1) 属于排污许可管理的排污单位,适用生态环境部发布的排污许可证申请与核发技术规范中规定的排(产)污系数、物料衡算方法计算应税污染物排放量;排污许可证申请与核发技术规范未规定相关排(产)污系数的,适用生态环境部发布的排放源统计调查制度规定的排(产)污系数方法计算应税污染物排放量。

(2) 不属于排污许可管理的排污单位,适用生态环境部发布的排放源统计调查制度规定的排(产)污系数方法计算应税污染物排放量。

上述情形中仍无相关计算方法的,由各省、自治区、直辖市生态环境主管部门结合本地实际情况,科学合理制定抽样测算方法。

(三) 应纳税额的计算

环境保护税应纳税额按照下列方法计算:
(1) 应税大气污染物的应纳税额为污染当量数乘以具体适用税额;
(2) 应税水污染物的应纳税额为污染当量数乘以具体适用税额;
(3) 应税固体废物的应纳税额为固体废物排放量乘以具体适用税额;
(4) 应税噪声的应纳税额为超过国家规定标准的分贝数对应的具体适用税额。

四、环境保护税的申报与缴纳

(一) 纳税义务发生时间

环境保护税纳税义务发生时间为纳税人排放应税污染物的当日。

(二) 纳税地点

纳税人应当向应税污染物排放地的税务机关申报缴纳环境保护税,应税污染物排放地是指:
(1) 应税大气污染物、水污染物排放口所在地;
(2) 应税固体废物产生地;
(3) 应税噪声产生地。

纳税人跨区域排放应税污染物,税务机关对税收征收管辖有争议的,由争议各方按照有利于征收管理的原则协商解决;不能协商一致的,报请共同的上级税务机关决定。

(三) 纳税期限

环境保护税按月计算,按季申报缴纳。不能按固定期限计算缴纳的,可以按次申报缴纳。

纳税人申报缴纳时,应当向税务机关报送所排放应税污染物的种类、数量,大气污染物、水污染物的浓度值,以及税务机关根据实际需要要求纳税人报送的其他纳税资料。

纳税人按季申报缴纳的,应当自季度终了之日起 15 日内,向税务机关办理纳税申报并缴纳税款。纳税人按次申报缴纳的,应当自纳税义务发生之日起 15 日内,向税务机关办理纳税申报并缴纳税款。

本章习题
扫描二维码
可下载。

第七章

房产税法、契税法和土地增值税法

【教学目标】
- 掌握房产税的含义、纳税人、征税对象与范围、计税依据与税率
- 了解契税的纳税人、征税范围、纳税申报与缴纳
- 了解土地增值税的立法原则
- 掌握土地增值税的纳税人、征税范围、税率及税额计算

【本章重点】
- 房产税的征税范围
- 土地增值税的征税范围、税率

【本章难点】
- 土地增值税的计算

第一节 房 产 税

一、房产税的概念

房产税是以房屋为征税对象,按照房屋的计税余值或租金收入,向产权所有人征收的一种财产税。

征收房产税有利于地方政府筹集财政收入,也有利于加强房产管理。

二、房产税的特点

现行房产税是在原计划经济体制和原房地产政策下恢复征收的,一方面,继承了过去城市房地产税的传统做法,另一方面,考虑了我国新旧体制转换过程中的某些特殊情况,因此,具有自身的特点。

(一)房产税属于财产税中的个别财产税

按征税对象的范围不同,财产税可以分为一般财产税与个别财产税。一般财产税也

称综合财产税,是对纳税人拥有的各类财产实行综合课征的税收。个别财产税也称单项财产税,是对纳税人拥有的土地、房屋、资本和其他财产分别课征的税收。房产税属于个别财产税,其征税对象只是房屋。

(二)限于征税范围内的经营性房屋

房产税在城市、县城、建制镇和工矿区范围内征收,不涉及农村。农村的房屋,大部分是农民居住用房,为了不增加农民负担,对坐落在农村的房屋没有纳入征税范围。另外,对某些拥有房屋,但自身没有纳税能力的单位,如国家拨付行政经费、事业经费和国防经费的单位自用的房屋、居民个人居住用房屋,税法也通过免税的方式将这类房屋排除在征税范围之外。

(三)区别房屋的经营使用方式规定不同的计税依据

拥有房屋的单位和个人,既可以将房屋用于经营自用和出典,又可以把房屋用于出租。房产税根据纳税人经营形式不同,对前一类房屋按房产计税余值征收,对后一类房屋按租金收入计税。

三、房产税的基本内容

(一)征税对象

房产税以房产为征税对象。所谓房产,就是指有屋面和围护结构(有墙或两边有柱),能够遮风避雨,可供人们在其中生产、学习、工作、娱乐、居住或储藏物资的场所。房地产开发企业建造的商品房,在出售前,不征收房产税;但对出售前房地产开发企业已使用或出租、出借的商品房应规定征收房产税。

(二)征税范围

房产税的征税范围为城市、县城、建制镇和工矿区。具体规定如下:
(1)城市。城市是指国务院批准设立的市。
(2)县城。县城是指县人民政府所在地。
(3)建制镇。建制镇是指经省、自治区、直辖市人民政府批准设立的建制镇。
(4)工矿区。工矿区是指工商业比较发达、人口比较集中、符合国务院规定的建制镇标准但尚未设立建制镇的大中型工矿企业所在地。开征房产税的工矿区需经省、自治区、直辖市人民政府批准。

房产税的征税范围不包括农村,这主要是为了减轻农民的负担。因为农村的房屋除农副业生产用房外,大部分是农民居住用房。对农村房屋不纳入房产税征税范围,有利于农业发展、繁荣农村经济、促进社会稳定。

(三)纳税义务人

房产税是向房屋产权所有人征收的一种财产税,以在征税范围内的房屋产权所有人为纳税人。其中：

(1) 产权属国家所有的,由经营管理单位纳税。

(2) 产权属集体和个人所有的,由集体单位和个人纳税。

(3) 产权出典的,由承典人纳税。

(4) 产权所有人、承典人不在房屋所在地的,或者产权未确定及租典纠纷未解决的,由房产代管人或者使用人纳税。

(5) 无租使用其他房产的问题。纳税单位和个人无租使用房产管理部门、免税单位及纳税单位的房产,应由使用人代为缴纳房产税。

(四)税率

我国现行房产税采用的是比例税率。由于房产税的计税依据分为从价计征和从租计征两种形式,所以房产税的税率也有两种：一是按房产原值一次减除10%～30%后的余值计征的,税率为1.2%；二是按房产出租的租金收入计征的,税率为12%。

自2008年3月1日起,对个人出租住房,不区分用途,按4%的税率征收房产税。对企事业单位、社会团体以及其他组织按市场价格向个人出租用于居住的住房,减按4%税率征收房产税。

(五)税收优惠

1. 减免税基本规定

依据《房产税暂行条例》及有关规定,下列房产免征房产税：

(1) 国家机关、人民团体、军队自用的房产。

人民团体,是指经国务院授权的政府部门批准设立或登记备案并由国家拨付行政事业费的各种社会团体。如从事广泛群众性社会活动的团体,从事文学艺术、美术、音乐、戏剧的文艺工作团体,从事某种专门学术研究团体,从事社会公益事业的社会公益团体,等等。

自用的房产,是指这些单位本身的办公用房和公务用房。

(2) 国家财政部门拨付事业经费的单位自用的房产。

事业单位自用的房产,是指这些单位本身的业务用房。

实行差额预算管理的事业单位,虽然有一定的收入,但收入不够本身经费开支的部分,还要由国家财政部门拨付经费补助。因此,实行差额预算管理的事业单位,也属于由国家财政部门拨付事业经费的单位,对其本身自用的房产免征房产税。

(3) 宗教寺庙、公园、名胜古迹自用的房产。

宗教寺庙自用的房产,是指举行宗教仪式等的房屋和宗教人员使用的生活用房屋。公园、名胜古迹自用的房产,是指供公共参观游览的房屋及其管理单位的办公用房屋。公园、名胜古迹中附设的营业单位,如影剧院、饮食部、茶社、照相馆等所使用的房产及出租的房产,应征收房产税。

(4) 个人拥有的非营业用的房产。

对个人所有的非营业用房产给予免税,当时主要是为了照顾我国城镇居民住房的实际状况,鼓励个人改善居住条件,配合城市住房制度的改革。但是,对个人所有的营业用房或出租等非自用的房产,应按照规定征收房产税。

2. 减免税特殊规定

经财政部和国家税务总局批准,下列房产可免征房产税:

(1) 企业办的各类学校、医院、托儿所、幼儿园自用的房产,免征房产税。

(2) 经有关部门鉴定,对毁损不堪居住的房屋和危险房屋,在停止使用后,可免征房产税。

(3) 自2004年8月1日起,对军队空余房产租赁收入暂免征收房产税;此前已征税款不予退还,未征税款不再补征。暂免征收房产税的军队空余房产,在出租时必须悬挂《军队房地产租赁许可证》,以备查验。

(4) 凡是在基建工地为基建工地服务的各种工棚、材料棚、休息棚和办公室、食堂、茶炉房、汽车房等临时性房屋,不论是施工企业自行建造还是由基建单位出资建造交施工企业使用的,在施工期间,一律免征房产税。但是,如果在基建工程结束以后,施工企业将这种临时性房屋交还或者估价转让给基建单位的,应当从基建单位接收的次月起,依照规定征收房产税。

(5) 自2004年7月1日起,纳税人因房屋大修导致连续停用半年以上的,在房屋大修期间免征房产税,免征税额由纳税人在申报缴纳房产税时自行计算扣除,并在《城镇土地使用税房产税税源明细表》及《城镇土地使用税房产税纳税申报表》中填列。

(6) 纳税单位与免税单位共同使用的房屋,按各自使用的部分划分,分别征收或免征房产税。

(7) 老年服务机构自用的房产暂免征收房产税。老年服务机构是指专门为老年人提供生活照料、文化、护理、健身等多方面服务的福利性、非营利性的机构,主要包括:老年社会福利院、敬老院(养老院)、老年服务中心、老年公寓(含老年护理院、康复中心、托老所)等。

(8) 自2001年1月1日起,对按政府规定价格出租的公有住房和廉租住房(包括企业和自收自支事业单位向职工出租的单位自有住房),房管部门向居民出租的公有住房,落实私房政策中带户发还产权并以政府规定租金标准向居民出租的私有住房等,暂免征收房产税。

暂免征收房产税的企业和自收自支事业单位向职工出租的单位自有住房,是指按照公有住房管理或纳入县级以上政府廉租住房管理的单位自有住房。

(9) 对房地产开发企业建造的商品房,在出售前不征收房产税。但对出售前房地产开发企业已使用或出租、出借的商品房应按规定征收房产税。

(10) 铁道部(现为中国铁路总公司)所属铁路运输企业自用的房产,继续免征房产税。地方铁路运输企业自用的房产,应缴纳的房产税比照铁道部(现为中国铁路总公司)所属铁路运输企业的政策执行。

(11) 为继续支持公共租赁住房(公租房)建设和运营,对公租房免征房产税。公租房经营管理单位应单独核算公租房租金收入,未单独核算的,不得享受免征房产税优惠政策。

(12) 自 2019 年 1 月 1 日至 2023 年 12 月 31 日，对为高校学生提供住宿服务，按照国家规定的收费标准收取住宿费的高校学生公寓免征房产税。

(13) 自 2019 年 1 月 1 日至 2023 年 12 月 31 日，对农产品批发市场、农贸市场（包括自有和承租）专门用于经营农产品的房产，暂免征收房产税。对同时经营其他产品的农产品批发市场和农贸市场使用的房产，按其他产品与农产品交易场地面积的比例确定征免房产税。

(14) 自 2019 年 1 月 1 日至 2023 年供暖期结束，对向居民供热收取采暖费的"三北"地区供热企业，为居民供热所使用的厂房免征房产税；对供热企业其他厂房，应当按照规定征收房产税。

对专业供热企业，按其向居民供热取得的采暖费收入占全部采暖费收入的比例，计算免征的房产税。

对兼营供热企业，视其供热所使用的厂房与其他生产经营活动所使用的厂房是否可以区分，按照不同方法计算免征的房产税。可以区分的，对其供热所使用厂房，按向居民供热取得的采暖费收入占全部采暖费收入的比例，计算免征的房产税。难以区分的，对其全部厂房，按向居民供热取得的采暖费收入占其营业收入的比例，计算免征的房产税。对自供热单位，按向居民供热建筑面积占总供热建筑面积的比例，计算免征供热所使用的厂房的房产税。

(15) 为推进国有经营性文化事业单位转企改制，对经营性文化事业单位由财政部门拨付事业经费的文化单位转制为企业，自转制注册之日起五年内对其自用房产免征房产税。2018 年 12 月 31 日之前已完成转制的企业，自 2019 年 1 月 1 日起，对其自用房产可继续免征 5 年房产税。

(16) 自 2019 年 1 月 1 日至 2021 年 12 月 31 日，由省、自治区、直辖市人民政府根据本地区实际情况，以及宏观调控需要确定，对增值税小规模纳税人可以在 50% 税额幅度内减征房产税。

(17) 自 2019 年 1 月 1 日至 2023 年 12 月 31 日，对商品储备管理公司及其直属库自用的承担商品储备业务的房产免征房产税。

(18) 自 2019 年 6 月 1 日至 2025 年 12 月 31 日，为社区提供养老、托育、家政等服务的机构自有或其通过承租、无偿使用等方式取得并用于提供社区养老、托育、家政服务的房产，免征房产税。

(19) 自 2018 年 1 月 1 日至 2023 年 12 月 31 日，对纳税人及其全资子公司从事大型民用客机发动机、中大功率民用涡轴涡桨发动机研制项目自用的科研、生产、办公房产，免征房产税。

(20) 自 2019 年 1 月 1 日至 2023 年 12 月 31 日，对纳税人及其全资子公司从事大型客机研制项目自用的科研、生产、办公房产免征房产税。

(21) 为支持农村饮水安全工程（以下称饮水工程）巩固提升，自 2019 年 1 月 1 日至 2023 年 12 月 31 日，对饮水工程运营管理单位自用的生产、办公用房产，免征房产税。饮水工程，是指为农村居民提供生活用水而建设的供水工程设施。饮水工程运营管理单位，是指负责饮水工程运营管理的自来水公司、供水公司、供水（总）站（厂、中心）、村集体、农民用水合作组织等单位。

对于既向城镇居民供水,又向农村居民供水的饮水工程运营管理单位,依据向农村居民供水量占总供水量的比例免征房产税。无法提供具体比例或所提供数据不实的,不得享受优惠政策。

(22) 对被撤销金融机构清算期间自有的或从债务方接收的房地产,免征房产税。

(23) 对东方资产管理公司接收港澳国际(集团)有限公司的房地产,免征应缴纳的房产税。

(24) 对青藏铁路公司及其所属单位自用的房产,免征房产税;对非自用的房产,照章征收房产税。

(25) 对公租房免征房产税。公租房经营管理单位应单独核算公租房租金收入,未单独核算的,不得享受免征房产税优惠政策。

(26) 自 2022 年 1 月 1 日至 2024 年 12 月 31 日,由省、自治区、直辖市人民政府根据本地区实际情况,依据"六税两费"优惠政策相关规定,对增值税小规模纳税人、小型微利企业和个体工商户可以在 50% 税额幅度内减征房产税。

四、房产税应纳税额的计算

(一) 计税依据

1. 对经营自用的房屋,以房产的计税余值为计税依据

所谓计税余值,就是指依照税法规定按房产原值一次减除 10%~30% 的损耗价值以后的余额。按照房产计税余值征税的,称为从价计征。《房产税暂行条例》规定,房产税依照房产原值一次减除 10%~30% 后计算缴纳。各地扣除比例由当地省、自治区、直辖市人民政府确定。

(1) 房产原值是指纳税人按照会计制度规定,在会计核算账簿"固定资产"科目中记载的房屋原价。

值得注意的是,自 2009 年 1 月 1 日起,对依照房产原值计税的房产,不论是否记载在会计账簿固定资产科目中,均应按照房屋原价计算缴纳房产税。房屋原价应根据国家有关会计制度规定进行核算。对纳税人未按国家会计制度规定核算并记载的,应按规定予以调整或重新评估。

自 2010 年 12 月 21 日起,对按照房产原值计税的房产,无论会计上如何核算,房产原值均应包含地价,包括为取得土地使用权支付的价款、开发土地发生的成本费用等。宗地容积率低于 0.5 的,按房屋建筑面积的 2 倍计算土地面积并据此确定计入房产原值的地价。

(2) 房产原值应包括与房屋不可分割的各种附属设备或一般不单独计算价值的配套设施。主要有暖气、卫生、通风、照明、煤气等设备及电梯、升降机、过道、晒台等。

自 2006 年 1 月 1 日起,为了维持和增加房屋的使用功能或使房屋满足设计要求,凡以房屋为载体,不可随意移动的附属设备和配套设施,如给排水、采暖、消防、中央空调、电气及智能化楼宇设备等,无论在会计核算中是否单独记账与核算,都应计入房产原值。

(3) 纳税人对原有房屋进行改建、扩建的,要相应增加房屋的原值。

2. 对于出租的房屋,以租金收入为计税依据

《房产税暂行条例》规定,房产出租的,以房产租金收入为房产税的计税依据。

所谓房产的租金收入,是房屋产权所有人出租房产使用权所得的报酬,包括货币收入和实物收入。如果是以劳务或者其他形式为报酬抵付房租收入的,应根据当地同类房产的租金水平,确定一个标准租金额从租计征。

对出租房产,租赁双方签订的租赁合同约定有免收租金期限的,免收租金期间由产权所有人按照房产原值缴纳房产税。

出租的地下建筑,按照出租地上房屋建筑的有关规定计算征收房产税。

3. 投资联营和融资租赁房产的计税依据

(1) 对投资联营的房产,在计征房产税时应予以区别对待。对于以房产投资联营,投资者参与投资利润分红,共担风险的,按房产余值作为计税依据计征房产税;对以房产投资,收取固定收入,不承担联营风险的,实际是以联营名义取得房产租金,应根据《房产税暂行条例》的有关规定由出租方按租金收入计缴房产税。

(2) 对融资租赁房屋的情况,由于租赁费包括购进房屋的价款、手续费、借款利息等,与一般房屋出租的"租金"内涵不同,且租赁期满后,当承租方偿还最后一笔租赁费时,房屋产权要转移到承租方。这实际是一种变相的分期付款购买固定资产的形式,所以在计征房产税时应以房产余值计算征收,自融资租赁合同约定开始日的次月起依照房产余值缴纳房产税。

4. 居民住宅区内业主共有的经营性房产计税依据

从2007年1月1日起,对居民住宅区内业主共有的经营性房产,由实际经营(包括自营和出租)的代管人或使用人缴纳房产税。其中自营的,依照房产原值减除10%~30%后的余值计征,没有房产原值或不能将业主共有房产与其他房产的原值准确划分开的,由房产所在地地方税务机关参照同类房产核定房产原值;出租的,依照租金收入计征。

5. 地下建筑物房产税应纳税额的计税依据

凡在房产税征收范围内的具备房屋功能的地下建筑,包括与地上房屋相连的地下建筑以及完全建在地面以下的建筑、地下人防设施等,均应当依照有关规定征收房产税。上述具备房屋功能的地下建筑是指有屋面和维护结构,能够遮风避雨,可供人们在其中生产、经营、工作、学习、娱乐、居住或储藏物资的场所。自用的地下建筑,按以下方式计税。

(1) 工业用途房产,以房屋原价的50%~60%作为应税房产原值。

$$应纳房产税的税额=应税房产原值\times[1-(10\%\sim30\%)]\times1.2\%$$

(2) 商业和其他用途房产,以房屋原价的70%~80%作为应税房产原值。

$$应纳房产税的税额=应税房产原值\times[1-(10\%\sim30\%)]\times1.2\%$$

房屋原价折算为应税房产原值的具体比例,由各省、自治区、直辖市和计划单列市财政和地方税务部门在上述幅度内自行确定。

对于与地上房屋相连的地下建筑,如房屋的地下室、地下停车场、商场的地下部分等,应将地下部分与地上房屋视为一个整体,按照地上房屋建筑的有关规定计征房产税。

(3) 出租的地下建筑物,按照出租地上房屋建筑的有关规定计算征税。

(二) 应纳税额的计算

房产税的计税依据有两种,与之相适应的应纳税额计算也分为两种:一是从价计征的计算;二是从租计征的计算。

1. 从价计征的计算

从价计征是按房产的原值减除一定比例后的余值计征,其计算公式为

$$应纳税额 = 应税房产原值 \times (1 - 扣除比例) \times 1.2\%$$

如前所述,房产原值是"固定资产"科目中记载的房屋原价,减除一定比例是省、自治区、直辖市人民政府规定的10%~30%的减除比例,计征的适用税率为1.2%。

【例7-1】 某省一企业2021年度自有房屋10栋,其中8栋用于生产经营,房产原值1 000万元,不包括冷暖通风设备60万元;2栋房屋租给某公司作经营用房,年租金收入50万元(不含增值税)。请计算该企业2021年应纳的房产税。(注:该省规定按房产原值一次扣除20%的余值计税)

(1) 自用房产应纳税额 = [(1 000 + 60) × (1 - 20%)] × 1.2% = 10.176(万元)

(2) 租金收入应纳税额 = 50 × 12% = 6(万元)

(3) 2021年应纳房产税额 = 10.176 + 6 = 16.176(万元)

2. 从租计征的计算

从租计征是按房产的租金收入计征,其计算公式为

$$应纳税额 = 租金收入 \times 12\%(或 4\%)$$

【例7-2】 某公司出租房屋10间,年租金收入为300 000元,适用税率为12%。计算其应纳房产税税额。

$$应纳税额 = 300\,000 \times 12\% = 36\,000(元)$$

五、房产税的申报与缴纳

(一) 纳税义务发生时间

纳税人将原有房产用于生产经营,从生产经营之月起缴纳房产税。

纳税人自行新建房屋用于生产经营,从建成之次月起缴纳房产税。

纳税人委托施工企业建设的房屋,从办理验收手续之次月起缴纳房产税。

纳税人购置新建商品房,自房屋交付使用之次月起缴纳房产税。

纳税人购置存量房,自办理房屋权属转移、变更登记手续、房地产权属登记机关签发房屋权属证书之次月起,缴纳房产税。

纳税人出租、出借房产,自交付出租、出借房产之次月起,缴纳房产税。

房地产开发企业自用、出租、出借本企业建造的商品房,自房屋使用或交付之次月起,缴纳房产税。

自2009年1月1日起,纳税人因房产的实物或权利状态发生变化而依法终止房产税

纳税义务的,其应纳税款的计算应截至房产的实物或权利状态发生变化的当月月末。

(二)纳税期限

房产税实行按年计算、分期缴纳的征收方法,具体纳税期限由省、自治区、直辖市人民政府确定。

(三)纳税地点

房产税在房产所在地缴纳。房产不在同一地方的纳税人,应按房产的坐落地点分别向房产所在地的税务机关纳税。

(四)纳税申报

房产税的纳税人应按照房产税暂行条例的有关规定,及时办理纳税申报,并如实填写《房产税纳税申报表》。

六、房产税的会计核算

为了核算企业应交的房产税,企业应设置"应交税费——应交房产税"科目。该科目的借方登记企业实际上缴的房产税,贷方登记应交的房产税,期末贷方余额反映企业尚未缴纳的房产税,期末借方余额反映企业预缴的房产税额。

纳税人期末按规定计算当期应纳房产税时,借记"税金及附加",贷记"应交税费——应交房产税";申报缴纳税款时,借记"应交税费——应交房产税"科目,贷记"银行存款"。因漏缴而补缴税款时,需做相应的账务处理。补缴税款时,借记"应交税费——应交房产税"科目,贷记"银行存款"科目;结转补缴税款时,借记"税金及附加"科目,贷记"应交税费——应交房产税"科目。

【例7-3】 某企业2008年年底,拥有经营性房产50 000平方米,固定资产账面原值为40 000 000元(税务机关核定的计税余值扣除比例为30%),其中用于对外出租的房屋3 000平方米,房产原值2 700 000元,每月收取租金20 000元。当地税务机关核定房产税每年征收一次。计算该企业当年应纳房产税,并做出相应的会计处理。

自用房屋房产税 = (40 000 000 - 2 700 000) × (1 - 30%) × 1.2% = 313 320(元)
房租收入应纳房产税 = 20 000 × 12 × 12% = 28 800(元)
应纳房产税总额 = 313 320 + 28 800 = 342 120(元)

根据上述资料,会计处理如下:
计提应纳房产税时:
借:税金及附加　　　　　　　　　　　　　　　342 120
　　贷:应交税费——应交房产税　　　　　　　　　　342 120
缴纳房产税时:
借:应交税费——应交房产税　　　　　　　　　342 120
　　贷:银行存款　　　　　　　　　　　　　　　　　342 120

第二节 契　　税

一、契税的概念

契税是以在中华人民共和国境内转移土地、房屋权属为征税对象，向产权承受人征收的一种财产税。征收契税有利于增加地方财政收入，有利于保护合法产权，避免产权纠纷。

二、契税特点

契税与其他税种相比，具有如下特点：

1. 属于财产转移税

契税以发生转移的不动产，即土地和房屋为征税对象，具有财产转移课税性质。土地、房屋产权未发生转移的，不征契税。

2. 由财产承受人缴纳

一般税种都确定销售者为纳税人，即卖方纳税。契税则属于土地、房屋产权发生交易过程中的财产税，由承受人纳税，即买方纳税。对买方征税的主要目的，在于承认不动产转移生效，承受人纳税以后，便可拥有转移过来的不动产产权或使用权，法律保护纳税人的合法权益。

三、契税的基本内容

（一）纳税义务人

契税的纳税义务人是境内转移土地、房屋权属，承受的单位和个人。境内是指中华人民共和国实际税收行政管辖范围内。土地、房屋权属是指土地使用权和房屋所有权。单位是指企业单位、事业单位、国家机关、军事单位和社会团体以及其他组织。个人是指个体经营者及其他个人，包括中国公民和外籍人员。

（二）征税对象

契税的征税对象是境内转移的土地、房屋权属。具体包括以下五项内容。

1. 国有土地使用权出让

国有土地使用权出让是指土地使用者向国家交付土地使用权出让费用，国家将国有土地使用权在一定年限内让与土地使用者的行为。

国有土地使用权出让，受让者应向国家缴纳出让金，以出让金为依据计算缴纳契税。不得因减免土地出让金而减免契税。

2. 土地使用权的转让

土地使用权的转让是指土地使用者以出售、赠与、交换或者其他方式将土地使用权转移给其他单位和个人的行为。土地使用权的转让不包括农村集体土地承包经营权的转移。

3. 房屋买卖

房屋买卖即以货币为媒介,出卖者向购买者过渡房产所有权的交易行为。以下几种特殊情况,视同买卖房屋。

(1) 以房产抵债或实物交换房屋。经当地政府和有关部门批准,以房抵债和实物交换房屋,均视同房屋买卖,应由产权承受人,按房屋现值缴纳契税。

对已缴纳契税的购房单位和个人,在未办理房屋权属变更登记前退房的,退还已纳契税;在办理房屋权属变更登记后退房的,不予退还已纳契税。

(2) 以房产作投资、入股。这种交易业务属房屋产权转移,应根据国家房地产管理的有关规定,办理房屋产权交易和产权变更登记手续,视同房屋买卖,由产权承受方按契税税率计算缴纳契税。

(3) 以自有房产作股本投入本人独资经营的企业,免纳契税。因为以自有的房地产投入本人独资经营的企业,产权所有人和使用人未发生变化,不需要办理房产变更手续,也不用办理契税手续。

(4) 买房拆料或翻建新房,应照章征收契税。

4. 房屋赠与

房屋的赠与是指房屋产权所有人将房屋无偿转让给他人所有。其中,将自己的房屋转交给他人的法人和自然人,称作房屋赠与人;接受他人房屋的法人和自然人,称为受赠人。房屋赠与的前提必须是产权无纠纷,赠与人和受赠人双方自愿。

5. 房屋交换

房屋交换是指房屋所有者之间互相交换房屋的行为。

(三) 税率

契税实行3%~5%的幅度税率。实行幅度税率是考虑到我国经济发展的不平衡,各地经济差别较大的实际情况。因此,各省、自治区、直辖市人民政府可以在3%~5%的幅度税率规定范围内,按照本地区的实际情况决定。

(四) 税收优惠

1. 契税优惠的一般规定

(1) 国家机关、事业单位、社会团体、军事单位承受土地、房屋用于办公、教学、医疗、科研和军事设施的,免征契税。

(2) 城镇职工按规定第一次购买公有住房,免征契税。

此外,财政部、国家税务总局规定:自2000年11月29日起,对各类或由单位购买的普通商品住房,经当地县以上人民政府房改部门批准、按照国家房改政策出售给本单位职工的,如属职工首次购买住房,均可免征契税。

(3) 对个人购买普通住房,且该住房属于家庭唯一住房的,减半征收契税。

(4) 对个人购买90平方米及以下普通住房,且该住房属于家庭唯一住房的,减按1%税率征收契税。

(5) 因不可抗力灭失住房而重新购买住房的,酌情减免。不可抗力是指自然灾害、战争等不能预见、不可避免并不能克服的客观情况。

（6）土地、房屋被县级以上人民政府征用、占用后，重新承受土地、房屋权属的，由省级人民政府确定是否减免。

（7）承受荒山、荒沟、荒丘、荒滩土地使用权，并用于农、林、牧、渔业生产的，免征契税。

（8）经外交部确认，依照我国有关法律规定以及我国缔结或参加的双边和多边条约或协定，应当予以免税的外国驻华使馆、领事馆、联合国驻华机构及其外交代表、领事官员和其他外交人员承受土地、房屋权属，免征契税。

（9）公租房经营单位购买住房作为公租房的，免征契税。

2．契税优惠的特殊规定

（1）企业公司制改造。非公司制企业，按照《中华人民共和国公司法》的规定，整体改建为有限责任公司或股份有限公司，或者有限责任公司整体改建为股份有限公司的，或者股份有限公司整体改建为有限责任公司，对改建后的公司承受原企业土地、房屋权属，免征契税。

非公司制国有独资企业或国有独资有限责任公司，以其部分资产与他人组建新公司，且该国有独资企业在新设公司中所占股份超过50%的，对新设公司承受该国有独资企业的土地、房屋权属，免征契税。

（2）企业股权重组转让。在股权转让中，单位、个人承受企业股权，企业土地、房屋权属不发生转移，不征收契税。

国有控股公司以部分资产投资组建新公司，且该国有控股公司占新公司股份超过85%的，对新公司承受该国有控股公司土地、房屋权属，免征契税。上述所称国有控股公司，是指国家出资额占有限责任公司资本总额超过50%，或国有股份占股份有限公司股本总额超过50%的公司。

（3）公司合并。两个或两个以上的公司，依据法律规定、合同约定，合并为一个公司，且原投资主体存续的，对其合并后的公司承受原合并各方的土地、房屋权属，免征契税。

（4）公司分立。公司依照法律规定、合同约定分设为两个或两个以上与原公司投资主体相同的公司，对派生方、新设方承受原公司土地、房屋权属，免征契税。

（5）企业出售。国有、集体企业出售，被出售企业法人予以注销，并且买受人按照《中华人民共和国劳动法》（以下简称《劳动法》）等国家有关法律法规政策妥善安置原企业全部职工，其中与原企业30%以上职工签订服务年限不少于3年的劳动用工合同的，对其承受所购企业的土地、房屋权属，减半征收契税；与原企业全部职工签订服务年限不少于3年的劳动用工合同的，免征契税。

（6）企业破产。企业依照有关法律、法规规定实施破产，债权人承受破产企业抵偿债务的土地、房屋权属，免征契税；对非债权人承受破产企业土地、房屋权属，凡按照《劳动法》等国家有关法律法规政策妥善安置原企业全部职工，与原企业全部职工签订服务年限不少于3年的劳动用工合同的，对其承受所购企业的土地、房屋权属，免征契税；与原企业超过30%的职工签订服务年限不少于3年的劳动用工合同的，减半征收契税。

四、契税应纳税额的计算

(一) 计税依据

契税的计税依据为不动产的价格。由于土地、房屋权属转移方式不同,定价方法不同,因而具体计税依据视不同情况而决定。

(1) 国有土地使用权出让、土地使用权出售、房屋买卖,以成交价格为计税依据。成交价格是指土地、房屋权属转移合同确定的价格,包括承受者应交付的货币、实物、无形资产或者其他经济利益。

(2) 土地使用权赠与、房屋赠与,由征收机关参照土地使用权出售、房屋买卖的市场价格核定。

(3) 土地使用权交换、房屋交换,为所交换的土地使用权、房屋的价格差额。也就是说,交换价格相等时,免征契税;交换价格不等时,由多交付的货币、实物、无形资产或者其他经济利益的一方缴纳契税。

(4) 以划拨方式取得土地使用权,经批准转让房地产时,由房地产转让者补交契税。计税依据为补交的土地使用权出让费用或者土地收益。

为了避免偷、逃税款,税法规定,成交价格明显低于市场价格并且无正当理由的,或者所交换土地使用权、房屋价格的差额明显不合理并且无正当理由的,征收机关可以参照市场价格核定计税依据。

(5) 房屋附属设施征收契税的依据。

① 不涉及土地使用权和房屋所有权转移变动的,不征收契税。

② 采取分期付款方式购买房屋附属设施土地使用权、房屋所有权的,应按合同规定的总价款计征契税。

③ 承受的房屋附属设施权属如为单独计价的,按照当地确定的适用税率征收契税;如与房屋统一计价的,适用与房屋相同的契税税率。

(6) 个人无偿赠与不动产行为(法定继承人除外),应对受赠人全额征收契税。在缴纳契税时,纳税人需提交经税务机关审核并签字盖章的《个人无偿赠与不动产登记表》,税务机关(或其他征收机关)应在纳税人的契税完税凭证上加盖"个人无偿赠与"印章,在《个人无偿赠与不动产登记表》中签字并将该表格留存。

(二) 应纳税额的计算

契税采用比例税率。当计税依据确定以后,应纳税额的计算比较简单。应纳税额的计算公式为

$$应纳税额 = 计税依据 \times 税率$$

【例 7-4】 居民甲有两套住房,将一套出售给居民乙,成交价格为 1 200 000 元;将另一套两室住房与居民丙交换成两处一室住房,并支付给丙换房差价款 300 000 元。试计算甲、乙、丙相关行为应缴纳的契税(假定税率为 4%)。

甲应缴纳契税 = 300 000 × 4% = 12 000(元)

乙应缴纳契税＝1 200 000×4％＝48 000（元）

丙不缴纳契税。

四、契税的申报与缴纳

（一）纳税义务发生时间

契税的纳税义务发生时间是纳税人签订土地、房屋权属转移合同的当天，或者纳税人取得其他具有土地、房屋权属转移合同性质凭证的当天。

（二）纳税期限

纳税人应当自纳税义务发生之日起10日内，向土地、房屋所在地的契税征收机关办理纳税申报，并在契税征收机关核定的期限内缴纳税款。

（三）纳税地点

契税在土地、房屋所在地的征收机关缴纳。

（四）征收管理

纳税人办理纳税事宜后，征收机关应向纳税人开具契税完税凭证。纳税人持契税完税凭证和其他规定的文件材料，依法向土地管理部门、房产管理部门办理有关土地、房屋的权属变更登记手续。土地管理部门和房产管理部门应向契税征收机关提供有关资料，并协助征收机关依法征收契税。

国家税务总局决定，各级征收机关要在2005年1月1日后停止代征委托，直接征收契税。另外，对已缴纳契税的购房单位和个人，在未办理房屋权属变更登记前退房的，退还已纳契税；在办理房屋权属变更登记之后退还的，不予退还已纳契税。

五、契税的会计核算

契税应纳税款，通过"应交税费——应交契税"科目进行核算。该科目的借方发生额，反映实际已纳的税款；贷方发生额，反映应缴纳的契税；期末余额在贷方，反映应交未交的契税。

企业取得土地使用权、房产所有权按规定缴纳的契税，借记"固定资产""无形资产""在建工程"等科目，贷记"应交税费——应交契税"科目。实际缴纳税款时，借记"应交税费——应交契税"科目，贷记"银行存款"科目。

企业也可以不通过"应交税费——应交契税"科目，实际缴纳税款时，借记"固定资产""无形资产""在建工程"等科目，贷记"银行存款"科目。

【例7-5】 某企业购入办公楼一栋，价值6 400 000元，当地政府规定契税税率为3％。计算该企业应交的契税，并做出相应的会计处理。

该企业应纳契税＝6 400 000×3％＝192 000（元）

根据上述资料，会计处理如下：

计算应交契税时：
借：固定资产　　　　　　　　　　　　　　192 000
　　贷：应交税费——应交契税　　　　　　　　　　192 000
实际缴纳契税时：
借：应交税费——应交契税　　　　　　　　192 000
　　贷：银行存款　　　　　　　　　　　　　　　　192 000

第三节　土地增值税

一、土地增值税的概念

土地增值税是对有偿转让国有土地使用权及地上建筑物和其他附着物产权，取得增值收入的单位和个人征收的一种税。

土地增值税法是指国家制定的用以调整土地增值税征收与缴纳之间权利及义务关系的法律规范。现行土地增值税的基本规范，是1993年12月13日国务院颁布的《中华人民共和国土地增值税暂行条例》(以下简称《土地增值税暂行条例》)。

征收土地增值税增强了政府对房地产开发和交易市场的调控，既有利于抑制炒买炒卖土地获取暴利的行为，也增加了国家财政收入。

二、土地增值税的基本内容

（一）纳税义务人

土地增值税的纳税义务人是转让国有土地使用权、地上的建筑物及其附着物并取得收入的单位和个人。

单位包括各类企业、事业单位、国家机关和社会团体及其他组织。个人包括个体工商户和自然人个人。概括起来，《土地增值税暂行条例》对纳税人的规定主要有以下四个特点。

（1）不论法人与自然人。即不论是企业、事业单位、国家机关、社会团体及其他组织，还是个人，只要有偿转让房地产，都是土地增值税的纳税人。

（2）不论经济性质。即不论是国有企业、集体企业、私营企业、个体经营者，还是联营企业、合资企业、合作企业、外商独资企业等，只要有偿转让房地产，都是土地增值税的纳税人。

（3）不论内资与外资企业、中国公民与外籍个人。土地增值税适用于涉外企业和个人。因此，不论是内资企业还是外商投资企业、外国驻华机构，也不论是中国公民、港澳台同胞、海外华侨，还是外国公民，只要有偿转让房地产，都是土地增值税的纳税人。

（4）不论部门。即不论是工业、农业、商业、学校、医院、机关等，只要有偿转让房地产，都是土地增值税的纳税人。

(二)土地增值税的征税范围

土地增值税是对转让国有土地使用权及其地上建筑物和附着物征收的。

1. 基本征税范围

土地增值税是对转让国有土地使用权及其地上建筑物和附着物的行为征税,不包括国有土地使用权出让所取得的收入。

国有土地使用权出让,是指国家以土地所有者的身份将土地使用权在一定年限内让与土地使用者,并由土地使用者向国家支付土地使用权出让金的行为,属于土地买卖的一级市场。土地使用权出让的出让方是国家,国家凭借土地的所有权向土地使用者收取土地的租金。出让的目的是实行国有土地的有偿使用制度,合理开发、利用、经营土地,因此,土地使用权的出让不属于土地增值税的征税范围。

土地增值税的基本范围包括以下几方面。

(1)转让国有土地使用权。国有土地,是指按国家法律规定属于国家所有的土地。出售国有土地使用权是指土地使用者通过出让方式,向政府缴纳了土地出让金,有偿受让土地使用权后,仅对土地进行通水、通电、通路和平整地面等土地开发,不进行房产开发,即所谓"将生地变熟地",然后直接将空地出售出去。

(2)地上的建筑物及其附着物连同国有土地使用权一并转让。"地上的建筑物"是指建于土地上的一切建筑物,包括地上地下的各种附属设施。"附着物"是指附着于土地上的不能移动或一经移动即遭损坏的物品。按照国家有关房地产法律和法规的规定,卖房的同时,土地使用权也随之发生转让。由于这种情况既发生了产权的转让又取得了收入,所以应纳入土地增值税的征税范围。

(3)存量房地产的买卖。存量房地产是指已经建成并已投入使用的房地产,其房屋所有人将房屋产权和土地使用权一并转让给其他单位和个人。这种行为按照国家有关的房地产法律和法规,应当到有关部门办理房产产权和土地使用权的转移变更手续;原土地使用权属于无偿划拨的,还应到土地管理部门补交土地出让金。

2. 具体情况判定

(1)合作建房。对于一方出土地,一方出资金,双方合作建房,建成后分房自用的,暂免征收土地增值税;建成后转让的,应征土地增值税。

(2)房地产交换。房地产交换,是指一方以房地产与另一方的房地产进行交换的行为。由于发生房地产交换行为的双方既发生了房产产权、土地使用权的转移,又取得了实物形态的收入,按照《土地增值税暂行条例》规定,属于土地增值税征税范围。但对个人之间互换自有居住用房地产的,经当地税务机关核实,可以免征土地增值税。

(3)房地产抵押。房地产抵押,是指房产的产权所有人、依法取得土地使用权的土地使用人作为债务人或第三人向债权人提供不动产作为清偿债务的担保而不转移房地产权属的法律行为。这种情况由于房产的产权、土地使用权在抵押期间并没有发生权属变更,房产的产权所有人、取得土地使用权的土地使用人仍拥有房地产的占有、使用、收益等权利,因此,在抵押期间不征收土地增值税。待抵押期满后,视该房地产是否转移产权来确定是否征收土地增值税。以房地产抵债而发生房地产产权转让的,属于土地增值税的征税范围。

(4) 房地产出租。房地产出租，是指房产的产权所有人、取得土地使用权的土地使用人，将房产、土地使用权租赁给承租人使用，由承租人向出租人支付租金的行为。房地产出租，出租人虽然取得了收入，但没有发生房产产权、土地使用权的转让，不属于土地增值税的征税范围。

(5) 房地产评估增值。房地产评估增值，是指企业在清产核资时对房地产进行重新评估而使其账面价值升值。虽然房地产在评估过程中增值，但是并没有发生房地产权属的转让，不属于土地增值税的征税范围。

(6) 国家收回国有土地使用权、征收地上建筑物及附着物。国家收回或征收的房地产，虽然发生了权属的变更，原房地产所有人也取得了收入，但按照《土地增值税暂行条例》的有关规定，免征土地增值税。

(7) 房地产的代建房行为。代建房，是指房地产开发公司代客户进行房地产开发，开发完成后向客户收取代建收入的行为。对于房地产开发公司而言，虽然取得了收入，但没有发生房地产权属的转移，其收入属于劳务收入性质，故不属于土地增值税的征税范围。

(8) 房地产的继承。房地产的继承，是指房产的原产权所有人、依照法律规定取得土地使用权的土地使用人死亡以后，由其继承人依法承受死者房产产权和土地使用权的民事法律行为。这种行为虽然发生了房地产的权属变更，但作为房产产权、土地使用权的原所有人（即被继承人）并没有因为权属变更而取得任何收入。因此，这种房地产的继承不属于土地增值税的征税范围。

(9) 房地产的赠与。房地产的赠与，是指房产所有人、土地使用权所有人将自己所拥有的房地产无偿地交给其他单位与个人的行为。房地产的赠与虽发生了房地产的权属变更，但作为房产所有人、土地使用权的所有人并没有因为权属的转让而取得任何收入。因此，房地产的赠与不属于土地增值税的征税范围。但是，不征收土地增值税的房地产赠与行为只包括以下两种情况：

① 房产所有人、土地使用权所有人将房屋产权、土地使用权赠与直系亲属或承担直接赡养义务人的行为。

② 房产所有人、土地使用权所有人通过中国境内非营利的社会团体、国家机关将房屋产权、土地使用权赠与教育、民政和其他社会福利、公益事业的行为。其中，社会团体是指中国青少年发展基金会、希望工程基金会、宋庆龄基金会、减灾委员会、中国红十字会、中国残疾人联合会、全国老年基金会、老区促进会，以及经民政部门批准成立的其他非营利的公益性组织。

(10) 土地使用者转让、抵押或置换土地。土地使用者转让、抵押或置换土地，无论其是否取得了该土地的使用权属证书，无论其在转让、抵押或置换土地过程中是否与对方当事人办理了土地使用权属证书变更登记手续，只要土地使用者享有占有、使用、收益或处分该土地的权利，且有合同等证据表明其实质转让、抵押或置换了土地并取得了相应的经济利益，土地使用者及其对方当事人应当依照税法规定缴纳土地增值税等相关税收。

(三)土地增值税税率

土地增值税实行四级超率累进税率,见表 7-1。

表 7-1 土地增值税四级超率累进税率表　　　　　　单位:%

级　数	增值额与扣除项目金额的比率	税　率	速算扣除系数
1	不超过 50% 的部分	30	0
2	超过 50%~100% 的部分	40	5
3	超过 100%~200% 的部分	50	15
4	超过 200% 的部分	60	35

(四)土地增值税税收优惠

1. 转让普通标准住宅,转让旧房作为改造安置住房、公租房的税收优惠

(1)纳税人建造普通标准住宅出售,增值额未超过扣除项目金额之和 20%(含 20%)的,免征土地增值税;增值额超过扣除项目金额之和 20% 的,应就其全部增值额按规定计税(包括未超过扣除项目金额 20% 的部分)。

普通标准住宅,是指按所在地一般民用住宅标准建造的居住用住宅。高级公寓、别墅、度假村等不属于普通标准住宅。从 2005 年 6 月 1 日起,享受优惠政策的住房原则上应同时满足以下条件:住宅小区建筑容积率在 1.0 以上,单套建筑面积在 120 平方米以下,实际成交价格低于同级别土地上住房平均交易价格的 1.2 倍。各省、自治区、直辖市要根据实际情况,制定本地区享受优惠政策普通住房的具体标准。允许单套建筑面积和价格标准适当浮动,但向上浮动的比例不得超过上述标准的 20%。普通标准住宅与其他住宅的具体划分界限由各省、自治区、直辖市人民政府规定。各直辖市和省会城市的具体标准要报建设部、财政部、国家税务总局备案。

对纳税人既建普通标准住宅,又建造其他房地产开发的,应分别核算增值额;不分别核算增值额或不能准确核算增值额的,其建造的普通标准住宅不适用该免税规定。

(2)企事业单位、社会团体以及其他组织转让旧房作为改造安置住房房源且增值额未超过扣除项目金额 20% 的,免征土地增值税。

改造安置住房是指相关部门和单位与棚户区被征收人签订的房屋征收(拆迁)补偿协议或棚户区改造合同(协议)中明确用于安置被征收人的住房或通过改建、扩建、翻建等方式实施改造的住房。

(3)对企事业单位、社会团体以及其他组织转让旧房作为公租房房源,且增值额未超过扣除项目金额 20% 的,免征土地增值税。

享受优惠政策的公租房,是指纳入省、自治区、直辖市、计划单列市人民政府及新疆生产建设兵团批准的公租房发展规划和年度计划,或者市、县人民政府批准建设(筹集),并按照《关于加快发展公共租赁住房的指导意见》(建保[2010]87 号)和市、县人民政府制定的具体管理办法进行管理的公租房。

2. 国家征收、收回的房地产的税收优惠

(1) 因国家建设需要依法征收、收回的房地产,免征土地增值税。

因国家建设需要依法征收、收回的房地产,是指因城市实施规划、国家建设的需要而被政府批准征收的房产或收回的土地使用权。

(2) 因城市实施规划、国家建设的需要而搬迁,由纳税人自行转让原房地产的,免征土地增值税。

因"城市实施规划"而搬迁,是指因旧城改造或因企业污染、扰民(指产生过量废气、废水、废渣和噪音,使城市居民生活受到一定危害),而由政府或政府有关主管部门根据已审批通过的城市规划确定进行搬迁的情况;因"国家建设的需要"而搬迁,是指因实施国务院、省级人民政府、国务院有关部委批准的建设项目而进行搬迁的情况。

3. 企业改制重组的税收优惠

根据《财政部 税务总局关于继续实施企业改制重组有关土地增值税政策的公告》(财政部 税务总局公告2021年第21号),为支持企业改制重组,优化市场环境,自2021年1月1日至2023年12月31日,实施以下土地增值税政策:

(1) 企业按照《中华人民共和国公司法》有关规定整体改制,包括非公司制企业改制为有限责任公司或股份有限公司,有限责任公司变更为股份有限公司,股份有限公司变更为有限责任公司,对改制前的企业将房地产转移、变更到改制后的企业,暂不征土地增值税。

整体改制,是指不改变原企业的投资主体,并承继原企业权利、义务的行为。

(2) 按照法律规定或者合同约定,两个或两个以上企业合并为一个企业,且原企业投资主体存续的,对原企业将房地产转移、变更到合并后的企业,暂不征土地增值税。

(3) 按照法律规定或者合同约定,企业分设为两个或两个以上与原企业投资主体相同的企业,对原企业将房地产转移、变更到分立后的企业,暂不征土地增值税。

(4) 单位、个人在改制重组时以房地产作价入股进行投资,对其将房地产转移、变更到被投资的企业,暂不征土地增值税。

(5) 上述改制重组有关土地增值税政策不适用于房地产转移任意一方为房地产开发企业的情形。

(6) 改制重组后再转让房地产并申报缴纳土地增值税时,对"取得土地使用权所支付的金额",按照改制重组前取得该宗国有土地使用权所支付的地价款和按国家统一规定缴纳的有关费用确定;经批准以国有土地使用权作价出资入股的,为作价入股时县级及以上自然资源部门批准的评估价格。按购房发票确定扣除项目金额的,按照改制重组前购房发票所载金额并从购买年度起至本次转让年度止每年加计5%计算扣除项目金额,购买年度是指购房发票所载日期的当年。

(7) 纳税人享受上述税收政策,应税务机关规定办理。

(8) 不改变原企业投资主体、投资主体相同,是指企业改制重组前后出资人不发生变动,出资人的出资比例可以发生变动;投资主体存续,是指原企业出资人必须存在于改制重组后的企业,出资人的出资比例可以发生变动。

(9) 企业改制重组过程中涉及的土地增值税尚未处理的,符合条件的可按上述规定执行。

4. 其他税收优惠

（1）对个人销售住房暂免征收土地增值税。

（2）2022年亚运会和亚残运会土地增值税税收优惠政策。

为支持筹办杭州2022年亚运会和亚残运会及其测试赛，对杭州亚运会组委会赛后出让资产取得的收入，免征土地增值税。

（3）三项国际综合运动会土地增值税税收优惠政策。

为支持筹办2020年晋江第18届世界中学生运动会、2020年三亚第6届亚洲沙滩运动会、2021年成都第31届世界大学生运动会等三项国际综合运动会，自2020年1月1日起，对组委会赛后出让资产取得的收入，免征土地增值税。

三、土地增值税应纳税额的计算

计算土地增值税应纳税额并不是直接对转让房地产所取得的收入征税，而是要对收入额减除国家规定的各项扣除项目金额后的余额计算征税（纳税人在转让房地产中获取的增值额）。因此，要计算增值额，首先必须确定应税收入和扣除项目。

（一）应税收入的确定

根据《土地增值税暂行条例》及《中华人民共和国土地增值税暂行条例实施细则》（以下简称《土地增值税暂行条例实施细则》）的规定，纳税人转让房地产取得的应税收入，应包括转让房地产的全部价款及有关的经济收益。从收入的形式来看，包括货币收入、实物收入和其他收入。

货币收入。货币收入是指纳税人转让房地产取得的现金、银行存款、支票、银行本票、汇票等各种信用票据和国库券、金融债券、企业债券、股票等有价证券。

实物收入。实物收入是指纳税人转让房地产取得的各种实物形态的收入。实物收入的价值不太容易确定，一般要对这些实物形态的财产进行估价。

其他收入。其他收入是指纳税人转让房地产取得的无形资产或具有财产价值的权利，如专利权、商标权、著作权、专有技术使用权、土地使用权、商誉等。这种类型的收入比较少见，其价值需要进行专门评估确定。

（二）扣除项目的确定

税法准予纳税人从转让收入额中减除的扣除项目包括以下几项。

1. 取得土地使用权所支付的金额

取得土地使用权所支付的金额包括两个方面。

（1）纳税人为取得土地使用权所支付的地价款。如果是以协议、招标、拍卖等出让方式取得土地使用权的，地价款为纳税人所支付的土地出让金；如果是以行政划拨方式取得土地使用权的，地价款为按照国家有关规定补交的土地出让金；如果是以转让方式取得土地使用权的，地价款为向原土地使用权人实际支付的地价款。

（2）纳税人在取得土地使用权时按国家统一规定缴纳的有关费用。系指纳税人在取得土地使用权过程中为办理有关手续,按国家统一规定缴纳的有关登记、过户手续费。

房地产开发企业为取得土地使用权所支付的契税,应视同"按国家统一规定缴纳的有关费用",计入"取得土地使用权所支付的金额"中扣除。

2. 房地产开发成本

房地产开发成本是指纳税人房地产开发项目实际发生的成本,包括土地征用及拆迁补偿费、前期工程费、建筑安装工程费、基础设施费、公共配套设施费、开发间接费用等。

(1) 土地征用及拆迁补偿费。土地征用及拆迁补偿费包括土地征用费、耕地占用税、劳动力安置费及有关地上和地下附着物拆迁补偿的净支出、安置动迁用房支出等。

(2) 前期工程费。前期工程费包括规划、设计、项目可行性研究和水文、地质、勘察、测绘、"三通一平"等支出。

(3) 建筑安装工程费。建筑安装工程费是指以出包方式支付给承包单位的建筑安装工程费,以自营方式发生的建筑安装工程费。

(4) 基础设施费。基础设施费包括开发小区内道路、供水、供电、供气、排污、排洪、通信、照明、环卫、绿化等工程的支出。

(5) 公共配套设施费。公共配套设施费包括不能有偿转让的开发小区内公共配套设施发生的支出。

(6) 开发间接费用。开发间接费用是指直接组织、管理开发项目发生的费用,包括工资、职工福利费、折旧费、修理费、办公费、水电费、劳动保护费、周转房摊销等。

3. 房地产开发费用

房地产开发费用是指与房地产开发项目有关的销售费用、管理费用和财务费用。根据现行财务会计制度的规定,这三项费用作为期间费用,直接计入当期损益,不按成本核算对象进行分摊。故作为土地增值税扣除项目的房地产开发费用,不按纳税人房地产开发项目实际发生的费用进行扣除,而按《土地增值税暂行条例实施细则》的标准进行扣除。

《土地增值税暂行条例实施细则》规定,财务费用中的利息支出,凡能够按转让房地产项目计算分摊并提供金融机构证明的,允许据实扣除,但最高不能超过按商业银行同类同期贷款利率计算的金额。其他房地产开发费用,按取得土地使用权所支付的金额和房地产开发成本之和的5%以内计算扣除。凡不能按转让房地产项目计算分摊利息支出或不能提供金融机构证明的,房地产开发费用按地价款和开发成本之和的10%以内计算扣除。计算扣除的具体比例,由各省、自治区、直辖市人民政府规定。

上述规定的具体含义如下:

纳税人能够按转让房地产项目计算分摊利息支出,并能提供金融机构的贷款证明的,其允许扣除的房地产开发费用为:利息+(取得土地使用权所支付的金额+房地产开发成本)×5%以内(注:利息最高不能超过按商业银行同类同期贷款利率计算的金额)。

纳税人不能按转让房地产项目计算分摊利息支出或不能提供金融机构贷款证明的,其允许扣除的房地产开发费用为

(取得土地使用权所支付的金额+房地产开发成本)×10%以内

全部使用自有资金,没有利息支出的,按照以上方法扣除。上述具体适用的比例按省级人民政府此前规定的比例执行。

房地产开发企业既向金融机构借款,又有其他借款的,其房地产开发费用计算扣除时不能同时适用上述两种办法。

土地增值税清算时,已经计入房地产开发成本的利息支出,应调整至财务费用中计算扣除。

此外,财政部、国家税务总局还对扣除项目金额中利息支出的计算问题做了两点专门规定:一是利息的上浮幅度按国家的有关规定执行,超过上浮幅度的部分不允许扣除;二是对于超过贷款期限的利息部分和加罚的利息不允许扣除。

4. 与转让房地产有关的税金

与转让房地产有关的税金是指在转让房地产时缴纳的增值税、城市维护建设税和印花税。因转让房地产缴纳的教育费附加,也可视同税金予以扣除。

土地增值税扣除项目涉及的增值税进项税额,允许在销项税额中计算抵扣的,不计入扣除项目;不允许在销项税额中计算抵扣的,可以计入扣除项目。

企业经营活动发生的印花税等相关税费,记在"税金及附加"科目核算,因此,包括房地产开发企业在内的纳税人在转让房地产环节缴纳的印花税,可以计入扣除项目。

对于个人购入房地产再转让的,其在购入环节缴纳的契税,由于已经包含在旧房及建筑物的评估价格之中,因此,计征土地增值税时,不另作为"与转让房地产有关的税金"予以扣除。

营改增后,房地产开发企业实际缴纳的城市维护建设税、教育费附加,凡能够按清算项目准确计算的,允许据实扣除。凡不能按清算项目准确计算的,则按该清算项目预缴增值税时实际缴纳的城市维护建设税、教育费附加扣除。

5. 其他扣除项目

对从事房地产开发的纳税人,允许按取得土地使用权时所支付的金额和房地产开发成本之和,加计20%扣除。

由于房地产开发项目从取得土地使用权后投入资金开发房地产,开发周期长,投入资金量大,为了给正常房地产开发以合理的投资回报,调动其从事房地产开发的积极性,准予其按取得土地使用权时所支付的金额和房地产开发成本之和,加计20%扣除。

此项优惠只适用于从事房地产开发的纳税人的房地产开发项目,除此之外的其他纳税人不适用该项优惠。

此外,对于县级及县级以上人民政府要求房地产开发企业在售房时代收的各项费用,可以根据代收费用是否计入房价和是否作为转让收入,确定能否扣除。①如果代收费用计入房价向购买方一并收取,则应作为转让房地产所取得的收入计税。相应地,在计算扣除项目金额时,代收费用可以扣除,但不得作为加计20%扣除的基数。②如果代收费用未计入房价中,而是在房价之外单独收取,则不作为转让房地产的收入征税。相应地,在计算增值额时,代收费用就不得在收入中扣除。

6. 旧房及建筑物的评估价格

纳税人转让旧房的,应按房屋及建筑物的评估价格、取得土地使用权所支付的地价款或出让金、按国家统一规定缴纳的有关费用和转让环节缴纳的税金作为扣除项目金额计征土地增值税。对取得土地使用权时未支付地价款或不能提供已支付的地价款凭据的,在计征土地增值税时不允许扣除。

旧房及建筑物的评估价格是指在转让已使用的房屋及建筑物时,由政府批准设立的房地产评估机构评定的重置成本价乘以成新度折扣率后的价格,评估价格须经当地税务机关确认。重置成本价的含义是对旧房及建筑物,按转让时的建材价格及人工费用计算,建造同样面积、同样层次、同样结构、同样建设标准的新房及建筑物所需花费的成本费用。成新度折扣率的含义是按旧房的新旧程度作一定比例的折扣。

对于转让旧房及建筑物,既没有评估价格,又不能提供购房发票的,地方税务机关可以根据《税收征收管理法》第三十五条的规定,实行核定征收。

(三) 增值额的确定

土地增值税纳税人转让房地产所取得的收入减除规定的扣除项目金额后的余额为增值额。准确核算增值额,还需要有准确的房地产转让收入额和扣除项目的金额。

(四) 应纳税额的计算方法

土地增值税以纳税人转让房地产取得的增值额为计税依据,按照规定的超率累进税率计算征收。应纳土地增值税税额可按增值额乘以适用的税率减去扣除项目金额乘以速算扣除系数的简便方法计算。

土地增值税税额 = 增值额 × 适用税率 − 扣除项目金额 × 速算扣除系数

增值额 = 收入额 − 扣除项目金额

增值率 = 增值额 ÷ 扣除项目金额 × 100%

根据增值率不同,土地增值税计算具体公式如下:

(1) 增值额未超过扣除项目金额50%

土地增值税税额 = 增值额 × 30%

(2) 增值额超过扣除项目金额50%未超过100%

土地增值税税额 = 增值额 × 40% − 扣除项目金额 × 5%

(3) 增值额超过扣除项目金额100%未超过200%

土地增值税税额 = 增值额 × 50% − 扣除项目金额 × 15%

(4) 增值额超过扣除项目金额200%

土地增值税税额 = 增值额 × 60% − 扣除项目金额 × 35%

公式中的5%、15%、35%为速算扣除系数。每级"增值额未超过扣除项目金额"的比例,均包括本比例数。

【例7-6】 2021年某房地产开发公司出售一幢已竣工验收的写字楼,应税收入总额为10 000万元。开发该写字楼有关支出为:支付地价款及各种费用1 000万元;房地产开发成本3 000万元;财务费用中的利息支出为500万元(可按转让项目计算分摊并提供金融机构证明),但其中有50万元属加罚的利息;转让环节缴纳的有关税费共计为555万元;该单位所在地政府规定的其他房地产开发费用计算扣除比例为5%。请计算该房地产开发公司出售该写字楼应纳的土地增值税税额。

(1) 取得土地使用权支付的地价款及有关费用为1 000万元。

(2) 房地产开发成本为 3 000 万元。

(3) 房地产开发费用 = 500 - 50 + (1 000 + 3 000) × 5% = 650(万元)

(4) 允许扣除的税费为 555 万元。

(5) 从事房地产开发的纳税人加计扣除 20%。

加计扣除额 = (1 000 + 3 000) × 20% = 800(万元)

(6) 扣除项目金额 = 1 000 + 3 000 + 650 + 555 + 800 = 6 005(万元)

(7) 增值额 = 10 000 - 6 005 = 3 995(万元)

(8) 增值率 = 3 995 ÷ 6 005 × 100% = 66.53%

(9) 应纳税额 = 3 995 × 40% - 6 005 × 5% = 1 297.75(万元)

四、土地增值税的申报与缴纳

由于房地产开发与转让周期较长,造成土地增值税征管难度大,应加强土地增值税的预征管理办法,预征率的确定要科学、合理。对已经实行预征办法的地区,可根据不同类型房地产的实际情况,确定适当的预征率。除保障性住房外,东部地区省份预征率不得低于 2%,中部和东北地区省份不得低于 1.5%,西部地区省份不得低于 1%。

(一) 纳税地点

土地增值税的纳税人应向房地产所在地主管税务机关办理纳税申报,并在税务机关核定的期限内缴纳土地增值税。房地产所在地是指房地产的坐落地。纳税人转让的房地产坐落在两个或两个以上地区的,应按房地产所在地分别申报纳税。

在实际工作中,纳税地点的确定又可分为以下两种情况。

1. 纳税人是法人的

当转让的房地产坐落地与其机构所在地或经营所在地一致时,则在办理税务登记的原管辖税务机关申报纳税即可。如果转让的房地产坐落地与其机构所在地或经营所在地不一致,则应在房地产坐落地所管辖的税务机关申报纳税。

2. 纳税人是自然人的

当转让的房地产坐落地与其居住所在地一致时,则在住所所在地税务机关申报纳税。当转让的房地产坐落地与其居住所在地不一致时,则在办理过户手续所在地的税务机关申报纳税。

(二) 纳税申报

土地增值税的纳税人应在转让房地产合同签订后的 7 日内,到房地产所在地主管税务机关办理纳税申报,并向税务机关提交房屋及建筑物产权、土地使用权证书,土地转让、房产买卖合同,房地产评估报告及其他与转让房地产有关的资料。

纳税人因经常发生房地产转让而难以在每次转让后申报的,经税务机关审核同意后,可以定期进行纳税申报,具体期限由税务机关根据相关规定确定。

纳税人因经常发生房地产转让而难以在每次转让后申报,是指房地产开发企业开发建造的房地产,因分次转让而频繁发生纳税义务,难以在每次转让后申报纳税的情况,土地增值税可按月或按各省、自治区、直辖市和计划单列市地方税务局规定的期限申报缴纳。纳税人选择定期申报方式的,应向纳税所在地的地方税务机关备案。定期申报方式确定后,一年之内不得变更。

此外,根据《土地增值税暂行条例实施细则》关于"纳税人在项目全部竣工结算前转让房地产取得的收入,可以预征土地增值税。具体办法由各省、自治区、直辖市地方税务局根据当地情况制定"的规定,对于纳税人预售房地产所取得的收入,凡当地税务机关规定预征土地增值税的,纳税人应当到主管税务机关办理纳税申报,并按规定比例预交,待办理决算后,多退少补。凡当地税务机关规定不预征土地增值税的,也应在取得收入时先到税务机关登记或备案。

五、土地增值税的会计核算

为了核算企业应交的土地增值税,企业应设置"应交税费——应交土地增值税"科目。

(一)房地产企业土地增值税的会计处理

房地产企业是指主要经营房地产买卖业务的企业,计提土地增值税时,借记"税金及附加"科目。兼营房地产业务的企业因转让房地产收入计提土地增值税时,借记"其他业务成本"科目,同时,贷记"应交税费——应交土地增值税"科目,实际上缴时,借记"应交税费——应交土地增值税"科目,贷记"银行存款"科目。

【例 7-7】 某房地产开发企业某月有偿转让高档公寓一栋,共取得销售收入 2 400 万元,开发房产的实际成本费用为 1 100 万元,缴纳税金及附加 144 万元。计算应交土地增值税,并做出相应的会计处理。

土地增值额 = 24 000 000 − (11 000 000 + 1 440 000) = 11 560 000(元)

增值率 = 11 560 000 ÷ (11 000 000 + 1 440 000) × 100% = 92.93%

应纳土地增值税 = 11 560 000 × 40% − (11 000 000 + 1 440 000) × 5%
= 4 002 000(元)

根据上述资料,会计处理如下:

计提土地增值税时:

借:税金及附加	4 002 000	
贷:应交税费——应交土地增值税		4 002 000

实际缴纳土地增值税时:

借:应交税费——应交土地增值税	4 002 000	
贷:银行存款		4 002 000

【例 7-8】 若【例 7-7】中的企业是兼营房地产业,计算企业应交土地增值税,并做出相应的会计处理。

会计处理如下:

计提土地增值税时:

借:其他业务成本	4 002 000	
贷:应交税费——应交土地增值税		4 002 000

实际缴纳土地增值税时：

借：应交税费——应交土地增值税　　　　　　　　4 002 000
　　贷：银行存款　　　　　　　　　　　　　　　　　　　4 002 000

（二）非房地产企业转让或销售房地产的土地增值税会计处理

（1）企业转让国有土地使用权连同地上已完工交付使用的建筑物及附着物时，在"固定资产""固定资产清理"等有关科目中反映。转让时，借记"固定资产清理""累计折旧"等科目，贷记"固定资产"科目；取得转让收入时，借记"银行存款"，贷记"固定资产清理"科目；计算土地增值税时，借记"固定资产清理"科目，贷记"应交税费——应交土地增值税"科目；上缴税款时，借记"应交税费——应交土地增值税"科目，贷记"银行存款"科目。

（2）企业转让国有土地使用权连同地上未竣工的建筑物及附着物，计算应交土地增值税时，借记"在建工程""专项工程支出""固定资产"等科目，贷记"应交税费——应交土地增值税"科目。

（3）企业转让以行政划拨方式取得的土地使用权连同地上建筑物及附着物，计算缴纳土地增值税时，借记"其他业务成本""固定资产清理"等科目，贷记"应交税费——应交土地增值税"科目。

【例7-9】　某兼营房地产业的企业转让一处房产的土地使用权及地上房产的产权，企业为取得该房产支付的成本、费用为40 000 000元，转让房产取得的收入为61 000 000元，支付税金及附加3 050 000元，房产累计折旧5 040 000元。计算该企业应缴纳的土地增值税，并做出相应的会计处理（城市维护建设税、教育费附加暂不考虑）。

土地增值额＝61 000 000－（40 000 000－5 040 000）－3 050 000
　　　　　＝22 990 000（元）

增值率＝22 990 000÷（40 000 000－5 040 000＋3 050 000）×100%
　　　＝22 990 000÷38 010 000×100%＝60.48%

应纳土地增值税＝22 990 000×40%－38 010 000×5%＝7 295 500（元）

根据上述资料，会计处理如下：

转让房地产时：

借：固定资产清理　　　　　　　　　　　　　　　34 960 000
　　累计折旧　　　　　　　　　　　　　　　　　　5 040 000
　　贷：固定资产　　　　　　　　　　　　　　　　　　40 000 000

收到转让收入时：

借：银行存款　　　　　　　　　　　　　　　　　61 000 000
　　贷：固定资产清理　　　　　　　　　　　　　　　　61 000 000

计算应交的土地增值税时：

借：固定资产清理　　　　　　　　　　　　　　　　7 295 500
　　贷：应交税费——应交土地增值税　　　　　　　　　7 295 500

上缴税费时：

借：应交税费——应交土地增值税　　　　　　　　　　7 295 500
　　贷：银行存款　　　　　　　　　　　　　　　　　　　　7 295 500

本章习题
扫描二维码
可下载。

第八章

车辆购置税法、车船税法和印花税法

【教学目标】
- 了解开展车船税的意义与立法原则
- 掌握车船税、印花税的纳税人、征税范围与计税方法

【本章重点】
- 车辆购置税、车船税和印花税征税范围的确定

【本章难点】
- 印花税计税依据的确定
- 车辆购置税应纳税额的计算

第一节 车辆购置税

一、车辆购置税的概念

车辆购置税是以在中国境内购置规定车辆为课税对象,在特定的环节向车辆购置者征收的一种税。就其性质而言,属于直接税范畴。

征收车辆购置税有利于合理筹集财政资金、规范政府行为、调节收入差距,也有利于配合打击车辆走私和维护国家权益。

二、车辆购置税的基本内容

(一)征税范围

车辆购置税的征税范围,是指在中华人民共和国境内购置应税车辆的行为。具体包括以下几种情况:

(1)购买自用,包括购买自用国产应税车辆和购买自用进口应税车辆。

(2)进口自用,指直接进口或者委托代理进口自用应税车辆的行为,不包括境内购买的进口车辆。

(3)受赠使用,受赠是指接受他人馈赠。对馈赠人而言,在缴纳车辆购置税前发生财

产所有权转移后,应税行为一同转移,其不再是纳税人;而作为受赠人在接受自用(包括接受免税车辆)后,就发生了应税行为,就要承担纳税义务。

(4) 自产自用,自产自用是指纳税人将自己生产的应税车辆作为最终消费品自己消费使用。

(5) 获奖自用,包括从各种奖励形式中取得并自用应税车辆的行为。

(6) 其他自用,指除上述以外其他方式取得并自用应税车辆的行为,如拍卖、抵债、走私、罚没等方式取得并自用的应税车辆。

车辆购置税的应税车辆包括汽车、有轨电车、汽车挂车、排气量超过150毫升的摩托车。地铁、轻轨等城市轨道交通车辆,装载机、平地机、挖掘机、推土机等轮式专用机械车,以及起重机(吊车)、叉车、电动摩托车,不属于应税车辆。

(二) 纳税义务人

车辆购置税的纳税人是指在我国境内购置应税车辆的单位和个人。即在中华人民共和国境内购置汽车、有轨电车、汽车挂车、排气量超过150毫升摩托车的单位和个人。

所称单位,包括国有企业、集体企业、私营企业、股份制企业、外商投资企业、外国企业以及其他企业,事业单位、社会团体、国家机关、部队以及其他单位。

所称个人,包括个体工商户及其他个人,既包括中国公民,又包括外国公民。

(三) 税率

车辆购置税实行统一比例税率,税率为10%。

(四) 税收优惠

我国车辆购置税法定减免税范围的具体规定:

(1) 依照法律规定应当予以免税的外国驻华使馆、领事馆和国际组织驻华机构及其有关人员自用车辆免税。

(2) 中国人民解放军和中国人民武装警察部队列入装备订货计划的车辆免税。

(3) 悬挂应急救援专用号牌的国家综合性消防救援车辆免税。

(4) 设有固定装置的非运输专用作业车辆免税。

(5) 城市公交企业购置的公共汽电车辆免税。

我国车辆购置税其他减免税规定:

(1) 回国服务的在外留学人员用现汇购买1辆个人自用国产小汽车免税。

(2) 长期来华定居的专家进口1辆自用小汽车免税。

(3) 防汛部门和森林消防部门用于指挥、检查、调度、报汛(警)、联络的由指定厂家生产的设有固定装置的指定型号的车辆免税。

第1项至第3项具体操作按照《财政部 国家税务总局关于防汛专用等车辆免征车辆购置税的通知》(财税[2001]39号)有关规定执行。

(4) 自2021年1月1日至2023年12月31日,继续对购置的新能源汽车免税。具体操作按照《财政部税务总局工业和信息化部关于新能源汽车免征车辆购置税有关政策的公告》(财政部公告 2020 年第 21 号)有关规定执行。2022 年 12 月 31 日前已列入《免征车辆购置税的新能源汽车车型目录》的新能源汽车免征车辆购置税政策继续有效。

(5) 自 2018 年 7 月 1 日至 2023 年 12 月 31 日,对购置挂车减半征收车辆购置税。具体操作按照《财政部 税务总局 工业和信息化部关于对挂车减征车辆购置税的公告》(财政部 公告 2018 年第 69 号)的有关规定执行。

(6) 中国妇女发展基金会"母亲健康快车"项目的流动医疗车免税。

(7) 北京 2022 年冬奥会和冬残奥会组织委员会新购置车辆免税。

(8) 原公安现役部队和原武警黄金、森林、水电部队改制后换发地方机动车牌证的车辆(公安消防、武警森林部队执行灭火救援任务的车辆除外),一次性免税。

(9) 农用三轮车免税。

根据国民经济和社会发展的需要,国务院可以规定减征或者其他免征车辆购置税的情形,报全国人民代表大会常务委员会备案。

三、车辆购置税应纳税额的计算

车辆购置税实行从价定率的方法计算应纳税额,计算公式为

$$应纳税额 = 计税依据 \times 税率$$

由于应税车辆的来源、应税行为的发生以及计税依据组成的不同,车辆购置税应纳税额的计算方法也有区别。

(一) 购买自用应税车辆应纳税额的计算

纳税人购买自用应税车辆的计税价格,为纳税人实际支付给销售者的全部价款,不包括增值税税款。

$$计税价格 = 全部价款 \div (1 + 增值税税率或征收率)$$

$$应纳税额 = 计税价格 \times 税率$$

【例 8-1】 宋某 2021 年 12 月份从某汽车有限公司购买一辆小汽车供自己使用,支付了含增值税税款在内的款项 226 000 元,另支付车辆装饰费 1 300 元。取得增值税普通发票。请计算宋某应纳车辆购置税。

纳税人购买自用的应税车辆,计税价格为纳税人购买应税车辆实际支付给销售者的全部价款,不包含增值税税款。支付的车辆装饰费为价外费用,不计入计税价格中。

车辆购置税税额计算:

$$计税依据 = 226\ 000 \div (1 + 13\%) = 200\ 000(元)$$

$$应纳税额 = 200\ 000 \times 10\% = 20\ 000(元)$$

(二) 进口自用应税车辆应纳税额的计算

纳税人进口自用的应税车辆应纳税额的计算公式为:

$$应纳税额 = (关税完税价格 + 关税 + 消费税) \times 税率$$

【例 8-2】 某外贸进出口公司 2021 年 12 月份,从国外进口 10 辆宝马公司生产的某型号小轿车。该公司报关进口这批小轿车时,经报关地海关对有关报关资料的审查,确定

关税完税价格为每辆 185 000 元人民币,海关按关税政策规定每辆征收了关税 203 500 元,并按消费税、增值税有关规定分别代征了每辆小轿车的进口消费税 11 655 元和增值税 66 045 元。由于联系业务需要,该公司将一辆小轿车留在本单位使用。根据以上资料,计算应纳车辆购置税。

$$计税依据 = 185\ 000 + 203\ 500 + 11\ 655 = 400\ 155(元)$$
$$应纳税额 = 400\ 155 \times 10\% = 40\ 015.5(元)$$

(三) 其他自用应税车辆应纳税额的计算

1. 纳税人自产自用应税车辆的计税价格

纳税人自产自用应税车辆的计税价格,按照纳税人生产的同类应税车辆的销售价格确定,不包括增值税税款;没有同类应税车辆销售价格的,按照组成计税价格确定。组成计税价格计算公式如下:

$$组成计税价格 = 成本 \times (1 + 成本利润率)$$

应征消费税的应税车辆,其组成计税价格中应加计消费税税额。上述公式中的成本利润率,由国家税务总局各省、自治区、直辖市和计划单列市税务局确定。

2. 纳税人以受赠、获奖或者其他方式取得自用应税车辆的计税价格

纳税人以受赠、获奖或者其他方式取得自用应税车辆的计税价格,按照购置应税车辆时相关凭证载明的价格确定,不包括增值税税款。其中,购置应税车辆时取得的相关凭证是指原车辆所有人购置或者以其他方式取得应税车辆时载明价格的凭证。无法提供相关凭证的,参照同类应税车辆市场平均交易价格确定其计税价格。原车辆所有人为车辆生产或者销售企业,未开具机动车销售统一发票的,按照车辆生产或者销售同类应税车辆的销售价格确定应税车辆的计税价格。无同类应税车辆销售价格的,按照组成计税价格确定应税车辆的计税价格。

根据《车辆购置税法》第七条规定,纳税人申报的应税车辆计税价格明显偏低,又无正当理由的,由税务机关依照《中华人民共和国税收征收管理法》的规定核定其应纳税额。

【例 8-3】 某客车制造厂 2020 年 9 月将自产的一辆 25 座客车,用于本厂后勤生活服务,该厂在办理车辆上牌落籍前,出具该车的发票注明金额为 28 000 元(不含增值税),并按此金额向主管税务机关申报纳税。经审核,同类型车辆的销售价格为 50 000 元(不含增值税)。该厂对作价问题提不出正当理由。请计算该车应纳的车辆购置税税额。

纳税人自产自用应税车辆的发票价格是 28 000 元,同类车辆销售价格为 50 000 元,应按同类型应税车辆的销售价格确定征税。

车辆购置税税额计算:

$$应纳税额 = 50\ 000 \times 10\% = 5\ 000(元)$$

(四) 特殊情形下自用应税车辆应纳税额的计算

(1) 已经办理免税、减税手续的车辆因转让、改变用途等原因不再属于免税、减税范围的,纳税人、纳税义务发生时间、应纳税额按以下规定执行:

① 发生转让行为的,受让人为车辆购置税纳税人;未发生转让行为的,车辆所有人为

车辆购置税纳税人。

② 纳税义务发生时间为车辆转让或者用途改变等情形发生之日。

③ 应纳税额计算公式如下：

应纳税额＝初次办理纳税申报时确定的计税价格×（1－使用年限×10%）×10%－已纳税额

应纳税额不得为负数。

使用年限的计算方法是，自纳税人初次办理纳税申报之日起至不再属于免税、减税范围的情形发生之日止。使用年限取整计算，不满一年的不计算在内。

（2）已征车辆购置税的车辆退回车辆生产或销售企业，纳税人申请退还车辆购置税的，应退税额计算公式如下：

$$应退税额＝已纳税额×（1－使用年限×10\%）$$

应退税额不得为负数。

使用年限的计算方法是，自纳税人缴纳税款之日起至申请退税之日止。

四、车辆购置税的申报与缴纳

根据《车辆购置税法》和《国家税务总局关于车辆购置税征收管理有关事项的公告》（国家税务总局公告2019年第26号），车辆购置税的征收规定如下：

车辆购置税实行一车一申报制度。车辆购置税实行一次性征收，购置已征车辆购置税的车辆，不再征收车辆购置税。

（一）纳税期限

车辆购置税的纳税义务发生时间为纳税人购置应税车辆的当日。购买自用应税车辆的为购买之日，即车辆相关价格凭证的开具日期。进口自用应税车辆的为进口之日，即《海关进口增值税专用缴款书》或者其他有效凭证的开具日期。自产、受赠、获奖或者以其他方式取得并自用应税车辆的为取得之日，即合同、法律文书或者其他有效凭证的生效或者开具日期。

纳税人应当自纳税义务发生之日起60日内申报缴纳车辆购置税。

（二）纳税地点

纳税人购置应税车辆，需要办理车辆登记的，向车辆登记地的主管税务机关申报纳税；不需要办理车辆登记的，单位纳税人向其机构所在地的主管税务机关申报纳税，个人纳税人向其户籍所在地或者经常居住地的主管税务机关申报纳税。

（三）纳税环节

车辆购置税是对应税车辆的购置行为课征，征税环节选择在车辆的最终消费环节。具体而言，纳税人应当在向公安机关交通管理部门办理车辆注册登记前，缴纳车辆购置税。

公安机关交通管理部门办理车辆注册登记，应当根据税务机关提供的应税车辆完税或者免税电子信息对纳税人申请登记的车辆信息进行核对，核对无误后依法办理车辆注册登记。

(四) 纳税申报程序

纳税人办理纳税申报时应如实填写《车辆购置税纳税申报表》,同时提供车辆合格证明和车辆相关价格凭证。

(1) 车辆合格证明。车辆合格证明,是指整车出厂合格证或者《车辆电子信息单》。

(2) 车辆相关价格凭证。车辆相关价格凭证,是指境内购置车辆为机动车销售统一发票或者其他有效凭证;进口自用车辆为《海关进口关税专用缴款书》或者海关进出口货物征免税证明,属于应征消费税车辆的还包括《海关进口消费税专用缴款书》。

(3) 自2019年6月1日起,纳税人在全国范围内办理车辆购置税纳税业务时,税务机关不再打印和发放纸质车辆购置税完税证明。纳税人办理完成车辆购置税纳税业务后,在公安机关交通管理部门办理车辆注册登记时,不需要向公安机关交通管理部门提交纸质车辆购置税完税证明。

(4) 自2019年7月1日起,纳税人在全国范围内办理车辆购置税补税、完税证明换证或者更正等业务时,税务机关不再出具纸质车辆购置税完税证明。纳税人如需纸质车辆购置税完税证明,可向主管税务机关提出,由主管税务机关打印《车辆购置税完税证明(电子版)》,亦可自行通过本省(自治区、直辖市和计划单列市)电子税务局等官方互联网平台查询和打印。

(五) 退税制度

已经缴纳车辆购置税的,纳税人向原征收机关申请退税时,应当如实填报《车辆购置税退税申请表》,提供纳税人身份证明,并区别不同情形提供相关资料。

(1) 纳税人身份证明。单位纳税人身份证明是指《统一社会信用代码证书》,或者营业执照,或者其他有效机构证明;个人纳税人身份证明是指居民身份证,或者居民户口簿,或者入境的身份证件。

(2) 车辆退回生产企业或者销售企业的,提供生产企业或者销售企业开具的退车证明和退车发票。

(3) 其他依据法律法规规定应当退税的,根据具体情形提供相关资料。

根据《国家税务总局关于应用机动车销售统一发票电子信息办理车辆购置税业务的公告》(国家税务总局公告2020年第3号)规定,上海市、江苏省、浙江省、宁波市四个地区自2020年2月1日起,全国其他地区自2020年6月1日起,纳税人购置并已完税的应税车辆,在申请车辆购置税退税时,税务机关核对纳税人提供的退车发票与发票电子信息无误后,按规定办理退税;核对不一致的,纳税人换取合规的发票后,依法办理退税申报;没有发票电子信息的,销售方向税务机关传输有效发票电子信息后,纳税人依法办理退税申报。

五、车辆购置税的会计核算

企业购置(包括购买、进口、自产、受赠、获奖或以其他方式取得并自用)应税车辆,按规定缴纳的车辆购置税,借记"固定资产"等科目,贷记"银行存款"科目。企业购置的减税、免税车辆改制后用途发生变化的,按规定应补缴的车辆购置税,借记"固定资产"科目,贷记"银行存款"科目。

【例 8-4】 某企业当期进口小汽车一辆,海关到岸价格为 60 000 美元,当日美元兑人民币的外汇牌价为 1:6.84,进口关税税率为 50%,消费税税率为 8%,增值税税率为 16%。另外在国内购进一辆小汽车,含税价款 232 000 元。计算该企业应缴纳的车辆购置税,并做出相应的会计处理。

进口小汽车的完税价格 = (6.84 × 60 000 + 6.84 × 60 000 × 50%) × (1 + 8%)
　　　　　　　　　　 = (410 400 + 205 200) × (1 + 8%) = 664 848(元)

进口小汽车应纳车辆购置税 = 664 848 × 10% = 66 484.8(元)

国内购车的计税价格 = 232 000 ÷ (1 + 16%) = 200 000(元)

国内购车应纳车辆购置税 = 200 000 × 10% = 20 000(元)

企业应缴纳车辆购置税 = 66 484.8 + 20 000 = 86 484.8(元)

根据上述资料,缴纳车辆购置税时,会计处理如下。

购入车辆时:

借:固定资产——小汽车　　　　　　　　　　　　　　　86 484.8
　　贷:应交税费——应交车辆购置税　　　　　　　　　　86 484.8

实际缴纳时:

借:应交税费——应交车辆购置税　　　　　　　　　　　86 484.8
　　贷:银行存款　　　　　　　　　　　　　　　　　　　86 484.8

第二节　车　船　税

一、车船税的概念

车船税是以车船为征税对象,向拥有车船的单位和个人征收的一种税。征收车船税有利于为地方政府筹集财政资金,有利于车船的管理和合理配置,也有利于调节财富差异。

二、车船税的基本内容

(一)征税范围

车船税的征税范围是指在中华人民共和国境内属于车船税法所附《车船税税目税额表》规定的车辆、船舶。

车辆、船舶是指:依法应当在车船管理部门登记的机动车辆和船舶;依法不需要在车船管理部门登记、在单位内部场所行驶或者作业的机动车辆和船舶。

上述所称车船管理部门,是指公安、交通运输、农业、渔业、军队、武装警察部队等依法具有车船登记管理职能的部门;单位,是指依照中国法律、行政法规规定,在中国境内成立的行政机关、企业、事业单位、社会团体以及其他组织。

（二）纳税义务人

车船税的纳税义务人，是指在中华人民共和国境内，车辆、船舶（以下简称"车船"）的所有人或者管理人，应当依照《车船税法》的规定缴纳车船税。

（三）税目与税率

车船税实行定额税率。定额税率，也称固定税额，是税率的一种特殊形式。定额税率计算简便，适宜从量计征的税种。车船税的适用税额，依照车船税法所附的《车船税税目税额表》执行。

车辆的具体适用税额由省、自治区、直辖市人民政府依照车船税法所附《车船税税目税额表》规定的税额幅度和国务院的规定确定。

船舶的具体适用税额由国务院在车船税法所附《车船税税目税额表》规定的税额幅度内确定。

车船税采用定额税率，即对征税的车船规定单位固定税额。车船税确定税额总的原则是：非机动车船的税负轻于机动车船；人力车的税负轻于畜力车；小吨位船舶的税负轻于大船舶。由于车辆与船舶的行驶情况不同，车船税的税额也有所不同（表8-1）。

表8-1 车船税税目税额表

目 录		计税单位	年基准税额（元）	备 注
乘用车按发动机气缸容量（排气量）分档	1.0升（含）以下的	每辆	60～360	核定载客人数9人（含）以下
	1.0升以上至1.6升（含）的		300～540	
	1.6升以上至2.0升（含）的		360～660	
	2.0升以上至2.5升（含）的		660～1 200	
	2.5升以上至3.0升（含）的		1 200～2 400	
	3.0升以上至4.0升（含）的		2 400～3 600	
	4.0升以上的		3 600～5 400	
商用车	客车	每辆	480～1 440	核定载客人数9人（包括电车）以上
	货车	整备质量每吨	16～120	包括半挂牵引车、挂车、客货两用汽车、三轮汽车和低速载货汽车等。挂车按照货车税额的50%计算
其他车辆	专用作业车	整备质量每吨	16～120	不包括拖拉机
	轮式专用机械车	整备质量每吨	16～120	
摩托车		每辆	36～180	

续表

目 录		计税单位	年基准税额(元)	备 注
船舶	机动船舶	净吨位每吨	3～6	拖船、非机动驳船分别按照机动船舶税额的50%计算；游艇的税额另行规定
	游艇	艇身长度每米	600～2 000	

(1) 机动船舶，具体适用税额为：

① 净吨位小于或者等于200吨的，每吨3元；

② 净吨位20～2 000吨的，每吨4元；

③ 净吨位2 001～10 000吨的，每吨5元；

④ 净吨位10 001吨及以上的，每吨6元。

拖船按照发动机功率每1千瓦折合净吨位0.67吨计算征收车船税。

(2) 游艇，具体适用税额为：

① 艇身长度不超过10米的游艇，每米600元；

② 艇身长度超过10米但不超过18米的游艇，每米900元；

③ 艇身长度超过18米但不超过30米的游艇，每米1 300元；

④ 艇身长度超过30米的游艇，每米2 000元；

⑤ 辅助动力帆艇，每米600元。

游艇艇身长度是指游艇的总长。

(3)《车船税税目税额表》中车辆、船舶的含义如下：

① 乘用车，是指在设计和技术特性上主要用于载运乘客及随身行李，核定载客人数包括驾驶员在内不超过9人的汽车。

② 商用车，是指除乘用车外，在设计和技术特性上用于载运乘客、货物的汽车，划分为客车和货车。

③ 半挂牵引车，是指装备有特殊装置用于牵引半挂车的商用车。

④ 三轮汽车，是指最高设计车速不超过每小时50公里，具有三个车轮的货车。

⑤ 低速载货汽车，是指以柴油机为动力，最高设计车速不超过每小时70公里，具有四个车轮的货车。

⑥ 挂车，是指就其设计和技术特性需由汽车或者拖拉机牵引才能正常使用的一种无动力的道路车辆。

⑦ 专用作业车，是指在其设计和技术特性上用于特殊工作的车辆。

⑧ 轮式专用机械车，是指有特殊结构和专门功能，装有橡胶车轮可以自行行驶，最高设计车速大于每小时20公里的轮式工程机械车。

⑨ 摩托车，是指无论采用何种驱动方式，最高设计车速大于每小时50公里，或者使用内燃机，其排量大于50毫升的两轮或者三轮车辆。

⑩ 船舶，是指各类机动、非机动船舶以及其他水上移动装置，但是船舶上装备的救生艇筏和长度小于5米的艇筏除外。其中，机动船舶是指用机器推进的船舶；拖船是指专门

用于拖(推)动运输船舶的专业作业船舶;非机动驳船,是指在船舶登记管理部门登记为驳船的非机动船舶;游艇是指具备内置机械推进动力装置,长度在90米以下,主要用于游览观光、休闲娱乐、水上体育运动等活动,并应当具有船舶检验证书和适航证书的船舶。

(4)《车船税法》及其实施条例所涉及的排气量、整备质量、核定载客人数、净吨位、千瓦、艇身长度,以车船登记管理部门核发的车船登记证书或者行驶证所载数据为准。依法不需要办理登记、依法应当登记而未办理登记或者不能提供车船登记证书、行驶证的车船,以车船出厂合格证明或者进口凭证相应项目标注的技术参数、数据为准;不能提供车船出厂合格证明或者进口凭证的,由主管税务机关参照国家相关标准核定,没有国家相关标准的参照同类车船核定。

(5)其他相关规定。根据《国家税务总局关于车船税征管若干问题的公告》(国家税务总局公告2013年第42号)规定,自2013年9月1日起,车船税的具体处理按以下规定执行:

① 专用作业车的认定。《车船税税目税额表》中的专用作业车,是指在设计和技术特性上用于特殊工作,并装置有专用设备或器具的汽车,应认定为专用作业车,如汽车起重机、消防车、混凝土泵车、清障车、高空作业车、洒水车、扫路车等。以载运人员或货物为主要目的的专用汽车,如救护车,不属于专用作业车。

② 税务机关核定客货两用车的征税问题。客货两用车,又称多用途货车,是指在设计和结构上主要用于载运货物,但在驾驶员座椅后带有固定或折叠式座椅,可运载3人以上乘客的货车。客货两用车依照货车的计税单位和年基准税额计征车船税。

③ 车船税应纳税额计算的其他规定。

a.《车船税法》及其实施条例涉及的整备质量、净吨位、艇身长度等计税单位,有尾数的一律按照含尾数的计税单位据实计算车船税应纳税额。计算得出的应纳税额小数点后超过两位的可四舍五入保留两位小数。

b.乘用车以车辆登记管理部门核发的机动车登记证书或者行驶证书所载的排气量毫升数确定税额区间。

④ 车船因质量问题发生退货时的退税。已经缴纳车船税的车船,因质量原因,车船被退回生产企业或者经销商的,纳税人可以向纳税所在地的主管税务机关申请退还自退货月份起至该纳税年度终了期间的税款。退货月份以退货发票所载日期的当月为准。

⑤ 扣缴义务人代收代缴后车辆登记地主管税务机关不再征收车船税。纳税人在购买机动车交通事故责任强制保险(以下简称"交强险")时,由扣缴义务人代收代缴车船税的,凭注明已收税款信息的"交强险"保险单,车辆登记地的主管税务机关不再征收该纳税年度的车船税。再次征收的,车辆登记地主管税务机关应予退还。

⑥ 扣缴义务人代收代缴欠缴税款滞纳金的起算时间。车船税扣缴义务人代收代缴欠缴税款的滞纳金,从各省、自治区、直辖市人民政府规定的申报纳税期限截止日期的次日起计算。

⑦ 境内外租赁船舶征收车船税的问题。境内单位和个人租入外国籍船舶的,不征收车船税。境内单位和个人将船舶出租到境外的,应依法征收车船税。

(四) 税收优惠

1. 减免税基本规定

(1) 捕捞、养殖渔船免征车船税。捕捞、养殖渔船,是指在渔业船舶登记管理部门登记为捕捞船或者养殖船的船舶。

(2) 军队、武装警察部队专用的车船免征车船税。军队、武装警察部队专用的车船,是指按照规定在军队、武装警察部队车船登记管理部门登记并领取军队、武警牌照的车船。

(3) 警用车船免征车船税。警用车船,是指公安机关、国家安全机关、监狱、劳动教养管理机关和人民法院、人民检察院领取警用牌照的车辆和执行警务的专用船舶。

(4) 悬挂应急救援专用号牌的国家综合性消防救援车辆和国家综合性消防救援专用船舶免征车船税。

(5) 对依照法律规定应当予以免税的外国驻华使领馆、国际组织驻华代表机构及其有关人员的车船免征车船税。

(6) 对节约能源、使用新能源的车船可以减征或者免征车船税。免征或者减半征收车船税的车船的范围,由国务院财政、税务主管部门商国务院有关部门制订,报国务院批准。

(7) 对受严重自然灾害影响纳税困难以及有其他特殊原因确需减税、免税的,可以减征或者免征车船税。具体减免期限和数额由省、自治区、直辖市人民政府确定,报国务院备案。

(8) 省、自治区、直辖市人民政府根据当地实际情况,可以对公共交通车船,农村居民拥有并主要在农村地区使用的摩托车、三轮汽车和低速载货汽车定期减征或者免征车船税。

2. 减免税特殊规定

(1) 经批准临时入境的外国车船和香港特别行政区、澳门特别行政区、台湾地区的车船,不征收车船税。

(2) 按照规定缴纳船舶吨税的机动船舶,自《车船税法》实施之日起 5 年内免征车船税。

(3) 机场、港口内部行驶或作业的车船,自《车船税法》实施之日起 5 年内免征车船税。

(4) 国家综合性消防救援车辆由部队号牌改挂应急救援专用号牌的,一次性免征改挂当年车船税。

3. 节能、新能源车船减免:

(1) 对节能汽车,减半征收车船税。

减半征收车船税的节能乘用车应同时符合以下标准:

① 获得许可在中国境内销售的排量为 1.6 升以下(含 1.6 升)的燃用汽油、柴油的乘用车(含非插电式混合动力、双燃料和两用燃料乘用车)。

② 综合工况燃料消耗量应符合标准。

减半征收车船税的节能商用车应同时符合以下标准：

① 获得许可在中国境内销售的燃用天然气、汽油、柴油的轻型和重型商用车（含非插电式混合动力、双燃料和两用燃料轻型和重型商用车）。

② 燃用汽油、柴油的轻型和重型商用车综合工况燃料消耗量应符合标准。

（2）对新能源车船，免征车船税。

免征车船税的新能源汽车是指纯电动商用车、插电式（含增程式）混合动力汽车、燃料电池商用车。纯电动乘用车和燃料电池乘用车不属于车船税征税范围，对其不征车船税。

免征车船税的新能源汽车应同时符合以下标准：

① 获得许可在中国境内销售的纯电动商用车、插电式（含增程式）混合动力汽车、燃料电池商用车。

② 符合新能源汽车产品技术标准。

③ 通过新能源汽车专项检测，符合新能源汽车标准。

④ 新能源汽车生产企业或进口新能源汽车经销商在产品质量保证、产品一致性、售后服务、安全监测、动力电池回收利用等方面符合相关要求。

免征车船税的新能源船舶应符合以下标准：

船舶的主推进动力装置为纯天然气发动机。发动机采用微量柴油引燃方式且引燃油热值占全部燃料总热值的比例不超过5%，视同纯天然气发动机。

（3）符合上述第1条、第2条标准的节能、新能源汽车，由工业和信息化部、国家税务总局不定期联合发布《享受车船税减免优惠的节约能源使用新能源汽车车型目录》予以公告。

三、车船税应纳税额的计算

纳税人按照纳税地点所在的省、自治区、直辖市人民政府确定的具体适用税额缴纳车船税。

（1）购置的新车船，购置当年的应纳税额自纳税义务发生的当月起按月计算。计算公式为

$$应纳税额 = (年应纳税额 \div 12) \times 应纳税月份数$$

（2）在一个纳税年度内，已完税的车船被盗抢、报废、灭失的，纳税人可以凭有关管理机关出具的证明和完税证明，向纳税所在地的主管税务机关申请退还自被盗抢、报废、灭失月份起至该纳税年度终了期间的税款。

（3）已办理退税的被盗抢车船，失而复得的，纳税人应当从公安机关出具相关证明的当月起计算缴纳车船税。

（4）已缴纳车船税的车船在同一纳税年度内办理转让过户的，不另纳税，也不退税。

【例8-5】 某运输公司拥有货车15辆（货车整备质量全部为10吨），乘人大客车20辆，小客车10辆。计算该公司应纳车船税。

（注：载货汽车每吨年税额80元，乘人大客车每辆年税额800元，小客车每辆年税额700元）

应纳税额：

载货汽车应纳税额＝15×10×80＝12 000(元)
乘人大客车应纳税额＝20×800＋10×700＝23 000(元)
全年应纳车船税额＝12 000＋23 000＝35 000(元)

四、车船税的申报与缴纳

(一)纳税期限

车船税纳税义务发生时间为取得车船所有权或者管理权的当月。以购买车船的发票或其他证明文件所载日期的当月为准。

(二)纳税地点

车船税的纳税地点为车船的登记地或者车船税扣缴义务人所在地。依法不需要办理登记的车船,车船税的纳税地点为车船的所有人或者管理人所在地。

扣缴义务人代收代缴车船税的,纳税地点为扣缴义务人所在地。

纳税人自行申报缴纳车船税的,纳税地点为车船登记地的主管税务机关所在地。

依法不需要办理登记的车船,纳税地点为车船所有人或者管理人主管税务机关所在地。

(三)纳税申报

车船税按年申报,分月计算,一次性缴纳。纳税年度为公历1月1日至12月31日。具体申报纳税期限由省、自治区、直辖市人民政府规定。

(1)税务机关可以在车船管理部门、车船检验机构的办公场所集中办理车船税征收事宜。

(2)公安机关交通管理部门在办理车辆相关登记和定期检验手续时,对未提交自上次检验后各年度依法纳税或者免税证明的,不予登记,不予发放检验合格标志。

(3)海事部门、船舶检验机构在办理船舶登记和定期检验手续时,对未提交依法纳税或者免税证明,且拒绝扣缴义务人代收代缴车船税的纳税人,不予登记,不予发放检验合格标志。

(4)对于依法不需要购买机动车交通事故责任强制保险的车辆,纳税人应当向主管税务机关申报缴纳车船税。

(5)纳税人在首次购买机动车交通事故责任强制保险(以下简称"交强险")时缴纳车船税或者自行申报缴纳车船税的,应当提供购车发票及反映排气量、整备质量、核定载客人数等与纳税相关的信息及其相应凭证。

(6)从事机动车第三者责任强制保险业务的保险机构为机动车车船税的扣缴义务人,应当在收取保险费时依法代收车船税,并出具代收税款凭证。

(四)其他管理规定

各级车船管理部门应当在提供车船管理信息等方面协助税务机关加强对车船税的征收管理。纳税人应当向主管税务机关和扣缴义务人提供车船的相关信息。拒绝提供的,按照《税收征收管理法》有关规定处理。

(1) 车船税的征收管理,依照《税收征收管理法》及车船税法的规定执行。

(2) 在一个纳税年度内,已完税的车船被盗抢、报废、灭失的,纳税人可以凭有关管理机关出具的证明和完税证明,向纳税所在地的主管税务机关申请退还自被盗抢、报废、灭失月份起至该纳税年度终了期间的税款。

(3) 已办理退税的被盗抢车船,失而复得的,纳税人应当从公安机关出具相关证明的当月起计算缴纳车船税。

(4) 纳税人在购买"交强险"时,由扣缴义务人代收代缴车船税的,凭注明已收税款信息的"交强险"保险单,车辆登记地的主管税务机关不再征收该纳税年度的车船税。再次征收的,车辆登记地主管税务机关应予以退还。

(5) 已经缴纳船舶车船税的船舶在同一纳税年度内办理转让过户的,在原登记地不予退税,在新登记地凭完税凭证不再纳税,新登记地海事管理机构应记录上述船舶的完税凭证号和出具该凭证的税务机关或海事管理机构名称,并将完税凭证的复印件存档备查。

五、车船税的会计核算

为了核算企业应交的车船税,企业应设置"应交税费——应交车船税"科目。该科目的借方登记企业实际上缴的车船税;贷方登记应交的车船税;期末贷方余额反映企业应交未交的车船税。

月份终了,企业计算应缴纳的车船税时,借记"税费及附加"科目,贷记"应交税费——应交车船税"科目。如果企业分期缴纳,且每期缴纳的税额较大时,需要按期分摊成本。按规定计算出应纳税款时,应借记"待摊费用"科目,贷记"应交税费——应交车船税"科目;以后按期分摊时,应借记"税费及附加"科目,贷记"待摊费用"。企业实际缴纳税款时,借记"应交税费——应交车船税"科目,贷记"银行存款"科目。

【例8-6】 某运输公司拥有载货汽车20辆(载货汽车净吨位全部为10吨),乘人大客车30辆,小客车10辆。试计算该企业应缴纳的车船税。(注:载货汽车每吨年应纳税额80元,乘人大客车每辆年应纳税额500元,小客车年应纳税额400元)若该公司按季缴纳车船税,则会计如何处理?

该公司应纳税额为

(1) 载货汽车应纳税额=20×10×80=16 000(元)

(2) 乘人大客车应纳税额=30×500=15 000(元)

(3) 小客车应纳税额=10×400=4 000(元)

(4) 全年应纳车船税额=16 000+15 000+4 000=35 000(元)

根据上述资料,会计处理如下:

$$月应纳税额=35\ 000÷12=2\ 916.67(元)$$

1月末,企业计算出应纳车船税时:

借:税费及附加　　　　　　　　　　　　　　　2 916.67
　　贷:应交税费——应交车船税　　　　　　　　　　　2 916.67

2月、3月的会计处理同上。

4月初,企业实际缴纳车船税时:

借:应交税费——应交车船税(2 916.67×3)　　　　　　8 750.01
　　贷:银行存款　　　　　　　　　　　　　　　　　　　　8 750.01

第三节　印　花　税

一、印花税的概念

印花税是以经济活动和经济交往中,书立、领受应税凭证的行为为征税对象征收的一种税。印花税因其采用在应税凭证上粘贴印花税票的方法缴纳税款而得名。征收印花税有利于增加财政收入,有利于配合和加强经济合同的监督管理,有利于培养纳税意识,也有利于配合对其他应纳税种的监督管理。

二、印花税的特点

印花税不论是在性质上,还是在征税方法上,都具有不同于其他税种的特点。

(一)兼有凭证税和行为税性质

印花税是对单位和个人书立、领受的应税凭证征收的一种税,具有凭证税性质。任何一种应税经济凭证反映的都是某种特定的经济行为,因此,对凭证征税,实质上是对经济行为的课税。

(二)征税范围广泛

印花税的征税对象包括经济活动和经济交往中的各种应税凭证,凡书立和领受这些凭证的单位和个人都要缴纳印花税,其征税范围极其广泛。随着市场经济的发展和经济法制的逐步健全,依法书立经济凭证的现象将会越来越普遍。因此,印花税的征收面将更加广阔。

(三)税率低、税负轻

印花税与其他税种相比较,税率要低得多,税负较轻,具有广集资金、积少成多的财政效应。

(四)由纳税人自行完成纳税义务

纳税人一般通过自行计算、购买并粘贴印花税票的方法完成纳税义务,并在印花税票和凭证的骑缝处自行盖截注销或画销。而且,多贴印花税票的,不得申请退税或者抵用。这与其他税种的缴纳方法有较大区别。

三、印花税的基本内容

(一) 纳税义务人

印花税的纳税人,是在中国境内书立应税凭证、进行证券交易,以及在中华人民共和国境外书立在境内使用的应税凭证的单位和个人。

所称应税凭证,是指《印花税法》所附《印花税税目税率表》列明的合同、产权转移书据和营业账簿;所称证券交易,是指转让在依法设立的证券交易所、国务院批准的其他全国性证券交易场所交易的股票和以股票为基础的存托凭证。印花税的纳税人具体包括立合同人、立据人、立账簿人、证券交易人和使用人。

1. 立合同人

立合同人是签订合同的当事人,是指对凭证负有直接权利义务关系的单位和个人,但不包括合同的担保人、证人、鉴定人。当事人的代理人有代理纳税的义务,其与纳税人负有同等的税收法律义务和责任。

2. 立据人

立据人是产权转移书据的当事人,是指土地、房屋等权属转移过程中买卖双方的单位和个人。

3. 立账簿人

立账簿人是设立营业账簿的当事人,是指设立并使用营业账簿的单位和个人。例如,企业单位因生产、经营需要,设立了营业账簿,该企业即为纳税人。

4. 证券交易人

证券交易人是出让证券的当事人,是指在中华人民共和国境内进行证券交易的单位和个人。需要注意的是,证券交易印花税对证券交易的出让方征收,不对受让方征收。

5. 使用人

在中华人民共和国境外书立、在境内使用的应税凭证的单位和个人,其纳税人是使用人。值得注意的是,同一应税凭证,凡由两方或两方以上当事人共同书立并各执一份的,原则上其当事人各方都是印花税的纳税人,应各就其所持凭证的计税金额全额缴纳印花税。

(二) 税目

印花税的税目,指印花税法明确规定的应当纳税的项目,它具体划定了印花税的征税范围。一般地说,列入税目的就要征税,未列入税目的就不征税。

1. 书面合同

书面合同是指当事人之间为实现一定的目的,经协商一致,明确当事人各方权利、义务关系的协议。书面合同以经济业务活动作为内容的,通常称为经济合同。经济合同按照管理的要求,应依照《中华人民共和国民法典》(以下称《民法典》)和其他有关法规订立。经济合同的依法订立,是在经济交往中为了确定、变更或终止当事人之间的权利和义务关系的合同法律行为,其书面形式即经济合同书。我国印花税只对依法订立的书面合同征收。印花税税目中的合同比照我国《民法典》的部分合同,在税目税率表中列举了11大类。

(1) 借款合同,是指银行金融机构、经国务院银行业监督管理机构批准设立的其他金融机构与借款人(不包括同业拆借)的借款合同。

(2) 融资租赁合同,是指出租人根据承租人对出卖人、租赁物的选择,向出卖人购买租赁物,提供给承租人使用,承租人支付租金的合同。

(3) 买卖合同,是指动产买卖合同(不包括个人书立的动产买卖合同)。包括供应、预购、采购、购销结合及协作、调剂、补偿、易货等合同;还包括各出版单位与发行单位之间订立的图书、报纸、期刊、音像征订凭证。

(4) 承揽合同,是指承揽人按照定做人的要求完成工作,交付工作成果,定做人给付报酬的合同。包括加工、定做、修缮、修理、印刷、广告、测绘、测试等合同。

(5) 建设工程合同,是指承包人进行工程建设,发包人支付价款的合同。通常包括建设工程勘察、设计、施工合同。

(6) 运输合同,是指货运合同和多式联运合同(不包括管道运输合同)。

(7) 技术合同,不包括专利权、专有技术使用权转让书据。

(8) 租赁合同,是指出租人将租赁物交给承租人使用,承租人定期向出租人支付约定的租金的合同。包括租赁房屋、船舶、飞机、机动车辆、机械、器具、设备等合同。

(9) 保管合同,又称寄托合同、寄存合同,是指双方当事人约定一方将物交付他方保管的合同。保管合同是保管人有偿地或无偿地为寄存人保管物品,并在约定期限内或应寄存人的请求,返还保管物品的合同。

(10) 仓储合同,又称仓储保管合同,是保管人储存存货人交付的仓储物,存货人支付仓储费的合同。

(11) 财产保险合同,是投保人与保险人约定的以财产及其有关利益为保险标的的协议。包括财产、责任、保证、信用等保险合同,但不包括再保险合同。

2. 产权转移书据

产权转移即财产权利关系的变更行为,表现为产权主体发生变更。产权转移书据是在产权的买卖、交换、继承、赠与、分割等产权主体变更过程中,由产权出让人与受让人之间所订立的民事法律文书。

我国印花税税目中的产权转移书据包括:

(1) 土地使用权出让书据,是指国家将土地使用权在一定年限内出让给土地使用者,由土地使用者向国家支付土地使用权出让金签订的协议或合同。

(2) 土地使用权、房屋等建筑物和构筑物所有权转让书据(不包括土地承包经营权和土地经营权转移)。

(3) 股权转让书据(不包括应缴纳证券交易印花税的),是指股份制试点企业向社会公开发行的股票,因购买、继承、赠与所书立的书据。包括上市股票和企业内部发行的股票买卖、继承、赠与等书立的书据。

(4) 商标专用权、著作权、专利权、专有技术使用权转让书据。

3. 营业账簿

印花税税目中的营业账簿归属于财务会计账簿,是按照财务会计制度的要求设置的,反映生产经营活动的账册。按照营业账簿反映的内容不同,在税目中分为记载资金的账簿(以下简称资金账簿)和其他营业账簿两类。按照《印花税法》规定,目前只对资金账簿反映生产经营单位"实收资本"和"资本公积"的金额征收印花税,对其他营业账簿不征收印花税。

4. 证券交易

证券交易,是指证券持有人依照交易规则,将证券转让给其他投资者的行为。证券交易除应遵循《证券法》规定的证券交易规则,还应同时遵守《民法典》规则。证券交易一般分为两种形式:一种形式是上市交易,是指证券在证券交易所集中交易挂牌买卖。另一种形式是上柜交易,是指公开发行但未达上市标准的证券在证券柜台交易。

(三)税率

现行印花税采用比例税率。比例税率分为 5 档,即 0.05‰、0.3‰、1‰、0.5‰ 和 0.25‰。其具体规定是:

(1)借款合同、融资租赁合同的税率为 0.05‰;

(2)买卖合同、承揽合同、建设工程合同、运输合同、技术合同和商标专用权、著作权、专利权、专有技术使用权转让书据的税率为 0.3‰;

(3)租赁合同、保管合同、仓储合同、财产保险合同和证券交易的税率为 1‰;

(4)土地使用权出让书据,土地使用权、房屋等建筑物、构筑物所有权转让书据和股权转让书据的税率为 0.5‰;

(5)营业账簿的税率为 0.25‰。

以电子形式签订的各类应税凭证均应按规定征收印花税。

印花税税目、税率见表 8-2。

表 8-2 印花税税目、税率表

税 目		税 率	备 注
合同 (指书面合同)	借款合同	借款金额的万分之零点五	银行业金融机构、经国务院银行业监督管理机构批准设立的其他金融机构与借款人(不包括同业拆借)的借款合同
	融资租赁合同	租金的万分之零点五	
	买卖合同	价款的万分之三	指动产买卖合同(不包括个人书立的动产买卖合同)
	承揽合同	报酬的万分之三	
	建设工程合同	价款的万分之三	
	运输合同	运输费用的万分之三	指货运合同和多式联运合同(不包括管道运输合同)

续表

税　目		税　率	备　注
合同 （指书面合同）	技术合同	价款、报酬或者使用费万分之三	不包括专利权、专有技术使用权转让书据
	租赁合同	租金的千分之一	
	保管合同	保管费的千分之一	
	仓储合同	仓储费的千分之一	
	财产保险合同	保险费的千分之一	不包括再保险合同
产权转移书据	土地使用权出让书据	价款的万分之五	转让包括买卖（出售）、继承、赠与、互换、分割
	土地使用权、房屋等建筑物和构筑物所有权转让书据（不包括土地承包经营权和土地经营权转移）	价款的万分之五	
	股权转让书据（不包括应缴纳证券交易印花税的）	价款的万分之五	
	商标专用权、著作权、专利权、专有技术使用权转让书据	价款的万分之三	
营业账簿		实收资本（股本）、资本公积合计金额的万分之二点五	
证券交易		成交金额的千分之一	

（四）税收优惠

对印花税的减免税收优惠主要有以下几个方面。

（1）对已缴纳印花税凭证的副本或者抄本免税。凭证的正式签署本已按规定缴纳了印花税，其副本或者抄本对外不发生权利义务关系，只是留存备查。以副本或者抄本视同正本使用的，则应另贴印花。

（2）对无息、贴息贷款合同免税。无息、贴息贷款合同，是指我国的各专业银行按照国家金融政策发放的无息贷款，以及由各专业银行发放并按有关规定由财政部门或中国人民银行给予贴息的贷款项目所签订的贷款合同。

一般情况下，无息、贴息贷款体现国家政策，满足特定时期的某种需要，其利息全部或者部分是由国家财政负担的，对这类合同征收印花税没有财政意义。

（3）对房地产管理部门与个人签订的用于生活居住的租赁合同免税。

（4）对农牧业保险合同免税。对该类合同免税，是为了支持农村保险事业的发展，减轻农牧业生产的负担。

（5）对与高校学生签订的高校学生公寓租赁合同，免征印花税。

高校学生公寓是指为高校学生提供住宿服务，按照国家规定的收费标准收取住宿费的学生公寓。

（6）对公租房经营管理单位建造管理公租房涉及的印花税予以免征。

对公租房经营管理单位购买住房作为公租房，免征印花税；对公租房租赁双方签订租赁协议涉及的印花税予以免征。

（7）为贯彻落实《国务院关于加快棚户区改造工作意见》，对改造安置住房经营管理单位、开发商与改造安置住房相关的印花税以及购买安置住房的个人涉及的印花税自2013年7月4日起予以免征。

四、印花税应纳税额的计算

（一）计税依据的一般规定

印花税的计税依据为各种应税凭证上所记载的计税金额。具体规定如下：

（1）购销合同的计税依据为合同记载的购销金额。

（2）加工承揽合同的计税依据是加工或承揽收入的金额。具体规定为：

① 对于由受托方提供原材料的加工、定做合同，凡在合同中分别记载加工费金额和原材料金额的，应分别按"加工承揽合同""购销合同"计税，两项税额相加数，即为合同应贴印花；若合同中未分别记载，则应就全部金额依照加工承揽合同计税贴花。

② 对于由委托方提供主要材料或原料，受托方只提供辅助材料的加工合同，无论加工费和辅助材料金额是否分别记载，均以辅助材料与加工费的合计数，依照加工承揽合同计税贴花。对委托方提供的主要材料或原料金额不计税贴花。

（3）建设工程勘察设计合同的计税依据为收取的费用。

（4）建筑安装工程承包合同的计税依据为承包金额。

（5）财产租赁合同的计税依据为租赁金额；经计算，税额不足1元的，按1元贴花。

（6）货物运输合同的计税依据为取得的运输费金额（运费收入），不包括所运货物的金额、装卸费和保险费等。

（7）仓储保管合同的计税依据为收取的仓储保管费用。

（8）借款合同的计税依据为借款金额。针对实际借贷活动中不同的借款形式，税法规定了不同的计税方法。

① 凡是一项信贷业务既签订借款合同，又一次或分次填开借据的，只以借款合同所载金额为计税依据计税贴花；凡是只填开借据并作为合同使用的，应以借据所载金额为计税依据计税贴花。

② 借贷双方签订的流动资金周转性借款合同，一般按年（期）签订，规定最高限额，借款人在规定的期限和最高限额内随借随还。为避免加重借贷双方的负担，对这类合同只以其规定的最高限额为计税依据，在签订时贴花一次，在限额内随借随还不签订新合同的，不再另贴印花。

③ 对借款方以财产作抵押，从贷款方取得一定数量抵押贷款的合同，应按借款合同贴花；在借款方因无力偿还借款而将抵押财产转移给贷款方时，应再就双方书立的产权书据，按产权转移书据的有关规定计税贴花。

④ 对银行及其他金融组织的融资租赁业务签订的融资租赁合同，应按合同所载租金

总额,暂按借款合同计税。

⑤ 在贷款业务中,如果贷方系由若干银行组成的银团,银团各方均承担一定的贷款数额。借款合同由借款方与银团各方共同书立,各执一份合同正本。对这类合同借款方与贷款银团各方应分别在所执的合同正本上,按各自贷借款金额计税贴花。

⑥ 在基本建设贷款中,如果按年度用款计划分年签订借款合同,在最后一年按总概算签订借款总合同,且总合同的借款金额包括各个分合同的借款金额的,对这类基建借款合同,应按分合同分别贴花,最后签订的总合同,只就借款总额扣除分合同借款金额后的余额计税贴花。

(9) 财产保险合同的计税依据为支付(收取)的保险费,不包括所保财产的金额。

(10) 技术合同的计税依据为合同所载的价款、报酬或使用费。为了鼓励技术研究开发,对技术开发合同,只就合同所载报酬金额计税,研究开发经费不作为计税依据。但对合同约定按研究开发经费一定比例作为报酬的,应按一定比例的报酬金额贴花。

(11) 产权转移书据的计税依据为所载金额。

(12) 营业账簿税目中记载资金的账簿的计税依据为"实收资本"与"资本公积"两项的合计金额。其他账簿的计税依据为应税凭证件数。

(13) 权利、许可证照的计税依据为应税凭证件数。

(二) 计税依据的特殊规定

(1) 上述凭证以"金额""收入""费用"作为计税依据的,应当全额计税,不得作任何扣除。

(2) 同一凭证,载有两个或两个以上经济事项而适用不同税目税率,如分别记载金额的,应分别计算应纳税额,相加后按合计税额贴花;如未分别记载金额的,按税率高的计税贴花。

(3) 按金额比例贴花的应税凭证,未标明金额的,应按照凭证所载数量及国家牌价计算金额;没有国家牌价的,按市场价格计算金额,然后按规定税率计算应纳税额。

(4) 应税凭证所载金额为外国货币的,应按照凭证书立当日国家外汇管理局公布的外汇牌价折合成人民币,然后计算应纳税额。

(5) 应纳税额不足1角的,免纳印花税;1角以上的,其税额尾数不满5分的不计,满5分的按1角计算。

(6) 有些合同,在签订时无法确定计税金额,如技术转让合同中的转让收入,是按销售收入的一定比例收取或是按实现利润分成的;财产租赁合同,只是规定了月(天)租金标准而无租赁期限的。对这类合同,可在签订时先按定额5元贴花,以后结算时再按实际金额计税,补贴印花。

(7) 应税合同在签订时纳税义务即已产生,应计算应纳税额并贴花。所以,不论合同是否兑现或是否按期兑现,均应贴花。

对已履行并贴花的合同,所载金额与合同履行后实际结算金额不一致的,只要双方未修改合同金额,一般不再办理完税手续。

(8) 对有经营收入的事业单位,凡属由国家财政拨付事业经费,实行差额预算管理的单位,其记载经营业务的账簿,按其他账簿定额贴花,不记载经营业务的账簿不贴花;凡属经费来源实行自收自支的单位,其营业账簿,应对记载资金的账簿和其他账簿分别计算应纳税额。

(9) 商品购销活动中,采用以物易物方式进行商品交易签订的合同,是反映既购又销双重经济行为的合同。对此,应按合同所载的购、销合计金额计税贴花。合同未列明金额的,应按合同所载购、销数量依照国家牌价或者市场价格计算应纳税额。

(10) 施工单位将自己承包的建设项目,分包或者转包给其他施工单位所签订的分包合同或者转包合同,应按新的分包合同或转包合同所载金额计算应纳税额。

(11) 从2008年9月19日起,对证券交易印花税政策进行调整,由双边征收改为单边征收,即只对卖出方(或继承、赠与A股、B股股权的出让方)征收证券(股票)交易印花税,对买入方(受让方)不再征税。税率仍保持1‰。

(12) 对国内各种形式的货物联运,凡在起运地统一结算全程运费的,应以全程运费作为计税依据,由起运地运费结算双方缴纳印花税;凡分程结算运费的,应以分程的运费作为计税依据,分别由办理运费结算的各方缴纳印花税。

对国际货运,凡由我国运输企业运输的,不论在我国境内、境外起运或中转分程运输,我国运输企业所持的一份运费结算凭证,均按本程运费计算应纳税额;托运方所持的一份运费结算凭证,按全程运费计算应纳税额。由外国运输企业运输进出口货物的,外国运输企业所持的一份运费结算凭证免纳印花税;托运方所持的一份运费结算凭证应缴纳印花税。国际货运运费结算凭证在国外办理的,应在凭证转回我国境内时按规定缴纳印花税。

必须明确的是,印花税票为有价证券,其票面金额以人民币为单位,分为1角、2角、5角、1元、2元、5元、10元、50元和100元9种。

(三) 印花税应纳税额的计算

纳税人的应纳税额,根据应纳税凭证的性质,分别按比例税率或者定额税率计算,其计算公式为

$$应纳税额 = 应税凭证计税金额(或应税凭证件数) \times 适用税率$$

【例8-7】 假设某股份公司2022年8月发生如下应税业务:

(1) 与A公司签订一份买卖合同,销售货物一批,不含税金额300万元、增值税销项税额39万元;

(2) 通过竞拍取得一宗土地使用权,受让土地使用权出让书据记载金额20 000万元;

(3) 将一栋闲置厂房出租给C公司使用,双方签订的房屋租赁合同,约定每月不含税租金10万元,租期1年,合同记载不含税租金120万元;

(4) 与某银行签订一份借款合同,借款金额5 000万元,借款期限6个月;

(5) 为了扩大经营规模,增加实收资本3 000万元。

要求:计算该股份公司2022年8月应缴纳的印花税。(不考虑其他因素)

(1) 销售货物应缴纳印花税 = 300 × 0.3‰ × 10 000 = 900(元)

(2) 受让土地使用权应缴纳印花税 = 20 000 × 0.5‰ × 10 000 = 100 000(元)

(3) 出租厂房应缴纳印花税＝120×1‰×10 000＝1 200(元)

(4) 向银行借款应缴纳印花税＝5 000×0.05‰×10 000＝2 500(元)

(5) 增加实收资本应缴纳印花税＝3 000×0.25‰×10 000＝7 500(元)

该股份公司2022年8月应缴纳印花税＝900＋100 000＋1 200＋2 500＋7 500＝112 100(元)

五、印花税的申报与缴纳

(一) 纳税办法

印花税的纳税办法，根据税额大小、贴花次数以及税收征收管理的需要，分别采用以下三种纳税办法。

1. 自行贴花办法

自行贴花办法即"三自"纳税法，是指纳税人在纳税义务发生时，应当根据应纳税凭证的性质和适用的税目税率自行计算应纳税额，自行购买印花税票，自行一次贴足印花税票并加以注销或划销。这种办法，一般适用于应税凭证较少或者贴花次数较少的纳税人。

对已贴花的凭证，修改后所载金额增加的，其增加部分应当补贴印花税票。凡多贴印花税票者，不得申请退税或者抵用。

2. 汇贴或汇缴办法

"汇贴"办法是指一份凭证应纳税额超过500元的，应向当地税务机关申请填写缴款书或者完税凭证，将其中一联粘贴在凭证上或者由税务机关在凭证上加注完税标记代替贴花。

"汇缴"办法是指同一种类应纳税凭证，需频繁贴花的，纳税人可以根据实际情况向当地税务机关申请按期汇总缴纳印花税，获准汇总缴纳印花税的纳税人，应持税务机关发给的汇缴许可证，按期汇总缴纳印花税。汇总缴纳的期限为1个月。缴纳方式一经选定，1年内不得改变。

实行印花税按期汇总缴纳的单位，对征税凭证和免税凭证汇总时，凡分别汇总的，按本期征税凭证的汇总金额计算缴纳印花税；凡确属不能分别汇总的，应按本期全部凭证的实际汇总金额计算缴纳印花税。

汇贴或汇缴办法，一般适用于应纳税额较大或者贴花次数频繁的纳税人。

3. 委托代征办法

委托代征办法是指通过税务机关的委托，由发放或者办理应纳税凭证的单位代为征收印花税税款。税务机关应与代征单位签订代征委托书，并按代征税额的5%的比例支付代征手续费。

这一办法适用于权利、许可执照的纳税，由发放或者办理应纳税凭证的单位代为征收印花税税款。印花税法规定，发放或者办理应纳税凭证的单位，负有监督纳税人依法纳税的义务，具体是指对以下纳税事项监督：应纳税凭证是否已粘贴印花；粘贴的印花是否足额；粘贴的印花是否按规定注销。

(二) 纳税环节

印花税应当在凭证书立或领受时贴花。具体是指在合同签订时、账簿启用时和证照领受时贴花。如果合同是在国外签订,并且不便在国外贴花的,应在将合同带入境时办理贴花纳税手续。

(三)纳税地点

印花税一般实行就地纳税。对于全国性商品物资订货会(包括展销会、交易会等)上所签订合同应纳的印花税,由纳税人回其所在地后及时办理贴花完税手续;对地方主办、不涉及省际关系的订货会、展销会上所签合同的印花税,其纳税地点由各省、自治区、直辖市人民政府自行确定。

(四)违章处理

印花税纳税人有下列行为之一的,由税务机关根据情节轻重予以处罚。

(1) 在应纳税凭证上未贴或者少贴印花税票的或者已粘贴在应税凭证上的印花税票未注销或者未划销的,由税务机关追缴其不缴或者少缴的税款、滞纳金,并处不缴或者少缴的税款50%以上5倍以下的罚款。

(2) 已贴用的印花税票揭下重用造成未缴或少缴印花税的,由税务机关追缴其不缴或者少缴的税款、滞纳金,并处不缴或者少缴的税款50%以上5倍以下的罚款;构成犯罪的,依法追究刑事责任。

(3) 伪造印花税票的,由税务机关责令改正,处以2 000元以上1万元以下的罚款;情节严重的,处以1万元以上5万元以下的罚款;构成犯罪的,依法追究刑事责任。

(4) 按期汇总缴纳印花税的纳税人,超过税务机关核定的纳税期限,未缴或少缴印花税款的,由税务机关追缴其不缴或者少缴的税款、滞纳金,并处不缴或者少缴的税款50%以上5倍以下的罚款;情节严重的,同时撤销其汇缴许可证;构成犯罪的,依法追究刑事责任。

(5) 代售户对取得的税款逾期不缴或者挪作他用,或者违反合同将所领印花税票转托他人代售或者转至其他地区销售,或者未按规定详细提供领、售印花税票情况的,税务机关可视其情节轻重,给予警告或者取消其代售资格的处罚。

六、印花税的会计核算

由于企业缴纳的印花税,不会发生应付未付税款的情况,也不需要预计应缴数,所以,不需要通过"应交税费"科目核算,企业只需设置"管理费用——印花税"科目以反映印花税的缴纳情况。

企业购买印花税票时,按实际购买税票的款项,借记"管理费用"科目,贷记"库存现金"或"银行存款"科目。

本章习题
扫描二维码
可下载。

第九章

企业所得税法及其会计核算

【教学目标】
- 了解企业所得税的纳税义务人
- 熟悉企业所得税的税率
- 掌握企业所得税应纳税额的计算及会计处理

【本章重点】
- 应纳税所得额的确定
- 税收优惠

【本章难点】
- 应纳税所得额的确定
- 企业所得税会计处理

第一节 企业所得税的概念与特点

一、企业所得税的概念

企业所得税是对我国境内的企业和其他取得收入的组织的生产经营所得和其他所得征收的一种税。

企业所得税法,是指国家制定的用以调整企业所得税征收与缴纳之间权利及义务关系的法律规范。现行企业所得税法的基本规范,是 2007 年 3 月 16 日第十届全国人民代表大会第五次全体会议通过的《中华人民共和国企业所得税法》(以下简称《企业所得税法》)和 2007 年 11 月 28 日国务院第 197 次常务会议通过的《中华人民共和国企业所得税法实施条例》(以下简称《企业所得税法实施条例》)。

企业所得税的作用有以下几点。
(1) 促进企业改善经营管理活动,提升企业的盈利能力。
(2) 调节产业结构,促进经济发展。
(3) 为国家建设筹集财政资金。

二、企业所得税的特点

企业所得税与其他税种相比具有以下特征。

1. 实行综合课征制

我国企业所得税采用综合课征制,即不论是生产经营所得,还是财产转让所得、利息所得、股息所得等,都按同一比例税率征税。

2. 税负公平征收

我国企业所得税,不分所有制,不分地区、行业、层次,实行统一的比例税率。企业所得税对企业的经营净收益及经营所得征收,多得多征,少得少征,不得不征。

3. 税基约束力强

企业所得税的税基是应纳税所得额,即纳税人每个纳税年度的收入总额减去准予扣除项目金额之后的余额。企业所得税法明确了收入总额、扣除项目金额的确定以及资产的税务处理等内容,使应纳税所得额的计算相对独立于企业的会计核算,体现了税法的强制性与统一性。

4. 纳税人与负税人相统一

企业所得税属于企业的终端税种,纳税人缴纳的所得税不易转嫁他人,自己负担纳税。

第二节 企业所得税的基本内容

一、纳税义务人

企业所得税的纳税义务人,是指在中华人民共和国境内的企业和其他取得收入的组织。

凡在我国境内,企业和其他取得收入的组织均为企业所得税的纳税人,依照本法规定缴纳企业所得税。个人独资企业、合伙企业不适用企业所得税法。

根据纳税义务不同,企业所得税的纳税人又分为居民企业和非居民企业两类,这是为了更好地保障我国税收管辖权的有效行使。

(一)居民企业

居民企业,是指依法在中国境内成立,或者依照外国(地区)法律成立但实际管理机构在中国境内的企业。这里的企业包括国有企业、集体企业、私营企业、联营企业、股份制企业、外商投资企业、外国企业以及有生产、经营所得和其他所得的其他组织。其中,有生产、经营所得和其他所得的其他组织,是指经国家有关部门批准,依法注册、登记的事业单位、社会团体等组织。

(二)非居民企业

非居民企业,是指依照外国(地区)法律成立且实际管理机构不在中国境内,但在中国境内设立机构、场所的,或者在中国境内未设立机构、场所,但有来源于中国境内所得的企业。

上述所称机构、场所,是指在中国境内从事生产经营活动的机构、场所,包括以下几方面。

(1) 管理机构、营业机构、办事机构。
(2) 工厂、农场、开采自然资源的场所。
(3) 提供劳务的场所。
(4) 从事建筑、安装、装配、修理、勘探等工程作业的场所。
(5) 其他从事生产经营活动的机构、场所。

非居民企业委托营业代理人在中国境内从事生产经营活动的,包括委托单位或者个人经常代其签订合同,或者储存、交付货物等,该营业代理人视为非居民企业在中国境内设立的机构、场所。

二、征税对象

企业所得税的征税对象,是指企业的生产经营所得、其他所得和清算所得。

(一) 居民企业的征税对象

居民企业应就来源于中国境内、境外的所得作为征税对象。所得包括销售货物所得、提供劳务所得、转让财产所得、股息红利等权益性投资所得、利息所得、租金所得、特许权使用费所得、接受捐赠所得和其他所得。

(二) 非居民企业的征税对象

非居民企业在中国境内设立机构、场所的,应当就其所设机构、场所取得的来源于中国境内的所得,以及发生在中国境外但与其所设机构、场所有实际联系的所得,缴纳企业所得税。非居民企业在中国境内未设立机构、场所的,或者虽设立机构、场所但取得的所得与其所设机构、场所没有实际联系的,应当就其来源于中国境内的所得缴纳企业所得税。

上述所称实际联系,是指非居民企业在中国境内设立的机构、场所拥有的据以取得所得的股权、债权,以及拥有、管理、控制据以取得所得的财产。

(三) 所得来源的确定

(1) 销售货物所得,按照交易活动发生地确定。
(2) 提供劳务所得,按照劳务发生地确定。
(3) 转让财产所得。①不动产转让所得按照不动产所在地确定。②动产转让所得按照转让动产的企业或者机构、场所所在地确定。③权益性投资资产转让所得按照被投资企业所在地确定。
(4) 股息、红利等权益性投资所得,按照分配所得的企业所在地确定。
(5) 利息所得、租金所得、特许权使用费所得,按照负担、支付所得的企业或者机构场所所在地确定,或者按照负担、支付所得的个人的住所地确定。

(6) 其他所得,由国务院财政、税务主管部门确定。

三、税率

企业所得税税率是体现国家与企业分配关系的核心要素。实行比例税率,简便易行,透明度高,不会因征税而改变企业间收入分配比例,有利于促进效率的提高。现行规定如下:

(1) 基本税率为25%,适用于居民企业和在中国境内设有机构、场所且所得与机构、场所有关联的非居民企业;

(2) 优惠税率,减按20%,适用于符合条件的小型微利企业;

(3) 减按15%,适用于国家重点扶持的高新技术企业;

(4) 10%的优惠税率,适用于在中国境内未设立机构、场所或者虽设立机构、场所但所得与其所设机构、场所没有实际联系的非居民企业。

四、税收优惠

(一) 免征企业所得税的项目

企业从事下列项目的所得,免征企业所得税。

(1) 蔬菜、谷物、薯类、油料、豆类、棉花、麻类、糖料、水果、坚果的种植。

(2) 农作物新品种的选育。

(3) 中药材的种植。

(4) 林木的培育和种植。

(5) 牲畜、家禽的饲养。

(6) 林产品的采集。

(7) 灌溉、农产品初加工、兽医、农技推广、农机作业和维修等农、林、牧、渔服务业项目。

(8) 远洋捕捞。

(二) 减半征收企业所得税的项目

企业从事下列项目的所得,减半征收企业所得税。

(1) 花卉、茶以及其他饮料作物和香料作物的种植。

(2) 海水养殖、内陆养殖。

(三) 企业从事国家重点扶持的公共基础设施项目的税收优惠

(1) 企业从事国家重点扶持的公共基础设施项目,即从事《公共基础设施项目企业所得税优惠目录》规定的港口码头、机场、铁路、公路、电力、水利等项目的投资经营的所得,自项目取得第一笔生产经营收入所属纳税年度起,第1年至第3年免征企业所得税,第4年至第6年减半征收企业所得税。

(2) 企业承包经营、承包建设和内部自建自用本条规定的项目,不得享受本条规定的企业所得税优惠。

(四) 企业从事符合条件的环境保护、节能节水项目的优惠

符合条件的环境保护、节能节水项目,包括公共污水处理、公共垃圾处理、沼气综合开发利用、节能减排技术改造、海水淡化等。项目的具体条件和范围由国务院财政、税务主管部门商国务院有关部门制定,报国务院批准后公布施行。

企业从事上述环境保护、节能节水项目的所得,自项目取得第一笔生产经营收入所属纳税年度起,第1年至第3年免征企业所得税,第4年至第6年减半征收企业所得税。

但是以上规定享受减免税优惠的项目,在减免税期限内转让的,受让方自受让之日起,可以在剩余期限内享受规定的减免税优惠;减免税期限届满后转让的,受让方不得就该项目重复享受减免税优惠。

(五) 符合条件的技术转让所得的优惠

技术转让的范围,包括居民企业转让专利技术、计算机软件著作权、集成电路布图设计权、植物新品种、生物医药新品种,以及财政部和国家税务总局确定的其他技术。

技术转让所得的计算方法:

$$技术转让所得=技术转让收入-技术转让成本-相关税费$$

技术转让所得优惠是指一个纳税年度内,居民企业转让技术所有权所得不超过500万元的部分,免征企业所得税;超过500万元的部分,减半征收企业所得税。

(六) 高新技术企业优惠

国家需要重点扶持的高新技术企业减按15%的税率征收企业所得税。

国家需要重点扶持的高新技术企业,是指拥有核心自主知识产权,并同时符合下列六方面条件的企业。

(1) 拥有核心自主知识产权。是指在中国境内(不含港、澳、台地区)注册的企业,近3年内通过自主研发、受让、受赠、并购等方式,或通过5年以上的独占许可方式,对其主要产品(服务)的核心技术拥有自主知识产权。

(2) 产品(服务)属于《国家重点支持的高新技术领域》规定的范围。

(3) 研究开发费用占销售收入的比例不低于规定比例。是指企业为获得科学技术(不包括人文、社会科学)新知识,创造性运用科学技术新知识,或实质性改进技术、产品(服务)而持续进行了研究开发活动,且近3个会计年度的研究开发费用总额占销售收入总额的比例符合如下要求。

① 最近一年销售收入小于5 000万元的企业,比例不低于5%。

② 最近一年销售收入在5 000万元至20 000万元的企业,比例不低于4%。

③ 最近一年销售收入在20 000万元以上的企业,比例不低于3%。

其中,企业在中国境内发生的研究开发费用总额占全部研究开发费用总额的比例不低于60%。企业注册成立时间不足3年的,按实际经营年限计算。

(4)高新技术产品(服务)收入占企业总收入的比例不低于规定比例。是指高新技术产品(服务)收入占企业当年总收入的60%以上。

(5)科技人员占企业职工总数的比例不低于规定比例。是指具有大学专科以上学历的科技人员占企业当年职工总数的30%以上,其中研发人员占企业当年职工总数的10%以上。

(6)《高新技术企业认定管理办法》规定的其他条件。《国家重点支持的高新技术领域》和《高新技术企业认定管理办法》由国务院科技、财政、税务主管部门同国务院有关部门制定,报国务院批准后公布施行。

(七)小型微利企业优惠

1. 小型微利企业的基本规定

小型微利企业减按20%税率征收企业所得税。从事国家非限制和禁止行业,并同时符合规定的年度应纳税所得额、从业人数和资产总额三项条件的企业为小型微利企业。

年度应纳税所得额、从业人数和资产总额这三个指标计算准确与否,决定着纳税人是否能够正确享受小型微利企业税收优惠。

(1)年度应纳税所得额:

年度应纳税所得额＝收入总额－不征税收入－免税收入－各项扣除－以前年度亏损

或

年度应纳税所得额＝会计利润总额±纳税调整项目金额

(2)从业人数。从业人数,包括与企业建立劳动关系的职工人数和企业接受的劳务派遣用工人数。从业人数应当按照企业全年的季度平均额确定。计算公式如下:

季度平均值＝(季初值＋季末值)÷2

全年季度平均值＝全年各季度平均值之和÷4

年度中间开业或者终止经营活动的,以其实际经营期作为一个纳税年度确定上述相关指标。

(3)资产总额。资产总额即企业拥有或控制的全部资产,在企业资产负债表的资产总计项显示。资产总额的计算与从业人数相同,也应当按照企业全年的季度平均值确定。计算公式如下:

季度平均值＝(季初值＋季末值)÷2

全年季度平均值＝全年各季度平均值之和÷4

年度中间开业或者终止经营活动的,以其实际经营期作为一个纳税年度确定上述相关指标。

2. 小型微利企业的特殊规定

(1)自2022年1月1日至2024年12月31日,对小型微利企业年应纳税所得额超过100万元但不超过300万元的部分,减按25%计入应纳税所得额,按20%税率缴纳企业所得税。

(2)自2021年1月1日至2022年12月31日,对小型微利企业年应纳税所得额不超过100万元的部分,减按12.5%计入应纳税所得额,按20%税率缴纳企业所得税。

(3) 自 2019 年 1 月 1 日至 2021 年 12 月 31 日,对小型微利企业年应纳税所得额超过 100 万元但不超过 300 万元的部分,减按 50% 计入应纳税所得额,按 20% 税率缴纳企业所得税。

享受此项优惠的小型微利企业是指从事国家非限制和禁止行业,且同时符合年度应纳税所得额不超过 300 万元、从业人数不超过 300 人、资产总额不超过 5000 万元等三个条件的企业。

【例 9-1】 某小型微利企业 2021 年度应纳税所得额为 27.6 万元,请计算其 2018 年度应缴纳企业所得税。具体计算如下:

应纳税所得额 = 27.6(万元) × 50% = 13.8(万元)

应缴纳企业所得税 = 13.8 × 20% = 2.76(万元)

(八)加计扣除优惠

加计扣除优惠包括以下两项内容:研发费用、企业安置残疾人员所支付的工资。

1. 研究开发费

(1) 制造业企业开展研发活动中实际发生的研发费用,未形成无形资产计入当期损益的,在按规定据实扣除的基础上,自 2021 年 1 月 1 日起,再按照实际发生额的 100% 税前加计扣除;形成无形资产的,自 2021 年 1 月 1 日起,按照无形资产成本的 200% 税前摊销。

(2) 科技型中小企业开展研发活动中实际发生的研发费用,未形成无形资产计入当期损益的,在按规定据实扣除的基础上,自 2022 年 1 月 1 日起,再按照实际发生额的 100% 税前加计扣除;形成无形资产的,自 2022 年 1 月 1 日起,按照无形资产成本的 200% 税前摊销。

(3) 企业开展研发活动中实际发生的研发费用,未形成无形资产计入当期损益的,在按规定据实扣除的基础上,再按照本年度实际发生额的 50% 从本年度应纳税所得额中扣除;形成无形资产的,按照无形资产成本的 150% 税前摊销。自 2018 年 1 月 1 日至 2023 年 12 月 31 日,企业开展研发活动中实际发生的研发费用,未形成无形资产计入当期损益的,在按规定据实扣除的基础上,再按照实际发生额的 75% 税前加计扣除;形成无形资产的,在上述期间按照无形资产成本的 175% 税前摊销。

所称"企业"不含不适用加计扣除的企业。对制造业和科技型中小企业,另有规定的从其规定。

(4) 研发费用税前加计扣除归集范围:

① 人员人工费用。人员人工费用包括直接从事研发活动人员的工资薪金、基本养老保险费、基本医疗保险费、失业保险费、工伤保险费、生育保险费和住房公积金,以及外聘研发人员的劳务费用。

② 直接投入费用。

A. 研发活动直接消耗的材料、燃料和动力费用。

B. 用于中间试验和产品试制的模具、工艺装备开发及制造费,不构成固定资产的样品、样机及一般测试手段购置费,试制产品的检验费。

C. 用于研发活动的仪器、设备的运行维护、调整、检验、维修等费用,以及通过经营租赁方式租入的用于研发活动的仪器、设备租赁费。

③ 折旧费用。折旧费用包括用于研发活动的仪器、设备的折旧费。

④ 无形资产摊销。无形资产摊销包括用于研发活动的软件、专利权、非专利技术(包括许可证、专有技术、设计和计算方法等)的摊销费用。

⑤ 新产品设计费、新工艺规程制定费、新药研制的临床试验费、勘探开发技术的现场试验费。

⑥ 其他相关费用。包括与研发活动直接相关的其他费用,如技术图书资料费、资料翻译费、专家咨询费、高新科技研发保险费,研发成果的检索、分析、评议、论证、鉴定、评审、评估、验收费用,知识产权的申请费、注册费、代理费,差旅费、会议费等。此项费用总额不得超过可加计扣除研发费用总额的10%。

2. 企业安置残疾人员所支付的工资

企业安置残疾人员所支付工资费用的加计扣除,是指企业安置残疾人员,在按照支付给残疾职工工资据实扣除的基础上,按照支付给残疾职工工资的100%加计扣除。残疾人员的范围适用《中华人民共和国残疾人保障法》的有关规定。企业安置国家鼓励安置的其他就业人员所支付的工资的加计扣除办法,由国务院另行规定。

企业享受安置残疾职工工资100%计扣除应同时具备如下条件:

(1) 依法与安置的每位残疾人签订了1年以上(含1年)的劳动合同或服务协议,并且安置的每位残疾人在企业实际上岗工作。

(2) 为安置的每位残疾人按月足额缴纳了企业所在区、县人民政府根据国家政策规定的基本养老保险、基本医疗保险、失业保险和工伤保险等社会保险。依据《国家税务总局关于促进残疾人就业税收优惠政策有关问题的公告》(国家税务总局公告2013年第78号)的规定,"基本养老保险"和"基本医疗保险"是指职工基本养老保险和职工基本医疗保险,不含城镇居民社会养老保险、新型农村社会养老保险、城镇居民基本医疗保险和新型农村合作医疗。

(3) 定期通过银行等金融机构向安置的每位残疾人实际支付了不低于企业所在区、县适用的经省级人民政府批准的最低工资标准的工资。

(4) 具备安置残疾人上岗工作的基本设施。

(九) 创投企业优惠

创业投资企业从事国家需要重点扶持和鼓励的创业投资,可以按投资额的一定比例抵扣应纳税所得额。

创投企业优惠,是指创业投资企业采取股权投资方式投资未上市的中小高新技术企业2年以上的,可以按照其投资额的70%在股权持有满2年的当年抵扣该创业投资企业的应纳税所得额;当年不足抵扣的,可以在以后纳税年度结转抵扣。

例如,甲企业2017年1月1日向乙企业(未上市的中小高新技术企业)投资100万元,股权持有到2018年12月31日。甲企业2018年度可抵扣的应纳税所得额为70万元。

(十)加速折旧优惠

1. 可以加速折旧的固定资产

企业的固定资产由于技术进步等原因,确需加速折旧的可以缩短折旧年限或者采取加速折旧的方法。可以加速折旧的固定资产应满足下列条件:

(1) 由于技术进步,产品更新换代较快的固定资产;

(2) 常年处于强震动、高腐蚀状态的固定资产。

采取缩短折旧年限方法的,最低折旧年限不得低于规定折旧年限的60%;采取加速折旧方法的,可以采取双倍余额递减法或者年数总和法。

2. 生物药品制造等6个行业加速折旧规定

依据财税〔2014〕号文件,对固定资产加速折旧企业所得税政策问题规定如下:

(1) 对生物药品制造业,专用设备制造业,铁路、船舶、航空航天和其他运输设备制造业,计算机、通信和其他电子设备制造业,仪器仪表制造业,信息传输、软件和信息技术服务业6个行业的企业2014年1月1日后新购进的固定资产,可缩短折旧年限或采取加速折旧的方法。

对上述6个行业的小型微利企业2014年1月1日后新购进的研发和生产经营共用的仪器、设备,单位价值不超过100万元的,允许一次性计入当期成本费用,在计算应纳税所得额时扣除,不再分年度计算折旧;单位价值超过100万元的,可缩短折旧年限或采取加速折旧的方法。

(2) 对所有行业企业2014年1月1日后新购进的专门用于研发的仪器、设备,单位价值不超过100万元的,允许一次性计入当期成本费用在计算应纳税所得额时扣除,不再分年度计算折旧;单位价值超过100万元的,可缩短折旧年限或采取加速折旧的方法。

(3) 对所有行业企业持有的单位价值不超过5 000元的固定资产,允许一次性计入当期成本费用在计算应纳税所得额时扣除,不再分年度计算折旧。

(4) 企业按上述第(1)条、第(2)条规定缩短折旧年限的,对其购置的新固定资产,最低折旧年限不得低于《企业所得税法实施条例》规定的折旧年限的60%;企业购置已使用过的固定资产,其最低折旧年限不得低于《企业所得税法实施条例》规定的最低折旧年限减去已使用年限后剩余年限的60%。

(十一)减计收入优惠

(1) 企业综合利用资源生产符合国家产业政策规定的产品所取得的收入,可以在计算应纳税所得额时减计收入。即企业以《资源综合利用企业所得税优惠目录(2008年版)》(财税【2008】117号)规定的资源作为主要原材料,生产国家非限制和禁止并符合国家和行业相关标准的产品取得的收入,减按90%计入收入总额。上述所称原材料占生产产品材料的比例不得低于《资源综合利用企业所得税优惠目录》规定的标准。

(2) 自2019年6月1日至2025年12月31日,提供社区养老、托育、家政服务取得的收入,在计算应纳税所得额时,减按90%计入收入总额。

(3) 自 2017 年 1 月 1 日至 2023 年 12 月 31 日，对金融机构农户小额贷款的利息收入，在计算应纳税所得额时，按 90％计入收入总额。

(4) 自 2017 年 1 月 1 日至 2023 年 12 月 31 日，对保险公司为种植业、养殖业提供保险业务取得的保费收入，在计算应纳税所得额时，按 90％计入收入总额。

(5) 自 2017 年 1 月 1 日至 2023 年 12 月 31 日，对经省级金融管理部门（金融办、局等）批准成立的小额贷款公司取得的农户小额贷款利息收入，在计算应纳税所得额时，按 90％计入收入总额。

（十二）税额抵免优惠

税额抵免，是指企业购置并实际使用《环境保护专用设备企业所得税优惠目录》《节能节水专用设备企业所得税优惠目录》和《安全生产专用设备企业所得税优惠目录》规定的环境保护、节能节水、安全生产等专用设备的，该专用设备的投资额的 10％可以从企业当年的应纳税额中抵免；当年不足抵免的，可以在以后 5 个纳税年度结转抵免。

企业购置上述专用设备在 5 年内转让、出租的，应当停止享受企业所得税优惠，并补缴已经抵免的企业所得税税款。转让的受让方可以按照该专用设备投资额的 10％抵免当年企业所得税应纳税额；当年应纳税额不足抵免的，可以在以后 5 个纳税年度结转抵免。

（十三）非居民企业优惠

非居民企业减按 10％的税率征收企业所得税。这里的非居民企业，是指在中国境内未设立机构、场所的，或者虽设立机构、场所但所得与其所设机构、场所没有实际联系的企业。该类非居民企业取得下列所得免征企业所得税。

(1) 外国政府向中国政府提供贷款取得的利息所得。

(2) 国际金融组织向中国政府和居民企业提供优惠贷款取得的利息所得。

(3) 经国务院批准的其他所得。

第三节　企业所得税应纳税额的计算

应纳税所得额是企业所得税的计税依据，按照企业所得税法的规定，应纳税所得额为企业每一个纳税年度的收入总额，减除不征税收入、免税收入、各项扣除以及允许弥补的以前年度亏损后的余额。基本公式为

应纳税所得额＝收入总额－不征税收入－免税收入－各项扣除
－允许弥补的以前年度亏损

企业应纳税所得额的计算以权责发生制为原则，属于当期的收入和费用，不论款项是否收付，均作为当期的收入和费用；不属于当期的收入和费用，即使款项已经在当期收付，均不作为当期的收入和费用。应纳税所得额的正确计算直接关系到国家财政收入和企业的税收负担，并且同成本、费用核算关系密切。因此，企业所得税法对应纳税所得额计算做了明确规定。主要内容包括收入总额、扣除范围和标准、资产的税务处理、亏损弥补等。

一、收入总额

企业的收入总额包括以货币形式和非货币形式从各种来源取得的收入,具体有:销售货物收入,提供劳务收入,转让财产收入,股息、股利等权益性投资收益,利息收入,租金收入,特许权使用费收入,接受捐赠收入和其他收入。

(一)一般收入的确认

(1)销售货物收入,是指企业销售商品、产品、原材料、包装物、低值易耗品以及其他存货取得的收入。

(2)劳务收入,是指企业从事建筑安装、修理修配、交通运输、仓储租赁、金融保险、邮电通信、咨询经纪、文化体育、科学研究、技术服务、教育培训、餐饮住宿、中介代理、卫生保健、社区服务、旅游、娱乐、加工以及其他劳务服务活动取得的收入。

(3)转让财产收入,是指企业转让固定资产、生物资产、无形资产、股权、债权等财产取得的收入。

(4)企业转让股权收入,应于转让协议生效且完成股权变更手续时确认收入的实现。转让股权收入扣除为取得该股权所发生的成本后,为股权转让所得。

(5)股息、红利等权益性投资收益,是指企业因权益性投资从被投资方取得的收入。股息、红利等权益性投资收益,除国务院财政、税务主管部门另有规定外,按照被投资方做出利润分配决定的日期确认收入的实现。

依据《财政部 国家税务总局 证监会关于沪港股票市场交易互联互通机制试点有关税收政策的通知》(财税〔2014〕81号)的规定,自2014年11月17日起,对内地企业投资者通过沪港通投资香港联交所上市股票取得的股息红利所得,计入其收入总额,依法计征企业所得税。其中,内地居民企业连续持有H股满12个月取得的股息红利所得,依法免征企业所得税。

(6)租金收入,是指企业提供固定资产、包装物或者其他有形资产的使用权取得的收入。

(7)特许权使用费收入,是指企业提供专利权、非专利技术、商标权、著作权以及其他特许权的使用权取得的收入。特许权使用费收入,按照合同约定的特许权使用人应付特许权使用费的日期确认收入的实现。

(8)接受捐赠收入,是指企业接受的来自其他企业、组织或者个人无偿给予的货币性资产、非货币性资产。接受捐赠收入,按照实际收到捐赠资产的日期确认收入的实现。

(9)其他收入,是指企业取得的除以上收入外的其他收入,包括企业资产溢余收入、逾期未退包装物押金收入、确实无法偿付的应付款项、已作坏账损失处理后又收回的应收款项、债务重组收入、补贴收入、违约金收入、汇兑收益等。

(二)特殊收入的确认

(1)以分期收款方式销售货物的,按照合同约定的收款日期确认收入的实现。

(2)企业受托加工制造大型机械设备、船舶、飞机,以及从事建筑、安装、装配工程业务或者提供其他劳务等,持续时间超过12个月的,按照纳税年度内完工进度或者完成的工作量确认收入的实现。

(3) 采取产品分成方式取得收入的,按照企业分得产品的日期确认收入的实现,其收入额按照产品的公允价值确定。

(4) 企业发生非货币性资产交换,以及将货物、财产、劳务用于捐赠、偿债、赞助、集资、广告、样品、职工福利或者利润分配等用途的,应当视同销售货物、转让财产或者提供劳务,但国务院财政、税务主管部门另有规定的除外。

(三) 处置资产收入的确认

(1) 企业发生下列情形的处置资产,除将资产转移至境外以外,由于资产所有权属在形式和实质上均不发生改变,可作为内部处置资产,不视同销售确认收入,相关资产的计税基础延续计算。

① 将资产用于生产、制造、加工另一产品。
② 改变资产形状、结构或性能。
③ 改变资产用途(如自建商品房转为自用或经营)。
④ 将资产在总机构及其分支机构之间转移。
⑤ 上述两种或两种以上情形的混合。
⑥ 其他不改变资产所有权属的用途。

(2) 企业将资产移送他人的下列情形,因资产所有权属已发生改变而不属于内部处置资产,应按规定视同销售确定收入。

① 用于市场推广或销售。
② 用于交际应酬。
③ 用于职工奖励或福利。
④ 用于股息分配。
⑤ 用于对外捐赠。
⑥ 其他改变资产所有权属的用途。

企业发生第(2)条规定情形时,属于企业自制的资产,应按企业同类资产同期对外销售价格确定销售收入;属于外购的资产,可按购入时的价格确定销售收入。

(四) 非货币性资产投资企业所得税处理

(1) 企业以非货币性资产对外投资确认的非货币性资产转让所得,可在不超过5年期限内,分期均匀计入相应年度的应纳税所得额,按规定计算缴纳企业所得税。

(2) 企业以非货币性资产对外投资,应对非货币性资产进行评估并按评估后的公允价值扣除计税基础后的余额,计算确认非货币性资产转让所得。

(3) 企业以非货币性资产对外投资,应于投资协议生效并办理股权登记手续时,确认非货币性资产转让收入的实现。

(五) 相关收入实现的确认

(1) 企业销售商品同时满足下列条件的,应确认收入的实现。

① 商品销售合同已经签订，企业已将商品所有权相关的主要风险和报酬转移给购货方。

② 企业对已售出的商品既没有保留通常与所有权相联系的继续管理权，也没有实施有效控制。

③ 收入的金额能够可靠地计量。

④ 已发生或将发生的销售方的成本能够可靠地核算。

(2) 符合上款收入确认条件，采取下列商品销售方式的，应按以下规定确认收入实现时间。

① 销售商品采用托收承付方式的，在办妥托收手续时确认收入。

② 销售商品采取预收款方式的，在发出商品时确认收入。

③ 销售商品需要安装和检验的，在购买方接受商品以及安装和检验完毕时确认收入。如果安装程序比较简单，可在发出商品时确认收入。

④ 销售商品采用支付手续费方式委托代销的，在收到代销清单时确认收入。

(3) 采用售后回购方式销售商品的，销售的商品按售价确认收入，回购的商品作为购进商品处理。有证据表明不符合销售收入确认条件的，如以销售商品方式进行融资，收到的款项应确认为负债，回购价格大于原售价的，差额应在回购期间确认为利息费用。

(4) 销售商品以旧换新的，销售商品应当按照销售商品收入确认条件确认收入，回收的商品作为购进商品处理。

(5) 企业为促进商品销售而在商品价格上给予的价格扣除属于商业折扣，商品销售涉及商业折扣的，应当按照扣除商业折扣后的金额确定销售商品收入金额。

(6) 债权人为鼓励债务人在规定的期限内付款而向债务人提供的债务扣除属于现金折扣，销售商品涉及现金折扣的，应当按扣除现金折扣前的金额确定销售商品收入金额，现金折扣在实际发生时作为财务费用扣除。

(7) 企业因售出商品的质量不合格等原因而在售价上给予的减让属于销售折让；企业因售出商品质量、品种不符合要求等原因而发生的退货属于销售退回。企业已经确认销售收入的售出商品发生销售折让和销售退回，应当在发生当期冲减当期商品销售收入。

(8) 企业在各个纳税期末，提供劳务交易的结果能够可靠估计的，应采用完工进度（完工百分比）法确认提供劳务收入。

二、不征税收入和免税收入

国家为了扶持和鼓励某些特殊的纳税人和特定的项目，或者避免因征税影响企业的正常经营，对企业取得的某些收入予以不征税或免税的特殊政策，以减轻企业的负担，促进经济的协调发展。或准予抵扣应纳税所得额，或者是对专项用途的资金作为非税收入处理，减轻企业的税负，增加企业可用资金。

(一) 不征税收入

(1) 财政拨款，是指各级人民政府对纳入预算管理的事业单位、社会团体等组织拨付的财政资金，但国务院和国务院财政、税务主管部门另有规定的除外。

(2) 依法收取并纳入财政管理的行政事业性收费、政府性基金。行政事业性收费是指依照法律法规等有关规定，按照国务院规定程序批准，在实施社会公共管理，以及在向公民、法人或者其他组织提供特定公共服务过程中，向特定对象收取并纳入财政管理的费用。

① 企业按照规定缴纳的、由国务院或财政部批准设立的政府性基金以及由国务院和省、自治区、直辖市人民政府及其财政、价格主管部门批准设立的行政性事业收费，准予在计算应纳税所得额时扣除。

② 企业收取的各种基金、收费，应计入企业当年收入总额。

③ 对企业依照法律、法规及国务院有关规定收取并上缴财政的政府性基金和行政事业性收费，准予作为不征税收入，于上缴财政的当年在计算应纳税所得额时从收入总额中减除；未上缴财政的部分，不得从收入总额中减除。

(3) 国务院规定的其他不征税收入，是指企业取得的，由国务院财政、税务主管部门规定专项用途并经国务院批准的财政性资金。

财政性资金，是指企业取得的来源于政府及其有关部门的财政补助、补贴、贷款贴息，以及其他各类财政专项资金，包括直接减免的增值税和即征即退、先征后退、先征后返的各种税收，但不包括企业按规定取得的出口退税款。

(4) 专项用途财政性资金企业所得税处理的具体规定有以下几方面。

根据财税〔2011〕70号通知规定，自2011年1月1日起，企业取得的专项用途财政性资金，企业所得税处理按以下规定执行：企业从县级以上各级人民政府财政部门及其他部门取得的应计入收入总额的财政性资金，凡同时符合以下条件的，可以作为不征税收入，在计算应纳税所得额时从收入总额中减除。

① 企业能够提供规定资金专项用途的资金拨付文件。

② 财政部门或其他拨付资金的政府部门对该资金有专门的资金管理办法或具体管理要求。

③ 企业对该资金以及以该资金发生的支出单独进行核算。

需要注意的是根据《企业所得税法实施条例》第二十八条的规定，上述不征税收入用于支出所形成的费用，不得在计算应纳税所得额时扣除；用于支出所形成的资产，其计算的折旧、摊销不得在计算应纳税所得额时扣除。

（二）免税收入

(1) 国债利息收入。为鼓励企业积极购买国债，支援国家建设，税法规定，企业因购买国债所得的利息收入，免征企业所得税。

根据《企业所得税法》第二十六条的规定，自2011年1月1日起，企业取得的国债利息收入，免征企业所得税。具体按以下规定执行。

① 企业从发行者直接投资购买的国债持有至到期，其从发行者取得的国债利息收入，全额免征企业所得税。

② 企业到期前转让国债，或者从非发行者投资购买的国债，其按下述公式计算的国债利息收入，免征企业所得税。

国债利息收入＝国债金额×(适用年利率÷365)×持有天数

(2) 符合条件的居民企业之间的股息、红利等权益性收益,是指居民企业直接投资于其他居民企业取得的投资收益。

(3) 在中国境内设立机构、场所的非居民企业从居民企业取得与该机构、场所有实际联系的股息、红利等权益性投资收益。该收益都不包括连续持有居民企业公开发行并上市流通的股票不足12个月取得的投资收益。

(4) 符合条件的非营利组织的收入。符合条件的非营利组织包括以下几项。

① 依法履行非营利组织登记手续。

② 从事公益性或者非营利性活动。

③ 取得的收入除用于与该组织有关的、合理的支出外,全部用于登记核定或者章程规定的公益性或者非营利性事业。

④ 财产及其孳生息不用于分配。

⑤ 按照登记核定或者章程规定,该组织注销后的剩余财产用于公益性或者非营利性目的,或者由登记管理机关转赠给与该组织性质、宗旨相同的组织,并向社会公告。

⑥ 投入人对投入该组织的财产不保留或者享有任何财产权利。

⑦ 工作人员工资福利开支控制在规定的比例内,不变相分配该组织的财产。

⑧ 国务院财政、税务主管部门规定的其他条件。

(5) 非营利组织的下列收入为免税收入。

① 接受其他单位或者个人捐赠的收入。

② 除《企业所得税法》第七条规定的财政拨款以外的其他政府补助收入,但不包括因政府购买服务取得的收入。

③ 按照省级以上民政、财政部门规定收取的会费。

④ 不征税收入和免税收入孳生的银行存款利息收入。

⑤ 财政部、国家税务总局规定的其他收入。

三、扣除原则和范围

(一) 税前扣除项目的原则

企业申报的扣除项目和金额要真实、合法。除税收法规另有规定外,税前扣除一般应遵循以下原则。

(1) 权责发生制原则,是指企业费用应在发生的所属期扣除,而不是在实际支付时确认扣除。

(2) 配比原则,是指企业发生的费用应当与收入配比扣除。除特殊规定外,企业发生的费用不得提前或滞后申报扣除。

(3) 相关性原则,是指企业可扣除的费用从性质和根源上必须与取得的应税收入直接相关。

(4) 确定性原则,是指企业可扣除的费用不论何时支付,其金额必须是确定的。

(5) 合理性原则,是指符合生产经营活动常规,应当计入当期损益或者有关资产成本的必要和正常的支出。

(二) 扣除项目的范围

《企业所得税法》规定,企业实际发生的与取得收入有关的、合理的支出,包括成本、费用、税金、损失和其他支出,准予在计算应纳税所得额时扣除。在实际中,计算应纳税所得额时还应注意以下三方面的内容。

(1) 企业发生的支出应当区分收益性支出和资本性支出。收益性支出在发生当期直接扣除;资本性支出应当分期扣除或者计入有关资产成本,不得在发生当期直接扣除。

(2) 企业的不征税收入用于支出所形成的费用或者财产,不得扣除或者计算对应的折旧、摊销扣除。

(3) 除《企业所得税法》和《企业所得税实施条例》另有规定外,企业实际发生的成本、费用、税金、损失和其他支出,不得重复扣除。

1. 成本

成本是指企业在生产经营活动中发生的销售成本、销货成本、业务支出以及其他耗费,即企业销售商品(产品、材料、下脚料、废料、废旧物资等)、提供劳务、转让固定资产、无形资产(包括技术转让)的成本。

2. 费用

费用是指企业每一个纳税年度为生产、经营商品和提供劳务等所发生的销售(经营)费用、管理费用和财务费用。已经计入成本的有关费用除外。

(1) 销售费用。销售费用是指应由企业负担的为销售商品而发生的费用,包括广告费,运输费,装卸费,包装费,展览费,保险费,销售佣金(能直接认定的进口佣金调整商品进价成本),代销手续费,经营性租赁费及销售部门发生的差旅费、工资、福利费等费用。

(2) 管理费用。管理费用是指企业的行政管理部门为管理组织经营活动提供各项支援性服务而发生的费用。

(3) 财务费用。财务费用是指企业筹集经营性资金而发生的费用,包括利息净支出、汇兑净损失、金融机构手续费以及其他非资本化支出。

3. 税金

税金是指企业发生的除企业所得税和允许抵扣的增值税以外的企业缴纳的各项税金及附加。即企业按规定缴纳的消费税、城市维护建设税、关税、资源税、土地增值税、房产税、车船税、土地使用税、印花税、教育费附加等产品销售税金及附加。这些已纳税金准予税前扣除。准许扣除的税金有两种方式:一是在发生当期扣除;二是在发生当期计入相关资产的成本,在以后各期分摊扣除。

4. 损失

损失是指企业在生产经营活动中发生的固定资产和存货的盘亏、毁损、报废损失,转让财产损失,呆账损失,坏账损失,自然灾害等不可抗力因素造成的损失以及其他损失。

企业发生的损失,减除责任人赔偿和保险赔款后的余额,依照国务院财政、税务主管部门的规定扣除。

企业已经作为损失处理的资产,在以后纳税年度又全部收回或者部分收回时,应当计入当期收入。

5. 扣除的其他支出

扣除的其他支出是指除成本、费用、税金、损失外,企业在生产经营活动中发生的与生产经营活动有关的、合理的支出。

(三) 扣除项目及其标准

在计算应纳税所得额时,下列项目可按照实际发生额或规定的标准扣除。

1. 工资、薪金支出

(1) 企业发生的合理的工资、薪金支出准予据实扣除。工资、薪金支出是企业每一纳税年度支付给本企业任职或与其有雇佣关系的员工的所有现金或非现金形式的劳动报酬,包括基本工资、奖金、津贴、补贴、年终加薪、加班工资,以及与任职或者是受雇有关的其他支出。

合理的工资、薪金,是指企业按照股东大会、董事会、薪酬委员会或相关管理机构制定的工资薪金制度规定实际发放给员工的工资薪金。税务机关在对工资薪金进行合理性确认时,可按以下原则掌握。

① 企业制定了较为规范的员工工资薪金制度。

② 企业对实际发放的工资薪金,已依法履行了代扣代缴个人所得税义务。

③ 企业所制定的工资薪金制度符合行业及地区水平。

④ 企业在一定时期所发放的工资薪金是相对固定的,工资薪金的调整是有序进行的。

⑤ 有关工资薪金的安排,不以减少或逃避税款为目的。

(2) 属于国有性质的企业,其工资薪金不得超过政府有关部门给予的限定数额;超过部分,不得计入企业工资薪金总额,也不得在计算企业应纳税所得额时扣除。

2. 职工福利费、工会经费、职工教育经费

企业发生的职工福利费、工会经费、职工教育经费按标准扣除,未超过标准的按实际数扣除,超过标准的只能按标准扣除。

(1) 企业发生的职工福利费支出,不超过工资薪金总额14%的部分准予扣除。

值得注意的是,企业发生的职工福利费,应该单独设置账册,进行准确核算。没有单独设置账册准确核算的,税务机关应责令企业在规定的期限内进行改正。逾期仍未改正的,税务机关可对企业发生的职工福利费进行合理的核定。

(2) 企业拨缴的工会经费,不超过工资薪金总额2%的部分准予扣除。自2010年7月1日起,企业拨缴的职工工会经费,不超过工资薪金总额2%的部分,凭工会组织开具的《工会经费收入专用收据》在企业所得税税前扣除。

(3) 除国务院财政、税务主管部门另有规定外,企业发生的职工教育经费支出,不超过工资薪金总额8%的部分准予扣除,超过部分准予结转以后纳税年度扣除。

软件生产企业发生的职工教育经费中的职工培训费用,根据《财政部 国家税务总局关于企业所得税若干优惠政策的通知》(财税〔2012〕27号)规定,可以全额在企业所得税前扣除。软件生产企业应准确划分职工教育经费中的职工培训费支出,对于不能准确划

分的,以及准确划分后职工教育经费中扣除职工培训费用的余额,一律按照工资薪金总额8%的比例扣除。

3. 社会保险费

(1) 企业依照国务院有关主管部门或者省级人民政府规定的范围和标准为职工缴纳的五险一金,即基本养老保险费、基本医疗保险费、失业保险费、工伤保险费、生育保险费等基本社会保险费和住房公积金,准予扣除。

(2) 企业为投资者或者职工支付的补充养老保险费、补充医疗保险费,在国务院财政、税务主管部门规定的范围和标准内,准予扣除。

(3) 企业依照国家有关规定为特殊工种职工支付的人身安全保险费和符合国务院财政、税务主管部门规定可以扣除的商业保险费准予扣除。

(4) 企业参加财产保险,按照规定缴纳的保险费,准予扣除。企业为投资者或者职工支付的商业保险费,不得扣除。

4. 利息费用

企业在生产、经营活动中发生的利息费用,按下列规定扣除。

(1) 非金融企业向金融企业借款的利息支出、金融企业的各项存款利息支出和同业拆借利息支出、企业经批准发行债券的利息支出可据实扣除。

(2) 非金融企业向非金融企业借款的利息支出,不超过按照金融企业同期同类贷款利率计算的数额的部分可据实扣除,超过部分不许扣除。

(3) 关联企业利息费用的扣除。企业从其关联方接受的债权性投资与权益性投资的比例超过规定标准而发生的利息支出,不得在计算应纳税所得额时扣除。

(4) 企业向自然人借款的利息支出在企业所得税税前的扣除。

① 企业向股东或其他与企业有关联关系的自然人借款的利息支出,应根据《企业所得税法》第四十六条及《财政部　国家税务总局关于企业关联方利息支出税前扣除标准有关税收政策问题的通知》(财税〔2008〕121号)规定的条件,计算企业所得税扣除额。

② 企业向除①规定以外的内部职工或其他人员借款的利息支出,其借款情况同时符合以下条件的,其利息支出在不超过按照金融企业同期同类贷款利率计算的数额的部分,准予扣除。

条件一:企业与个人之间的借贷是真实、合法、有效的,并且不具有非法集资目的或其他违反法律、法规的行为。

条件二:企业与个人之间签订了借款合同。

5. 借款费用

企业在生产经营活动中发生的合理的不需要资本化的借款费用,准予扣除。

企业为购置、建造固定资产、无形资产和经过12个月以上的建造才能达到预定可销售状态的存货发生借款的,在有关资产购置、建造期间发生的合理的借款费用,应予以资本化,作为资本性支出计入有关资产的成本;有关资产交付使用后发生的借款利息,可在发生当期扣除。

企业通过发行债券、取得贷款、吸收保户储金等方式融资而发生的合理的费用支出,符合资本化条件的,应计入相关资产成本;不符合资本化条件的,应作为财务费用,准予在企业所得税前据实扣除。

6. 汇兑损失

企业在货币交易中以及纳税年度终了时将人民币以外的货币性资产、负债按照期末即期人民币汇率中间价折算为人民币时产生的汇兑损失,除已经计入有关资产成本以及与向所有者进行利润分配相关的部分外,准予扣除。

7. 业务招待费

(1) 企业发生的与生产经营活动有关的业务招待费支出,按照发生额的60%扣除,但最高不得超过当年销售(营业)收入的5‰。

(2) 对从事股权投资业务的企业(包括集团公司总部、创业投资企业等),其从被投资企业所分配的股息、红利以及股权转让收入,可以按规定的比例计算业务招待费扣除限额。

(3) 企业在筹建期间,发生的与筹办活动有关的业务招待费支出,可按实际发生额的60%计入企业筹办费,并按有关规定在税前扣除。

8. 广告费和业务宣传费

企业发生的符合条件的广告费和业务宣传费支出,除国务院财政、税务主管部门另有规定外,不超过当年销售(营业)收入15%的部分,准予扣除;超过部分,准予结转以后纳税年度扣除。

企业在筹建期间,发生的广告费和业务宣传费,可按实际发生额计入企业筹办费,可按上述规定在税前扣除。

企业申报扣除的广告费支出应与赞助支出严格区分。企业申报扣除的广告费支出,必须符合下列条件:广告是通过工商部门批准的专门机构制作的;已实际支付费用,并已取得相应发票;通过一定的媒体传播。

9. 环境保护专项资金

企业依照法律、行政法规有关规定提取的用于环境保护、生态恢复等方面的专项资金,准予扣除。上述专项资金提取后改变用途的,不得扣除。

10. 保险费

企业参加财产保险,按照规定缴纳的保险费,准予扣除。

11. 租赁费

企业根据生产经营活动的需要租入固定资产支付的租赁费,按照以下方法扣除。

(1) 以经营租赁方式租入固定资产发生的租赁费支出,按照租赁期限均匀扣除。经营性租赁是指所有权不转移的租赁。

(2) 以融资租赁方式租入固定资产发生的租赁费支出,按照规定构成融资租入固定资产价值的部分应当提取折旧费用,分期扣除。融资租赁是指在实质上转移与一项资产所有权有关的全部风险和报酬的一种租赁。

12. 劳动保护费

企业发生的合理的劳动保护支出,准予扣除。自2011年7月1日起,企业根据其工作性质和特点,由企业统一制作并要求员工工作时统一着装所发生的工作服饰费用,根据《企业所得税法实施条例》第二十七条的规定,可以作为企业合理的支出给予税前扣除。

13. 公益性捐赠支出

公益性捐赠,是指企业通过公益性社会团体或者县级(含县级)以上人民政府及其部门,用于《中华人民共和国公益事业捐赠法》规定的公益事业的捐赠。

企业发生的公益性捐赠支出,不超过年度利润总额12%的部分,准予扣除。年度利润总额,是指企业依照国家统一会计制度的规定计算的年度会计利润。

14. 有关资产的费用

企业转让各类固定资产发生的费用,允许扣除。企业按规定计算的固定资产折旧费、无形资产和递延资产的摊销费,准予扣除。

15. 总机构分摊的费用

非居民企业在中国境内设立的机构、场所,就其中国境外总机构发生的与该机构、场所生产经营有关的费用,能够提供总机构出具的费用汇集范围、定额、分配依据和方法等证明文件,并合理分摊的,准予扣除。

16. 资产损失

企业当期发生的固定资产和流动资产盘亏、毁损净损失,由其提供清查盘存资料经主管税务机关审核后,准予扣除。

17. 其他项目

依照有关法律、行政法规和国家有关税法规定准予扣除的其他项目。如会员费、合理的会议费、差旅费、违约金、诉讼费用等。

18. 手续费及佣金支出

企业发生的与生产经营有关的手续费及佣金支出,不超过有关规定计算限额以内的部分,准予扣除;超过部分,不得扣除。

四、不得扣除的项目

在计算应纳税所得额时,下列支出不得扣除:

(1) 向投资者支付的股息、红利等权益性投资收益款项。

(2) 企业所得税税款。

(3) 税收滞纳金,是指纳税人违反税收法规,被税务机关处以的滞纳金。

(4) 罚金、罚款和被没收财物的损失,是指纳税人违反国家有关法律、法规规定,被有关部门处以的罚款,以及被司法机关处以的罚金和被没收的财物。

(5) 超过规定标准的捐赠支出。

(6) 赞助支出,是指企业发生的与生产经营活动无关的各种非广告性质支出。

(7) 未经核定的准备金支出,是指不符合国务院财政、税务主管部门规定的各项资产减值准备、风险准备等准备金支出。

(8) 企业之间支付的管理费、企业内营业机构之间支付的租金和特许权使用费,以及非银行企业内营业机构之间支付的利息,不得扣除。

(9) 与取得收入无关的其他支出。

五、亏损弥补

亏损,是指企业依照《企业所得税法》及其暂行条例的规定,将每一纳税年度的收入总额减除不征税收入、免税收入和各项扣除后小于零的数额。税法规定,企业某一纳税年度发生的亏损可以用下一年度的所得弥补,下一年度的所得不足以弥补的,可以逐年延续弥补,但最长不得超过 5 年。而且,企业在汇总计算缴纳企业所得税时,其境外营业机构的亏损不得抵减境内营业机构的盈利。

企业筹办期间不计算为亏损年度,企业自开始生产经营的年度为开始计算企业损益的年度。企业从事生产经营之前进行筹办活动期间发生筹办费用支出,不得计算为当期的亏损,企业可以在开始经营之日的当年一次性扣除,也可以按照税法有关长期待摊费用的处理规定处理,但一经选定,不得改变。

第四节 资产的税务处理及资产损失税前扣除的所得税处理

资产是由于资本投资而形成的财产。税法规定,纳入税务处理范围的资产形式主要有固定资产、生物资产、无形资产、长期待摊费用、投资资产、存货等,均以历史成本为计税基础。

历史成本是指企业取得该项资产时实际发生的支出。企业持有各项资产期间资产增值或者减值,除国务院财政、税务主管部门规定可以确认损益外,不得调整该资产的计税基础。

一、固定资产的税务处理

固定资产,是指企业为生产产品、提供劳务、出租或者经营管理而持有的、使用时间超过 12 个月的非货币性资产,包括房屋、建筑物、机器、机械、运输工具以及其他与生产经营活动有关的设备、器具、工具等。

(一)固定资产计税基础

(1)外购的固定资产,以购买价款和支付的相关税费以及直接归属于使该资产达到预定用途发生的其他支出为计税基础。

(2)自行建造的固定资产,以竣工结算前发生的支出为计税基础。

(3)融资租入的固定资产,以租赁合同约定的付款总额和承租人在签订租赁合同过程中发生的相关费用为计税基础。租赁合同未约定付款总额的,以该资产的公允价值和承租人在签订租赁合同过程中发生的相关费用为计税基础。

(4)盘盈的固定资产,以同类固定资产的重置完全价值为计税基础。

(5)通过捐赠、投资、非货币性资产交换、债务重组等方式取得的固定资产,以该资产的公允价值和支付的相关税费为计税基础。

(6)改建的固定资产,除已足额提取折旧的固定资产和租入的固定资产以外的其他固定资产,以改建过程中发生的改建支出增加计税基础。

（二）固定资产折旧的范围

在计算应纳税所得额时，企业按照规定计算的固定资产折旧，准予扣除。
下列固定资产不得计算折旧扣除：
(1) 房屋、建筑物以外未投入使用的固定资产。
(2) 以经营租赁方式租入的固定资产。
(3) 以融资租赁方式租出的固定资产。
(4) 已足额提取折旧仍继续使用的固定资产。
(5) 与经营活动无关的固定资产。
(6) 单独估价作为固定资产入账的土地。
(7) 其他不得计算折旧扣除的固定资产。

（三）固定资产折旧的计提方法

企业应当自固定资产投入使用月份的次月起计算折旧。停止使用的固定资产，应当自停止使用月份的次月起停止计算折旧。

企业应当根据固定资产的性质和使用情况，合理确定固定资产的预计净残值。固定资产的预计净残值一经确定，不得变更。

固定资产按照直线法计算的折旧，准予扣除。

（四）固定资产折旧的计提年限

除国务院财政、税务主管部门另有规定外，固定资产计算折旧的最低年限如下：
(1) 房屋、建筑物，为 20 年。
(2) 飞机、火车、轮船、机器、机械和其他生产设备，为 10 年。
(3) 与生产经营活动有关的器具、工具、家具等，为 5 年。
(4) 飞机、火车、轮船以外的运输工具，为 4 年。
(5) 电子设备，为 3 年。
(6) 从事开采石油、天然气等矿产资源的企业，在开始商业性生产前发生的费用和有关固定资产的折耗、折旧方法，由国务院财政、税务主管部门另行规定。

（五）固定资产折旧的企业所得税处理

(1) 企业固定资产会计折旧年限如果短于税法规定的最低折旧年限，其按会计折旧年限计提的折旧高于按税法规定的最低折旧年限计提的折旧部分，应调增当期应纳税所得额；企业固定资产会计折旧年限已期满且会计折旧已提足，但税法规定的最低折旧年限尚未到期且税收折旧尚未足额扣除，其未足额扣除的部分准予在剩余的税收折旧年限继续按规定扣除。

(2) 企业固定资产会计折旧年限如果长于税法规定的最低折旧年限，其折旧应按会计折旧年限计算扣除，税法另有规定除外。

(3) 企业按会计规定提取的固定资产减值准备，不得税前扣除，其折旧仍按税法确定的固定资产计税基础计算扣除。

(4) 企业按税法规定实行加速折旧的,其按加速折旧办法计算的折旧额可全额在税前扣除。

(5) 石油天然气开采企业在计提油气资产折耗(折旧)时,由于会计与税法规定计算方法不同导致的折耗(折旧)差异,应按税法规定进行纳税调整。

(六) 固定资产改扩建的税务处理

自 2011 年 7 月 1 日起,企业对房屋、建筑物固定资产在未足额提取折旧前进行改扩建的,如属于推倒重置的,该资产原值减除提取折旧后的净值,应并入重置后的固定资产计税成本,并在该固定资产投入使用后的次月起,按照税法规定的折旧年限,一并计提折旧。

二、生物资产的税务处理

生物资产,是指有生命的动物和植物。生物资产分为消耗性生物资产、生产性生物资产和公益性生物资产。

消耗性生物资产,是指为出售而持有的或在将来收获为农产品的生物资产,包括生长中的农田作物、蔬菜、用材林以及存栏待售的牲畜等。

生产性生物资产,是指为产出农产品、提供劳务或出租等目的而持有的生物资产,包括经济林、薪炭林、产畜和役畜等。

公益性生物资产,是指以防护、环境保护为主要目的的生物资产,包括防风固沙林、水土保持林和水源涵养林等。

(一) 生物资产的计税基础

生产性生物资产按照以下方法确定计税基础:

(1) 外购的生产性生物资产,以购买价款和支付的相关税费为计税基础。

(2) 通过捐赠、投资、非货币性资产交换、债务重组等方式取得的生产性生物资产,以该资产的公允价值和支付的相关税费为计税基础。

(二) 生物资产的折旧方法和折旧年限

生产性生物资产按照直线法计算的折旧,准予扣除。企业应当自生产性生物资产投入使用月份的次月起计算折旧;停止使用的生产性生物资产,应当自停止使用月份的次月起停止计算折旧。

企业应当根据生产性生物资产的性质和使用情况,合理确定生产性生物资产的预计净残值。生产性生物资产的预计净残值一经确定,不得变更。

生产性生物资产计算折旧的最低年限如下:

(1) 林木类生产性生物资产,为 10 年。

(2) 畜类生产性生物资产,为 3 年。

三、无形资产的税务处理

无形资产,是指企业长期使用,但没有实物形态的资产,包括专利权、商标权、著作权、土地使用权、非专利技术、商誉等。

(一)无形资产的计税基础

无形资产按照以下方法确定计税基础:

(1) 外购的无形资产,以购买价款和支付的相关税费以及直接归属于使该资产达到预定用途发生的其他支出为计税基础。

(2) 自行开发的无形资产,以开发过程中该资产符合资本化条件后至达到预定用途前发生的支出为计税基础。

(3) 通过捐赠、投资、非货币性资产交换、债务重组等方式取得的无形资产,以该资产的公允价值和支付的相关税费为计税基础。

(二)无形资产摊销的范围

在计算应纳税所得额时,企业按照规定计算的无形资产摊销费用,准予扣除。

下列无形资产不得计算摊销费用扣除:

(1) 自行开发的支出已在计算应纳税所得额时扣除的无形资产。

(2) 自创商誉。

(3) 与经营活动无关的无形资产。

(4) 其他不得计算摊销费用扣除的无形资产。

(三)无形资产的摊销方法及年限

无形资产的摊销,采取直线法计算。无形资产的摊销年限不得低于10年。作为投资或者受让的无形资产,有关法律规定或者合同约定了使用年限的,可以按照规定或者约定的使用年限分期摊销。外购商誉的支出,在企业整体转让或者清算时,准予扣除。

四、长期待摊费用的税务处理

长期待摊费用,是指企业发生的应在1个年度以上或几个年度进行摊销的费用。在计算应纳税所得额时,企业发生的下列支出作为长期待摊费用,按照规定摊销的,准予扣除。

(1) 已足额提取折旧的固定资产的改建支出。

(2) 租入固定资产的改建支出。

(3) 固定资产的大修理支出。

(4) 其他应当作为长期待摊费用的支出。

固定资产的改建支出,是指改变房屋或者建筑物结构、延长使用年限等发生的支出。已足额提取折旧的固定资产的改建支出,按照固定资产预计尚可使用年限分期摊销;租入固定资产的改建支出,按照合同约定的剩余租赁期限分期摊销;改建的固定资产延长使用年限的,除已足额提取折旧的固定资产、租入固定资产的改建支出外,其他的固定资产发生改建支出,应当适当延长折旧年限。

企业的固定资产修理支出可在发生当期直接扣除。企业的固定资产改良支出,如果有关固定资产尚未提足折旧,可增加固定资产价值;如有关固定资产已提足折旧,可作为长期待摊费用,在规定的期间内平均摊销。

大修理支出,按照固定资产尚可使用年限分期摊销。企业所得税法所指固定资产的大修理支出,是指同时符合下列条件的支出。

(1) 修理支出达到取得固定资产时的计税基础 50% 以上。

(2) 修理后固定资产的使用年限延长 2 年以上。

其他应当作为长期待摊费用的支出,自支出发生月份的次月起,分期摊销,摊销年限不得低于 3 年。

五、存货的税务处理

存货,是指企业持有以备出售的产品或者商品、处在生产过程中的在产品、在生产或者提供劳务过程中耗用的材料和物料等。

(一) 存货的计税基础

存货按照以下方法确定成本。

(1) 通过支付现金方式取得的存货,以购买价款和支付的相关税费为成本。

(2) 通过支付现金以外的方式取得的存货,以该存货的公允价值和支付的相关税费为成本。

(3) 生产性生物资产收获的农产品,以产出或者采收过程中发生的材料费、人工费和分摊的间接费用等必要支出为成本。

(二) 存货的成本计算方法

企业使用或者销售的存货的成本计算方法,可以在先进先出法、加权平均法、个别计价法中选用一种。计价方法一经选用,不得随意变更。

企业转让以上资产,在计算企业应纳税所得额时,资产的净值允许扣除。其中,资产的净值是指有关资产、财产的计税基础减除已经按照规定扣除的折旧、折耗、摊销、准备金等后的余额。

除国务院财政、税务主管部门另有规定外,企业在重组过程中,应当在交易发生时确认有关资产的转让所得或者损失,相关资产应当按照交易价格重新确定计税基础。

六、投资资产的税务处理

投资资产,是指企业对外进行权益性投资和债权性投资而形成的资产。

(一) 投资资产的成本

投资资产按以下方法确定投资成本。

(1)通过支付现金方式取得的投资资产,以购买价款为成本。

(2)通过支付现金以外的方式取得的投资资产,以该资产的公允价值和支付的相关税费为成本。

(二)投资资产成本的扣除方法

企业对外投资期间,投资资产的成本在计算应纳税所得额时不得扣除,企业在转让或者处置投资资产时,投资资产的成本准予扣除。

(三)投资企业撤回或减少投资的税务处理

自2011年7月1日起,投资企业从被投资企业撤回或减少投资,其取得的资产中,相当于初始出资的部分,应确认为投资收回;相当于被投资企业累计未分配利润和累计盈余公积按减少实收资本比例计算的部分,应确认为股息所得;其余部分确认为投资资产转让所得。

被投资企业发生的经营亏损,由被投资企业按规定结转弥补;投资企业不得调整减低其投资成本,也不得将其确认为投资损失。

七、资产损失的税务处理

资产损失,是指企业在生产经营活动中实际发生的、与取得应税收入有关的资产损失,包括现金损失,存款损失,坏账损失,贷款损失,股权投资损失,固定资产和存货的盘亏、毁损、报废、被盗损失,自然灾害等不可抗力因素造成的损失及其他损失。

(一)资产损失扣除政策

依据财税〔2009〕57号文规定,企业资产损失税前扣除政策有如下几项。

(1)企业清查出的现金短缺减除责任人赔偿后的余额,作为现金损失在计算应纳税所得额时扣除。

(2)企业将货币性资金存入法定具有吸收存款职能的机构,因该机构依法破产、清算,或者政府责令停业、关闭等原因,确实不能收回的部分,作为存款损失在计算应纳税所得额时扣除。

(3)企业除贷款类债权外的应收、预付账款符合下列条件之一的,减除可收回金额后确认的无法收回的应收、预付款项,可以作为坏账损失在计算应纳税所得额时扣除。

① 债务人依法宣告破产、关闭、解散、被撤销,或者被依法注销、吊销营业执照,其清算财产不足清偿的。

② 债务人死亡,或者依法被宣告失踪、死亡,其财产或者遗产不足清偿的。

③ 债务人逾期3年以上未清偿,且有确凿证据证明已无力清偿债务的。

④ 与债务人达成债务重组协议或法院批准破产重整计划后,无法追偿的。

⑤ 因自然灾害、战争等不可抗力导致无法收回的。

⑥ 国务院财政、税务主管部门规定的其他条件。

(4)对企业盘亏的固定资产或存货,以该固定资产的账面净值或存货的成本减除责任人赔偿后的余额,作为固定资产或存货盘亏损失在计算应纳税所得额时扣除。

（5）对企业毁损、报废的固定资产或存货,以该固定资产的账面净值或存货的成本减除残值、保险赔款和责任人赔偿后的余额,作为固定资产或存货毁损、报废损失在计算应纳税所得额时扣除。

（6）对企业被盗的固定资产或存货,以该固定资产的账面净值或存货的成本减除保险赔款和责任人赔偿后的余额,作为固定资产或存货被盗损失在计算应纳税所得额时扣除。

（7）企业因存货盘亏、毁损、报废、被盗等原因不得从增值税销项税额中抵扣的进项税额,可以与存货损失一起在计算应纳税所得额时扣除。

（8）企业在计算应纳税所得额时已经扣除的资产损失,在以后纳税年度全部或者部分收回时,其收回部分应当作为收入计入收回当期的应纳税所得额。

（9）企业境内、境外营业机构发生的资产损失应分开核算,对境外营业机构由于发生资产损失而产生的亏损,不得在计算境内应纳税所得额时扣除。

（10）企业对其扣除的各项资产损失,应当提供能够证明资产损失确属已实际发生的合法证据,包括具有法律效力的外部证据、具有法定资质的中介机构的经济鉴证证明、具有法定资质的专业机构的技术鉴定证明等。

（二）资产损失税前扣除管理

根据国家税务总局关于发布《企业资产损失所得税税前扣除管理办法》公告 2011 年第 25 号的规定,自 2011 年 1 月 1 日起,企业资产损失税前扣除管理的基本原则有以下几项。

（1）准予在企业所得税税前扣除的资产损失,是指企业在实际处置、转让上述资产过程中发生的合理损失(以下简称"实际资产损失"),以及企业虽未实际处置、转让上述资产,但符合财税〔2009〕57 号文件和《企业资产损失所得税税前扣除管理办法》规定条件计算确认的损失(以下简称"法定资产损失")。

（2）企业实际资产损失,应当在其实际发生且会计上已做损失处理的年度申报扣除;法定资产损失,应当在企业向主管税务机关提供证据资料证明该项资产已符合法定资产损失确认条件,且会计上已做损失处理的年度申报扣除。

（3）企业发生的资产损失,应按规定的程序和要求向主管税务机关申报后方能在税前扣除。未经申报的损失,不得在税前扣除。

（4）企业以前年度发生的资产损失未能在当年税前扣除的,可以按照《企业资产损失所得税税前扣除管理办法》的规定,向税务机关说明并进行专项申报扣除。

企业因以前年度实际资产损失未在税前扣除而多缴的企业所得税税款,可在追补确认年度企业所得税应纳税款中予以抵扣,不足抵扣的,向以后年度递延抵扣。

企业实际资产损失发生年度扣除追补确认的损失后出现亏损的,应先调整资产损失发生年度的亏损额,再按弥补亏损的原则计算以后年度多缴的企业所得税税款,并按前款办法进行税务处理。

八、税法规定与会计规定差异的处理

税法规定与会计规定差异的处理,是指企业在财务会计核算中与税法规定不一致的,应当依照税法规定予以调整。即企业在平时进行会计核算时,可以按会计制度的有关规定进行账务处理,但在申报纳税时,对税法规定和会计制度规定有差异的,要按税法规定进行纳税调整。

根据《企业所得税法》第二十一条规定,对企业依据财务会计制度规定,并实际在财务会计处理上已确认的支出,凡没有超过《企业所得税法》和有关税收法规规定的税前扣除范围和标准的,可按企业实际会计处理确认的支出,在企业所得税前扣除,计算其应纳税所得额。

(1) 企业不能提供完整、准确的收入及成本、费用凭证,不能正确计算应纳税所得额的,由税务机关核定其应纳税所得额。

(2) 企业依法清算时,以其清算终了后的清算所得为应纳税所得额,按规定缴纳企业所得税。所谓清算所得,是指企业的全部资产可变现价值或者交易价格减除资产净值、清算费用以及相关税费等后的余额。

(3) 企业应纳税所得额是根据税收法规计算出来的,它在数额上与依据财务会计制度计算的利润总额往往不一致。因此,税法规定:对企业按照有关财务会计规定计算的利润总额,要按照税法的规定进行必要调整后,才能作为应纳税所得额计算缴纳所得税。

(4) 自 2011 年 7 月 1 日起,企业当年度实际发生的相关成本、费用,由于各种原因未能及时取得该成本、费用的有效凭证,企业在预缴季度所得税时,可暂按账面发生金额进行核算;但在汇算清缴时,应补充提供该成本、费用的有效凭证。

第五节 企业重组的所得税处理

一、企业重组的定义

企业重组,是指企业在日常经营活动以外发生的法律结构或经济结构重大改变的交易,包括企业法律形式改变、债务重组、股权收购、资产收购、合并、分立等。

自 2008 年 1 月 1 日起,企业发生上述重组事项的,按企业重组的一般性税务处理办法中第(二)(三)项中的相关规定进行所得税处理。

二、企业重组的一般性税务处理方法

(一) 企业由法人转变为个人独资企业、合伙企业等非法人组织,或将登记注册地转移至中华人民共和国境外(包括港、澳、台地区),应是视同企业进行清算、分配,股东重新投资成立新企业。企业的全部资产以及股东投资的计税基础均应以公允价值为基础确定。

企业发生其他法律形式简单改变的,可直接变更税务登记,除另有规定外,有关企业所得税纳税事项(包括亏损结转、税收优惠等权益和义务)由变更后企业承继,但因住所发

生变化而不符合税收优惠条件的除外。

（二）企业债务重组，相关交易应按以下规定处理。

（1）以非货币资产清偿债务，应当分解为转让相关非货币性资产、按非货币性资产公允价值清偿债务两项业务，确认有关资产的所得或损失。

（2）发生债权转股权的，应当分解为债务清偿和股权投资两项业务，确认有关债务清偿所得或损失。

（3）债务人应当按照支付的债务清偿额低于债务计税基础的差额，确认债务重组所得；债权人应当按照收到的债务清偿额低于债权计税基础的差额，确认债务重组损失。

（4）债务人的相关所得税纳税事项原则上保持不变。

（三）企业股权收购、资产收购重组交易，相关交易应按以下规定处理。

（1）被收购方应确认股权、资产转让所得或损失。

（2）收购方取得股权或资产的计税基础应以公允价值为基础确定。

（3）被收购企业的相关所得税事项原则上保持不变。

（四）企业合并，当事各方应按下列规定处理。

（1）合并企业应按公允价值确定接受被合并企业各项资产和负债的计税基础。

（2）被合并企业及其股东都应按清算进行所得税处理。

（3）被合并企业的亏损不得在合并企业结转弥补。

（五）企业分立，当事各方应按下列规定处理。

（1）被分立企业对分立出去资产应按公允价值确认资产转让所得或损失。

（2）分立企业应按公允价值确认接受资产的计税基础。

（3）被分立企业继续存在时，其股东取得的对价应视同被分立企业分配进行处理。

（4）被分立企业不再继续存在时，被分立企业及其股东都应按清算进行所得税处理。

（5）企业分立相关企业的亏损不得相互结转弥补。

第六节 企业所得税应纳税额计算、申报与缴纳

一、居民企业应纳税额的计算

居民企业应缴纳所得税额等于应纳税所得额乘以适用税率，基本计算公式为

$$应纳税额＝应纳税所得额×适用税率－减免税额－抵免税额$$

根据计算公式可以看出，应纳税额的多少，取决于应纳税所得额和适用税率两个因素。

（一）直接计算法

在直接计算法下，企业每一纳税年度的收入总额减除不征税收入、免税收入、各项扣除以及允许弥补的以前年度亏损后的余额为应纳税所得额。计算公式与前述相同，即为

$$应纳税所得额＝收入总额－不征税收入－免税收入－各项扣除金额－允许弥补的以前年度亏损$$

（二）间接计算法

间接计算法下，在会计利润总额的基础上加或减按照税法规定调整的项目金额，即为应纳税所得额。计算公式为

$$应纳税所得额 = 会计利润总额 \pm 纳税调整项目金额$$

纳税调整项目金额包括两方面的内容：一是企业的财务会计处理和税收规定不一致的应予以调整的金额；二是企业按税法规定准予扣除的税收金额。

【例 9-2】 企业为居民企业，2021年发生经营业务如下：
(1) 取得产品销售收入 5 000 万元；
(2) 发生产品销售成本 3 500 万元；
(3) 发生销售费用 900 万元（其中广告费 780 万元），管理费用 380 万元（其中业务招待费 30 万元，新技术开发费用 40 万元）；财务费用 100 万元；
(4) 税金及附加 60 万元；
(5) 营业外收入 80 万元，营业外支出 40 万元（含通过公益性社会组织向山区捐款 35 万元，支付税收滞纳金 5 万元）；
(6) 计入成本、费用中的实发工资总额 200 万元，拨缴职工工会经费 5 万元，发生职工福利费 32 万元，发生职工教育经费 18 万元。

请计算该企业 2021 年度实际应纳的企业所得税。

根据上述内容分析可知：
(1) 会计利润总额 = 5 000 − 3 500 − 900 − 380 − 100 − 60 + 80 − 40 = 100（万元）
(2) 广告费应调增所得额 = 780 − 5 000 × 15% = 780 − 750 = 30（万元）
(3) 业务招待费应调增所得额 = 30 − 30 × 60% = 30 − 18 = 12（万元）
      5 000 × 5‰ = 25（万元）> 30 × 60% = 18（万元）
(4) 新技术开发费用应调减所得额 = 40 × 100% = 40（万元）
(5) 捐赠支出应调增所得额 = 35 − 100 × 12% = 23（万元）
(6) 工会经费应调增所得额 = 5 − 200 × 2% = 1（万元）
(7) 职工福利费应调增所得额 = 32 − 200 × 14% = 4（万元）
(8) 职工教育经费当年应调增所得额 = 18 − 200 × 8% = 2（万元）
(9) 应纳税所得额 = 100 + 30 + 12 − 40 + 23 + 5 + 1 + 4 + 2 = 137（万元）
(10) 2021 年应缴企业所得税 = 137 × 25% = 34.25（万元）

【例 9-3】 某工业企业为居民企业，2021 年度发生经营业务如下：
(1) 全年取得产品销售收入 5 600 万元；
(2) 全年发生产品销售成本 4 000 万元；
(3) 全年其他业务收入 800 万元；
(4) 其他业务成本 660 万元；
(5) 取得购买国债的利息收入 40 万元；
(6) 缴纳税金及附加 300 万元；
(7) 发生的管理费用 760 万元，其中新技术的研究开发费用 60 万元、业务招待费用

70万元;

(8) 发生财务费用200万元;

(9) 取得直接投资其他居民企业的权益性收益30万元;

(10) 取得营业外收入100万元,发生营业外支出250万元(其中含公益捐赠40万元);

(11) 购进符合企业所得税优惠的安全生产专用设备一套,支付价款40万元、增值税进项税额5.2万元,设备已经投入使用。

请计算该企业2021年应纳的企业所得税。

根据上述内容分析可知:

(1) 利润总额＝5 600－4 000＋800－660＋40－300－760－200＋30＋100－250＝400(万元)

(2) 国债利息收入免征企业所得税,应调减所得额40万元

(3) 技术开发费加计扣除100％调减所得额＝60×100％＝60(万元)

(4) 按实际发生业务招待费的60％计算＝70×60％＝42(万元)

按销售(营业)收入的5‰计算＝(5 600＋800)×5‰＝32(万元)

按照规定税前扣除限额应为32万元,实际应增应纳税所得额＝70－32＝38(万元)

(5) 取得直接投资其他居民企业的权益性收益属于免税收入,应调减应纳税所得额30万元

(6) 捐赠扣除标准＝400×12％＝48(万元)

实际捐赠额40万元小于扣除标准48万元,可按实捐数扣除,不作纳税调整

(7) 应纳税所得额＝400－40－60＋38－30＝308(万元)

(8) 该企业2021年应缴纳企业所得税＝308×25％－40×10％＝73(万元)

二、境外所得抵扣税额的计算

自2008年1月1日起,居民企业以及非居民企业在中国境内设立的机构、场所依照《企业所得税法》第二十三条、第二十四条的有关规定,应在其应纳税额中抵免在境外缴纳的所得税额,按以下规定执行:

(1) 企业应按照《企业所得税法》及其实施条例、税收协定以及相关规定,准确计算下列当期与抵免境外所得税有关的项目后,确定当期实际可抵免分国(地区)别的境外所得税税额和抵免限额。

① 境内所得的应纳税所得额(以下称境内应纳税所得额)和分国(地区)别的境外所得的应纳税所得额(以下称境外应纳税所得额);

② 分国(地区)别的可抵免境外所得税税额;

③ 分国(地区)别的境外所得税的抵免限额。

企业不能准确计算上述项目实际可抵免分国(地区)别的境外所得税税额的,在相应国家(地区)缴纳的税收均不得在该企业当期应纳税额中抵免,也不得结转以后年度抵免。

(2) 企业应就其按照《企业所得税法实施条例》第七条规定确定的中国境外所得(境外税前所得),按以下规定计算《企业所得税法实施条例》第七十八条规定的境外应纳税所

得额：

① 居民企业在境外投资设立不具有独立纳税地位的分支机构，其来源于境外的所得，以境外收入总额扣除与取得境外收入有关的各项合理支出后的余额为应纳税所得额。各项收入、支出按《企业所得税法》及其实施条例的有关规定确定。居民企业在境外设立不具有独立纳税地位的分支机构取得的各项境外所得，无论是否汇回中国境内，均应计入该企业所属纳税年度的境外应纳税所得额。

② 居民企业应就其来源于境外的股息、红利等权益性投资收益，以及利息、租金、特许权使用费、转让财产等收入，扣除按照《企业所得税法》及其实施条例等规定计算的与取得该项收入有关的各项合理支出后的余额为应纳税所得额。来源于境外的股息、红利等权益性投资收益，应按被投资方作出利润分配决定的日期确认收入实现；来源于境外的利息、租金、特许权使用费、转让财产等收入，应按有关合同约定应付交易对价款的日期确认收入实现。

③ 非居民企业在境内设立机构、场所的，应就其发生在境外但与境内所设机构、场所有实际联系的各项应税所得，比照上述第②项的规定计算相应的应纳税所得额。

④ 在计算境外应纳税所得额时，企业为取得境内、境外所得而在境内、境外发生的共同支出与取得境外应税所得有关的、合理的部分，应在境内、境外[分国（地区）别，下同]应税所得之间，按照合理比例进行分摊后扣除。

⑤ 在汇总计算境外应纳税所得额时，企业在境外同一国家（地区）设立不具有独立纳税地位的分支机构，按照《企业所得税法》及其实施条例的有关规定计算的亏损，不得抵减其境内或他国（地区）的应纳税所得额，但可以用同一国家（地区）其他项目或以后年度的所得按规定弥补。

(3) 可抵免境外所得税税额，是指企业来源于中国境外的所得依照中国境外税收法律以及相关规定应当缴纳并已实际缴纳的企业所得税性质的税款。但不包括：

① 按照境外所得税法律及相关规定属于错缴或错征的境外所得税税款。

② 按照税收协定规定不应征收的境外所得税税款。

③ 因少缴或迟缴境外所得税而追加的利息、滞纳金或罚款。

④ 境外所得税纳税人或者其利害关系人从境外征税主体得到实际返还或补偿的境外所得税税款。

⑤ 按照我国《企业所得税法》及其实施条例规定，已经免征我国企业所得税的境外所得负担的境外所得税税款。

⑥ 按照国务院财政、税务主管部门有关规定已经从企业境外应纳税所得额中扣除的境外所得税税款。

(4) 企业应按照《企业所得税法》及其实施条例和有关规定分国（地区）别计算境外税额的抵免限额。

某国（地区）所得税抵免限额 = 中国境内、境外所得依照《企业所得税法》及其实施条例的规定计算的应纳税总额 × 来源于某国（地区）的应纳税所得额 ÷ 中国境内、境外应纳税所得总额

(5) 企业抵免境外所得税额后实际应纳所得税额的计算公式为:

$$\begin{matrix}企业实际应纳\\所得税额\end{matrix} = \begin{matrix}企业境内外所得\\应纳税总额\end{matrix} - \begin{matrix}企业所得税减免、\\抵免优惠税额\end{matrix} - \begin{matrix}境外所得税\\抵免额\end{matrix}$$

【例 9-4】 假定某企业 2021 年度境内应纳税所得额为 200 万元,适用 25% 企业所得税税率。另外,该企业分别在 A、B 两国设有分支机构(我国与 A、B 两国已经缔结避免双重征税协定),在 A 国的分支机构的应纳税所得额为 50 万元,A 国税率为 20%,B 国的分支机构的应纳税所得额为 30 万元,B 国税率为 30%,假设该企业在 A、B 两国所得按我国税法计算的应纳税所得额与按 A、B 两国税法计算的应纳税所得额一致,两个分支机构在 A、B 两国分别缴纳了 10 万元和 9 万元的企业所得税。请计算该企业 2021 年度汇总时在我国应缴纳的企业所得税。

(1) 该企业按我国税法计算的境内、境外所得的应纳税额

应纳税额 =(200+50+30)×25%=70(万元)

(2) A、B 两国的扣除限额

A 国扣除限额=70×[50÷(200+50+30)]=12.5(万元)

B 国扣除限额=70×[30÷(200+50+30)]=7.5(万元)

在 A 国缴纳的所得税为 10 万元,低于扣除限额 12.5 万元,可全额扣除。

在 B 国缴纳的所得税为 9 万元,高于扣除限额 7.5 万元,其超过扣除限额的部分 1.5 万元当年不能扣除。

(3) 2021 年汇总时在我国应缴纳的所得税=70-10-7.5=52.5(万元)

三、居民企业核定征收应纳税额的计算

为了加强企业所得税征收管理,规范核定征收企业所得税工作,保障国家税款及时足额入库,维护纳税人合法权益,根据《企业所得税法》及其实施条例、《税收征收管理法》及其实施细则的有关规定,核定征收企业所得税的有关规定有以下几方面。

(一)核定征收企业所得税的范围

核定征收办法适用于居民企业纳税人,纳税人具有下列情形之一的,核定征收企业所得税。

(1) 依照法律、行政法规的规定可以不设置账簿的。

(2) 依照法律、行政法规的规定应当设置但未设置账簿的。

(3) 擅自销毁账簿或者拒不提供纳税资料的。

(4) 虽设置账簿,但账目混乱或者成本资料、收入凭证、费用凭证残缺不全,难以查账的。

(5) 发生纳税义务,未按照规定的期限办理纳税申报,经税务机关责令限期申报,逾期仍不申报的。

(6) 申报的计税依据明显偏低,又无正当理由的。

特殊行业、特殊类型的纳税人和一定规模以上的纳税人不适用核定征收办法。上述特定纳税人由国家税务总局另行明确。

根据国家税务总局公告 2012 年第 27 号规定,自 2012 年 1 月 1 日起,专门从事股权

(股票)投资业务的企业,不得核定征收企业所得税。

对依法按核定应税所得率方式核定征收企业所得税的企业,取得的转让股权(股票)收入等转让财产收入,应全额计入应税收入额,按照主营项目(业务)确定适用的应税所得率计算征税;若主营项目(业务)发生变化,应在当年汇算清缴时,按照变化后的主营项目(业务)重新确定适用的应税所得率计算征税。

(二)核定征收的办法

税务机关应根据纳税人具体情况,对核定征收企业所得税的纳税人,核定应税所得率或者核定应纳所得税额。

(1)具有下列情形之一的,核定其应税所得率。

① 能正确核算(查实)收入总额,但不能正确核算(查实)成本费用总额的。
② 能正确核算(查实)成本费用总额,但不能正确核算(查实)收入总额的。
③ 通过合理方法,能计算和推定纳税人收入总额或成本费用总额的。

纳税人不属于以上情形的,核定其应纳所得税额。

(2)税务机关采用下列方法核定征收企业所得税。

① 参照当地同类行业或者类似行业中经营规模和收入水平相近的纳税人的税负水平核定。
② 按照应税收入额或成本费用支出额定率核定。
③ 按照耗用的原材料、燃料、动力等推算或测算核定。
④ 按照其他合理方法核定。

采用前款所列一种方法不足以正确核定应纳税所得额或应纳税额的,可以同时采用两种以上的方法核定。采用两种以上方法测算的应纳税额不一致时,可按测算的应纳税额从高核定。

采用应税所得率方式核定征收企业所得税的,应纳所得税额计算公式如下:

$$应纳所得税额 = 应纳税所得额 \times 适用税率$$

$$应纳税所得额 = 应税收入额 \times 应税所得率$$

或:应纳税所得额 = 成本(费用)支出额 ÷ (1 - 应税所得率) × 应税所得率

实行应税所得率方式核定征收企业所得税的纳税人,经营多业的,无论其经营项目是否单独核算,均由税务机关根据其主营项目确定适用的应税所得率。

主营项目应为纳税人所有经营项目中,收入总额或者成本(费用)支出额或者耗用原材料、燃料、动力数量所占比重最大的项目。

应税所得率按表 9-1 规定的幅度标准确定。

表 9-1 应税所得率的幅度标准

行　　业	应税所得率/%
农、林、牧、渔业	3~10
制造业	5~15
批发和零售贸易业	4~15

续表

行　　业	应税所得率/%
交通运输业	7～15
建筑业	8～20
饮食业	8～25
娱乐业	15～30
其他行业	10～30

纳税人的生产经营范围、主营业务发生重大变化，或者应纳税所得额或应纳税额增减变化达到20%的，应及时向税务机关申报调整已确定的应纳税额或应税所得率。

（三）核定征收企业所得税的管理

（1）主管税务机关应及时向纳税人送达《企业所得税核定征收鉴定表》，及时完成对其核定征收企业所得税的鉴定工作。

纳税人应在收到《企业所得税核定征收鉴定表》后10个工作日内，填好该表并报送主管税务机关。《企业所得税核定征收鉴定表》一式三联，主管税务机关和县税务机关各执一联，另一联送达纳税人执行。主管税务机关还可根据实际工作需要，适当增加联次备用。

纳税人收到《企业所得税核定征收鉴定表》后，未在规定期限内填列、报送的，税务机关视同纳税人已经报送，按上述程序进行复核认定。

（2）纳税人实行核定应税所得率方式的，按下列规定申报纳税。

① 主管税务机关根据纳税人应纳税额的大小确定纳税人按月或者按季预缴，年终汇算清缴。预缴方法一经确定，一个纳税年度内不得改变。

② 纳税人应依照确定的应税所得率计算纳税期间实际应缴纳的税额，进行预缴。按实际数额预缴有困难的，经主管税务机关同意，可按上一年度应纳税额的1/12或1/4预缴，或者按经主管税务机关认可的其他方法预缴。

③ 纳税人预缴税款或年终进行汇算清缴时，应按规定填写《中华人民共和国企业所得税月(季)度预缴纳税申报表(B类)》，在规定的纳税申报时限内报送主管税务机关。

（3）纳税人实行核定应纳所得税额方式的，按下列规定申报纳税。

① 纳税人在应纳所得税额尚未确定之前，可暂按上年度应纳所得税额的1/12或1/4预缴，或者按经主管税务机关认可的其他方法，按月或按季分期预缴。

② 在应纳所得税额确定以后，减除当年已预缴的所得税额，余额按剩余月份或季度均分，以此确定以后各月或各季的应纳税额，由纳税人按月或按季填写《中华人民共和国企业所得税月(季)度预缴纳税申报表(B类)》，在规定的纳税申报期限内进行纳税申报。

③ 纳税人年度终了后，在规定的时限内按照实际经营额或实际应纳税额向税务机关申报纳税。申报额超过核定经营额或应纳税额的，按申报额缴纳税款；申报额低于核定经营额或应纳税额的，按核定经营额或应纳税额缴纳税款。

(4) 对违反核定征收规定的行为,按照《税收征收管理法》及其实施细则的有关规定处理。

四、企业所得税的申报与缴纳

(一) 纳税地点

(1) 除税收法律、行政法规另有规定外,居民企业以企业登记注册地为纳税地点;但登记注册地在境外的,以实际管理机构所在地为纳税地点。企业注册登记地是指企业依照国家有关规定登记注册的住所地。

(2) 居民企业在中国境内设立不具有法人资格的营业机构的,应当汇总计算并缴纳企业所得税。企业汇总计算并缴纳企业所得税时,应当统一核算应纳税所得额,具体办法由国务院财政、税务主管部门另行制定。

(3) 非居民企业在中国境内设立机构、场所的,应当就其所设机构、场所取得的来源于中国境内的所得,以及发生在中国境外但与其所设机构、场所有实际联系的所得,以机构、场所所在地为纳税地点。非居民企业在中国境内设立两个或者两个以上机构、场所的,经税务机关审核批准,可以选择由其主要机构、场所汇总缴纳企业所得税。非居民企业经批准汇总缴纳企业所得税后,需要增设、合并、迁移、关闭机构、场所或者停止机构、场所业务的,应当事先由负责汇总申报缴纳企业所得税的主要机构、场所向其所在地税务机关报告;需要变更汇总缴纳企业所得税的主要机构、场所的,依照前款规定办理。

(4) 非居民企业在中国境内未设立机构、场所的,或者虽设立机构、场所但取得的所得与其所设机构、场所没有实际联系的,以扣缴义务人所在地为纳税地点。

(5) 除国务院另有规定外,企业之间不得合并缴纳企业所得税。

(二) 纳税期限

企业所得税按年计征,分月或者分季预缴,年终汇算清缴,多退少补。

企业所得税的纳税年度,自公历1月1日起至12月31日止。企业在一个纳税年度的中间开业,或者由于合并、关闭等原因终止经营活动,使该纳税年度的实际经营期不足12个月的,应当以其实际经营期为1个纳税年度。企业清算时,应当以清算期间作为1个纳税年度。

自年度终了之日起5个月内,向税务机关报送年度企业所得税纳税申报表,并汇算清缴,结清应缴应退税款。

企业在年度中间终止经营活动的,应当自实际经营终止之日起60日内,向税务机关办理当期企业所得税汇算清缴。

(三) 纳税申报

按月或按季预缴的,应当自月份或者季度终了之日起15日内,向税务机关报送预缴企业所得税纳税申报表,预缴税款。

企业在报送企业所得税纳税申报表时,应当按照规定附送财务会计报告和其他有关资料。

企业应当在办理注销登记前，就其清算所得向税务机关申报并依法缴纳企业所得税。

依照企业所得税法缴纳的企业所得税，以人民币计算。所得以人民币以外的货币计算的，应当折合成人民币计算并缴纳税款。

企业在纳税年度内无论盈利或者亏损，都应当依照《企业所得税法》第五十四条规定的期限，向税务机关报送预缴企业所得税纳税申报表、年度企业所得税纳税申报表、财务会计报告和税务机关规定应当报送的其他有关资料。

第七节 企业所得税的会计核算

我国现行所得税会计方法是资产负债表债务法。

资产负债表债务法是指企业在进行所得税会计核算时，从资产负债表出发，通过比较资产负债表上列示的资产、负债按照会计准则规定确定的账面价值与按照税法规定确定的计税基础，对这两者之间的差异分别按应纳税暂时性差异与可抵扣暂时性差异，确认相关的递延所得税负债与递延所得税资产，并在此基础上确定每一个会计期间利润表中的所得税费用。

一、资产负债表债务法的理论基础

资产负债观是当今会计发展的一个重要方向，资产负债表债务法是在所得税的会计核算方面对资产负债观的完整贯彻，从资产负债角度考虑：资产的账面价值，代表的是某项资产在持续持有及最终处置的一定期间内为企业带来未来经济利益的总额；资产的计税基础，代表的是在相同期间内按照税法规定该项资产可以税前扣除的金额。

当一项资产的账面价值小于其计税基础时，表明该项资产与未来期间产生的经济利益流入低于按照税法规定允许税前扣除的金额，产生可抵减未来期间应纳税所得额的因素，减少未来期间以应交所得税的方式流出企业的经济利益，从其产生的时点看，属于资产项目，应确认为递延所得税资产。

当一项资产的账面价值大于其计税基础时，两者之间的差额将会于未来期间产生应税金额，增加未来期间的应纳税所得额及应交所得税，对企业形成经济利益流出的义务，从其产生的时点看，属于负债项目，应确认为递延所得税负债。

二、所得税资产负债表债务法的一般核算程序

在采用资产负债表债务法核算所得税的情况下，企业一般应于每一资产负债表日进行所得税的核算。企业进行所得税会计核算一般应遵循以下程序。

（1）按照会计准则确定资产和负债项目的账面价值。资产负债表中除递延所得税资产和递延所得税负债以外的其他资产、负债的账面价值，是指企业按照有关会计准则的规定进行核算后在资产负债表中列示的金额。对于计提了减值准备的各项资产，是指其账面余额减去已计提的减值准备后的金额。

（2）确定资产负债表中有关资产、负债项目的计税基础。按照会计准则中对于资产

和负债计税基础的确定方法,以适用的税收法规为基础,确定资产负债表中有关资产、负债项目的计税基础。

(3) 确定递延所得税资产和递延所得税负债金额。比较资产、负债的账面价值与其计税基础,对于两者之间存在差异的,分析其性质,除准则中规定的特殊情况外,区分出应纳税暂时性差异与可抵扣暂时性差异,确定资产负债表中递延所得税负债和递延所得税资产的应有金额,并与期初递延所得税资产和递延所得税负债的余额相比,确定当期应予进一步确认的递延所得税资产和递延所得税负债金额或应予转销的金额,作为递延所得税。

(4) 按照税法规定计算应纳税额。按照税法规定计算确定当期发生的交易或事项应纳税所得额,将应纳税所得额与适用的所得税税率计算的结果确认为当期应交所得税。

(5) 确定利润表中的所得税费用。利润表中的所得税费用包括当期所得税(当期应交所得税)和递延所得税两个组成部分,企业在计算确定了当期所得税和递延所得税后,两者之和(或之差)是利润表中的所得税费用。

三、资产负债表债务法的核算应用

【例 9-5】 大华公司 2020 年度利润表中利润总额为 2 000 万元,该公司适用的所得税税率为 25%。递延所得税资产及递延所得税负债均不存在期初余额。求大华公司的会计处理及税法规定存在差别的科目。

2020 年发生的有关交易和事项中,会计处理与税法规定存在差别的有:

(1) 取得国债利息 80 万元,已计入利润总额。

(2) 2020 年 1 月开始计提折旧的一项固定资产,成本为 1 500 万元,使用年限为 10 年,净残值为 0,会计处理按双倍余额递减法计提折旧,税收处理按直线法计提折旧。假定税法规定的使用年限及净残值与会计规定相同。

(3) 向关联企业捐赠现金 200 万元。按照税法规定,企业向关联方的捐赠不允许税前扣除。

(4) 当期取得作为交易性金融资产核算的股票投资成本 900 万元,12 月 31 日公允价值 1 300 万元。

(5) 业务招待费实际发生额 400 万元,税法规定的扣除限额 180 万元。

(6) 期末对持有的存货计提了 60 万元的存货跌价准备。

(7) 年末计提产品保修费 300 万元,计入营业费用。大华公司 2020 年资产负债表相关项目金额及其计税基础见表 9-2。

表 9-2 大华公司 2020 年资产负债表相关项目金额及其计税基础　　单位:万元

项目	账面价值	计税基础	差异	
			应纳税暂时性差异	可抵扣暂时性差异
存货	2 000	2 060		60

续表

项目	账面价值	计税基础	差异	
			应纳税暂时性差异	可抵扣暂时性差异
固定资产： 固定资产原价 减：累计折旧 减：固定资产减值准备	1 500 300 0	1 500 150 0		
固定资产账面价值	1 200	1 350		150
交易性金融资产	1 300	900	400	
预计负债	300	0		300
总计			400	510

(1) 2020年度当期应交所得税：

应纳税所得额 = 2 000 − 80 + 150 + 200 − 400 + (400 − 180) + 60 + 300
= 2 450（万元）

应交所得税 = 2 450 × 25% = 612.5（万元）

(2) 2020年度递延所得税：

递延所得税资产 = 510 × 25% = 127.5（万元）

递延所得税负债 = 400 × 25% = 100（万元）

递延所得税 = 127.5 − 100 = 27.5（万元）

(3) 利润表中应确认的所得税费用：

所得税费用 = 612.5 − 27.5 = 585（万元）

确认所得税费用的账务处理如下：

借：所得税费用　　　　　　　　　　　　　　　5 850 000
　　　递延所得税资产　　　　　　　　　　　　1 275 000
　　贷：应交税费——应交所得税　　　　　　　　　　6 125 000
　　　　递延所得税负债　　　　　　　　　　　　　　1 000 000

本章习题
扫描二维码
可下载。

第十章

个人所得税法及其会计核算

【教学目标】
- 了解个人所得税的纳税义务人及征税范围
- 熟悉个人所得税的税目及税率
- 掌握个人所得税应纳税所得额的确定及应纳税额的计算
- 熟悉个人所得税税收优惠

【本章重点】
- 个人所得税应税所得项目的划分
- 应纳税额的计算

【本章难点】
- 个人所得税应纳税所得来源的确定
- 个人所得税应纳税额的计算
- 个人所得税税收优惠

第一节 个人所得税的概念与特点

一、个人所得税的概念

个人所得税是以自然人及个体工商户取得的各类应税所得为征税对象而征收的一种所得税,是政府利用税收对个人收入进行调节的一种手段。个人所得税在组织财政收入、提高公民纳税意识,尤其在调节个人收入分配差距方面具有重要作用。

个人所得税的纳税人不仅包括自然人,还包括具有自然人性质的个体工商户。

二、个人所得税的特点

从世界范围看,个人所得税的税制模式有三种:分类征收制、综合征收制和混合征收制。分类征收制,就是将纳税人不同来源、性质的所得项目,分别规定不同的税率和不同的计税基础进行征税;综合征收制,是对纳税人全年的各项所得加以汇总,就其总额进行征税；混合征收制，是对纳税人不同来源、性质的所得，部分项目加总综合征收，部分项目按照各自税率和计税基础分别征税。三种不同的征收模式各有其优缺点。我国个税于2019年始，改为分类与综合相结合的混合征收模式。我国现行个人所得税制有如下特点。

(1) 实行分类与综合相结合的征收方法。我国税制将个人工资薪金、劳务报酬、稿酬、特许权使用费四项所得项目实行综合课征制；其他的财产租赁所得、偶然所得等应税项目采用分类征收办法。分类征收制，即将个人取得的各项所得，分别适用不同的费用减除标准、不同的税率和不同的计税方法。

(2) 累进税率和比例税率并用。其中，项目综合所得税适用3%～45%的七级超额累进税率；个体工商户生产经营所得，对企事业单位的承包、承租经营所得，个人独资企业和合伙企业投资者的生产经营所得，适用5%～35%的五级超额累进税率，利息、股息、红利所得、财产租赁所得、财产转让所得、偶然所得和其他所得均适用比例税率。

(3) 费用扣除额较宽。居民个人的综合所得，以每一纳税年度的收入额减除费用基本扣除(60 000元/人·年)、专项扣除、专项附加扣除和依法确定的其他扣除项目；经营所得，以每一纳税年度的收入总额减除成本、费用以及损失；非居民个人的工资、薪金所得，以每月收入额减除生计费用5 000元；财产租赁，每次收入不超过4 000元的减除800元，每次收入4 000元以上的减除20%的费用。

(4) 计算简便。用应税所得的收入减去允许扣除的，剩下的部分作为所得额，乘以规定的税率。

(5) 采取自行申报和源泉扣缴两种征纳方法。对凡是可以在应税所得的支付环节扣缴个人所得税的，均由扣缴义务人履行代扣代缴义务；对于没有扣缴义务人的，以及取得综合所得(含工资、薪金所得，劳务报酬所得，稿酬所得和特许权使用费)需要办理汇算清缴的，由纳税人自行申报纳税和年终汇算清缴。此外，对其他不便于扣缴税款的，亦规定由纳税人自行申报纳税。

第二节 个人所得税的基本内容

一、纳税义务人

个人所得税的纳税义务人，包括中国公民，个体工商户，个人独资企业，合伙企业投资者，在中国有所得的外籍人员(包括无国籍人员，下同)和中国香港、澳门、台湾同胞。上述纳税义务人依据住所和居住时间两个标准，区分为居民和非居民，分别承担不同的纳税义务。

(一) 居民纳税义务人

在中国境内有住所，或者无住所而一个纳税年度内在中国境内居住累计满183天的个人，为居民个人。居民纳税义务人负有无限纳税义务，从中国境内和境外取得的所得，依照本法规定缴纳个人所得税。

纳税年度,自公历1月1日起至12月31日止。

所谓在中国境内有住所的人,是指因户籍、家庭、经济利益关系,而在中国境内习惯性居住的个人。这里所说的习惯性居住,是判定纳税义务人属于居民还是非居民的一个重要依据。它是指个人因学习、工作、探亲等原因消除之后,没有理由在其他地方继续居留时所要回到的地方,而不是指实际居住或在某一个特定时期内的居住地。一个纳税人因学习、工作、探亲、旅游等原因,原来是在中国境外居住,但是在这些原因消除之后,如果必须回到中国境内居住的,则中国为该人的习惯性居住地。

(二)非居民纳税义务人

在中国境内无住所又不居住,或者无住所而一个纳税年度内在中国境内居住累计不满183天的个人,为非居民个人。非居民个人从中国境内取得的所得,依照本法规定缴纳个人所得税。

自2004年7月1日起,对境内居住的天数和境内实际工作期间以下述规定为准。

1. 判定纳税义务及计算在中国境内居住的天数

对在中国境内无住所的个人,需要计算确定其在中国境内居住天数,以便依照税法和协定或安排的规定判定其在华负有何种纳税义务时,均应以该个人实际在华逗留天数计算。上述个人入境、离境、往返或多次往返境内外的当日,均按1天计算其在华实际逗留天数。

2. 个人入、离境当日及在中国境内实际工作期间的判定

对在中国境内、境外机构同时担任职务或仅在境外机构任职的境内无住所个人,在按《国家税务总局关于在中国境内无住所的个人计算缴纳个人所得税若干具体问题的通知》(国税函发〔1995〕125号)第一条的规定计算其境内工作期间时,对其入境、离境、往返或多次往返境内外的当日,均按半天计算为在华实际工作天数。

二、征税范围

(一)个人所得税税目

下列各项个人所得,应纳个人所得税。

(1) 工资、薪金所得。
(2) 劳务报酬所得。
(3) 稿酬所得。
(4) 特许权使用费所得。
(5) 经营所得。
(6) 利息、股息、红利所得。
(7) 财产租赁所得。
(8) 财产转让所得。
(9) 偶然所得。

(二) 征税对象的具体规定

1. 工资、薪金所得

工资、薪金所得,是指个人因任职或者受雇而取得的工资、薪金、奖金、年终加薪、劳动分红、津贴、补贴以及与任职或者受雇有关的其他所得。

一般来说,工资、薪金所得属于非独立个人劳动所得。所谓非独立个人劳动,是指个人所从事的由他人指定、安排并接受管理的劳动,工作或服务于公司、工厂、行政事业单位的人员(私营企业主除外)均为非独立劳动者。他们从上述单位取得的劳动报酬,是以工资、薪金的形式体现的。在这类报酬中,工资和薪金的收入主体略有差异。通常情况下,把直接从事生产、经营或服务的劳动者(工人)的收入称为工资,即所谓"蓝领阶层"所得;而将从事社会公职或管理活动的劳动者(公职人员)的收入称为薪金,即所谓"白领阶层"所得。

除工资、薪金以外,奖金、年终加薪、劳动分红、津贴、补贴也被确定为工资、薪金范畴。其中,年终加薪、劳动分红不分种类和取得情况,一律按工资、薪金所得课税。津贴、补贴等则有例外。根据我国目前个人收入的构成情况,规定对于一些不属于工资、薪金性质的补贴、津贴或者不属于纳税人本人工资、薪金所得项目的收入,不予征税。这些项目包括以下几项。

(1) 独生子女补贴。

(2) 执行公务员工资制度未纳入基本工资总额的补贴、津贴差额和家属成员的副食品补贴。

(3) 托儿补助费。

(4) 差旅费津贴、误餐补助。其中,误餐补助是指按照财政部规定,个人因公在城区、郊区工作,不能在工作单位或返回就餐的,根据实际误餐顿数,按规定的标准领取的误餐费。单位以误餐补助名义发给职工的津贴不能包括在内。

公司职工取得的用于购买企业国有股权的劳动分红,按"工资、薪金所得"项目计征个人所得税。

出租汽车经营单位对出租车驾驶员采取单车承包或承租方式运营,出租车驾驶员从事客货营运取得的收入,按工资、薪金所得征税。

自 2004 年 1 月 20 日起,对商品营销活动中,企业和单位对营销业绩突出的雇员以培训班、研讨会、工作考察等名义组织旅游活动,通过免收差旅费、旅游费对个人实行的营销业绩奖励(包括实物、有价证券等),应根据所发生费用的全额并入营销人员当期的工资、薪金所得,按照"工资、薪金所得"项目征收个人所得税。

个人因公务用车和通信制度改革而取得的公务用车、通信补贴收入,扣除一定标准的公务费用后,按照"工资、薪金所得"项目计征个人所得税。按月发放的,并入当月"工资、薪金所得"计征个人所得税;不按月发放的,分解到所属月份并与该月"工资、薪金所得"合并后计征个人所得税。

公务费用的扣除标准,由省级税务局根据纳税人公务交通、通信费用的实际发生情况调查测算,报经省级人民政府批准后确定,并报国家税务总局备案。

个人按照规定领取的税收递延型商业养老保险的养老金收入,其中25%部分予以免税,其余75%部分按照10%比例税率计算缴纳个人所得税,税款计入"工资、薪金所得"项目,由保险机构代扣代缴后,在个人购买税延养老保险的机构所在地办理全员全额扣缴申报。

2. **劳务报酬所得**

劳务报酬所得,是指个人从事劳务取得的所得,包括从事设计、装潢、安装、制图、化验、测试、医疗、法律、会计、咨询、讲学、翻译、审稿、书画、雕刻、影视、录音、录像、演出、表演、广告、展览、技术服务、介绍服务、经纪服务、代办服务以及其他劳务取得的所得。

实际操作过程中,要判定一项所得是属于工资、薪金所得,还是属于劳务报酬所得,基本的依据在于:工资、薪金所得是个人从事非独立劳动,从所在单位领取的报酬,个人与单位之间存在雇佣与被雇佣的关系;劳务报酬所得是个人独立从事某种技艺,独立提供某种劳务而取得的所得,个人与单位之间不存在雇佣和被雇佣关系。如果从事某项劳务活动取得的报酬是来自聘用、雇佣单位的,如演员从剧团领取工资,教师从学校领取工资,就属于工资、薪金所得项目。如果从事某项劳务活动取得的报酬不是来自聘用、雇佣单位的,如演员自己"走穴"或与他人组合"走穴"演出取得的报酬,教师受聘为校外的各类学习班、培训班授课取得的课酬收入,就属于劳务报酬所得项目。

在校学生因参与勤工俭学活动(包括参与学校组织的勤工俭学活动)而取得属于《个人所得税法》规定的应税所得项目的所得,按照"劳务报酬所得"征收个人所得税。

个人担任董事职务所取得的董事费收入分两种情形:个人担任公司董事、监事且不在公司任职、受雇的情形,属于劳务报酬性质,按"劳务报酬所得"项目征收个人所得税;个人在公司(包括关联公司)任职、受雇,同时兼任董事、监事的,应将董事费、监事费与个人工资收入合并,统一按"工资、薪金所得"项目征收个人所得税。

3. **稿酬所得**

稿酬所得,是指个人因其作品以图书、报刊等形式出版、发表而取得的所得。这里所说的作品,包括文学作品、书画作品、摄影作品,以及其他作品。作者去世后,财产继承人取得的遗作稿酬,亦按"稿酬所得"项目征收个人所得税。

根据《国家税务总局关于个人所得税若干业务问题的批复》(国税函〔2002〕146号),对报纸、杂志、出版等单位的职员在本单位的刊物上发表作品、出版图书取得所得征税的问题明确如下:

任职、受雇于报纸、杂志等单位的记者、编辑等专业人员,因在本单位的报纸、杂志上发表作品取得的所得,属于因任职、受雇而取得的所得,应与其当月工资收入合并,按"个人所得税工资、薪金所得"项目征收个人所得税。除上述专业人员以外,其他人员在本单位的报纸、杂志上发表作品取得的所得,应按"稿酬所得"项目征收个人所得税。

出版社的专业作者撰写、编写或翻译的作品,由本社以图书形式出版而取得的稿费收入,应按"稿酬所得"项目征收个人所得税。

4. **特许权使用费所得**

特许权使用费所得,是指个人提供专利权、商标权、著作权、非专利技术以及其他特许权的使用权取得的所得;提供著作权的使用权取得的所得,不包括稿酬所得。我国纳入课税范围的特许权主要涉及以下四种：

（1）专利权。专利权是指由国家专利主管机关依法授予专利申请人在一定的时期内对某项发明创造享有的专有利用的权利，它是工业产权的一部分，具有专有性（独占性）、地域性、时间性。

（2）商标权。商标权是指商标注册人依法律规定而取得的对其注册商标在核定商品上的独占使用权。商标权也是一种工业产权，可以依法取得、转让、许可使用、继承、丧失、请求排除侵害。

（3）著作权。著作权即版权，是指作者对其创作的文学、科学和艺术作品依法享有的某些特殊权利。著作权是公民的一项民事权利，既具有民法中的人身权性质，也具有民法中的财产权性质，主要包括发表权、署名权、修改权、保护权、使用权和获得报酬权。

（4）非专利技术。非专利技术即专利技术以外的专有技术。这类技术大多尚处于保密状态，仅为特定人知晓并占有。

上述四种权利及其他权利由个人提供给他人使用时，会取得相应的收入。这类收入不同于一般所得，所以单独列为一类征税项目。

作者将自己的文字作品手稿原件或复印件公开拍卖（竞价）取得的所得，属于提供著作权的使用所得，应按"特许权使用费所得"项目计征个人所得税。

个人取得特许权的经济赔偿收入，应按"特许权使用费所得"项目计征个人所得税。

从2002年5月1日起，编剧从电视剧的制作单位取得的剧本使用费，不再区分剧本的使用方是否为其任职单位，统一按"特许权使用费所得"项目计征个人所得税。

5. 经营所得

1）个体工商户的生产、经营所得

（1）个体工商户从事工业、手工业、建筑业、交通运输业、商业、饮食业、服务业、修理业及其他行业取得的所得。

（2）个人经政府有关部门批准，取得执照，从事办学、医疗、咨询以及其他有偿服务活动取得的所得。

（3）上述个体工商户和个人取得的与生产、经营有关的各项应税所得。

（4）个人因从事彩票代销业务而取得的所得，应按照"个体工商户的生产、经营所得"项目计征个人所得税。

（5）从事个体出租车运营的出租车驾驶员取得的收入，按个体工商户的生产、经营所得项目缴纳个人所得税。

出租车属个人所有，但挂靠出租汽车经营单位或企事业单位，驾驶员向挂靠单位缴纳管理费的，或出租汽车经营单位将出租车所有权转移给驾驶员的，出租车驾驶员从事客货运营取得的收入，比照个体工商户的生产、经营所得项目征税。

（6）个体工商户和从事生产、经营的个人，取得与生产、经营活动无关的其他各项应税所得，应分别按照其他应税项目的有关规定，计算征收个人所得税。如取得银行存款的利息所得、对外投资取得的股息所得，应按"股息、利息、红利"税目的规定单独计征个人所得税。

（7）个人独资企业、合伙企业的个人投资者以企业资金为本人、家庭成员及其相关人员支付与企业生产经营无关的消费性支出及购买汽车、住房等财产性支出,视为企业对个人投资者利润分配,并入投资者个人的生产经营所得,依照"个体工商户的生产、经营所得"项目计征个人所得税。

个体工商户或个人专营种植业、养殖业、饲养业、捕捞业(以下简称"四业"),不征收个人所得税;不属于原农业税、牧业税征税范围的,应对其所得计征个人所得税;同时对进入各类市场销售自产农产品的农民取得的所得暂不征收个人所得税。兼营上述"四业"并且"四业"的所得单独核算的,比照上述原则办理。对属于征收个人所得税的。应与其他行业的生产、经营所得合并计征个人所得税;对于"四业"的所得不能单独核算的,应就其全部所得计征个人所得税。

2)对企事业单位的承包经营、承租经营所得

对企事业单位的承包经营、承租经营所得,是指个人承包经营或承租经营以及转包、转租取得的所得。承包项目可分多种,如生产经营、采购、销售、建筑安装等各种承包。转包包括全部转包或部分转包。

个人对企事业单位承包、承租经营后,工商登记改变为个体工商户的,这类承包、承租经营所得,实际上属于个体工商户的生产、经营所得,应按"个体工商户的生产、经营所得"项目计征个人所得税,不再征收企业所得税。

个人对企事业单位承包、承租经营后,工商登记仍为企业的,不论其分配方式如何,均应先按照企业所得税的有关规定缴纳企业所得税,然后根据承包、承租经营者按合同(协议)规定取得的所得,依照《个人所得税法》的有关规定缴纳个人所得税。具体为:

① 承包、承租人对企业经营成果不拥有所有权,仅按合同(协议)规定取得一定所得的,应按"工资、薪金所得"项目计征个人所得税。

② 承包、承租人按合同(协议)规定只向发包方、出租人缴纳一定的费用,缴纳承包、承租费后的企业的经营成果归承包人、承租人所有的,其取得的所得,按"对企事业单位的承包经营、承租经营所得"项目计征个人所得税。

6.利息、股息、红利所得

利息、股息、红利所得,是指个人拥有债权、股权而取得的利息、股息、红利所得。其中:利息一般是指存款、贷款和债券的利息;股息是指个人拥有股权取得的公司、企业派息分红,按照一定的比率派发的每股息金;红利是指根据公司、企业应分配的、超过股息部分的利润,按股派发的红股。有关具体规定如下:

除个人独资企业、合伙企业以外的其他企业的个人投资者,以企业资金为本人、家庭成员及其相关人员支付与企业生产经营无关的消费性支出及购买汽车、住房等财产性支出,视为企业对个人投资者的红利分配,依照"利息、股息、红利所得"项目计征个人所得税。

(1)在储蓄机构开设专门账户取得的利息。个人在银行及其他储蓄机构开设的用于支付电话、水、电、煤气等有关费用,或者用于购买股票等方面的投资、生产经营业务往来结算以及其他用途的资金账户孳生的利息,属于储蓄存款利息性质所得,应依法缴纳个人所得税,税款由结付利息的储蓄机构代扣代缴。但自2008年10月9日起,对储蓄存款利息所得暂免征收个人所得税。

（2）职工个人取得的量化资产。根据国家有关规定，允许集体所有制企业在改制为股份合作制企业时，可以将有关资产量化给职工个人。为了支持企业改组改制的顺利进行，对于企业在改革过程中个人取得量化资产的征税问题按以下规定处理：①对职工个人以股份形式取得的仅作为分红依据、不拥有所有权的企业量化资产，不征收个人所得税。②对职工个人以股份形式取得的企业量化资产参与企业分配而获得的股息、红利，应按"利息、股息、红利所得"项目计征个人所得税。

（3）个人股东获得企业购买且所有权办理在股东个人名下的车辆。企业购买车辆并将车辆所有权办到股东个人名下，其实质为企业对股东进行了红利性质的实物分配，应按"利息、股息、红利所得"项目计征个人所得税。

（4）除个人独资企业、合伙企业以外的其他企业的个人投资者，以企业资金为本人、家庭成员及其相关人员支付与企业生产经营无关的消费性支出及购买汽车、住房等财产性支出，视为企业对个人投资者的红利分配，依照"利息、股息、红利所得"项目计征个人所得税。

7. 财产租赁所得

财产租赁所得，是指个人出租不动产、机器设备、车船以及其他财产取得的所得。个人取得的财产转租收入，属于"财产租赁所得"的征税范围。在确定纳税义务人时，应以产权凭证为依据，对无产权凭证的，由主管税务机关根据实际情况确定；产权所有人死亡，在未办理产权继承手续期间，该财产出租而有租金收入的，以领取租金的个人为纳税义务人。

8. 财产转让所得

财产转让所得，是指个人转让有价证券、股权、建筑物、土地使用权、机器设备、车船以及其他财产取得的所得。个人进行的财产转让主要是个人财产所有权的转让。

财产转让实际上是一种买卖行为，当事人双方通过签订、履行财产转让合同，形成财产买卖的法律关系，使出让财产的个人从对方取得价款（收入）或其他经济利益。财产转让所得因其性质的特殊性，需要单独列举项目征税。对个人取得的各项财产转让所得，除股票转让所得外，都要征收个人所得税。

1）股票转让所得

根据《个人所得税法实施条例》的规定，对股票转让所得征收个人所得税的办法，由国务院另行制定，报全国人民代表大会常务委员会备案。

经国务院批准，对个人转让境内上市公司股票所得暂不征收个人所得税。此外，对内地个人投资者通过沪港通、深港通投资香港联交所上市股票取得的转让差价所得，自2019年12月5日至2023年12月31日，继续暂免征收个人所得税。对香港市场投资者（包括企业和个人）投资上海证券交易所（简称上交所）上市 A 股取得的转让差价所得，暂免征收所得税。

2）量化资产股份转让所得

根据国家有关规定，允许集体所有制企业在改制为股份合作制企业时将有关资产量化给职工个人。为了支持企业改组改制的顺利进行，集体所有制企业在改制为股份合作制企业时，对职工个人以股份形式取得的拥有所有权的企业量化资产，暂缓征收个人所得税;待个人将股份转让时,就其转让收入额,减除个人取得该股份时实际支付的费用支出和合理转让费用后的余额,按"财产转让所得"项目计征个人所得税。

3) 个人自有住房转让所得

自 2010 年 10 月 1 日起,对出售自有住房并在 1 年内重新购房的纳税人不再减免个人所得税;对个人转让自用 5 年以上,并且是家庭唯一生活用房取得的所得,继续免征个人所得税。

9. 偶然所得

偶然所得,是指个人得奖、中奖、中彩以及其他偶然性质的所得。得奖是指参加各种有奖竞赛活动,取得名次得到的奖金;中奖、中彩是指参加各种有奖活动,如有奖销售、有奖储蓄或者购买彩票,经过规定程序,抽中、摇中号码而取得的奖金。偶然所得应缴纳的个人所得税税款,一律由发奖单位或机构代扣代缴。

三、所得来源地的确定

下列所得,不论支付地点是否在中国境内,均为来源于中国境内的所得。

(1) 因任职、受雇、履约等而在中国境内提供劳务取得的所得。

(2) 将财产出租给承租人在中国境内使用而取得的所得。

(3) 转让中国境内的建筑物、土地使用权等财产或者在中国境内转让其他财产取得的所得。

(4) 许可各种特许权在中国境内使用而取得的所得。

(5) 从中国境内的公司、企业以及其他经济组织或者个人取得的利息、股息、红利所得。

在中国境内无住所,但是居住 1 年以上 5 年以下的个人,其来源于中国境外的所得,经主管税务机关批准,可以只就由中国境内公司、企业以及其他经济组织或者个人支付的部分缴纳个人所得税;居住超过 5 年的个人,从第 6 年起,应当就其来源于中国境外的全部所得缴纳个人所得税。

在中国境内无住所,但是在一个纳税年度中在中国境内连续或者累计居住不超过 90 日的个人,其来源于中国境内的所得,由境外雇主支付并且不由该雇主在中国境内的机构、场所负担的部分,免予缴纳个人所得税。

此外,《财政部 税务总局关于非居民个人和无住所居民个人有关个人所得税政策的公告》(财政部 税务总局公告 2019 年第 35 号)对非居民个人和无住所居民个人(以下统称无住所个人)工资、薪金,数月奖金以及股权激励等所得来源问题做了进一步明确。

1. 关于工资、薪金所得来源地的规定

个人取得归属于中国境内(以下称境内)工作期间的工资、薪金所得为来源于境内的工资薪金所得。境内工作期间按照个人在境内工作天数计算,包括其在境内的实际工作日以及境内工作期间在境内、境外享受的公休假、个人休假、接受培训的天数。在境内、境外单位同时担任职务或者仅在境外单位任职的个人,在境内停留的当天不足 24 小时的,按照半天计算境内工作天数。

无住所个人在境内、境外单位同时担任职务或者仅在境外单位任职,且当期同时在境内、境外工作的,按照工资、薪金所属境内、境外工作天数占当期公历天数的比例计算确定

来源于境内、境外工资、薪金所得的收入额。境外工作天数按照当期公历天数减去当期境内工作天数计算。

2. 关于数月奖金以及股权激励所得来源地的规定

无住所个人取得的数月奖金或者股权激励所得，按照上述"1.关于工资、薪金所得来源地的规定"确定所得来源地的，无住所个人在境内履职或者执行职务时收到的数月奖金或者股权激励所得，归属于境外工作期间的部分，为来源于境外的工资、薪金所得；无住所个人停止在境内履约或者执行职务离境后收到的数月奖金或者股权激励所得，属于境内工作期间的部分，为来源于境内的工资、薪金所得。具体计算方法为：数月奖金或者股权激励乘以数月奖金或者股权激励所属工作期间境内工作天数与所属工作期间公历天数之比。

无住所个人一个月内取得的境内外数月奖金或者股权激励包含归属于不同期间的多笔所得的，应当先分别按照财政部、税务总局2019年第35号公告规定计算不同归属期间来源于境内的所得，然后再加总计算当月来源于境内的数月奖金或者股权激励收入额。上述所称数月奖金，是指一次取得归属于数月的奖金、年终加薪、分红等工资薪金所得，不包括每月固定发放的奖金及一次性发放的数月工资。上述所称股权激励，包括股票期权、股权期权、限制性股票、股票增值权、股权奖励以及其他因认购股票等有价证券而从雇主取得的折扣或者补贴。

【例10-1】 A先生为中国境内无住所个人，2021年全年境内工作天数为73天，其中第四季度境内工作天数为46天。2022年1月，A先生同时取得2021年第四季度奖金20万元和全年奖金50万元，两笔奖金分别由其境内、境外公司各支付一半。请根据我国现行税法规定，分析计算A先生2022年1月取得的奖金中归属于境内的计税收入额。（不考虑税收协定因素）

由于2021年度A先生在中国境内居住天数不超过90天，为非居民个人，因此A先生仅需就境内所得中境内支付部分缴税。A先生2022年1月取得的70万元奖金归属于境内的计税收入额为：$20 \times 1/2 \times 46/92 + 50 \times 1/2 \times 73/365 = 10$（万元）。

四、个人所得税纳税方法

（一）综合课征法

居民个人取得的工资、薪金所得、劳务报酬所得、稿酬所得、特许权使用费所得为综合所得，按纳税年度合并计算个人所得税。即工资、薪金所得由支付单位按月代扣并预缴所得税，劳务报酬、稿酬、特许权所得税由支付单位按次代扣并预缴所得税，年度终了汇算清缴，汇算清缴的期限为每年3月1日至6月30日。

（二）分类课征法

非居民个人取得的工资、薪金所得、劳务报酬所得、稿酬所得、特许权使用费所得，按月或者按次分项计算个人所得税；纳税人取得的利息、股息、红利所得、财产租赁所得、财产转让所得、偶然所得，依照规定分别计算个人所得税。

五、税率

(一) 综合所得适用税率

居民个人每一纳税年度的综合所得,包括工资、薪金所得,劳务报酬所得,稿酬所得,特许权使用费所得,适用3%~45%的超额累进税率(表10-1)。

表10-1 个人所得税税率表(综合所得适用)

级数	全年应纳税所得额	税率/%	速算扣除数
1	不超过36 000元的	3	0
2	超过36 000元至144 000元的部分	10	2 520
3	超过144 000元至300 000元的部分	20	16 920
4	超过300 000元至420 000元的部分	25	31 920
5	超过420 000元至660 000元的部分	30	52 920
6	超过660 000元至960 000元的部分	35	85 920
7	超过960 000元的部分	45	181 920

注1:本表所称全年应纳税所得额是指依照个人所得税法第六条的规定,居民个人取得综合所得以每一纳税年度收入额减除费用6万元以及专项扣除、专项附加扣除和依法确定的其他扣除后的余额。

注2:非居民个人取得工资、薪金所得,劳务报酬所得,稿酬所得和特许权使用费所得,依照本表按月换算后计算应纳税额。

(二) 经营所得适用税率

个体工商户包括依法取得个体工商户营业执照,从事生产经营的个体工商户;经政府有关部门批准,从事办学、医疗、咨询等有偿服务活动的个人以及其他从事个体生产、经营的个人。个体工商户以业主为个人所得税纳税义务人。

个体工商户的生产、经营所得和对企事业单位的承包经营、承租经营所得适用5%~35%的五级超额累进税率(表10-2)。

表10-2 个人所得税税率表(经营所得适用)

级数	全年应纳税所得额	税率/%	速算扣除数
1	不超过30 000元的	5	0
2	超过30 000元至90 000元的部分	10	1 500
3	超过90 000元至300 000元的部分	20	10 500
4	超过300 000元至500 000元的部分	30	40 500
5	超过500 000元的部分	35	65 500

注:本表所称全年应纳税所得额是指依照个人所得税法的规定,以每一纳税年度的收入总额减除成本、费用以及损失后的余额。

(三) 其他所得适用税率

利息、股息、红利所得,财产租赁所得,财产转让所得和偶然所得,适用比例税率,税率为20%。

(四) 预扣预缴个人所得税的预扣率

居民个人分月或分次取得工资、薪金所得,劳务报酬所得,稿酬所得,特许权使用费所得时,支付单位预扣预缴个人所得税的预扣率。其中,工资、薪金所得适用3%~45%七级超额累进预扣率,见表10-3;劳务报酬所得适用20%~40%三级超额累进预扣率,见表10-4;稿酬所得、特许权使用费所得适用20%比例预扣率。

表10-3 个人所得税税率表(居民个人工资、薪金所得预扣预缴适用)

级数	全年应纳税所得额	税率	速算扣除数
1	不超过36 000元的	3%	0
2	超过36 000元至144 000元的部分	10%	2 520
3	超过144 000元至300 000元的部分	20%	16 920
4	超过300 000元至420 000元的部分	25%	31 920
5	超过420 000元至660 000元的部分	30%	52 920
6	超过660 000元至960 000元的部分	35%	85 920
7	超过960 000元的部分	45%	181 920

表10-4 个人所得税税率表(居民个人劳务报酬所得预扣预缴适用)

级数	预扣预缴应纳税所得额	预扣率(%)	速算扣除数
1	不超过20 000元的	20%	0
2	超过20 000元至50 000元的部分	30%	2 000
3	超过50 000元的部分	40%	7 000

非居民个人取得工资、薪金所得,劳务报酬所得,稿酬所得,特许权使用费所得,分所得项目按月或按次计算个人所得税,统一适用3%~45%七级超额累进税率,见表10-5。

表10-5 个人所得税税率表

(非居民个人工资、薪金所得,劳务报酬所得,稿酬所得,特许权使用费所得适用)

级数	全年应纳税所得额	税率	速算扣除数
1	不超过3 000元的	3%	0
2	超过3 000元至12 000元的部分	10%	210
3	超过12 000元至25 000元的部分	20%	1 410
4	超过25 000元至35 000元的部分	25%	2 660

续表

级数	全年应纳税所得额	税率	速算扣除数
5	超过 35 000 元至 55 000 元的部分	30%	4 410
6	超过 55 000 元至 80 000 元的部分	35%	7 160
7	超过 80 000 元的部分	45%	15 160

六、应纳税所得额的计算

(1) 居民个人的综合所得。居民个人的综合所得是以每一纳税年度取得的工资、薪金、劳务报酬、稿酬、特许权使用费四项收入按规定计算所得的综合。其中,工资薪金所得是以居民个人年度工资、薪金收入额减除生计费用 6 万元以及专项扣除、专项附加扣除和依法确定的其他扣除后的余额,为应纳税所得额;劳务报酬所得是以劳务报酬收入减除 20% 的费用后的余额;稿酬所得的收入额减按 70% 计算。

专项扣除,包括居民个人按照国家规定的范围和标准缴纳的基本养老保险、基本医疗保险、失业保险等社会保险费和住房公积金等;专项附加扣除,包括子女教育、继续教育、大病医疗、住房贷款利息或者住房租金、赡养老人等支出,具体范围、标准和实施步骤由国务院确定,并报全国人民代表大会常务委员会备案(表 10-1)。

个人将其所得对教育、扶贫、济困等公益慈善事业进行捐赠,捐赠额未超过纳税人申报的应纳税所得额 30% 的部分,可以从其应纳税所得额中扣除;国务院规定对公益慈善事业捐赠实行全额税前扣除的,从其规定。

(2) 非居民个人的工资、薪金所得,以每月收入额减除生计费用 5 000 元后的余额为应纳税所得额;劳务报酬所得、稿酬所得、特许权使用费所得,以每次收入额为应纳税所得额。劳务报酬所得、稿酬所得、特许权使用费所得以收入减除 20% 费用后的余额为收入额。稿酬所得的收入额减按 70% 计算。

(3) 经营所得,以每一纳税年度的收入总额减除成本、费用以及损失后的余额,为应纳税所得额。成本、费用是指生产、经营活动中发生的各项直接支出和分配计入成本的间接费用以及销售费用、管理费用、财务费用;损失是指生产、经营活动中发生的固定资产和存货的盘亏、毁损、报废损失,转让财产损失,坏账损失,自然灾害等不可抗力因素造成的损失以及其他损失。

取得经营所得的个人,没有综合所得的,计算其每一纳税年度的应纳税所得额时,应当减除费用 60 000 元、专项扣除、专项附加扣除以及依法确定的其他扣除。专项附加扣除在办理汇算清缴时减除。

(4) 财产租赁所得,每次收入不超过 4 000 元的,定额减除费用 800 元;每次收入 4 000 元以上的,定率减除 20% 的费用,其余额为应纳税所得额。

连续提供租赁服务的,以每月为 1 次。

(5) 财产转让所得,以转让财产的收入额减除财产原值和合理费用后的余额,为应纳税所得额。

其中,财产原值,按照下列方法确定:

有价证券,为买入价以及买入时按照规定交纳的有关费用。

建筑物,为建造费或者购进价格以及其他有关费用。

土地使用权,为取得土地使用权所支付的金额、开发土地的费用以及其他有关费用。

机器设备、车船,为购进价格、运输费、安装费以及其他有关费用。

其他财产,参照上述规定的方法确定财产原值。

纳税人未提供完整、准确的财产原值凭证,不能按照上述规定的方法确定财产原值的,由主管税务机关核定财产原值。

合理费用,是指卖出财产时按照规定支付的有关税费。

(6) 利息、股息、红利所得和偶然所得,以每次收入额为应纳税所得额。

(7) 纳税期限的确定.

根据《个人所得税法》第六条的规定,个人所得税分项目规定了三种纳税期:一是按年计税,如居民个人的综合所得,经营所得;二是按月计税,如非居民个人的工资、薪金所得;三是按次计税,如利息、股息、红利所得,财产租赁所得,偶然所得和非居民个人取得的劳务报酬所得、稿酬所得、特许权使用费所得等。如何准确界定"次",对费用扣除多少和应纳税所得额的确定十分重要,故《个人所得税法实施条例》对此进行了明确规定。具体为:

① 劳务报酬所得、稿酬所得、特许权使用费所得,属于一次性收入的,以取得该项收入为一次;属于同一项目连续性收入的,以一个月内取得的收入为一次。

② 财产租赁所得,以一个月内取得的收入为一次。

③ 利息、股息、红利所得,以支付利息、股息、红利时取得的收入为一次。

④ 偶然所得,以每次取得该项收入为一次。

七、计税依据的特殊规定

(1) 居民个人从中国境外取得的所得,可以从其应纳税额中抵免已在境外缴纳的个人所得税税额,但抵免额不得超过该纳税人境外所得依照本法规定计算的应纳税额。

(2) 两个以上的个人共同取得同一项目收入的,应当对每个人取得的收入分别按照个人所得税法的规定计算纳税。

(3) 个人将其所得对教育、扶贫、济困等公益慈善事业进行捐赠,捐赠额未超过纳税人申报的应纳税所得额 30％部分,可以从其应纳税所得额中扣除;个人捐赠住房作为公共租赁住房,符合税收法律法规规定的,对其公益性捐赠支出未超过其申报的应纳税所得额 30％的部分,准予从其应纳税所得额中扣除。

(4) 对公益性青少年活动场所的捐赠(财税〔2000〕21 号文件)(其中包括新建),对红十字事业的捐赠(财税〔2000〕30 号文件),对福利性、非营利性老年服务机构的捐赠(财税〔2000〕97 号文件),对农村义务教育的捐赠(财税〔2001〕103 号文件),对中华健康快车基金会等 5 家单位的捐赠(财税〔2003〕204 号文件),对教育事业的捐赠(财税〔2004〕39 号文件),对宋庆龄基金会等 6 家单位的捐赠(财税〔2004〕172 号文件),对中国老龄事业发展基金会等 8 家单位的捐赠(财税〔2006〕66 号文件),对中国医药卫生事业发展基金会的捐赠(财税〔2006〕67号文件),对中国教育发展基金会的捐赠(财税〔2006〕68号文件),对地震灾区的捐赠(国税发〔2008〕55号文件),在计算个人所得税时准予全额扣除。

(5) 有下列情形之一的,税务机关有权按照合理方法进行纳税调整:

① 个人与其关联方之间的业务往来不符合独立交易原则而减少本人或者其关联方应纳税额,且无正当理由。

② 居民个人控制的,或者居民个人和居民企业共同控制的设立在实际税负明显偏低的国家(地区)的企业,无合理经营需要,对应当归属于居民个人的利润不作分配或者减少分配。

③ 个人实施其他不具有合理商业目的的安排而获取不当税收利益。

④ 居民个人在中国境外一个国家(地区)实际已经缴纳的个人所得税税额,低于依照规定计算出的来源于该国家(地区)所得的抵免限额的,应当在中国缴纳差额部分的税款;超过来源于该国家(地区)所得的抵免限额的,其超过部分不得在本纳税年度的应纳税额中抵免,但是可以在以后纳税年度来源于该国(地区)所得的抵免限额的余额中补扣。补扣期限最长不得超过5年。

税务机关依照前款规定作出纳税调整,需要补征税款的,应当补征税款,并依法加收利息。

八、税收优惠

(一) 法定免税项目

根据《个人所得税法》及其实施条例相关规定,对下列各项个人所得,免征个人所得税:

(1) 省级人民政府、国务院部委和中国人民解放军军以上单位,以及外国组织、国际组织颁发的科学、教育、技术、文化、卫生、体育、环境保护等方面的奖金。

(2) 国债和国家发行的金融债券利息。

(3) 按照国家统一规定发给的补贴、津贴。

(4) 福利费、抚恤金、救济金。

(5) 保险赔款。

(6) 军人的转业费、复员费、退役金。

(7) 按照国家统一规定发给干部、职工的安家费、退职费、基本养老金或者退休费、离休费、离休生活补助费。

(8) 依照有关法律规定应予免税的各国驻华使馆、领事馆的外交代表、领事官员和其他人员的所得。

(9) 中国政府参加的国际公约、签订的协议中规定免税的所得。

(10) 国务院规定的其他免税所得。

前款第(10)项免税规定,由国务院报全国人民代表大会常务委员会备案。

(二) 法定减税项目

根据《个人所得税法》规定,有下列情形之一的,可以减征个人所得税,具体幅度和期

限,由省、自治区、直辖市人民政府规定,并报同级人民代表大会常务委员会备案:
① 残疾、孤老人员和烈属的所得。
② 因自然灾害遭受重大损失的。
国务院可以规定其他减税情形,报全国人民代表大会常务委员会备案。

(三) 其他减免税项目

根据财政部、国家税务总局的若干规定,对个人下列所得免征或暂免征收个人所得税:

(1) 外籍个人以非现金形式或实报实销形式取得的住房补贴、伙食补贴、搬迁费、洗衣费。

(2) 外籍个人按合理标准取得的境内、境外出差补贴。

(3) 外籍个人取得的探亲费、语言训练费、子女教育费等,经当地税务机关审核批准为合理的部分。2019年1月1日至2023年12月31日,符合居民个人条件的外籍个人,取得上述三项所得,可以选择享受个人所得税专项附加扣除,也可以选择享受住房补贴、语言训练费、子女教育费等津补贴免税优惠政策,但不得同时享受。外籍个人一经选择,在一个纳税年度内不得变更。

(4) 凡符合下列条件之一的外籍专家取得的工资、薪金所得,可免征个人所得税:
① 根据世界银行专项贷款协议,由世界银行直接派往我国工作的外国专家。
② 联合国组织直接派往我国工作的专家。
③ 为联合国援助项目来华工作的专家。
④ 援助国派往我国专为该国无偿援助项目工作的专家,其取得的无论我方或外国支付的工资、薪金和生活补贴。
⑤ 根据两国政府签订的文化交流项目来华工作2年以内的文教专家,其工资、薪金所得由该国负担的。
⑥ 根据我国大专院校国际交流项目来华工作2年以内的文教专家,其工资、薪金所得由该国负担的。
⑦ 通过民间科研协定来华工作的专家,其工资、薪金所得由该国政府机构负担的。

(5) 个人举报、协查各种违法、犯罪行为而获得的奖金。

(6) 个人办理代扣代缴税款手续,按规定取得的扣缴手续费。

(7) 个人转让自用达5年以上,并且是唯一的家庭生活用房取得的所得。

(8) 对个人购买社会福利有奖募捐奖券、体育彩票,一次中奖收入在1万元以下(含)的,暂免征收个人所得税,超过1万元的,全额征收个人所得税。

(9) 达到离休、退休年龄,但确因工作需要,适当延长离休、退休年龄的高级专家(指享受国家发放的政府特殊津贴的专家、学者),其在延长离休、退休期间的工资、薪金所得,视同离休费、退休费免征个人所得税。

(10) 对个体工商户的税收优惠:
自2021年1月1日至2022年12月31日,个体工商户年应纳税所得额不超过100万元的部分,在现行优惠政策基础上,再减半征收个人所得税。具体减免税额的计算公

式为:

减免税额＝(个体工商户经营所得应纳税所得额不超过100万元部分的应纳税额
　　　　　－其他政策减免税额
　　　　　×个体工商户经营所得应纳税所得额不超过100万元部分
　　　　　÷经营所得应纳税所得额)×(1－50％)

需要指出的是,个体工商户不区分征收方式,均可享受上述优惠政策。

第三节　个人所得税应纳税额的计算

依照税法规定的适用税率和费用扣除标准,各项所得的应纳税额,应分别计算如下:

一、居民个人综合所得的计税方法

居民个人综合所得,是指居民个人取得的工资、薪金所得,劳务报酬所得,稿酬所得,特许权使用费所得。按现行税法规定,扣缴义务人在向居民个人支付工资、薪金所得,劳务报酬所得.稿酬所得,特许权使用费所得时,应按规定分月或分次预扣预缴个人所得税;居民个人需要办理综合所得汇算清缴的,应当在取得所得的次年3月1日至6月30日办理汇算清缴。因此,居民个人综合所得个人所得税的计算方法包括预扣预缴税款的计算方法和综合所得汇算清缴的计算方法。

(一)专项附加扣除范围及标准

专项附加扣除,是指个人所得税法规定的子女教育、继续教育、大病医疗、住房贷款利息或者住房租金、赡养老人和3岁以下婴幼儿照护7项专项附加扣除。

1. 子女教育专项附加扣除

(1)纳税人的子女接受全日制学历教育的相关支出,按照每个子女每月1 000元的标准定额扣除。

学历教育包括义务教育(小学、初中教育)、高中阶段教育(普通高中、中等职业、技工教育)、高等教育(大学专科、大学本科、硕士研究生、博士研究生教育)。

年满3岁至小学入学前处于学前教育阶段的子女,按上述的规定执行。

(2)父母可以选择由其中一方按扣除标准的100％扣除,也可以选择由双方分别按扣除标准的50％扣除,具体扣除方式在一个纳税年度内不能变更。

(3)纳税人子女在中国境外接受教育的,纳税人应当留存境外学校录取通知书、留学签证等相关教育的证明资料备查。

2. 继续教育专项附加扣除

(1)纳税人在中国境内接受学历(学位)继续教育的支出,在学历(学位)教育期间按照每月400元定额扣除。同一学历(学位)继续教育的扣除期限不能超过48个月。纳税人接受技能人员职业资格继续教育、专业技术人员职业资格继续教育的支出,在取得相关证书的当年,按照3 600元定额扣除。

(2)个人接受本科及以下学历(学位)继续教育,符合规定扣除条件的,可以选择由其父母扣除,也可以选择由本人扣除。

(3)纳税人接受技能人员职业资格继续教育、专业技术人员职业资格继续教育的,应当留存相关证书等资料备查。

3. 大病医疗专项附加扣除

(1)在一个纳税年度内,纳税人发生的与基本医保相关的医药费用支出,扣除医保报销后个人负担(指医保目录范围内的自付部分)累计超过15 000元的部分,由纳税人在办理年度汇算清缴时,在80 000元限额内据实扣除。

(2)纳税人发生的医药费用支出可以选择由本人或者其配偶扣除;未成年子女发生的医药费用支出可以选择由其父母一方扣除。纳税人及其配偶、未成年子女发生的医药费用支出,按规定分别计算扣除额。

(3)纳税人应当留存医药服务收费及医保报销相关票据原件(或者复印件)等资料备查。医疗保障部门应当向患者提供在医疗保障信息系统记录的本人年度医药费用信息查询服务。

4. 住房贷款利息专项附加扣除

(1)纳税人本人或者配偶单独或者共同使用商业银行或者住房公积金个人住房贷款为本人或者其配偶购买中国境内住房,发生的首套住房贷款利息支出,在实际发生贷款利息的年度,按照每月1000元的标准定额扣除,扣除期限最长不超过240个月。纳税人只能享受一次首套住房贷款的利息扣除。

(2)经夫妻双方约定,可以选择由其中一方扣除,具体扣除方式在一个纳税年度内不能变更。夫妻双方婚前分别购买住房发生的首套住房贷款,其贷款利息支出,婚后可以选择其中一套购买的住房,由购买方按扣除标准的100%扣除,也可以由夫妻双方对各自购买的住房分别按扣除标准的50%扣除,具体扣除方式在一个纳税年度内不能变更。

(3)纳税人应当留存住房贷款合同、贷款还款支出凭证备查。

5. 住房租金专项附加扣除

(1)纳税人在主要工作城市没有自有住房而发生的住房租金支出,可以按照以下标准定额扣除:

① 直辖市、省会(首府)城市、计划单列市以及国务院确定的其他城市,扣除标准为每月1 500元。

② 除上述①所列城市以外,市辖区户籍人口超过100万的城市,扣除标准为每月1 100元;市辖区户籍人口不超过100万的城市,扣除标准为每月800元。

纳税人的配偶在纳税人的主要工作城市有自有住房的,视同纳税人在主要工作城市有自有住房。

6. 赡养老人专项附加扣除

(1)纳税人赡养一位及以上被赡养人的赡养支出,统一按照以下标准定额扣除:

① 纳税人为独生子女的,按照每月2 000元的标准定额扣除。

② 纳税人为非独生子女的,由其与兄弟姐妹分摊每月2 000元的扣除额度,每人分摊的额度不能超过每月1 000元。可以由赡养人均摊或者约定分摊,也可以由被赡养人指定分摊。约定或者指定分摊的须签订书面分摊协议,指定分摊优先于约定分摊。具体

分摊方式和额度在一个纳税年度内不能变更。

(2) 被赡养人是指年满 60 岁的父母,以及子女均已去世的年满 60 岁的祖父母、外祖父母。

7. 3 岁以下婴幼儿照护专项附加扣除

(1) 纳税人照护 3 岁以下婴幼儿子女的相关支出,按照每个婴幼儿每月 1 000 元的标准定额扣除。

(2) 父母可以选择由其中一方按扣除标准的 100% 扣除,也可以选择由双方分别按扣除标准的 50% 扣除,具体扣除方式在一个纳税年度内不能变更。

3 岁以下婴幼儿照护个人所得税专项附加扣除涉及的保障措施和其他事项,参照《个人所得税专项附加扣除暂行办法》有关规定执行。

3 岁以下婴幼儿照护个人所得税专项附加扣除自 2022 年 1 月 1 日起实施。

(二) 居民个人综合所得预扣预缴税款的计算方法

扣缴义务人向居民个人支付工资、薪金所得,劳务报酬所得、稿酬所得,特许权使用费所得时,按以下方法预扣预缴个人所得税,并向主管税务机关报送《个人所得税扣缴申报表》。

1. 居民个人工资、薪金所得预扣预缴税款计算方法

扣缴义务人向居民个人支付工资、薪金所得时,应当按照累计预扣法计算预扣税款,并按月办理全员全额扣缴申报。

累计预扣法,是指扣缴义务人在一个纳税年度内预扣预缴税款时,以纳税人在本单位截至当前月份工资、薪金所得累计收入减除累计免税收入、累计减除费用、累计专项扣除、累计专项附加扣除和累计依法确定的其他扣除后的余额为累计预扣预缴应纳税所得额,适用个人所得税预扣率表,计算累计应预扣预缴税额,再减除累计减免税额和累计已预扣预缴税额,其余额为本期应预扣预缴税额。余额为负值时,暂不退税。纳税年度终了后余额仍为负值时,由纳税人通过办理综合所得年度汇算清缴,税款多退少补。

具体计算公式如下:

本期应预扣预缴税额=(累计预扣预缴应纳税所得额×预扣率−速算扣除数)−
　　　　　　　累计减免税额−累计已预扣预缴税额

累计预扣预缴应纳税所得额=累计收入−累计免税收入−累计减除费用−
　　　　　　　累计专项扣除−累计专项附加扣除−
　　　　　　　累计依法确定的其他扣除

七项专项附加扣除中,除大病医疗之外,其他专项附加扣除可由纳税人选择在预扣预缴税款时进行扣除。纳税人在预扣预缴税款阶段享受专项附加扣除,以居民个人在取得工资、薪金所得时,向扣缴义务人提供的专项附加扣除信息为前提。居民个人向扣缴义务人提供有关信息并依法要求办理专项附加扣除的,扣缴义务人应当按照规定在工资、薪金所得按月预扣预缴税款时予以扣除,不得拒绝。纳税人同时从两处以上取得工资、薪金所得,并由扣缴义务人减除专项附加扣除的,对同一专项附加扣除项目,在一个纳税年度内只能选择从一处取得的所得中减除。

【例 10-2】 中国居民赵某为某公司职员,2022年1～3月公司每月应发工资10 000元,每月公司按规定标准为其代扣代缴"五险一金"1 500元,从1月起享受子女教育支出专项附加扣除1 000元,没有减免收入及减免税额等情况。请依照现行税法规定,分别计算赵某1～3月应预扣预缴税额。

1月:(10 000－5 000－1 500－1 000)×3%＝75(元)

2月:(10 000×2－5 000×2－1 500×2－1 000×2)×3%－75＝75(元)

3月:(10 000×3－5 000×3－1 500×3－1 000×3)×3%－75－75＝75(元)

其中,由于赵某1～3月累计预扣预缴应纳税所得额都低于36 000元,全部适用3%税率,因此各月应预扣预缴的税款相同。

【例 10-3】 中国居民陈某为某公司职员,2022年1～3月公司每月应发工资为30 000元,每月公司按规定标准为其代扣代缴"五险一金"4 500元,从1月起享受子女教育、赡养老人两项专项附加扣除共计2 000元,没有减免收入及减免税额等情况。请依照现行税法规定,分别计算陈某1～3月应预扣预缴税额。

1月:(30 000－5 000－4 500－2 000)×3%＝555(元)

2月:(30 000×2－5 000×2－4 500×2－2 000×2)×10%－2 520－555＝625(元)

3月:(30 000×3－5 000×3－4 500×3－2 000×3)×10%－2 520－555－625＝1 850(元)

其中,由于陈某2月累计预扣预缴的应纳税所得额为37 000元,适用10%税率,因此相比1月,2月应预扣预缴税金有所增加。

2. 居民个人劳务报酬所得、稿酬所得、特许权使用费所得预扣预缴税款计算方法

扣缴义务人向居民个人支付劳务报酬所得、稿酬所得、特许权使用费所得,以每次或每月收入额为预扣预缴应纳税所得额,分别适用三级超额累进预扣率和20%的比例预扣率,按次或按月计算每项所得应预扣预缴的个人所得税。

劳务报酬所得应预扣预缴税额 ＝预扣预缴应纳税所得额(收入额)×预扣率－速算扣除数

稿酬所得、特许权使用费所得应预扣预缴税额＝预扣预缴应纳税所得额(收入额)×20%

(1) 收入额:劳务报酬所得、稿酬所得、特许权使用费所得以收入减除费用后的余额为收入额。其中,稿酬所得的收入额减按70%计算。

(2) 减除费用:劳务报酬所得、稿酬所得、特许权使用费所得每次收入不超过4 000元的,减除费用按800元计算;每次收入4 000元以上的,减除费用按20%计算。

(3) 预扣率:劳务报酬所得适用20%～40%三级超额累进预扣率,稿酬所得、特许权使用费所得适用20%比例预扣率。

【例 10-4】 假设中国某居民个人一次性取得劳务报酬收入2 000元(不含增值税),请依照现行税法规定,计算该所得应预扣预缴税额。

(1) 应纳税所得额(收入额)＝2 000－800＝1 200(元)

(2) 应预扣预缴税额＝1 200×20%＝240(元)

【例 10-5】 假设中国某居民个人一次性取得稿酬收入40 000元(不含增值税),请依照现行税法规定,计算该所得应预扣预缴税额。

(1) 应纳税所得额(收入额)＝40 000×(1－20%)×70%＝22 400(元)

(2) 应预扣预缴税额＝22 400×20％＝4 480(元)

(三) 居民个人综合所得汇算清缴的计算方法

居民个人办理年度综合所得汇算清缴时,应当依法计算劳务报酬所得、稿酬所得、特许权使用费所得的收入额,并入年度综合所得计算应纳税款,税款多退少补。具体而言,个人所得税综合所得汇算清缴的计税方法如下:

综合所得汇算清缴计算公式:

汇算应退或应补税额＝[(综合所得收入额－60 000 元－"五险一金"等专项扣除
　　　　　　　　－子女教育等专项附加扣除－依法确定的其他扣除－捐赠)
　　　　　　　　×适用税率－速算扣除数]－已预缴税额

综合所得收入额的确定:①工资、薪金所得,以年度工资、薪金收入减去不征税收入、免税收入的余额为收入额。②劳务报酬所得、稿酬所得、特许权使用费所得,以各自的收入减去 20％费用后的余额为收入额。其中,稿酬所得的收入额按 70％计算。个人兼有不同的劳务报酬所得,应分别扣除费用,计算缴纳个人所得税。

纳税人计算并结清本年综合所得的应退或应补税款,不涉及以前或以后年度,也不涉及财产租赁等分类所得,以及纳税人按规定选择不并入综合所得计算纳税的全年一次性奖金等所得。

残疾、孤老人员和烈属取得综合所得办理汇算清缴时,汇算清缴地与预扣预缴地规定不一致的,用预扣预缴地规定计算的减免税额与用汇算清缴地规定计算的减免税额相比较,按照孰高值确定减免税额。该项政策适用于 2019 年度及以后年度的综合所得年度汇算清缴。

【例 10-6】 假设中国居民李某 2021 年每月应取得工资收入为 30 000 元,缴纳"五险一金"4 500 元,享受子女教育和赡养老人两项专项附加扣除 2 000 元。2021 年度李某只在本单位一处拿工资,没有其他收入,没有大病医疗和减免收入及减免税额等情况。请依照现行税法规定,计算李某每月应预扣预缴税额和年终综合所得应纳税额。

每月应预扣预缴税额:

1月:(30 000－5 000－4 500－2 000)×3％－0＝555(元)

2月:(30 000×2－5 000×2－4 500×2－2 000×2)×10％－2 520－555＝625(元)

3月:(30 000×3－5 000×3－4 500×3－2 000×3)×10％－2 520－555－625＝1 850(元)

4月:(30 000×4－5 000×4－4 500×4－2 000×4)×10％－2 520－3 030＝1 850(元)

5月:(30 000×5－5 000×5－4 500×5－2 000×5)×10％－2 520－4 880＝1 850(元)

6月:(30 000×6－5 000×6－4 500×6－2 000×6)×10％－2 520－6 730＝1 850(元)

7月:(30 000×7－5 000×7－4 500×7－2 000×7)×10％－2 520－8 580＝1 850(元)

8月:(30 000×8－5 000×8－4 500×8－2 000×8)×20％－16 920－10 430＝2 250(元)

9月:(30 000×9－5 000×9－4 500×9－2 000×9)×20％－16 920－12 680＝3 700(元)

10月:(30 000×10－5 000×10－4 500×10－2 000×10)×20％－16 920－16 380＝3 700(元)

11月：(30 000×11−5 000×11−4 500×11−2 000×11)×20%−16 920−20 080＝3 700(元)

12月：(30 000×12−5 000×12−4 500×12−2 000×12)×20%−16 920−23 780＝3 700(元)

1~12月所在单位共计预扣预缴税额为27 480元。

2021年综合所得应纳税额：

2021年综合所得应缴纳个人所得税＝(30 000×12−60 000−4 500×12−2 000×12)×20%−16 920＝27 480(元)

由于李某只在一处取得工资、薪金，且足额享受专项附加扣除，单位已全额预扣预缴税款，故年终不需进行综合所得汇算清缴。

【例10-7】 假设中国居民刘某在境内某企业任职，2021年1~12月每月应从任职企业取得工资、薪金收入16 000元，无免税收入；任职企业每月按有关规定标准为其代缴"三险一金"2 500元，从1月开始享受子女教育和赡养老人专项附加扣除合计3 000元。另外，刘某2021年3月从甲公司取得劳务报酬收入3 000元，从乙公司取得稿酬收入2 000元；6月从丙公司取得劳务报酬收入3 000元，从丁公司特许权使用费收入2 000元。已知当年取得四项所得时已被支付方足额预扣预缴税款合计10 128元，没有大病医疗和减免收入及减免税额等情况，请依照现行税法规定，为刘某进行综合所得个人所得税的汇算清缴。(假设上述劳务报酬、稿酬、特许权使用费收入均为不含税收入)

(1) 刘某2021年的综合所得年收入额
＝工资、薪金收入额＋劳务报酬收入额＋稿酬收入额＋特许权使用费收入额
＝16 000×12＋(3 000＋3 000)×(1−20%)＋2 000×(1−20%)×70%＋2 000×(1−20%)＝221 120(元)

(2) 刘某2021年的综合所得年应纳税所得额
年应纳税所得额＝年收入额−60 000−专项扣除−专项附加扣除−依法确定的其他扣除＝221 120−60 000−(2 500×12)−(3 000×12)＝95 120(元)

(3) 刘某2021年的综合所得应纳税额
应纳税额＝年应纳税所得额×适用税率−速算扣除数
＝95 120×10%−2 520＝6 992(元)

(4) 刘某2021年的年度汇算清缴应补(退)税额＝应纳税额−预扣预缴税额＝6 992−10 128＝−3 136(元)

所以，刘某2021年的年度汇算清缴应获退税款3 136元。

二、非居民个人四项所得的计税方法

非居民个人取得工资、薪金所得，劳务报酬所得，稿酬所得和特许权使用费所得，有扣缴义务人的，由扣缴义务人按以下方法按月或者按次代扣代缴个人所得税，不办理汇算清缴：非居民个人的工资、薪金所得，以每月收入额减除费用5 000元后的余额为应纳税所得额；劳务报酬所得、稿酬所得、特许权使用费所得，以每次收入额为应纳税所得额，适用月度税率表，计算应纳税额。其中，劳务报酬所得、稿酬所得、特许权使用费所得以收入减

除 20%的费用后的余额为收入额。稿酬所得的收入额再减按 70%计算。

关于次的界定:劳务报酬所得、稿酬所得、特许权使用费所得,属于一次性收入的,以取得该项收入为一次;属于同一项目连续性收入的,以一个月内取得的收入为一次。

非居民个人在一个纳税年度内税款扣缴方法保持不变,达到居民个人条件时,应当告知扣缴义务人基础信息变化情况,年度终了后按照居民个人有关规定办理汇算清缴。

(一)当月取得工资、薪金所得的计税方法

非居民个人当月取得工资、薪金所得,以财政部、税务总局 2019 年第 35 号公告第二条规定计算的当月收入额减去税法规定的减除费用后的余额,为应纳税所得额,适用个人所得税月度税率表计算应纳税额。

(二)一个月内取得数月奖金的计税方法

数月奖金,是指无住所个人一次取得归属于数月的奖金(包括全年奖金)、年终加薪、分红等工资、薪金所得,不包括每月固定发放的奖金及一次性发放的数月工资。非居民个人一个月内取得数月奖金,单独按照财政部、税务总局 2019 年第 35 号公告第二条计算当月收入额,不与当月其他工资、薪金合并,按 6 个月分摊计税,不减除费用,适用月度税率表计算应纳税额。计算公式如下:

当月数月奖金应纳税额=【(数月奖金收入额÷6)×适用税率-速算扣除数】×6

需要注意的是,上述分摊计税方法,每个非居民个人每一纳税年度只能使用一次。

【例 10-8】 2021 年 1~3 月美国某公司将其员工艾伦派驻中国境内某科技公司工作,3 月底艾伦完成履职回国。4 月美国公司对其境内工作绩效进行考核后,向其发放第一季度的奖金折合人民币 45 000 元。已知艾伦 2021 年在境内工作时间为 60 天,请依照现行税法规定,分析艾伦该笔奖金中来源于中国境内所得的金额及对中国的纳税义务。(不考虑税收协定因素)

根据财政部、税务总局 2019 年第 35 号公告规定,纳税人停止在境内履约或者执行职务离境后收到的数月奖金,对属于境内工作期间的部分,为来源于境内的工资、薪金所得。所以,艾伦来源于境内的奖金所得=45 000×[60÷(31+28+31)]=30 000(元),由于艾伦 2021 年在境内居住不超过 90 天,其来源于中国境内的所得中,由境外雇主支付并且不由该雇主在中国境内的机构、场所负担的部分,免予缴纳个人所得税。本例 45 000 元的季度奖金全部由境外单位支付,所以艾伦的该项季度奖金无须向中国纳税。

三、经营所得应纳税额计算

个体工商户业主、个人独资企业和合伙企业自然人投资者、企事业单位承包承租经营者的生产经营所得计税方法如下。

(一)2018 年新、旧税制过渡时期应纳所得税的计算

(1)对个体工商户业主、个人独资企业和合伙企业自然人投资者、企事业单位承包承租经营者 2018 年第四季度取得的生产经营所得,减除费用按照 5 000 元/月执行,前三季

度减除费用按照 3 500 元/月执行。

(2) 对个体工商户业主、个人独资企业和合伙企业自然人投资者、企事业单位承包承租经营者 2018 年取得的生产经营所得,用全年应纳税所得额分别计算应纳前三季度税额和应纳第四季度税额,其中应纳前三季度税额按照税法修改前规定的税率和前三季度实际经营月份的权重计算,应纳第四季度税额按照个人所得税法修改后规定的税率和第四季度实际经营月份的权重计算。

① 月(季)度预缴税款的计算。

本期应缴税额 = 累计应纳税额 − 累计已缴税额

累计应纳税额 = 应纳 10 月 1 日以前税额 + 应纳 10 月 1 日以后税额

应纳 10 月 1 日以前税额 =(累计应纳税所得额 × 税法修改前规定的税率
　　　　　　　　　　　 − 税法修改前规定的速算扣除数)
　　　　　　　　　　　 × 10 月 1 日以前实际经营月份数 ÷ 累计实际经营月份数

应纳 10 月 1 日以后税额 =(累计应纳税所得额 × 税法修改后规定的税率
　　　　　　　　　　　 − 税法修改后规定的速算扣除数)
　　　　　　　　　　　 × 10 月 1 日以后实际经营月份数 ÷ 累计实际经营月份数

② 年度汇算清缴税款的计算。

汇缴应补退税额 = 全年应纳税额 − 累计已缴税额

全年应纳税额 = 应纳前三季度税额 + 应纳第四季度税额

应纳前三季度税额 =(全年应纳税所得额 × 税法修改前规定的税率
　　　　　　　　 − 税法修改前规定的速算扣除数)
　　　　　　　　 × 前三季度实际经营月份数 ÷ 全年实际经营月份数

应纳第四季度税额 =(全年应纳税所得额 × 税法修改后规定的税率
　　　　　　　　 − 税法修改后规定的速算扣除数)
　　　　　　　　 × 第四季度实际经营月份数 ÷ 全年实际经营月份数

应纳税额 = 应纳税所得额 × 适用税率 − 速算扣除数

(二) 个体工商户应纳税所得额的计算

个体工商户应纳税所得额的计算,以权责发生制为原则,属于当期的收入和费用,不论款项是否收付,均作为当期的收入和费用;不属于当期的收入和费用,即使款项已经在当期收付,均不作为当期收入和费用。财政部、国家税务总局另有规定的除外。基本规定有以下几方面。

(1) 个体工商户的生产、经营所得,以每一纳税年度的收入总额,减除成本、费用、税金、损失、其他支出以及允许弥补的以前年度亏损后的余额,为应纳税所得额。

(2) 个体工商户从事生产经营以及与生产经营有关的活动(以下简称"生产经营")取得的货币形式和非货币形式的各项收入,为收入总额。包括:销售货物收入、提供劳务收入、转让财产收入、利息收入、租金收入、接受捐赠收入和其他收入。

(3) 成本,是指个体工商户在生产经营活动中发生的销售成本、销货成本、业务支出以及其他耗费。

(4) 费用,是指个体工商户在生产经营活动中发生的销售费用、管理费用和财务费用,已经计入成本的有关费用除外。

(5) 税金,是指个体工商户在生产经营活动中发生的除个人所得税和允许抵扣的增值税以外的各项税金及附加。

(6) 损失,是指个体工商户在生产经营活动中发生的固定资产和存货的盘亏、毁损、报废损失,转让财产损失,坏账损失,自然灾害等不可抗力因素造成的损失以及其他损失。

个体工商户发生的损失,减除责任人赔偿和保险赔款后的余额,参照财政部、国家税务总局有关企业资产损失税前扣除的规定扣除。

(7) 其他支出,是指除成本、费用、税金、损失外,个体工商户在生产经营活动中发生的与生产经营活动有关的、合理的支出。

(8) 个体工商户发生的支出应当区分收益性支出和资本性支出。收益性支出在发生当期直接扣除;资本性支出应当分期扣除或者计入有关资产成本,不得在发生当期直接扣除。

(9) 个体工商户下列支出不得扣除。
① 个人所得税税款。
② 税收滞纳金。
③ 罚金、罚款和被没收财物的损失。
④ 不符合扣除规定的捐赠支出。
⑤ 赞助支出。
⑥ 用于个人和家庭的支出。
⑦ 与取得生产经营收入无关的其他支出。

(10) 个体工商户生产经营活动中,应当分别核算生产经营费用和个人、家庭费用。对于生产经营与个人、家庭生活混用难以分清的费用,其40%视为与生产经营有关费用,准予扣除。

(11) 个体工商户纳税年度发生亏损,准予向以后年度结转,用以后年度的生产经营所得弥补,但结转年限最长不得超过5年。

(三) 扣除项目及标准

(1) 个体工商户实际支付给从业人员的、合理的工资薪金支出,准予扣除。

个体工商户业主的费用扣除标准,依照相关法律、法规和政策规定执行。

个体工商户业主的工资薪金支出不得税前扣除。

(2) 个体工商户按照国务院有关主管部门或者省级人民政府规定的范围和标准为其业主和从业人员缴纳的基本养老保险费、基本医疗保险费、失业保险费、生育保险费、工伤保险费和住房公积金,准予扣除。

个体工商户为从业人员缴纳的补充养老保险费、补充医疗保险费,分别在不超过从业人员工资总额5%标准内的部分据实扣除;超过部分,不得扣除。

个体工商户业主本人缴纳的补充养老保险费、补充医疗保险费,以当地(地级市)上年度社会平均工资的3倍为计算基数,分别在不超过该计算基数5%标准内的部分据实扣除；超过部分，不得扣除。

（3）除个体工商户依照国家有关规定为特殊工种从业人员支付的人身安全保险费和财政部、国家税务总局规定可以扣除的其他商业保险费外，个体工商户业主本人或者为从业人员支付的商业保险费，不得扣除。

（4）个体工商户在生产经营活动中发生的合理的不需要资本化的借款费用，准予扣除。

个体工商户为购置、建造固定资产、无形资产和经过12个月以上的建造才能达到预定可销售状态的存货发生借款的，在有关资产购置、建造期间发生的合理的借款费用，应当作为资本性支出计入有关资产的成本，并依照规定扣除。

（5）个体工商户在生产经营活动中发生的下列利息支出，准予扣除。

① 向金融企业借款的利息支出。

② 向非金融企业和个人借款的利息支出，不超过按照金融企业同期同类贷款利率计算的数额的部分。

（6）个体工商户在货币交易中，以及纳税年度终了时将人民币以外的货币性资产、负债按照期末即期人民币汇率中间价折算为人民币时产生的汇兑损失，除已经计入有关资产成本部分外，准予扣除。

（7）个体工商户向当地工会组织拨缴的工会经费、实际发生的职工福利费支出、职工教育经费支出分别在工资薪金总额的2%、14%、2.5%的标准内据实扣除。

（8）个体工商户发生的与生产经营活动有关的业务招待费，按照实际发生额的60%扣除，但最高不得超过当年销售（营业）收入的5‰。

业主自申请营业执照之日起至开始生产经营之日止所发生的业务招待费，按照实际发生额的60%计入个体工商户的开办费。

（9）个体工商户每一纳税年度发生的与其生产经营活动直接相关的广告费和业务宣传费不超过当年销售（营业）收入15%的部分，可以据实扣除；超过部分，准予在以后纳税年度结转扣除。

（10）个体工商户代其从业人员或者他人负担的税款，不得税前扣除。

（11）个体工商户按照规定缴纳的摊位费、行政性收费、协会会费等，按实际发生数额扣除。

（12）个体工商户根据生产经营活动的需要租入固定资产支付的租赁费，按照以下方法扣除。

① 以经营租赁方式租入固定资产发生的租赁费支出，按照租赁期限均匀扣除。

② 以融资租赁方式租入固定资产发生的租赁费支出，按照规定构成融资租入固定资产价值的部分应当提取折旧费用，分期扣除。

（13）个体工商户参加财产保险，按照规定缴纳的保险费，准予扣除。

（14）个体工商户发生的合理的劳动保护支出，准予扣除。

（15）个体工商户自申请营业执照之日起至开始生产经营之日止所发生符合本办法规定的费用，除为取得固定资产、无形资产的支出，以及应计入资产价值的汇兑损益、利息支出外，作为开办费，个体工商户可以选择在开始生产经营的当年一次性扣除，也可自生产经营月份起在不短于3年期限内摊销扣除,但一经选定,不得改变。

开始生产经营之日为个体工商户取得第一笔销售(营业)收入的日期。

(16) 个体工商户通过公益性社会团体或者县级以上人民政府及其部门,用于《中华人民共和国公益事业捐赠法》规定的公益事业的捐赠,捐赠额不超过其应纳税所得额30%的部分可以据实扣除。

财政部、国家税务总局规定可以全额在税前扣除的捐赠支出项目,按有关规定执行。

个体工商户直接对受益人的捐赠不得扣除。

公益性社会团体的认定,按照财政部、国家税务总局、民政部有关规定执行。

赞助支出,是指个体工商户发生的与生产经营活动无关的各种非广告性质支出。

(17) 个体工商户研究开发新产品、新技术、新工艺所发生的开发费用,以及研究开发新产品、新技术而购置单台价值在10万元以下的测试仪器和试验性装置的购置费准予直接扣除;单台价值在10万元以上(含10万元)的测试仪器和试验性装置,按固定资产管理,不得在当期直接扣除。

【例 10-9】 某小型运输公司系个体工商户,账证健全,2018年9月至12月取得营业额为220 000元,四个月份准许扣除的成本、费用及相关税金共计170 600元。1~8月累计应纳税所得额68 400元,1~11月累计已预缴个人所得税10 200元。计算该个体工商户2018年度应补缴的个人所得税。

按照税收法律、法规和文件规定,该个体工商户应纳税额按以下方式计算。

汇缴应补退税额 = 全年应纳税额 − 累计已缴税额

全年应纳税额 = 应纳前三季度税额 + 应纳第四季度税额

应纳前三季度税额 = (全年应纳税所得额 × 税法修改前规定的税率

− 税法修改前规定的速算扣除数)

× 前三季度实际经营月份数 ÷ 全年实际经营月份数

应纳第四季度税额 = (全年应纳税所得额 × 税法修改后规定的税率

− 税法修改后规定的速算扣除数)

× 第四季度实际经营月份数 ÷ 全年实际经营月份数

先计算全年应纳税所得额,再计算全年应纳税额。

(1) 全年应纳税所得额 = (220 000 − 170 600) + 68 400 − (3 500 × 8 + 5 000 × 4)

= 69 800(元)

(2) 应纳前三季度税额 = (69 800 × 30% − 9 750) × 8 ÷ 12 = 7 460(元)

(3) 应纳第四季度税额 = (69 800 × 10% − 1 500) × 4 ÷ 12 = 1 826.67(元)

(4) 该个体工商户2018年度应补缴的个人所得税 = (7 460 + 1 826.7) − 10 200

= −913.33(元)

(四) 个人独资企业和合伙企业应纳个人所得税的计算

对个人独资企业和合伙企业生产经营所得,其个人所得税应纳税额的计算有以下两种方法。

1. 查账征税

(1) 自 2011 年 9 月 1 日起至 2018 年 9 月 30 日止,个人独资企业和合伙企业投资者的生产经营所得依法计征个人所得税时,个人独资企业和合伙企业投资者本人的费用扣除标准统一确定为 42 000 元/年,即 3 500 元/月;2018 年 10 月起,个人独资企业和合伙企业投资者本人的费用扣除标准统一确定为 60 000 元/年。投资者的工资不得在税前扣除。

(2) 投资者及其家庭发生的生活费用不允许在税前扣除。投资者及其家庭发生的生活费用与企业生产经营费用混合在一起,并且难以划分的,全部视为投资者个人及其家庭发生的生活费用,不允许在税前扣除。

(3) 企业生产经营和投资者及其家庭生活共用的固定资产难以划分的,由主管税务机关根据企业的生产经营类型、规模等具体情况,核定准予在税前扣除的折旧费用的数额或比例。

(4) 企业向其从业人员实际支付的合理的工资、薪金支出,允许在税前据实扣除。

(5) 企业拨缴的工会经费,发生的职工福利费、职工教育经费支出分别在工资薪金总额 2%、14%、2.5% 的标准内据实扣除。

(6) 每一纳税年度发生的广告费和业务宣传费用不超过当年销售(营业)收入 15% 的部分,可据实扣除;超过部分,准予在以后纳税年度结转扣除。

(7) 每一纳税年度发生的与其生产经营业务直接相关的业务招待费支出,按照发生额的 60% 扣除,但最高不得超过当年销售(营业)收入的 5‰。

(8) 企业计提的各种准备金不得扣除。

(9) 投资者兴办两个或两个以上企业,并且企业性质全部是独资的,年度终了后,汇算清缴时,应纳税款的计算按以下方法进行:汇总其投资兴办的所有企业的经营所得作为应纳税所得额,以此确定适用税率,计算出全年经营所得的应纳税额,再根据每个企业的经营所得占所有企业经营所得的比例,分别计算出每个企业的应纳税额和应补缴税额。计算公式如下:

$$应纳税所得额 = \sum 各个企业的经营所得$$

$$应纳税额 = 应纳税所得额 \times 税率 - 速算扣除数$$

$$本企业应纳税额 = 应纳税额 \times 本企业的经营所得 \div \sum 各个企业的经营所得$$

$$本企业应补缴的税额 = 本企业应纳税额 - 本企业预缴的税额$$

2. 核定征收

核定征收方式,包括定额征收、核定应税所得率征收以及其他合理的征收方式。

实行核定应税所得率征收方式的,应纳所得税额的计算公式如下:

$$应纳所得税额 = 应纳税所得额 \times 适用税率$$

$$应纳税所得额 = 收入总额 \times 应税所得率$$

或

$$应纳所得税额 = 成本费用支出额 \div (1 - 应税所得率) \times 应税所得率$$

应税所得率应按表 10-6 规定的标准执行。

表 10-6　个人所得税应税所得率表

行　　业	应税所得率/％
工业、交通运输业、商业	5～20
建筑业、房地产开发业	7～20
饮食服务业	7～25
娱乐业	20～40
其他行业	10～30

企业经营多业的,无论其经营项目是否单独核算,均应根据其主营项目确定其适用的应税所得率。

实行核定征税的投资者,不能享受个人所得税的优惠政策。

实行查账征税方式的个人独资企业和合伙企业改为核定征税方式后,在查账征税方式下认定的年度经营亏损未弥补完的部分,不得再继续弥补。

个体工商户、个人独资企业和合伙企业因在纳税年度中间开业、合并、注销及其他原因,导致该纳税年度的实际经营期不足1年的,对个体工商户业主、个人独资企业投资者和合伙企业自然人合伙人的生产经营所得计算个人所得税时,以其实际经营期为1个纳税年度。投资者本人的费用扣除标准,应按照其实际经营月份数,以每月5 000元的减除标准确定。计算公式如下:

应纳税所得额 ＝ 该年度收入总额 － 成本、费用及损失 － 当年投资者本人的费用扣除额

当年投资者本人的费用扣除额 ＝ 月减除费用(5 000元/月) × 当年实际经营月份数

应纳税额 ＝ 应纳税所得额 × 税率 － 速算扣除数

【例 10-10】　中国居民高某与另一居民个人共同设立合伙企业甲,出资比例为5∶5,约定按出资比例确定各自应纳税所得额。2021年甲企业的会计报表显示:全年业务收入70万元,投资收益10万元,营业成本41万元,税金及附加4万元,销售费用15.5万元,管理费用8.5万元,营业外支出5万元,会计利润总额6万元。经某税务所税务师审核,发现以下事项:

(1) 投资收益是以合伙企业对境内居民企业的投资分红,对外投资的出资比例与合伙企业的出资比例相同;

(2) 营业成本账户列支向每位合伙人支付的年度工资11.5万元;

(3) 销售费用账户列支广告费和业务宣传费3万元;

(4) 管理费用账户中列支业务招待费1.35万元;

(5) 营业外支出账户列支工商管理罚款2万元;

(6) 高某2021年度来自本地另一合伙企业乙的经营利润为6.5万元。

已知2021年除经营所得外,两位合伙人没有其他应税收入,根据以上资料,请依照现行税法规定,计算并回答如下问题:

(1) 合伙企业甲广告费和业务宣传费及业务招待费的纳税调整额;

(2) 假设投资者均选择从甲企业中扣除基本费用,计算合伙企业甲的应纳税所得额;

(3) 2021年高某全部生产经营所得应纳个人所得税额。

根据上述资料,解析如下:

(1) 广告费和业务宣传费扣除限额＝700 000×15％＝105 000(元),高于实际发生额30 000元,不需进行纳税调整;

业务招待费扣除限额＝700 000×0.5％＝3 500(元),实际支出额为13 500元,应调增应纳税所得额10 000元。

甲企业广告费和业务宣传费、业务招待费合计的纳税调增额为10 000元。

(2) 甲企业应纳税所得额＝60 000－100 000＋115 000×2＋20 000＋10 000－60 000×2＝100 000(元)

其中,对外投资分红应单独按照"利息、股息、红利所得"计算个人所得税;合伙企业支付给投资者的工资和罚款不得在合伙企业的税前扣除,但投资者基本费用可以在税前扣除。

(3) 高某2021年全部生产经营所得应纳个人所得税额
＝[(100 000÷2＋65 000)×20％－10 500]×(1－50％)＝6 250(元)

(五) 对企事业单位承包、承租经营所得的计税方法

1. 应纳税所得额的确定

对企事业单位承包经营、承租经营所得是以每一纳税年度的收入总额,减除必要费用后的余额,为应纳税所得额。其中,收入总额是指纳税人按照承包经营、承租经营合同规定分得的经营利润和工资、薪金性质的所得。个人的承包、承租经营所得,既有工资、薪金性质,又有生产、经营性质,但考虑到个人按承包、承租经营合同规定分到的是经营利润,涉及的生产、经营成本费用已经扣除,所以,税法规定,"减除必要费用"是指按月减除5 000元,实际减除的是相当于个人的生计及其他费用。其计算公式为:

应纳税所得额＝个人承包、承租经营收入总额－每月费用扣除标准×实际承包或承租月数

2. 应纳税额的计算方法

对企事业单位承包经营、承租经营所得适用五级超额累进税率,以其应纳税所得额按适用税率计算应纳税额。计算公式为:

应纳税额＝应纳税所得额×适用税率－速算扣除数

【例10-11】 中国居民范某2021年1月至12月承包某商店,承包期限为1年,取得承包经营所得200 000元。此外,范某每月从商店领取工资8 000元。已知2021年除经营所得外,范某没有其他应税收入,无专项附加扣除和其他减免税优惠,请依照现行税法规定,计算范某2021年应缴纳的个人所得税。

(1) 2021年承包经营应纳税所得额＝(200 000＋12×8 000)－12×5 000＝236 000(元)

(2) 2021年承包经营所得应缴纳个人所得税＝236 000×20％－10 500＝36 700(元)

实行承包、承租经营的纳税人,应以每一纳税年度的承包、承租经营所得计算纳税。纳税人在一个年度内分次取得承包、承租经营所得的,应在每次取得承包、承租经营所得后预缴税款,年终汇算清缴,多退少补。如果纳税人的承包、承租期在一个纳税年度内经营不足12个月,应以其实际承包、承租经营的期限为一个纳税年度计算纳税。计算公

式为：

$$应纳税所得额＝该年度承包、承租经营收入额－每月费用扣除标准$$
$$\times 该年度实际承包、承租经营月份数$$
$$应纳税额＝应纳税所得额\times 适用税率－速算扣除数$$

四、利息、股息、红利所得应纳税额的计算

支付财产租赁所得，财产转让所得，利息、股息、红利所得和偶然所得时，不区分纳税人是否为居民个人，扣缴义务人直接按规定代扣代缴。

利息、股息、红利所得应纳税额的计算公式为

$$应纳税额＝应纳税所得额\times 适用税率＝每次收入额\times 20\%$$

五、财产租赁所得应纳税额的计算

（一）应纳税所得额计算

财产租赁所得一般以个人每次取得的收入，定额或定率减除规定费用后的余额为应纳税所得额。每次收入不超过 4 000 元，定额减除费用 800 元；每次收入在 4 000 元以上，定率减除 20% 的费用。财产租赁所得以 1 个月内取得的收入为一次。

在确定财产租赁的应纳税所得额时，纳税人在出租财产过程中缴纳的税金及附加，可持完税凭证，从其财产租赁收入中扣除。准予扣除的项目除了规定费用和有关税、费外，还准予扣除能够提供有效、准确凭证，证明由纳税人负担的该出租财产实际开支的修缮费用。允许扣除的修缮费用，以每次 800 元为限。一次扣除不完的，准予在下一次继续扣除，直到扣完为止。

个人出租财产取得的财产租赁收入，在计算缴纳个人所得税时，应依次扣除以下费用。

① 财产租赁过程中缴纳的税费。
② 由纳税人负担的该出租财产实际开支的修缮费用。
③ 税法规定的费用扣除标准。

应纳税所得额的计算公式为

每次（月）收入不超过 4 000 元的：

$$应纳税所得额＝每次（月）收入额－准予扣除项目－修缮费用(800 元为限)－800 元$$

每次（月）收入超过 4 000 元的：

$$应纳税所得额＝[每次（月）收入额－准予扣除项目－修缮费用(800 元为限)]$$
$$\times (1－20\%)$$

（二）应税项目的规定

个人将承租房屋转租取得的租金收入，属于个人所得税应税所得，应按"财产租赁所得"项目计算缴纳个人所得税。具体规定有如下几项。

取得转租收入的个人向房屋出租方支付的租金，凭房屋租赁合同和合法支付凭据允

许在计算个人所得税时,从该项转租收入中扣除。

有关财产租赁所得个人所得税前扣除税费的扣除次序调整如下:

(1) 财产租赁过程中缴纳的税费。
(2) 向出租方支付的租金。
(3) 由纳税人负担的租赁财产实际开支的修缮费用。
(4) 税法规定的费用扣除标准。

(三) 应纳税额的计算方法

财产租赁所得适用20%的比例税率。但对个人按市场价格出租的居民住房取得的所得,自2001年1月1日起暂减按10%的税率征收个人所得税。其应纳税额的计算公式为

$$应纳税额 = 应纳税所得额 \times 适用税率$$

【例10-12】 刘某于2018年1月将其自有的面积为150平方米的公寓按市场价出租给张某居住。刘某每月取得租金收入2 500元,全年租金收入30 000元。计算刘某全年租金收入应缴纳的个人所得税。

财产租赁收入以每月内取得的收入为一次,按市场价出租给个人居住适用10%的税率,因此,刘某每月及全年应纳税额为

$$每月应纳税额 = (2\,500 - 800) \times 10\% = 170(元)$$
$$全年应纳税额 = 170 \times 12 = 2\,040(元)$$

本例在计算个人所得税时未考虑其他税费。如果对租金收入计征增值税、城市维护建设税、房产税和教育费附加等,还应将其从税前的收入中先扣除后再计算应缴纳的个人所得税。

假定【例10-12】中,当年2月因下水道堵塞找人修理,发生修理费用1 000元,有维修部门的正式收据,则当年2月、3月应纳税额为

$$2月应纳税额 = (2\,500 - 800 - 800) \times 10\% = 90(元)$$
$$3月应纳税额 = (2\,500 - 200 - 800) \times 10\% = 150(元)$$

六、财产转让所得应纳税额的计算

财产转让所得应纳税额的计算公式为

$$应纳税额 = 应纳税所得额 \times 适用的税率$$
$$= (收入总额 - 财产原值 - 合理费用) \times 20\%$$

【例10-13】 某个人建房一幢,造价360 000元,支付其他费用为50 000元,该人建成后将房屋出售,售价为600 000元,在售房过程中按规定支付的交易费用等相关税费35 000元,其应缴纳的个人所得税为

$$应纳税所得额 = 收入总额 - 财产原值 - 合理费用$$
$$= 600\,000 - (360\,000 + 50\,000) - 35\,000 = 155\,000(元)$$
$$应纳税额 = 155\,000 \times 20\% = 31\,000(元)$$

七、偶然所得应纳税额的计算

偶然所得应纳税额的计算公式为

$$应纳税额 = 应纳税所得额 \times 适用税率$$
$$= 每次收入额 \times 20\%$$

【例10-14】 陈某在参加商场的有奖销售过程中,中奖所得共计价值20 000元。陈某领奖时告知商场,从中奖收入中拿出4 000元通过教育部门向某希望小学捐赠。请按照规定计算商场代扣代缴个人所得税后,陈某实际可得中奖金额。

根据税法有关规定,陈某的捐赠额可以全部从应纳税所得额中扣除(因为4 000÷20 000=20%,小于捐赠扣除比例30%)。

$$应纳税所得额 = 偶然所得 - 捐赠额$$
$$= 20\ 000 - 4\ 000 = 16\ 000(元)$$
$$应纳税额(商场代扣税款) = 应纳税所得额 \times 适用税率$$
$$= 16\ 000 \times 20\% = 3\ 200(元)$$
$$陈某实际可得金额 = 20\ 000 - 4000 - 3200 = 12\ 800(元)$$

八、其他所得应纳税额的计算

其他所得应纳税额的计算公式为

$$应纳税额 = 应纳税所得额 \times 适用税率$$
$$= 每次收入额 \times 20\%$$

九、应纳税额计算中的特殊问题

(一)对个人取得全年一次性奖金等计算征收个人所得税的方法

全年一次性奖金是指行政机关、企事业单位等扣缴义务人根据其全年经济效益和对雇员全年工作业绩的综合考核情况,向雇员发放的一次性奖金。一次性奖金也包括年终加薪、实行年薪制和绩效工资办法的单位根据考核情况兑现的年薪和绩效工资。

居民个人取得全年一次性奖金,符合《国家税务总局关于调整个人取得全年一次性奖金等计算征收个人所得税方法问题的通知》(国税发〔2005〕9号)规定的,在2023年12月31日前不并入当年综合所得,以全年一次性奖金收入除以12个月得到的数额,按照按月换算后的综合所得税率表(月度税率表),确定适用税率和速算扣除数,单独计算纳税。计算公式为:

$$应纳税额 = 全年一次性奖金收入 \times 适用税率 - 速算扣除数$$

在一个纳税年度内,对每一个纳税人,该计税方法只允许采用一次。雇员取得除全年一次性奖金以外的其他各种名目奖金,如半年奖、季度奖、加班奖、先进奖、考勤奖等,一律与当月工资、薪金收入合并,按税法规定缴纳个人所得税。居民个人取得全年一次性奖金,也可以选择并入当年综合所得计算纳税。

【例10-15】 中国居民袁某2022年1月应发工资10 000元,每月公司按规定标准为其代扣代缴"五险一金"2 000元,当月享受赡养老人专项附加扣除1000元,没有减免收入及减免税额等情况,当月还取得2021年全年一次性奖金144 000元。请依照现行税法规定,分析计算袁某2022年1月的纳税情况。

选择1:工资、全年一次性奖金单独计税。

(1) 全年一次性奖金应纳税额

① 确定适用税率和速算扣除数

因为每月奖金=144 000÷12=12 000(元),所以适用税率为10%,速算扣除数为210。

② 全年一次性奖金应纳税额=144 000×10%－210=14 190(元)

(2) 工资应预扣预缴税额=(10 000－2 000－5 000－1 000)×3%=60(元)

选择2:工资、全年一次性奖金合并计税

工资、奖金合计应预扣预缴税额 =(144 000+10 000－2 000－5 000－1 000)×20%－16 920=12 280(元)

中央企业负责人取得年度绩效薪金延期兑现收入和任期奖励,符合《国家税务总局关于中央企业负责人年度绩效薪金延期兑现收入和任期奖励征收个人所得税问题的通知》(国税发〔2007〕118号)规定的,在2023年12月31日前,参照《财政部 国家税务总局关于个人所得税法修改后有关优惠政策衔接问题的通知》(财税〔2018〕164号)中居民个人取得全年一次性奖金的过渡期政策执行。

(二) 个人取得股权激励的计税方法

1. 居民个人取得股权激励的计税方法

居民个人取得股票期权、股票增值权、限制性股票、股权奖励等股权激励(以下简称股权激励),符合《财政部 国家税务总局关于个人股票期权所得征收个人所得税问题的通知》(财税〔2005〕35号)、《财政部 国家税务总局关于股票增值权所得和限制性股票所得征收个人所得税有关问题的通知》(财税〔2009〕5号)、《财政部 国家税务总局关于将国家自主创新示范区有关税收试点政策推广到全国范围实施的通知》(财税〔2015〕116号)、《财政部 国家税务总局关于完善股权激励和技术入股有关所得税政策的通知》(财税〔2016〕101号)规定的相关条件的,在2022年12月31日前,不并入当年综合所得,全额单独适用综合所得税率表,计算纳税。计算公式为:

$$应纳税额=股权激励收入×适用税率-速算扣除数$$

居民个人一个纳税年度内取得两次以上(含两次)股权激励的,应合并按上述规定计算纳税。

【例10-16】 中国居民赵某为某上市公司的高层管理人员。2021年2月第一次行权该公司2年前授予的股票期权6 000股(占当初授予股票期权数量的60%,授予价每股10元),行权当日该股票每股收盘价为16元;2021年5月第二次行权上述股票期权剩余的4 000股(占当初授予股票期权的40%,授予价每股10元),行权当日该股票每股收盘价为21元。请依照现行税法规定,计算赵某两次股票期权行权的纳税情况。

(1) 赵某第一次股票期权行权应缴纳的个人所得税

第一次行权的应纳税所得额=(16－10)×6 000=36 000(元)

第一次行权应缴纳个人所得税＝36 000×3％－0＝1 080(元)

（2）赵某第二次股票期权行权应缴纳的个人所得税

第二次行权的应纳税所得额＝(21－10)×4 000＝44 000(元)

两次行权合计的应纳税所得额＝44 000＋36 000＝80 000(元)

第二次行权时应缴纳个人所得税＝80 000×10％－2 520－1 080＝4 400(元)

（三）特定行业职工取得的工资、薪金所得的计税方法

1. 远洋船员的个人所得税政策

自 2019 年 1 月 1 日至 2023 年 12 月 31 日，远洋船员执行如下个人所得税政策：

（1）一个纳税年度内在船航行时间累计满 183 天的远洋船员，其取得的工资、薪金收入减按 50％计入应纳税所得额，依法缴纳个人所得税。

远洋船员是指在海事管理部门依法登记注册的国际航行船舶船员和在渔业管理部门依法登记注册的远洋渔业船员。在船航行时间是指远洋船员在国际航行或作业船舶和远洋渔业船舶上的工作天数。一个纳税年度内的在船航行时间为一个纳税年度内在船航行时间的累计天数。

（2）远洋船员可选择在当年预扣预缴税款或者次年个人所得税汇算清缴时享受上述优惠政策。

（3）海事管理部门、渔业管理部门同税务部门建立信息共享机制，定期交换远洋船员身份认定、在船航行时间等有关涉税信息。

2. 保险营销员、证券经纪人佣金收入的计税方法

保险营销员、证券经纪人取得的佣金收入，属于劳务报酬所得，以不含增值税的收入减除 20％费用后的余额为收入额，收入额减去展业成本以及附加税费后，并入当年综合所得，计算缴纳个人所得税。保险营销员、证券经纪人展业成本按照收入额的 25％计算。

扣缴义务人向保险营销员、证券经纪人支付佣金收入时，应按照《个人所得税扣缴申报管理办法（试行）》（国家税务总局公告 2018 年第 61 号）规定的累计预扣法计算预扣税款。

（四）关于个人取得公务交通、通信补贴收入的征税问题

个人因公务用车和通信制度改革而取得的公务用车、通信补贴收入，扣除一定标准的公务费用后，按照"工资、薪金所得"项目计征个人所得税。按月发放的，并入当月"工资、薪金所得"计征个人所得税；不按月发放的，分解到所属月份并与该月份"工资、薪金所得"合并后计征个人所得税。

公务费用扣除标准，由省级税务局根据纳税人公务交通、通信费用实际发生情况调查测算，报经省级人民政府批准后确定，并报国家税务总局备案。

（五）关于保险费（金）征税问题

城镇企业事业单位及其职工个人按照《失业保险条例》规定的比例，实际缴付的失业保险费，均不计入职工个人当期工资、薪金收入，免予征收个人所得税；超过《失业保险条

例》规定的比例缴付失业保险费的,应将其超过规定比例缴付的部分计入职工个人当期的工资、薪金收入,依法计征个人所得税。具备《失业保险条例》规定条件的失业人员,领取的失业保险金,免予征收个人所得税。

企业为员工支付各项免税之外的保险金,应在企业向保险公司缴付时(该保险落到被保险人的保险账户)并入员工当期的工资收入,按"工资、薪金所得"项目计征个人所得税,税款由企业负责代扣代缴。

(六) 在外商投资企业、外国企业和外国驻华机构工作的中方人员取得的工资、薪金所得的征税问题

1. 在外商投资企业、外国企业和外国驻华机构工作的中方人员取得的工资、薪金收入,凡是由雇用单位和派遣单位分别支付的,支付单位应按税法规定代扣代缴个人所得税。同时,按税法规定,纳税义务人应以每月全部工资、薪金收入减除规定费用后的余额为应纳税所得额。为了有利于征管,对雇用单位和派遣单位分别支付工资、薪金的,采取由支付者中的一方减除费用的方法,即只由雇用单位在支付工资、薪金时,按税法规定减除费用,计算扣缴个人所得税;派遣单位支付的工资、薪金不再减除费用,以支付金额直接确定适用税率,计算扣缴个人所得税。

上述纳税义务人,应持两处支付单位提供的原始明细工资、薪金单(书)和完税凭证原件,选择并固定到一税务机关申报每月工资、薪金收入,汇算清缴其工资、薪金收入的个人所得税,多退少补。具体申报期限,由各省、自治区、直辖市税务机关确定。

【例 10-17】 王某为一外商投资企业雇用的中方人员,假定 2018 年 1 月,该外商投资企业支付给王某的薪金为 7 500 元,同月,王某还收到其所在的派遣单位发给的工资 3 900 元。请问:该外商投资企业、派遣单位应如何扣缴个人所得税?王某实际应缴的个人所得税为多少?

外商投资企业应为王某扣缴的个人所得税为:

扣缴税额 =（每月收入额 − 3 500）× 适用税率 − 速算扣除数
= (7 500 − 3 500) × 10% − 105 = 295(元)

派遣单位应为王某扣缴的个人所得税为:

扣缴税额 = 每月收入额 × 适用税率 − 速算扣除数
= 3 900 × 10% − 105 = 285(元)

王某实际应缴的个人所得税为:

应纳税额 =（每月收入额 − 3 500）× 适用税率 − 速算扣除数
= (7 500 + 3 900 − 3 500) × 20% − 555 = 1 025(元)

因此,在王某到某税务机关申报时,还应补缴 445 元(1 025 − 295 − 285)。

2. 对外商投资企业、外国企业和外国驻华机构发放给中方工作人员的工资、薪金所得,应全额征税。但对可以提供有效合同或有关凭证,能够证明其工资、薪金所得的一部分按照有关规定上缴派遣(介绍)单位的,可扣除其实际上缴的部分,按其余额计征个人所得税。

(七)两个以上的纳税人共同取得同一项所得的计税问题

两个或两个以上的纳税义务人共同取得同一项所得的(如共同写作一部著作而取得稿酬所得),可以对每个人分得的收入分别减除费用,并计算各自应纳的税款。

(八)关于个人取得退职费收入征免个人所得税问题

1.《个人所得税法》第四条第七款所说的可以免征个人所得税的"退职费",是指个人符合《国务院关于工人退休、退职的暂行办法》(国发〔1978〕104号)规定的退职条件并按该办法规定的退职费标准所领取的退职费。

2.个人取得的不符合上述办法规定的退职条件和退职费标准的退职费收入,应属于与其任职、受雇活动有关的工资、薪金性质的所得,应在取得的当月按工资、薪金所得计算缴纳个人所得税。但考虑到作为雇主给予退职人员经济补偿的退职费,通常为一次性发给,且数额较大,以及退职人员有可能在一段时间内没有固定收入等实际情况,依照《个人所得税法》有关工资、薪金所得计算征税的规定,对退职人员一次取得较高退职费收入的,可视为其一次取得数月的工资、薪金收入,并以原每月工资、薪金收入总额为标准,划分为若干月份的工资、薪金收入后,计算个人所得税的应纳税所得额及税额。但按上述方法划分超过了6个月工资、薪金收入的,应按6个月平均划分计算。个人取得全部退职费收入的应纳税款,应由其原雇主在支付退职费时负责代扣于次月7日内缴入国库。个人退职后6个月内又再次任职、受雇的,对个人已缴纳个人所得税的退职费收入,不再与再次任职、受雇取得的工资、薪金所得合并计算补缴个人所得税。

(九)关于解除劳动关系、提前退休、内部退养的一次性补偿收入的政策

按照《财政部 国家税务总局关于个人所得税法修改后有关优惠政策衔接问题的通知》财税〔2018〕164号,关于解除劳动关系、提前退休、内部退养的一次性补偿收入税收问题如下:

(1)个人与用人单位解除劳动关系取得一次性补偿收入(包括用人单位发放的经济补偿金、生活补助费和其他补助费),在当地上年职工平均工资3倍数额以内的部分,免征个人所得税;超过3倍数额的部分,不并入当年综合所得,单独适用综合所得税率表,计算纳税。

(2)个人办理提前退休手续而取得的一次性补贴收入,应按照办理提前退休手续至法定离退休年龄之间实际年度数平均分摊,确定适用税率和速算扣除数,单独适用综合所得税率表,计算纳税。计算公式:

应纳税额={〔(一次性补贴收入÷办理提前退休手续至法定退休年龄的实际年度数)
　　　　　-费用扣除标准〕×适用税率-速算扣除数}
　　　　　×办理提前退休手续至法定退休年龄的实际年度数

(3)实行内部退养的个人在其办理内部退养手续后至法定离退休年龄之间从原任职单位取得的工资、薪金,不属于离退休工资,应按"工资、薪金所得"项目计征个人所得税。

个人在办理内部退养手续后从原任职单位取得的一次性收入,应按办理内部退养手

续后至法定离退休年龄之间的所属月份进行平均,并与领取当月的"工资、薪金"所得合并后减除当月费用扣除标准,以余额为基数确定适用税率,再将当月工资、薪金加上取得的一次性收入,减去费用扣除标准,按适用税率计征个人所得税。

个人在办理内部退养手续后至法定离退休年龄之间重新就业取得的"工资、薪金"所得,应与其从原任职单位取得的同一月份的"工资、薪金"所得合并,并依法自行向主管税务机关申报缴纳个人所得税。

(十)关于个人领取企业年金、职业年金的政策

个人达到国家规定的退休年龄,领取的企业年金、职业年金,符合相关规定的,不并入综合所得,全额单独计算应纳税款。其中按月领取的,适用月度税率表计算纳税;按季领取的,平均分摊计入各月,按每月领取额适用月度税率表计算纳税;按年领取的,适用综合所得税率表计算纳税。

个人因出境定居而一次性领取的年金个人账户资金,或个人死亡后,其指定的受益人或法定继承人一次性领取的年金个人账户余额,适用综合所得税率表计算纳税。对个人除上述特殊原因外一次性领取年金个人账户资金或余额的,适用月度税率表计算纳税。

(十一)办理补充养老保险退保和提供担保个人所得税的征税方法

关于单位为个人办理补充养老保险退保后个人所得税及企业所得税的处理问题。单位为职工个人购买商业性补充养老保险等,在办理投保手续时应作为个人所得税的"工资、薪金所得"项目,按税法规定缴纳个人所得税;因各种原因退保,个人未取得实际收入的,已缴纳的个人所得税应予以退回。

关于个人提供担保取得收入征收个人所得税问题。个人为单位或他人提供担保获得报酬,应按照《个人所得税法》规定的"其他所得"项目缴纳个人所得税,税款由支付所得的单位或个人代扣代缴。

(十二)个人兼职和退休人员再任职取得收入个人所得税的征税方法

个人兼职取得的收入应按照"劳务报酬所得"应税项目缴纳个人所得税;退休人员再任职取得的收入,在减除按个人所得税法规定的费用扣除标准后,按"工资、薪金所得"应税项目缴纳个人所得税。

(十三)个人取得有奖发票奖金征免个人所得税

个人取得单张有奖发票奖金所得不超过800元(含800元)的,暂免征收个人所得税;个人取得单张有奖发票奖金所得超过800元的,应全额按照《个人所得税法》规定的"偶然所得"项目征收个人所得税。税务机关或其指定的有奖发票兑奖机构,是有奖发票奖金所得个人所得税的扣缴义务人,应依法认真做好个人所得税代扣代缴工作。

(十四)企业促销展业赠送礼品个人所得税的规定

自2011年6月9日起,企业和单位(包括企业、事业单位、社会团体、个人独资企业、

合伙企业和个体工商户等,以下简称"企业"在营销活动中以折扣折让、赠品、抽奖等方式,向个人赠送现金、消费券、物品、服务等(以下简称"礼品")有关个人所得税的具体规定如下。

1. 企业在销售商品(产品)和提供服务过程中向个人赠送礼品,属于下列情形之一的,不征收个人所得税:

(1) 企业通过价格折扣、折让方式向个人销售商品(产品)和提供服务。

(2) 企业在向个人销售商品(产品)和提供服务的同时给予赠品,如通信企业对个人购买手机赠话费、入网费,或者购话费赠手机等。

(3) 企业对累积消费达到一定额度的个人按消费积分反馈礼品。

2. 企业向个人赠送礼品,属于下列情形之一的,取得该项所得的个人应依法缴纳个人所得税,税款由赠送礼品的企业代扣代缴:

(1) 企业在业务宣传、广告等活动中,随机向本单位以外的个人赠送礼品,对个人取得的礼品所得,按照"其他所得"项目,全额适用20%的税率缴纳个人所得税。

(2) 企业在年会、座谈会、庆典以及其他活动中向本单位以外的个人赠送礼品,对个人取得的礼品所得,按照"其他所得"项目,全额适用20%的税率缴纳个人所得税。

(3) 企业对累积消费达到一定额度的顾客,给予额外抽奖机会,个人的获奖所得,按照"偶然所得"项目,全额适用20%的税率缴纳个人所得税。

3. 企业赠送的礼品是自产产品(服务)的,按该产品(服务)的市场销售价格确定个人的应税所得;是外购商品(服务)的,按该商品(服务)的实际购置价格确定个人的应税所得。

第四节 个人所得税的申报与缴纳

个人所得税以所得人为纳税人,以支付所得的单位或者个人为扣缴义务人。

纳税人有中国公民身份号码的,以中国公民身份号码为纳税人识别号;纳税人没有中国公民身份号码的,由税务机关赋予其纳税人识别号。扣缴义务人扣缴税款时,纳税人应当向扣缴义务人提供纳税人识别号。

个人所得税的纳税办法,有自行申报纳税和代扣代缴两种。

一、自行申报纳税

自行申报纳税,是由纳税人自行在税法规定的纳税期限内,向税务机关申报取得的应税所得项目和数额,如实填写个人所得税纳税申报表,并按照税法规定计算应纳税额,据此缴纳个人所得税的一种方法。

(一) 自行申报纳税的纳税人

有下列情形之一的,纳税人应当依法办理纳税申报:

(1) 取得综合所得需要办理汇算清缴;

(2) 取得应税所得没有扣缴义务人;

(3) 取得应税所得,扣缴义务人未扣缴税款;

(4) 取得境外所得;

(5) 因移居境外注销中国户籍;

(6) 非居民个人在中国境内从两处以上取得工资、薪金所得;

(7) 国务院规定的其他情形。

(二) 自行申报纳税的内容

(1) 居民个人取得综合所得,按年计算个人所得税;有扣缴义务人的,由扣缴义务人按月或者按次预扣预缴税款;需要办理汇算清缴的,应当在取得所得的次年 3 月 1 日至 6 月 30 日内办理汇算清缴。预扣预缴办法由国务院税务主管部门制定。

(2) 纳税人取得经营所得,按年计算个人所得税,由纳税人在月度或者季度终了后 15 日内向税务机关报送纳税申报表,并预缴税款;在取得所得的次年 3 月 31 日前办理汇算清缴。

(3) 纳税人取得利息、股息、红利所得,财产租赁所得,财产转让所得和偶然所得,按月或者按次计算个人所得税,有扣缴义务人的,由扣缴义务人按月或者按次代扣代缴税款。

(4) 纳税人取得应税所得没有扣缴义务人的,应当在取得所得的次月 15 日内向税务机关报送纳税申报表,并缴纳税款。

(5) 纳税人取得应税所得,扣缴义务人未扣缴税款的,纳税人应当在取得所得的次年 6 月 30 日前,缴纳税款;税务机关通知限期缴纳的,纳税人应当按照期限缴纳税款。

(6) 居民个人从中国境外取得所得的,应当在取得所得的次年 3 月 1 日至 6 月 30 日申报纳税。

(7) 非居民个人在中国境内从两处以上取得工资、薪金所得的,应当在取得所得的次月 15 日内申报纳税。

(8) 纳税人因移居境外注销中国户籍的,应当在注销中国户籍前办理税款清算。

(三) 自行申报纳税的申报方式

纳税人可以采取数据电文、邮寄等方式申报,也可以直接到主管税务机关申报,或者采取符合主管税务机关规定的其他方式申报。纳税人采取邮寄方式申报的,以邮政部门挂号信函收据作为申报凭据,以寄出的邮戳日期为实际申报日期。

纳税人也可以委托有税务代理资质的中介机构或者他人代为办理纳税申报。

(四) 自行申报纳税的申报地点

(1) 在中国境内有任职、受雇单位的,向任职、受雇单位所在地主管税务机关申报。

(2) 在中国境内有两处或者两处以上任职、受雇单位的,选择并固定向其中一处单位所在地主管税务机关申报。

(3) 在中国境内无任职、受雇单位,年所得项目中有个体工商户的生产、经营所得或者对企事业单位的承包经营、承租经营所得(以下简称"生产、经营所得")的,向其中一处实际经营所在地主管税务机关申报。

(4) 在中国境内无任职、受雇单位,年所得项目中无生产、经营所得的,向户籍所在地主管税务机关申报。在中国境内有户籍,但户籍所在地与中国境内经常居住地不一致的,选择并固定向其中一地主管税务机关申报。在中国境内没有户籍的,向中国境内经常居住地主管税务机关申报。

(5) 其他所得的纳税人,纳税申报地点分别如下:

① 从两处或者两处以上取得工资、薪金所得的,选择并固定向其中一处单位所在地主管税务机关申报。

② 从中国境外取得所得的向中国境内户籍所在地主管税务机关申报。在中国境内有户籍,但户籍所在地与中国境内经常居住地不一致的,选择并固定向其中一地主管税务机关申报。在中国境内没有户籍的,向中国境内经常居住地主管税务机关申报。

③ 个体工商户向实际经营所在地主管税务机关申报。

④ 个人独资企业、合伙企业投资者兴办两个或两个以上企业的,区分不同情形确定纳税申报地点。

兴办的企业全部是个人独资性质的,分别向各企业的实际经营管理所在地主管税务机关申报;兴办的企业中含有合伙性质的,向经常居住地主管税务机关申报;兴办的企业中含有合伙性质,个人投资者经常居住地与其兴办企业的经营管理所在地不一致的,选择并固定向其参与兴办的某一合伙企业的经营管理所在地主管税务机关申报;除以上情形外,纳税人应当向取得所得所在地主管税务机关申报。

纳税人不得随意变更纳税申报地点,因特殊情况变更纳税申报地点的,须报原主管税务机关备案。

(五) 自行申报纳税的申报管理

(1) 主管税务机关应当将各类申报表,登载到税务机关的网站上,或者摆放到税务机关受理纳税申报的办税服务厅,免费供纳税人随时下载或取用。

(2) 主管税务机关应当在每年法定申报期间,通过适当方式,提醒纳税人办理自行纳税申报。

(3) 受理纳税申报的主管税务机关根据纳税人的申报情况,按照规定办理税款的征、补、退、抵手续。

(4) 主管税务机关按照规定为已经办理纳税申报并缴纳税款的纳税人开具完税凭证。

(5) 税务机关依法为纳税人的纳税申报信息保密。

(6) 纳税人变更纳税申报地点,并报原主管税务机关备案的,原主管税务机关应当及时将纳税人变更纳税申报地点的信息传递给新的主管税务机关。

(7) 主管税务机关对已办理纳税申报的纳税人建立纳税档案,实施动态管理。

二、代扣纳税

代扣代缴,是指按照税法规定负有扣缴税款义务的单位或者个人,在向个人支付应纳税所得时,应计算应纳税额,从其所得中扣除并缴入国库,同时向税务机关报送扣缴个人所得税报告表。这种方法,有利于控制税源,防止漏税和逃税。

(一) 扣缴义务人和代扣代缴的范围

凡支付个人应纳税所得的企业(公司)、事业单位、机关、社团组织、军队、驻华机构、个体户等单位或者个人,为个人所得税的扣缴义务人。这里所说的驻华机构,包括外国驻华使领馆和联合国及其他依法享有外交特权和豁免的国际组织驻华机构。

(1) 扣缴义务人应当按照国家规定办理全员全额扣缴申报,并向纳税人提供其个人所得和已扣缴税款等信息。

(2) 居民个人向扣缴义务人提供专项附加扣除信息的,扣缴义务人按月预扣预缴税款时应当按照规定予以扣除,不得拒绝。

(3) 非居民个人取得工资、薪金所得,劳务报酬所得,稿酬所得和特许权使用费所得,有扣缴义务人的,由扣缴义务人按月或者按次代扣代缴税款,不办理汇算清缴。

(二) 扣缴义务人的义务及应承担的责任

(1) 扣缴义务人每月或者每次预扣、代扣的税款,应当在次月15日内缴入国库,并向税务机关报送扣缴个人所得税申报表。

(2) 扣缴义务人应指定支付应纳税所得的财务会计部门或其他有关部门的人员为办税人员,由办税人员具体办理个人所得税的代扣代缴工作。

(3) 代扣代缴义务人的有关领导要对代扣代缴工作提供便利,支持办税人员履行义务;确定办税人员或办税人员发生变动时,应将名单及时报告主管税务机关。

(4) 扣缴义务人的法人代表(或单位主要负责人)、财会部门的负责人及具体办理代扣代缴税款的有关人员,共同对依法履行代扣代缴义务负法律责任。

(5) 同一扣缴义务人的不同部门支付应纳税所得时,应报办税人员汇总。

(6) 扣缴义务人在代扣税款时,必须向纳税人开具税务机关统一印制的代扣代收税款凭证,并详细注明纳税人姓名、工作单位、家庭住址和居民身份证或护照号码(无上述证件的,可用其他能有效证明身份的证件)等个人情况。对工资、奖金所得和利息、股息、红利所得等,因纳税人数众多、不便一一开具代扣代收税款凭证的,经主管税务机关同意,可不开具代扣代收税款凭证,但应通过一定形式告知纳税人已扣缴税款。纳税人为持有完税依据而向扣缴义务人索取代扣代收税款凭证的,扣缴义务人不得拒绝。

(7) 纳税人办理汇算清缴退税或者扣缴义务人为纳税人办理汇算清缴退税的,税务机关审核后,按照国库管理的有关规定办理退税。

公安、人民银行、金融监督管理等相关部门应当协助税务机关确认纳税人的身份、金融账户信息。教育、卫生、医疗保障、民政、人力资源和社会保障、住房城乡建设、公安、人民银行、金融监督管理等相关部门应当向税务机关提供纳税人子女教育、继续教育、大病医疗、住房贷款利息、住房租金、赡养老人等专项附加扣除信息。

个人转让不动产的,税务机关应当根据不动产登记等相关信息核验应缴的个人所得税,登记机构办理转移登记时,应当查验与该不动产转让相关的个人所得税的完税凭证。个人转让股权办理变更登记的,市场主体登记机关应当查验与该股权交易相关的个人所得税的完税凭证。

有关部门依法将纳税人、扣缴义务人遵守本法的情况纳入信用信息系统,并实施联合激励或者惩戒。

各项所得的计算,以人民币为单位。所得为人民币以外的货币的,按照人民币汇率中间价折合成人民币缴纳税款。

对扣缴义务人按照所扣缴的税款,付给2%的手续费。

对储蓄存款利息所得开征、减征、停征个人所得税及其具体办法,由国务院规定,并报全国人民代表大会常务委员会备案。

(8) 扣缴义务人对纳税人的应扣未扣的税款,其应纳税款仍然由纳税人缴纳,扣缴义务人应承担应扣未扣税款50%以上至3倍的罚款。

(9) 扣缴义务人应设立代扣代缴税款账簿,正确反映个人所得税的扣缴情况,并如实填写《扣缴个人所得税报告表》及其他有关资料。

第五节 个人所得税的会计核算

一、工资、薪金所得的会计核算

【例10-18】张某2018年10月在中国境内取得工资、薪金收入5 900元。计算该纳税人应纳个人所得税额并写出其相应会计处理。

该纳税人应纳个人所得税计算如下:

$$应纳税所得额 = 5\ 900 - 5\ 000 = 900(元)$$
$$应纳税额 = 900 \times 3\% = 18(元)$$

会计计算提取工资时:

借:应付职工薪酬　　　　　　　　　　　　　　5 900
　　贷:应交税费——代扣个人所得税　　　　　　　　18
　　　　银行存款　　　　　　　　　　　　　　5 882

代扣个人所得税实际上缴时:

借:应交税费——代扣个人所得税　　　　　　　　18
　　贷:银行存款　　　　　　　　　　　　　　　　18

二、劳务报酬所得应纳税额的会计核算

应纳税额计算公式为

应纳税额＝每次收入额×(1－20%)×适用税率－速算扣除数

【例10-19】 某公司聘请外籍设计人员维克为其设计广告条幅，支付设计费30 000元，计算其应缴纳的个人所得税额并写出其相应会计处理。

应纳税所得额＝30 000×(1－20%)＝24 000(元)

维克应纳所得税额＝24 000×20%－1 410＝3 390(元)

会计处理如下：

代扣个人所得税时：

借：销售费用　　　　　　　　　　　　　　　　　　　　30 000
　　贷：应交税费——代扣个人所得税　　　　　　　　　　 3 390
　　　　库存现金　　　　　　　　　　　　　　　　　　 26 610

企业将代扣的个人所得税实际上缴时：

借：应交税费——代扣个人所得税　　　　　　　　　　　 3 390
　　贷：银行存款　　　　　　　　　　　　　　　　　　　 3 390

三、稿酬所得应纳税额的会计核算

稿酬所得额计算同劳务报酬，它不存在加成征收，相反还应按应纳税额减征30%。

应纳税额＝应纳税所得额×20%×(1－30%)＝应纳税所得额×14%

【例10-20】 某出版社本年先后两次支付作家张珊的稿酬收入，分别为3 000元和7 000元。计算该作家本年应纳个人所得税额及对应的会计处理。

该作家本年应纳个人所得税额计算如下：

稿酬收入10 000元应纳税额＝10 000×(1－20%)×(1－30%)×20%
　　　　　　　　　　　　＝147(元)

合计支付稿酬10 000元，并代扣张珊稿酬所得税1 120元。

会计处理如下：

代扣个人所得税时：

借：主营业务成本(经营费用)　　　　　　　　　　　　　10 000
　　贷：应交税费——代扣个人所得税　　　　　　　　　　 1 120
　　　　库存现金　　　　　　　　　　　　　　　　　　　 8 880

将代扣的个人所得税实际上缴时：

借：应交税费——代扣个人所得税　　　　　　　　　　　 1 120
　　贷：银行存款　　　　　　　　　　　　　　　　　　　 1 120

四、其他所得应纳税额的会计核算

特许权使用费所得应纳税额计算与劳务报酬和稿酬所得税计算相同，既无加征也无减征；利息、股息、红利所得应纳税额计算更加简单，直接按每次获得应税收入乘以20%税率即可。此不赘述。

当个人向非雇用单位提供专利权、商标权、著作权、非专利技术以及其他特许权的使用权取得所得时,非雇用单位支付特许权使用费应代扣代缴个人所得税。按税法规定计算的个人所得税款,应借记"无形资产""经营费用"等科目,贷记"应交税费——代扣个人所得税"及相关科目;扣缴义务人实际将税款入库时,借记"应交税费——代扣个人所得税"科目,贷记"银行存款"科目。

本章习题
扫描二维码
可下载。

参 考 文 献

[1] 国家税务总局网站.《税收政策》栏目,《税收政策库》相关税收政策、法规.

[2] 中国注册会计师协会.2022年注册会计师全国统一考试辅导教材：税法CPA[M].北京：中国财政经济出版社,2022.

[3] 全国税务师职业资格考试教材编写组.2022年全国税务师职业资格考试教材·税法（Ⅰ）（Ⅱ）[M].北京：中国税务出版社,2022.

[4] 法规应用研究中心.税法一本通[M].6版.北京：中国法制出版社,2018.

[5] 吴坚真,柳建启,唐霏.税法与税务会计[M].8版.广州：广东高等教育出版社,2017.

[6] 寇娅雯、石光乾.税法与税务会计[M].2版.北京：清华大学出版社,2017.

[7] 梁文涛.税法实务[M].上海：立信会计出版社,2017.

[8] 王建聪.税法实务[M].北京：清华大学出版社,2016.

[9] 高红梅,吴爱菊.税法实务[M].北京：经济科学出版社,2015.

教师服务

感谢您选用清华大学出版社的教材！为了更好地服务教学，我们为授课教师提供本书的教学辅助资源，以及本学科重点教材信息。请您扫码获取。

》 教辅获取

本书教辅资源，授课教师扫码获取

》 样书赠送

会计学类重点教材，教师扫码获取样书

 清华大学出版社

E-mail: tupfuwu@163.com
电话: 010-83470332 / 83470142
地址: 北京市海淀区双清路学研大厦 B 座 509

网址: http://www.tup.com.cn/
传真: 8610-83470107
邮编: 100084